PPP类项目的
政府债务质量及补偿机制

高　华　朱俊文◎著

科 学 出 版 社
北　京

内 容 简 介

本书系统地阐述了BT债务风险的度量及防范、PPP政府债务风险质量评价，以及PPP项目政府补偿机制三大问题。首先，深入探讨了BT债务风险产生的根源及影响因素，确定了BT债务风险评价指标，运用系统动力学方法进行了风险的度量；其次，在PPP项目中地方政府信用风险评价基础上，运用系统动力学方法，基于微观和宏观结合的视角进行了PPP政府债务风险全生命周期的动态度量和评价，确定了关键风险影响因素，提出相应的防范策略；最后，基于风险偏好和公平偏好视角，采用Stackelberg博弈模型研究政府补偿机制，为政府付费和可行性缺口补助类的PPP项目如何确定政府补偿提供借鉴。

本书可作为PPP项目管理、PPP政府债务风险管理、PPP政府债务质量评价等领域高校师生的参考用书，也可供相关领域科研人员和管理人员参阅，并可为政府部门制订PPP债务风险防范政策提供参考。

图书在版编目（CIP）数据

PPP类项目的政府债务质量及补偿机制 / 高华，朱俊文著. —北京：科学出版社，2022.1

ISBN 978-7-03-070402-3

Ⅰ. ①P… Ⅱ. ①高… ②朱… Ⅲ. ①地方政府-债务管理-风险管理-研究-中国 Ⅳ. ①F812.7

中国版本图书馆CIP数据核字（2021）第223086号

责任编辑：石 卉 姚培培 / 责任校对：韩 杨

责任印制：李 彤 / 封面设计：有道文化

科学出版社 出版

北京东黄城根北街16号

邮政编码：100717

http://www.sciencep.com

固安县铭成印刷有限公司 印刷

科学出版社发行 各地新华书店经销

*

2022年1月第 一 版 开本：787×1092 1/16

2022年3月第二次印刷 印张：20 1/2

字数：413 000

定价：138.00 元

（如有印装质量问题，我社负责调换）

前　言

公共私营合作制（public private partnership，PPP，又称公私合作）即公共部门与私人企业在某些公用事业或基础设施项目的建设或运营中进行相互合作的一种模式。在中国，私人部门的范畴扩大了，既包括民营企业，也包括国有企业和外资企业，这些统称为社会资本。本书主要研究了公私合作项目对地方政府债务质量的影响及其涉及的政府补偿机制。政府债务质量评价包括两个方面的内容：一是债务主体，即地方政府信用风险的评价；二是债务客体，即地方政府债务自身风险的评价。本书分为三篇：第一篇以建设-移交（build-transfer，BT）项目为例，探讨 BT 项目形成的 BT 债务风险的度量及防范问题；第二篇以 PPP 项目为例，进行 PPP 项目中地方政府信用风险和 PPP 政府债务风险的度量及评价；第三篇从风险偏好和公平偏好视角，剖析 PPP 项目的政府补偿机制。

一、BT 债务风险的度量及防范

BT 债务是指地方政府相关部门采用 BT 模式融资所形成的地方性政府债务，属于政府债务的一部分，但与其他地方政府债务有很大区别，具有资金流复杂、短期性和债务规模不稳定等特殊性。因此，地方政府债务风险评价的指标和方法不能简单地挪用到对 BT 债务的评价上，需要对 BT 债务风险的因素进行分析，才能确定 BT 债务风险评价指标。第一篇主要包括五部分内容。第一，开篇阐述 BT 模式和 BT 债务，比较 BT 债务与其他政府债务的差异，以及介绍进行 BT 债务风险度量及防范的必要性。第二，运用文献分析法和扎根理论（grounded theory）进行了 BT 债务风险因素的识别，共识别出 7 类、21 个风险因素，并对各风险因素的影响机理进行了分析，构建了 BT 债务风险的影响路径图。第三，进行 BT 债务风险评价指标体系的构建：首先，从 BT 债务规模风险和偿还风险两个方面进行 BT 债务风险因素的剖析；其次，基于 BT 债务风险因素，筛选出

9 个 BT 债务风险评价指标，再补充地方政府债务风险评价的 3 个指标，共确定了 12 个 BT 债务风险评价指标，并根据国际惯例、权威文献和文件规定，确定了各评价指标阈值，以及运用层次分析法（AHP），确定了各评价指标的权重。第四，构建 BT 债务风险系统，选取有代表性的重庆市，以其 2005～2016 年的 BT 债务为例，运用系统动力学方法进行 BT 债务风险的动态度量和评价，并运用敏感性分析方法得出影响 BT 债务风险的关键因素是工程建设成本和利率波动，其次是土地政策和税收政策，固定资产投资政策对 BT 债务风险影响很小。第五，依据前述分析结果，对 BT 债务风险控制提出了相应的优化对策，并对 PPP 项目风险控制得到如下启示：一是识别不同项目类型的风险，选择合适的贴现率，提高 PPP 项目物有所值（VFM）评价的准确性，二是设计合理风险分担的特许权合同，控制 PPP 项目的建设风险。

二、PPP 政府债务质量评价

PPP 政府债务质量评价从两个方面着手，一是 PPP 项目中地方政府信用风险的评价，二是 PPP 项目对地方政府债务风险影响的全生命周期的动态度量和评价。该评价主要解决尚未覆盖 PPP 项目全生命周期的财政风险管理难题，为 PPP 项目财政支出管理提供决策依据。

首先，第二篇梳理了 PPP 项目、PPP 政府债务风险和 PPP 政府债务质量之间的关系，按大多数学者的观点，将因 PPP 项目形成的地方政府部门的支出视为地方政府债务，阐述 PPP 政府债务质量评价的必要性，并给出相应的研究框架。其次，比较了 PPP 项目中地方政府信用风险评价和政府债券中政府信用风险评价的差异性，在考虑 PPP 项目特殊性的基础上选取了相关指标，运用因子分析和支持向量机（support vector machine，SVM）方法对我国 31 个省（自治区、直辖市）的地方政府信用水平进行了评价，得出我国省级地方政府信用水平有待提高（次投资级占比为 45%），尤其是西南地区、西北地区和东北地区，并给出提升 PPP 中地方政府信用水平的对策。再次，进行了 PPP 政府债务风险全生命周期的动态评价。先构建 PPP 项目财务风险度量系统，运用系统动力学模型，进行了 PPP 项目全生命周期的财务风险的动态度量和评价；然后构建地方政府债务风险度量系统，以我国四个直辖市政府为例，运用系统动力学模型，进行四个直辖市政府债务风险的度量和预测；在此基础上，以政府 PPP 项目现金流为纽带，将地方政府债务风险与 PPP 项目财务风险联系起来，构建 PPP 政府债务风险系统，以某市为例，进行了该市 PPP 政府债务风险的全生命周期动态度量和评价，并对各个风险因素的敏感性进行了测试和分析，得出的结论是，政府利润分配和 PPP 项目税收的减少，以及政府出资和政府补贴的增加会促使地方政府债务风险显著增大，从而使 PPP 政府债务风险质量下降，而当 PPP 项目的财政支出和财政收入变化幅度相同时，财政支出对 PPP 政府债务风险的影响更加敏感。最后，基于前述分析结果，提出提高 PPP 政府债务质量的对策。

三、PPP 项目的政府补偿机制研究：风险偏好和公平偏好视角

无论从项目数量还是投资额度来看，我国政府付费和可行性缺口补贴类 PPP 项目占比达 90%以上，因此政府补贴对我国 PPP 项目非常重要，故第三篇探讨了此问题。第一，从我国 PPP 项目付费类型、当前相关研究对非理性考虑不足及 PPP 项目政府补贴应考虑公平偏好和风险偏好因素等方面，探讨本研究的必要性，并对现有研究进行梳理，为后续研究提供借鉴，确定本书研究框架。第二，梳理与本研究相关的公共品理论、公平偏好理论和委托代理理论及公平偏好理论在委托代理理论中的应用，介绍本研究使用的博弈分析方法——斯塔克尔伯格（Stackelberg）模型，为后续分析进行铺垫。第三，运用 Stackelberg 模型进行公平偏好下 PPP 项目政府补偿机制的分析，通过问题描述、模型构建、模型求解及结论证明等环节，得出相应的研究结论，并进行数值模拟，进一步验证了结论的正确性。第四，将社会资本方风险偏好加进来，运用 Stackelberg 模型进行风险偏好和公平偏好下 PPP 项目政府补偿机制的研究，通过模型构建、求解、证明和数值模拟，得出结论：一是社会资本最优初始投资随社会资本风险厌恶程度的增高而降低，随公平偏好程度的增高而增高；二是当社会资本单期期望运营收益较高时，最优年建设成本补偿随风险厌恶程度的增高而减小；三是公平偏好与最优年建设成本补偿的关系不仅受到单期特许运营收益与单期期望运营收益相对大小的影响，还受到风险厌恶程度高低的影响；四是最优运营期补偿系数随社会资本风险厌恶程度的增高而减小，而公平偏好与最优运营期补偿系数的关系也并非完全正相关或负相关，而是取决于风险厌恶程度的高低；五是在同时考虑风险偏好和公平偏好的情况下，无论单期期望运营收益如何，政府单期期望效用总是随社会资本风险厌恶程度的增高而降低；六是无论社会资本单期期望运营收益高低如何，政府都应尽量选择与风险偏好和公平偏好均

低的社会资本合作。第五，根据研究结论，给出考虑风险偏好和公平偏好的政府补偿建议。

本书得以完成和出版，首先感谢我的硕士研究生们，因本书的主要内容是自2014年以来我的课题成果的积累，也是我指导的硕士研究生，包括齐浩、李慧、王晓洁、张璇和侯晓轩等几位同学毕业论文的选题和研究主题。将七年的研究成果整理出来并出版，是我教学和研究生涯的一个里程碑。另外，还有十名硕士研究生参与了本书的撰写和修正工作。其中，第一章由孟惠淇撰写，第二章由关凯撰写，第三章由黄周捷撰写，第四章由徐瀚名撰写，第五章由姜超凡撰写，第七章由阴春晴撰写，第九章由张欢撰写，第十一章由褚瑞撰写，第十二章由王艳草撰写，第十五章由杨晓帆撰写，其他章节由高华、朱俊文撰写。

本书是国家自然科学基金面上项目“基于风险能量的BT债务规模边界及风险控制有效性研究”（71471131）整体研究成果及教育部人文社会科学研究规划基金项目“PPP项目财务风险评价：联动地方政府债务风险的动态模型”（20A10060007）部分研究成果的汇总。因此，感谢国家自然科学基金委员会和教育部社会科学司的支持，同时特别感谢本书的责任编辑石卉女士，谢谢她为本研究出版所付出的辛苦和努力。

高　华

2021年9月15日

目　录

第二篇 PPP政府债务质量评价

第三篇 PPP 项目的政府补偿机制：风险偏好和公平偏好视角

第一篇

BT 债务风险的度量及防范

第一章　BT 模式及 BT 债务

第一节　BT 模式及发展历程

一、BT 模式在中国的兴起及衰落

（一）项目融资正在成为政府投资工程的重要融资和建设模式

20 世纪 80 年代初，世界经济形势逐渐发生变化，经济发展、人口增加、城市化等导致人们对能源、交通等基础设施的需求急剧膨胀，而经济危机和预算赤字使政府投资能力减弱，20 世纪 70 年代的债务危机使许多国家的借贷能力锐减，这些迫使政府寻找新的方式筹集基础设施建设资金。其中的一种模式就是邀请私人实体参与到基础设施建设过程中来，这种模式就是项目融资模式。

项目融资为一个特定经济实体所安排的融资，其贷款人在最初考虑安排贷款时，将满足于使用该经济实体的现金流量和收益作为偿还贷款的资金来源，并且将满足于使用该经济实体的资产作为贷款的安全保障（Nevitt，1995）。项目融资为政府建设项目提供更加灵活的融资形式，满足政府在资金方面的特殊要求。多数国家对政府预算的规模以及政府借贷的种类和数量均有严格的规定，尤其是我国。《中华人民共和国预算法》明文规定，地方政府不能出现赤字。这些规定限制了政府在金融市场上安排贷款和吸纳私人资本的能力。在这种情况下，对于一些经济效益较好的能源、交通等基础设施项目，政府可以通过安排项目融资的方法较为灵活地处理债务对政府预算或借债的影响（张极井，2003）。

项目融资最初主要采用建设-运营-移交（build-operate-transfer，BOT）模式。BOT 的概念已有上百年的历史，主要起源于矿、石油、天然气等自然资源的开发项目。自 1984 年土耳其首相图尔古特・奥扎尔（Turgut Ozal）首次将其应用于土耳其公共基础设施项目的私有化过程中后，BOT 项目引起世界各国，尤其是发展中国家的关注和应用。例如，土耳其的火力发电厂（现代世界第一个 BOT

项目)、菲律宾的诺瓦斯塔电厂(国际上公认的第一个成功的 BOT 项目)、中国的沙角 B 电厂(现代世界第一个成功移交的 BOT 项目)、英法海底隧道(世界上最大的 BOT 项目)、马来西亚的南北大道、泰国的曼谷公路和轻轨、澳大利亚的悉尼海底隧道和英国的曼彻斯特轻轨等。英法海底隧道、澳大利亚悉尼海底隧道等项目融资的成功促进了 BOT 模式在世界范围内的运用，使得项目融资无论在理论上，还是在实务上都得到了较大的发展。

与 BOT 模式类似，但程序简单的移交-经营-移交(transfer-operate-transfer，TOT)模式项目不断增加。我国上海市在交通基础设施建设方面采用的就是这种融资方式。上海将黄浦江上的南浦大桥、杨浦大桥及过江隧道的专营权以一定比例的股份转让给境外公司(中信泰富有限公司)以筹集资金，继续开发新的基础设施，不仅为已投产项目引进了境外投资者的先进管理经验，而且使新项目能有充足资金并及时启动。

私人主动融资(private finance initiative，PFI)模式起源于英国。1992 年，英国保守党政府推出了 PFI 模式，该模式通常被称为“私人主动融资”或“私人融资计划”，其含义是利用私有资金进行基础设施项目的开发与运营，这在一定程度上克服了传统基础设施建设中的高投入、低效率和资源高消耗等弊端(王铁山，2008)。PPP 起源于美国，这是欧洲区域规划报告明确提出的观点。Yescombe(2007)也提出，20 世纪 80 年代从美国发展起来的电力承购协议模式是 PPP 契约模式的模板，这主要体现于两点：以项目公司为中心的融资结构体系和“项目融资”技术的采用。20 世纪 90 年代初，这种契约模式传到了欧洲，其标志就是英国电力产业的私有化，主要是 1997 年英国工党上台引入了 PPP 模式，不再仅仅满足基础设施效率的提升，而是更强调政府与私人部门之间的风险共担、利益共享的合作关系。英国公共服务年投资的 10%～14%的项目采用 PPP/PFI 模式进行，截至 2006 年，英国共实施 PPP/PFI 项目 794 项，金额总计 550 亿英镑(Akintoye，2007)。

关于 BOT、PPP、PFI 之间的关系，根据世界银行、欧盟委员会、加拿大 PPP 国家委员会以及 E. S. 萨瓦斯的分类，PPP 包括 BOT、TOT 以及 BOT 的各种变异形式[建设-拥有-运营(BOO)、建设-拥有-运营-移交(BOOT)等]，PFI 是 PPP 的特殊阶段(王灏，2004)，是一种被政府使用的采购工具，更强调民间资金的主动介入，旨在加强公共服务的效率和质量并促进经济发展(佘渝娟和叶晓甦。2010)。

此外，另一种项目融资模式——资产支持证券(asset-backed securities，

ABS），即起源于 1970 年美国发行的居民住宅抵押贷款证券，在美国得到了迅猛发展。ABS 模式在美国取得的巨大成功促使投资银行家们将其引入其他国家和地区。早在 20 世纪 80 年代末，欧洲各国已陆续开始进行证券化交易，20 世纪 90 年代，证券化交易在拉丁美洲、中东欧和东南亚等新兴市场上迅速兴起。它为那些国家信用等级不高，但本身财力雄厚、信用卓著的大公司提供了一条低成本的融资渠道。

项目融资成为发展中国家基础设施建设的重要融资形式。据世界银行统计，1990～2003 年，130 多个发展中国家通过项目融资实施了 2500 多个基础设施项目，总投资 8900 亿美元（Khan，2005）；2009 年，发展中国家投资 1540 亿美元用于建设基础设施。澳大利亚基础设施发展委员会估计，该国 15%的基础设施资金是由私营机构提供的；世界银行估计，在发展中国家的基础设施总投资里面，其 40%是由私营机构提供的。据世界银行统计，1990～2012 年，中国共实施 1065 个 PPP 项目的基础设施建设，在世界位居前列，不仅高于印度、菲律宾、印度尼西亚等发展中国家，也高于英国等发达国家。2019 年，PPP 市场正从过去的重数量和速度向重质量转变，项目融资模式极大地推动了我国基础设施建设的进程。

（二）BT 模式的兴起及在中国的应用

上述各种模式中，TOT 模式应用的前提是必须有已完成的适合转让的项目，其在我国的公路项目建设中有所应用，其他方面很少；ABS 模式要求具有较完善的资本市场，而且风险较大，特别是随着美国次贷危机的爆发，这种模式受到了质疑，况且我国的资本市场，尤其是债券市场处于起步发展阶段，发展 ABS 模式的条件尚不成熟。因此，上述各种模式在中国的应用中，只有 BOT 模式应用较为广泛。目前，国内企业资本或私人资本在介入基础设施等政府投资项目的运作过程中，由于投资项目的种类、投资回报方式、项目财产权利形态的不同，在运用 BOT 方式方面出现了不同的变异模式，如 BOOT、建设-移交-运营（BTO）、BOO、改建-运营-移交（ROT）、建设-租赁-运营（BLT）、BT 等。其中，BT 模式作为 BOT 的一个重要发展方向，在过程中省略了运行（operate，O）环节，即企业运行过程，因而显示出较大的优越性。2003 年 2 月 13 日，建设部发布《关于培育发展工程总承包和工程项目管理企业的指导意见》（建市〔2003〕30 号），首次在国家正式公布的政策性文件中引入 BT 的概念，推动了 BT 模式在全国更多的城市的发展。目前，BT 模式在国内已经做出了很多探索与尝试，如表 1-1 所示。

表 1-1 BT 模式在中国的应用

年份	项目	投资概算额/亿元
2002	无锡市“五路二桥”项目（上海浦东路桥建设股份有限公司投资承建）	至 2008 年达 30 多个项目，金额为 8 亿多元
	上海长途客运总站	1.2
2003	重庆菜园坝长江大桥南引道 BT 项目	22.4
	安徽省 318 国道池州至青阳段 BT 项目	1
	重庆市华村嘉陵江大桥 BT 项目	25.5
	芜湖至湾址公路 BT 项目	2.2
	芜湖至南陵公路 BT 项目	1
2004	重庆市涪陵乌江二桥 BT 项目	2.29
	南京市九华山隧道 BT 项目	14
	北京地铁奥运支线 BT 项目	24.2
	广西北海大学园区周边市政基础设施建设 BT 项目	0.25
2005	安徽省黄山市市民中心 BT 项目	1.5
2006	重庆市空港工业园区凌空大道道路工程 BT 项目	0.6
	连云港港区东疏港道路工程 BT 项目	11.6
	上海轨道交通 13 号线世博段工程 BT 项目	15
2007	池州市教育园区（高校）一期工程 BT 项目	2.2
	惠东县城全民健身广场 BT 项目	1.17
	汕头市海滨路中段（利安路—华侨公园）市政综合改造 BT 项目	3.8
	深圳地铁 5 号线 BT 项目	200
	天津市快速路西北半环南仓立交桥工程 BT 项目	5.3
	浦东国际机场北通道 BT 项目	106
	广州佛山市顺德区快速干线网高富路 BT 项目	13
2008	保定市东三环 BT 项目	7.82
	湖北省葛店经济技术开发区南区道路 BT 融资项目	3.58
	台州市黄岩区江北片改造 B 地块安置房工程 BT 项目	0.9
	台州市黄岩区江北片改造 D 地块安置房工程 BT 项目	2.5
	茂名市城市基础设施 BT 项目	25
	盐城市人民路南路工程 BT 项目	0.32
	如皋市丁平线（中段）改造工程 BT 项目	2.44
	无锡市吴越路 A 标段工程 BT 项目	4.28
	佛山市顺德区快速干线网 BT 项目	16.5
	柳州市“三桥一路”BT 项目	27

续表

年份	项目	投资概算额/亿元
2008	嘉兴经济开发区（城北路、嘉桐路）BT 项目	2.69
	浙江省松阳县松古平原供水工程 BT 项目	0.84
	浙江省云和医院迁建项目	1.19
	重庆市鱼洞长江大桥	4.22
2009	常德市常德大道改扩建工程 BT 项目	10.88
	昆明呈贡新区市政道路 BT 项目	26.38
	盱眙县 2009 年第一期道路工程 BT 项目	0.71
	河间市污水处理厂工程 BT 项目	1.18
	天津海滨旅游区临海新城围海造陆一期 BT 项目	20
2010	重庆市开县城区道路综合整治一期 BT 工程	0.588
	重庆市巴南区保障性住房建设工程和巴南区 2010 年廉租房新建 BT 项目	8
	重庆市合川区南城断头路改造工程及拆迁还房 BT 项目	3.575
2012	成都市双流县空港高技术产业功能区道路 BT 项目	11
	宜兴市滆湖东路工程 BT 项目	5.4
	四川成渝中选道路 BT 项目	11
2013	重庆市复线桥 BT 项目	0.59
	遵义市新火车站片区新南大道道路工程 BT 项目	4.8
2014	贵安新区天河潭道路工程 BT 项目	13.94

资料来源：网上的招标公告及项目建设信息。

较早采用 BT 模式进行基础设施项目建设的地区包括上海市、重庆市、安徽省，以及江苏省无锡市，其运用的项目都是公路和交通行业项目。重庆市和安徽省属于经济不发达地区，遇到急需建设的项目，在财政无法解决巨额建设资金、银行贷款受到限制、国家严禁带资或垫资承包的情况下，想要发展，只能另寻途径，这时 BT 模式无疑是实现这一目标的有效途径；上海市是中国改革开放的窗口、市场经济发展的前沿地带、各种资本运作模式试验田，率先应用 BT 模式也不足为奇。从此，各地方政府开始纷纷进行相关尝试和实践。尽管上面所列项目只是我国已实施 BT 项目的一部分，但从中可以看出，BT 模式在我国重庆市、安徽省、上海市、江苏省、广东省、浙江省运用较广，主要用于市政道路、地铁、供水、污水处理等基础设施项目，而且项目的投资额度较高，一般都是超过亿元的项目。此外，各大上市公司纷纷加入到 BT 项目中来，为 BT 项目的发展起到了促进作用。比如上海浦东路桥建设股份有限公司在 2007 年投资设立了 BT 项目公司——上海北通投资发展有限公司（简称北通公司，经营范围为城市基础项目开发、实业投资），该公司成立当年便与上海市浦东新区政府合作投资建设浦东国际机场北通道项目，该项目投资额高达 106 亿元，而截至 2007 年底，该公司已承接了 40 个 BT 项目。又如中国铁路工程集团有限公司在 2007 年承接了广州佛山市顺德区快速干线网高富路 BT 项目合同，该项目额度达 13 亿元，随后，又于 2008 年 9 月与深圳地铁集团有限公司签署了金额高达 95 亿元的 BT 项目合同（任淮秀，2004）。

改革开放下，自 20 世纪 80 年代，中国政府开始改变导向，鼓励私人资本进入公共领域，公共物品供给的一元化格局逐渐转变为公共部门和社会部门共同提供公共产品的多元化，代表 PPP 的 BOT、设计-施工-融资-运行（DBFO）、TOT 等特许形式在双方需求积极合作中应运而生。经过多年的发展，BT 模式从 BOT 模式中演变出来。2004 年国务院颁布的《国务院关于投资体制改革的决定》（国发〔2004〕年 20 号）明确规定：放宽社会资本的投资领域，允许社会资本进入法律法规未禁入的基础设施、公用事业及其他行业和领域；各级政府要创造条件，利用特许权经营、投资补助等多种形式，吸引社会资本参与有合理回报和一定投资回收能力的公益事业和公共基础设施的建设。此政策背景可谓是 BT 模式获得发展的一个重要因素。

（三）BT 模式的衰落

BT 模式本身是合规的，但在实践中发展出类 BT 模式。类 BT 模式表现为以 BT 方式举借债务或以委托代建等名义变相举借债务，或者使用带资承包方式建设政府投资项目，拖延支付工程款，从一种工程实施方式变为一种变相的融资模式，这将会产生政府隐性债务，因此类 BT 模式是被禁止的违规项目模式。实践中的类 BT 模式使融资平台公司更注重用 BT 模式进行融资而非工程建设，由此脱离了 BT 模式原有的建设本质。融资规模的不断扩大导致地方政府隐性债务不断膨胀。因此，2014 年以来，国家针对种种利用 BT 模式进行违规融资来增加地方政府隐性债务的项目进行了严格管控。

2012 年，《关于制止地方政府违法违规融资行为的通知》（财预〔2012〕463 号）明确规定：地方各级政府及所属机关事业单位、社会团体等不得以委托单位建设并承担逐年回购（BT）责任等方式举借政府性债务……确需采取代建制建设并由财政性资金逐年回购（BT）的，必须根据项目建设规划、偿债能力等，合理确定建设规模，落实分年资金偿还计划……不得为其他单位或企业的回购（BT）协议提供担保。

2014 年 9 月 21 日，国务院印发《国务院关于加强地方政府性债务管理的意见》（国发〔2014〕43 号）。该意见包括七个部分，主要分为总体要求、地方政府性债务管理机制和存量债务处理三个方面，其指导思想是建立“借、用、还”相统一的地方政府性债务管理机制，坚持“疏堵结合、分清责任、规范管理、防范风险、稳步推进”的基本原则，在加快建立规范的地方政府举债融资机制、对地方政府债务实行规模控制和预算管理、控制和化解地方政府性债务风险、妥善处理存量债务和在建项目后续融资等方面做了详细规定。该意见加强了地方政府债务风险防范，对政府部门采用 BT 模式融资可能产生的债务风险起到了抑制作用。

2014 年 9 月 23 日，财政部发布了《财政部关于推广运用政府和社会资本合作模式有关问题的通知》（财金〔2014〕76 号），以此贯彻落实党的十八届三中全会关于“允许社会资本通过特许经营等方式参与城市基础设施投资和运营”精神，拓宽城镇化建设融资渠道，促进政府职能加快转变，完善财政投入及管理方式，尽快形成有利于促进政府和 PPP 发展的制度体系。

2015 年，《财政部关于进一步做好政府和社会资本合作项目示范工作的通知》（财金〔2015〕57 号）中提到：对于采用 BT 方式的项目，通过保底承诺、回购安排等方式进行变相融资的项目，财政部将不予受理。

2016 年，财政部在《关于印发〈地方政府性债务风险分类处置指南〉的通知》（财预〔2016〕152 号）中提出了要严控地方债务风险，同时对通过 BT 模式形成的多种类型的政府债务的偿还进行了明确的规定。其中提到，对于由政府举借的 BT 类债务，政府应当承担偿还责任，地方政府可以通过预算安排、资产处置或者债务置换的方式进行偿还。

对于或有负债中的 BT 类债务，若是政府承担担保责任的，按照《中华人民共和国担保法》，政府对 BT 类债务的担保无效，政府只承担赔偿责任（债务人不能清偿部分的 50%以内）；若是政府负有救助责任的，仅对公立学校、公立医院等公益事业单位以及水电气热等公用事业企业可以给予一定的救助，还需考虑其本地财政承受能力的情况。

2017 年，财政部办公厅发布《关于规范政府和社会资本合作（PPP）综合信息平台项目库管理的通知》（财办金〔2017〕92 号），对 PPP 项目库[①]的入库标准

① “全国 PPP 综合信息平台”（又称 PPP 项目库），包括全国 PPP 综合信息平台项目管理库（简称管理库）、全国 PPP 综合信息平台项目储备清单（简称储备清单）等组成模块。

进行了严格的规范。其中规定，仅涉及工程建设，无运营内容的项目是不适宜采用PPP模式的。并同时将采用BT模式进行的PPP项目列入了不符合规范运作要求的名单，进行了清库处理。就此，BT模式已经不再属于PPP项目的合理运作模式。

2018年8月，中央下发的《中共中央 国务院关于防范化解地方政府隐性债务风险的意见》中提到，以BT方式举借或以委托代建方式等名义变相举债的项目都是属于地方政府对企业融资提供担保的禁止性领域。由此可以确定，在当前情况下，想要通过BT方式向金融机构融资，已经几乎不可能。但这并不是说BT模式不能做。若不涉及对外融资、不通过BT模式增加地方政府债务或者对外违规融资，其还是一种合理的运作模式。

以上发布的通知文件，虽没有明文禁止BT模式，但已不提倡，而是大力推广PPP模式。

二、BT模式的相关概念

采用BT模式的公共项目，其运作过程是项目公司通过总承包，再融资、建设验收合格后移交给业主，业主再向投资方支付项目总投资加上合理回报。故BT模式也是一种“交钥匙工程”，社会投资人投资、建设项目，建设完成以后“交钥匙”，政府再回购，回购时考虑投资人的合理收益。公共项目一般具有投资回收期较长、投资数额巨大、投资回报率偏低等特点，政府单方面提供公共项目，易出现资金短缺、供给不足、使用率低等诸多问题。随着我国城镇化进程的加快，基础设施和公用事业建设的需求不断加大，而地方财政资金的有限性导致地方政府采用BT模式进行融资建设，当项目完工后政府通过财政资金支付回购总价款。BT模式属于政府公共部门向私人部门“按揭举债”的一种项目融资方式，是化解区域经济发展和城镇化过程中基础设施建设需要大量资金与地方政府可投入资金短缺之间突出矛盾的一个“产物”。

（一）BT模式及BT项目的含义

1. BT模式的含义

对BT模式的含义解释大多采用菲律宾1990年6957号法令及其修正后的概念，认为BT模式是一种融资建设模式，是BOT模式的变形。

1990年7月，菲律宾共和国通过了BOT立法的第6957号法令；1993年，菲律宾国会对该法令进行修正，发布了第 7718 号法令《菲律宾共和国第 6957 号法令即 BOT 法若干条款的修正》。该修正法令对 BT 模式的定义为，根据合同安排，由项目发起人承担拟定的某项基础设施或发展设施的筹资和建设，待项目建设完工以后，立即将该项目转给政府机构或有关政府单位，后者则向项目发起人支付该项目的总投资，并加上某一合理比率的回报额。

联合国工业发展组织在 1996 年编写的《基础设施 BOT 项目指南》中，将 BT 看成 BOT 的变形形式，定义为“建成后立即移交”（build transfer immediately）。

卡恩和帕若（2005）对 BT 模式的定义为：建设管理公司承担既定基础设施的融资和建设，在项目完成并得到委托方认可后，将这个设施的法律权利移交给作为委托方的政府机构或地方政府单位。后者按照事先商定好的时间，向承包商支付项目的全部投资和合理的投资回报。任淮秀（2004）教授定义 BT 为建设-移交，项目在建成后就移交给政府，政府按协议向项目发起人支付项目总投资加合理的回报。戴大双（2005）教授认为，BT 模式是指项目建成后就由项目发起人移交给政府，政府按协议向项目发起人支付项目总投资和合理的回报。王灏（2005）认为，BT 即建设-转让，是由业主通过公开招标的方式确定建设方，由建设方负责项目资金筹措和工程建设，项目建成竣工验收合格后由业主回购，并由业主向建设方支付回购价款的一种融资建设方式。万先进（2005）将 BT 定义为：项目所在国政府或所属机构（项目最终业主）为项目建设提供一种特许权协议作为项目的基础，与由项目的投资者和经营者组织成立的项目公司签订合同，在合同规定时间内由项目公司安排融资、设计、建设，并承担期间风险，建设完成后移交给所在国政府或所属机构（项目最终业主）；BT 建设模式实质上是国际上通行的 BOT 模式的衍变。还有些学者认为，BT 模式是一种融资代建模式。何寿奎和傅鸿源（2005）认为：BT 建设模式是向工程总承包过渡的一种建设模式；基础设施项目 BT 融资代建制建设模式是在建筑产业的长期发展过程中，随着经济社会的发展，业主对建筑服务需求的综合性和集成性越来越高，而逐步形成的承发包模式。张丽（2006）对 BT 的定义是：BT 模式是在工程承包模式发展过程中出现的一种工程总承包加融资的建设方式，同时也是非政府资金介入基础设施建设的一种项目融资方式。

本研究总结前面各种 BT 模式的定义，给出 BT 模式的含义。

首先，BT 模式是一种项目融资方式。BT 模式是 BOT 模式的变形，属于投融资活动的范畴，只是二者收回投资的方式不同。BOT 模式主要通过项目特许经营期内的经营收益来收回投资，而 BT 模式则通过政府回购项目来收回投资。因此，从 BT 模式的“投资”与“回购”环节来看，整个项目操作过程更多地表现出项目融资模式的特征，是一种特殊的项目融资方式。

其次，BT 模式是一种特殊的工程建设发包模式。BT 项目中，投资建设人既负责项目的融资，又负责项目建设或者对项目建设进行管理，承担建设期的技术与经济风险，与工程总承包模式相比多了融资的环节，与“交钥匙”工程相比，缺少设计的环节（因 BT 项目设计是单独招标），因此 BT 模式可以看成一种特殊的工程建设发包模式，属于项目管理的范畴。

最后，BT 模式是一种特殊的资产购买行为。BT 项目建设完成后，需要由 BT 发起人（政府及其机构）进行回购，因此 BT 项目最终的投资人是政府，BT 投资建设人相当于借款者，其投资通过政府回购收回。此外，BT 项目回购过程与传统建设工程中的竣工交付有显著区别，而且回购价格是按照合同中的事先约定执行的，与一般意义上的资产交易也有所不同。因此，BT 项目的回购属于特殊的资产购买行为。

2. BT 项目

BT 项目是采用 BT 模式进行融资、建设和移交的基础设施、公用事业等工程。BT 模式是一种抽象的概念，而 BT 项目是 BT 模式的具体应用，很多时候并不区分 BT 模式和 BT 项目，本书中二者等同。

（二）BT 模式的发起人、主办人及项目公司

1. BT 模式的发起人

BT 模式的发起人（又称 BT 项目的甲方，这里简称为 BT 发起人），是指出面与投资人签订 BT 模式投资建设合同并按该合同进行回购价款支付的机构，包括政府及其授权单位。

由于缺乏相关法律法规的规范，人们对 BT 发起人的法律地位的认识不一致。有人认为，BT 发起人是 BT 项目的买受人，与项目建设过程无关，仅在项目完成后成为 BT 项目的权利主体；有人认为，BT 发起人自始至终都是 BT 项目的业主。本研究认为，BT 发起人是项目的业主，但不是项目的建设单位。

2. BT 模式的主办人

BT 模式的主办人（又称 BT 模式的投资建设人或 BT 项目的乙方，这里简

称为BT主办人），是指与BT发起人签订BT模式投资建设合同并负责筹集建设资金、进行项目管理或项目建设的投资机构或投资机构与工程建设的联合体。BT主办人是BT项目建设的投资人或投资建设人，通常，项目管理或建设的职能由其投资的项目公司负责。

这里没有称其为BT投资人，是因为BT项目与一般的BOT项目不同，最终投资人是政府而不是私人部门，属于它投资并把项目投资建设好后再卖给政府这样一个过程，所以称为投资人不合适，便称为主办人。

3. BT模式的项目公司

BT模式的项目公司（简称BT项目公司），是BT主办人为了融资、建设和管理BT项目而在项目所在地设立的具有独立法人地位的公司。BT项目公司承担了工程项目中的一个关键参与主体——建设单位的相应职责。

三、BT模式与其他融资建设模式的比较分析

目前，国际上出现的与BT模式联系比较紧密的融资模式包括BOT模式、TOT模式和ABS模式，另外BT模式与带资承包也有紧密联系。因此，下面将剖析BT模式与这些模式之间的差异。

（一）BT模式与BOT模式的区别

BT模式是BOT模式的变形，与BOT模式相比，区别在于以下几方面。

（1）特许权和特许期不同。BT模式的特许期只是建设期，没有运营阶段，特许权只是项目的建设权和投资权，而BOT模式的特许期长，包括运营期，特许权包括投资权、建设权和运营权。因此，BT模式建成后，投资者要将项目有偿地转让给政府，以尽快收回投资并赚取一定的利润，而BOT模式建成后，投资者要通过一个固定的期限进行经营，以收回投资并赚取一定的利润，一旦特许期满，便将项目无偿地转让给政府。

（2）资金回收和利润来源不同。BT模式只需要投资者将项目建成而不需要经营，投资者的收入来源主要是合同收入，而BOT模式既要投资者将项目建成，又要投资者进行经营，其收入来源主要是经营收入，也有部分补贴性的合同收入。BT项目公司靠其管理能力、资源整合能力和融资能力，从降低成本中取得利润，而BOT项目公司靠运营收回成本并取得利润。

（3）承担的风险不同。BT 项目公司的风险体现在实行固定总价合同时的物价上涨，以及政府部门拖欠工程款等上，而 BOT 项目公司的风险在运营，及特许期内出现自然灾害和不可预见的损失，如运营收入低于预计值等。

（4）项目最终投资人不同。BT 模式由私人部门先投资并将项目建好，然后由政府购回，最终的投资人是政府，政府部门让渡的是投资权和建设权，而 BOT 模式的最初投资人和最终投资人都是私人部门，政府把投资权、建设权和经营权让渡给私人部门，当特许期满时，政府无偿收回项目。

（二）BT 模式与 TOT 模式的区别

TOT 模式融资方式是通过出售现有投产项目在一定期限内的现金流量，从而获得资金来建设新项目的一种融资方式，与 BT 模式的区别在于以下几个方面。

特许权和特权期不同。TOT 模式的特许权主要是已建基础设施项目经营权的转让，不存在项目的产权回购，特许期是运营期，不包括建设权和建设期，而 BT 模式特许权是建设权，涉及项目回购，特许期主要是建设期。

承担的风险不同。TOT 模式融资方式不涉及项目建设过程，不存在项目建设风险，项目风险明显较低。

TOT 模式成本相对较低。一方面，由于 TOT 模式融资方式投资风险小，投资预期收益率会合理下降；另一方面，TOT 模式涉及的环节少，项目营运时间大大提高，评估、谈判等方面的从属费用也势必降低，因而其成本和产品价格也会有所下降。

TOT 模式受体制因素制约少，引资成功的可能性大。TOT 模式的融资方式无须特别立法，就能解决 TOT 模式产生的大部分问题，具有很强的可操作性。而且，TOT 模式可以马上取得收益，成本又低，双方容易合作，使得引资成功的可能性大大增加。

（三）BT 模式与 ABS 模式的区别

ABS 模式以项目所拥有的资产为基础，以该项目资产的未来收益为保证，是通过在资本市场上发行债券来筹集资金的一种项目融资方式。与 BT 模式相比，其区别如下。

ABS 模式不存在特许权问题。ABS 模式是通过发行级别高的债券来募集资金的，原始权益人的股东结构不会改变，不收购股权，不会出现控制权转移等敏感问题。BT 模式在建设期由 BT 主办人投资建设，存在一定的控制权转移问题。

ABS 模式风险低，更易吸引投资者。ABS 模式发行的债券级别高，变现能力强，割断了项目原始权益人自身的风险和项目资产未来现金收入的风险，使其清偿债券本息的资金仅与项目资产的未来现金收入有关，加之购买者众多，分散了投资风险。因而，风险低，投资额度较小，对投资者具有较大的吸引力。BT 模式相对来说，风险高，投资额度大，只有少数投资者满足条件。

ABS 模式成本较低，适合大规模筹资。ABS 模式是在国际级别高的证券市场筹资，利息率一般比较低，从而降低了筹资成本，而且国际证券市场容量大，资金来源渠道多样化，使 ABS 模式特别适合大规模筹集资金。

综上所述，BT 模式与 BOT 模式、TOT 模式、ABS 模式的区别如表 1-2 所示。

表 1-2 BT 模式与 BOT 模式、TOT 模式、ABS 模式的区别

比较项目	BT 模式	BOT 模式	TOT 模式	ABS 模式
融资规模	较高	较高	一般	高
特许权	投资权、建设权	投资权、建设权、运营权	运营权	—
投资回收	合同收入	运营收入	运营收入	运营收入
投资风险	较高	较高	低	低
项目成本	高	较高	低	低

（四）BT 模式与带资承包的区别

尽管国家三令五申不允许垫资，但在目前的工程建设市场上，垫资承揽工程仍然存在，甚至有的作为招投标的条件，写入了补充合同。将 BT 模式看成是一种变相的带资承包是不正确的，二者区别如下。

合法性不同。带资承包是违法行为，因为它违背了市场公平的原则，导致不公平竞争，同时破坏了建筑市场的游戏规则，损害了其他守法企业的权益。建设部、国家计划委员会、财政部早在 1996 年 6 月 4 日就颁布了《关于严格禁止在工程建设中带资承包的通知》，其中提到：任何建设单位都不得以要求施工单位带资承包作为招标条件，更不得强行要求施工单位将此类内容写入工程承包合同，施工单位不得以带资承包作为竞争手段承揽工程。2003 年 3 月 8 日，国家发展和改革委员会等七部委 30 号令《工程建设项目施工招标投标办法》中明确规定：招标人不得擅自提高履约保证金，不强制要求中标人垫付中标项目建设资金。2006 年 1 月 4 日，建设部、国家发展和改革委员会、财政部、中国人民银行联合下发的《关于严禁政府投资项目使用带资承包方式进行建设的通知》明确规定：政府投资项目一律不得以建筑业企业带资承包的方式进行建设，采用 BOT、BOOT、BOO 方式建设的政府投资项目可不适用该通知。由此可以看出，带资承包实质上违背了现行法律法规的规定，是一种违法违规行为。对于 BT 模式，国家虽然没有相关立法，但其与现行法律不相悖。建设部在 2003 年发布的《关于培育发展工程总承包和工程项目管理企业的指导意见》（建市〔2003〕30 号）中提到，鼓励工程总承包企业按照 BT 方式组织实施具备条件的建设项目。

主体地位不同。带资承包与 BT 模式相比，最大的差别在于带资承包的主体不是项目法人，仅仅是建筑业企业，而 BT 项目公司是项目法人。按照现行的建设管理规定，任何一个项目的建设，包括政府投资项目，必须有一个合法的项目法人来承担项目建设的责任，负责项目建设的全过程，担负项目策划、规划、设计、建设等环节的任务，同时还必须按照相关规定，履行项目的审批、核准、备案等手续。对于 BT 模式，在特许协议下，BT 主办人获得特许经营权，是项目的主办者，对项目拥有控制权，在项目建设中的身份往往是建设单位（业主）。但是，全额垫资工程总承包合同中承包方不是项目业主，而是受雇于项目业主。

投资风险不同。BT 项目一般需由项目发起人或地方政府出具项目回购承诺函，因此项目建设方的投资收回有保障，投资风险较低。在垫资承包方式中，项目业主一般不能出具类似的担保，同时由于工程资产所有权属于项目业主，一旦项目资产被银行清算，承包方所垫资金将很难收回，风险很高。

第二节　BT 债务及 BT 债务风险

一、BT 债务及其特点

地方政府债务一般是指地方政府或其相关职能部门为维持财政收支平衡，以债券的形式向上级政府、其他组织或个人进行债务举借，承担未来一段时间的偿还责任而形成的债务。2010 年 6 月，国务院下发了《国务院关于加强地方政府融资平台公司管理有关问题的通知》（国发〔2010〕19 号），提出抓紧清理核实并妥善处理融资平台公司债务，并将融资平台公司因提供担保、回购等信用支持形成的债务纳入债务清理范围。虽然在该通知中没有明确指出“BT 债务”的概念，但实际上国家已经认识到，以财政性收入、行政事业等单位的国有资产，或其他任何直接、间接形式为地方政府相关部门或者融资平台公司融资行为提供担保的融资模式的风险性，其中就包含了 BT 模式。2013 年 12 月底，审计署 2013 年第 32 号公告《全国政府性债务审计结果》中明确了以 BT 为债权人类别的政府性债务，可见我国已将 BT 债务纳入政府债务中，即政府债务包括 BT 债务。

近年来，我国加快城镇化的国策，必然会使基础设施和公用事业建设的投资大幅增加，而地方政府税收增加的有限性和银行贷款的持续收紧，影响了地方政府持续借债的能力，造成政府资金困境的进一步加剧，BT 模式等公私合营项目会进一步增多和扩大，形成了较大规模的 BT 债务，即地方政府相关部门采用 BT 模式形成的地方政府性债务，如图 1-1 所示①。

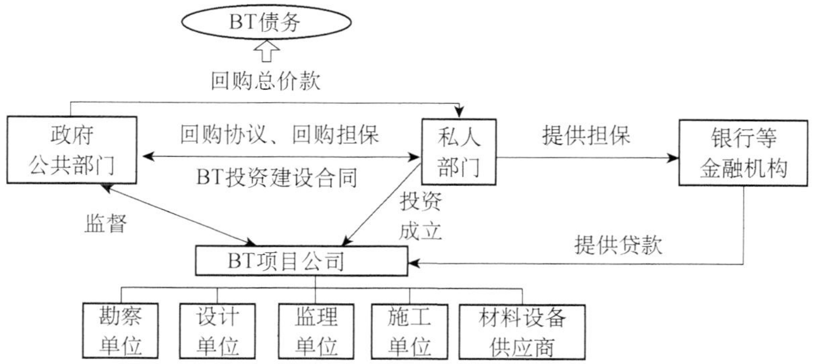

图 1-1 BT 模式形成 BT 债务流程图

从图 1-1 中可以看出，政府公共部门负有偿还责任的 BT 债务，主要体现为 BT 项目回购总价款。BT 项目回购总价款由回购基价和回购期融资费用构成。工程建设成本和建设期融资费用构成了回购基价，回购期融资费用的大小则直接取决于回购款的支付方式和需支付给 BT 主办人的投资收益多少（高华和谢强，2009）。

综上所述，BT 债务是指政府相关部门采用 BT 模式所形成的地方性政府债务，BT 债务规模是政府部门向私人部门支付的 BT 项目回购总价款。目前，地

① 图 1-1 仅显示了单一 BT 项目实施过程中所形成的 BT 债务。实际上，地方政府性债务中的 BT 债务总量是该地区所有 BT 项目所形成的 BT 债务之和。

方政府部门和隶属于政府有关部门的城投类融资平台公司都在以 BT 模式为渠道，进行变相举债，这两种举债融资的方式都直接或间接地构成了地方政府的 BT 债务。因此，本研究将 BT 债务界定为政府相关部门采用 BT 模式所形成的地方性政府债务，而 BT 债务规模是政府部门向私人部门支付的 BT 项目回购总价款，由回购基价和回购期融资费用构成。工程建设成本和建设期融资费用构成了回购基价；回购期融资费用的大小则直接取决于回购款的支付方式和需支付给 BT 主办人的投资收益（Snieska and Draksaite，2009）。

BT 债务的增加会进一步加大地方政府债务风险，较高的债务风险会影响地方经济实力的提高以及地区公共产品的供给（罗志红和朱青，2012），恶化社会信用，影响社会稳定，甚至使得部分地区基层政权无法正常运转（邵伟钰，2008），最终影响国内经济发展，降低国家竞争力（Snieska and Draksaite，2009）。由此可见，BT 债务风险过大会对国民经济和社会发展产生消极影响，需要对现有的 BT 债务风险进行评价，衡量地方政府 BT 债务风险的大小，才能有针对性地采取风险防范和控制措施，从而对 BT 债务风险进行有效管理。

BT 债务不同于一般地方政府债务，与其他地方政府债务相比，具有资金流复杂、短期性和债务规模不稳定等特殊性。

第一，BT 债务与其他地方政府债务相比，资金不是流向政府相关部门，而是直接流向 BT 项目，银行借款的债务人是私人部门，项目建设合格移交后，政府部门分次向私人部门支付回购价款，由私人部门偿还银行债务。由此可见，BT 债务涉及主体较多，资金流复杂，一旦政府不能及时回购 BT 项目，会引起更大的风险后果。

第二，BT 债务期限较短。BT 债务一般在项目建成后 3～8 年回购，实践中以 3 年居多，较其他地方政府债务更具短期性，加重了地方政府的还债压力，使得 BT 债务风险发生的可能性较大。

第三，BT 债务规模不稳定。BT 项目投资规模较大，风险很大，项目建设过程中影响投资的因素较多，例如自然环境因素、经济因素、政治因素等都会对 BT 项目投资规模产生影响，进而降低 BT 债务规模的稳定性，使 BT 债务规模发生波动。

除此之外，地方政府的财政部门在 BT 项目回购之前很少制订相关的预算安排计划，用于支付 BT 项目回购价款，很难在政府公开资料中探究 BT 债务详情。地方政府相关部门对 BT 债务有所遮掩，缺乏必要的 BT 债务信息披露机制，这种状况加大了 BT 债务的隐蔽性。

二、BT 债务风险

如前所述，BT 债务为政府相关部门采用 BT 模式所形成的地方性政府债务，而 BT 债务风险为狭义的地方政府债务风险，即财政风险，仅指 BT 债务引起的财政风险。即 BT 债务回购付款负担超过了财力承受能力，政府债务发生严重困难，不得不延期还贷或停止偿还的风险。

第三节　BT 债务风险度量及防范的必要性

一、激增的 BT 债务规模加大了地方政府债务风险

我国将大力发展地方经济、推进地方城镇化建设作为一项基本任务。2003 年，为鼓励 BT 模式实施，建设部正式颁布了《关于培育发展工程总承包和工程项目管理企业的指导意见》（建市〔2003〕30 号），标志着 BT 模式的正式启动。为了鼓励社会资本积极参与地方基础设施建设，2004 年国务院颁布了《国务院关于投资体制改革的决定》（国发〔2004〕20 号），政府开始全面实施 BT 模式，促使基础设施建设不断加强。“十五”期间，我国包括 BT 项目在内的城市基础设施投资需要 10 000 亿元，而中央和地方政府预算投资在 1/4 左右（李慧，2018），需要运用银行贷款或社会资本投资等资金筹集方式，以满足地方基础设施建设现实性需求。2008 年，金融危机造成我国经济增速减缓，银行信贷不断收紧，地方政府资金困境进一步加剧。对此，我国政府增强基础设施建设，扩大内需，然而税收增加的有限性，致使政府采用 BT 模式进行融资建设。此外，BT 模式是政府体现公私合作伙伴关系思想的基础设施“投融资+建设”管理模式之一，即投资人通过筹集资金的方式参与到基础设施建设中，政府按照合同规定对建好后的项目进行回购。该模式不仅有效地解决了政府资金匮乏问题，而且使社会资源得到充分利用，但 BT 模式等公私合作项目的增多加大了政府回购 BT 项目的难度，使 BT 项目回购形成的 BT 债务进一步激增。从政府角度来看，不断增长的债务投资逐步使政府性投资过大，引起政府主导的经济局部过热，破坏了经济运行规律，容易引发经济危机。就企业而言，若企业用于 BT 项目的建设资金不能及时收回，将致使企业内部不能正常运转、社会失业率增加，长期下去会

造成经济下滑，引发社会动荡。BT 项目虽然在一定程度上缓解了地方政府财政压力，但实际上是一种变相举债的模式，造成地方政府债务风险逐渐增大。

根据审计署发布的 2013 年第 32 号公告《全国政府性债务审计结果》，截至 2013 年 6 月底，我国 BT 债务规模为 14 763.51 亿元。从数据可以看出，BT 债务余额占地方政府债务规模的 21.98%，排在地方政府债务第二位，仅次于银行贷款，具体见表 1-3。

表 1-3 2013 年 6 月底我国政府性债务来源情况表 （单位：亿元）

债权人类别	政府负有偿还责任的债务	政府或有债务	
		政府负有担保责任的债务	政府可能承担责任的债务
银行贷款	55 252.45	19 085.18	26 849.76
BT	12 146.30	465.05	2 152.16
发行债券	11 658.67	1 673.58	5 124.66
其中：地方政府债券	6 146.28	489.74	0.00
企业债券	4 590.09	808.62	3 428.66
中期票据	575.44	344.82	1 019.88
短期融资券	123.53	9.13	222.64
应付未付款项	7 781.90	90.98	701.89
信托融资	7 620.33	2 527.33	4 104.67
其他单位和个人借款	6 679.41	552.79	1 159.39
垫资施工、延期付款	3 269.21	12.71	476.67
证券、保险业和其他金融机构融资	2 000.29	309.93	1 055.91
国债、外债等财政转贷	1 326.21	1 707.52	0.00
融资租赁	751.17	193.05	1 374.72
集资	373.23	37.65	393.89
合计	108 859.17	26 655.77	43 393.72

资料来源：2013 年 12 月 30 日审计署第 32 号公告《全国政府性债务审计结果》。

另外，在地方省市方面，BT 债务规模也同样引起了人们注意。以四川省和贵州省的 BT 债务规模为例，根据审计署 2013 年第 32 号公告《全国政府性债务审计结果》，2013 年底两个省的 BT 债务规模都已经超过了 1000 亿元，在负有偿还责任的债务中所占比例较高，且贵州省的 BT 债务占负有偿还责任债务的比例更甚：在贵州省 4622.58 亿元的负有偿还责任债务中，BT 债务占比达到 39.5%，共计 1827.41 亿元，成为其中的第一资金来源。

企业方面，从经营BT项目的集团公司披露的数据进行分析，本研究选取了截至2013年中国交通建设集团有限公司官网公布的由其参与的BT项目数据，对其进行汇总统计，得到图1-2。从2007年开始，中国交通建设集团有限公司的BT项目投资额开始有大幅增加，尤其在2012年，其BT项目投资额较2007年增加了一倍多。2004～2013年，中国交通建设集团有限公司BT项目投资额的变化，也间接反映出我国地方政府引入BT模式进行地方基础设施建设，大规模举债，使BT债务规模增加的情况。

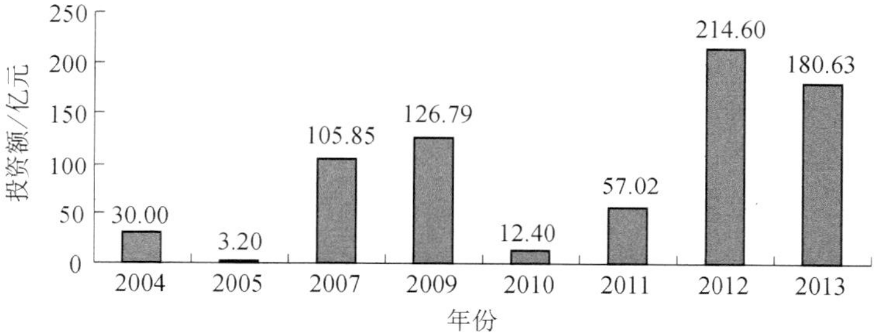

图1-2 中国交通建设集团有限公司BT项目投资额汇总

注：部分年份数据缺失，故未列出，下同

二、中央政府出台了一系列措施控制地方政府债务风险

2010年6月13日，国务院颁布了《国务院关于加强地方政府融资平台公司管理有关问题的通知》（国发〔2010〕19号），开始对融资平台公司进行规范，进一步化解地方债务。2012年底，中国银行业监督管理委员会主席尚福林（2013）指出，我国地方政府债务中以融资形式举借的债务达93 000亿元。2013年，审计署根据借债主体类别发布了截至2013年6月底的地方政府性债务规模，具体如表1-4所示。

表1-4 地方政府性债务规模 （单位：亿元）

举债主体类别	政府负有偿还责任的债务	政府或有债务	
		政府负有担保责任的债务	政府可能承担一定救助责任的债务
融资平台公司	40 755.54	8 832.51	20 116.37
政府部门和机构	30 913.38	9 684.20	0.00
经费补助事业单位	17 761.87	1 031.71	5 157.10

续表

举债主体类别	政府负有偿还责任的债务	政府或有债务	
		政府负有担保责任的债务	政府可能承担一定救助责任的债务
国有独资或控股企业	11 562.54	5 754.14	14 039.26
自收自支事业单位	3 462.91	377.92	2 184.63
其他单位	3 162.64	831.42	0.00
公用事业单位	1 240.29	143.87	1 896.36
合计	108 859.17	26 655.77	43 393.72

资料来源：2013 年 12 月 30 日审计署第 32 号公告《全国政府性债务审计结果》。

从表 1-4 可以看出，政府负有偿还责任的债务有 108 859.17 亿元，其中融资平台公司举借的债务达 40 755.54 亿元，约占 37.44%，排在借债主体的第一位，且从审计署 2013 年第 32 号公告《全国政府性债务审计结果》可知，从 2012 年底至 2013 年 6 月底，全国政府性债务增加 25 057.79 亿元。基于此，我国政府已经认识到政府债务风险问题，并出台了一系列控制地方政府债务风险的措施，如表 1-5 所示。

表 1-5 地方政府债务文件

年份	名称	部门	内容概括
2010	《国务院关于加强地方政府融资平台公司管理有关问题的通知》	国务院	对融资平台公司进行清理规范； 处理包括因提供担保、回购等信用支持形成的融资平台公司债务； 禁止地方政府进行违规担保承诺等行为； 加强对融资平台公司和银行业金融机构的管理； 加强组织领导，确保工作落实
2014	《国务院关于加强地方政府性债务管理的意见》	国务院	完善预算体系，建立预算平衡机制； 规范财政收支管理、严肃财经纪律； 赋予地方政府依法适度举债融资权限，建立规范的地方政府举债融资机制； 规范地方政府债务管理，防范化解财政风险
2014	《中华人民共和国预算法（2014 年修订）》	全国人大常委会	建立跨年度预算平衡机制； 政府的财政收入和支出应当纳入预算； 国家指定债务可以通过发行地方政府债券举借债务的方式筹措
2016	《地方政府性债务风险应急处置预案》	国务院	对地方政府债券，地方政府依法承担全部偿还责任； 建立地方政府性债务风险评估和预警机制； 财政重整计划：拓宽财源渠道、优化支出结构、处置政府资产、申请省级救助、加强预算审查、改进财政管理

2010 年，国务院颁发了《国务院关于加强地方政府融资平台公司管理有关问题的通知》（国发〔2010〕19 号），指出要将融资平台公司债务纳入政府债务

范畴并进行清理。2014 年，《国务院关于加强地方政府性债务管理的意见》（国发〔2014〕43 号）和《中华人民共和国预算法（2014 年修订）》为我国地方政府债务风险控制的开展提供了实践依据。2016 年，国务院发布的《地方政府性债务风险应急处置预案》提出建立地方政府性债务风险评估和预警机制，为政府债务风险控制提供了法律依据。2017 年 8 月，财政部再一次提出，政府部门仍要不断做好地方政府债务风险化解的工作，积极采取债券形式进行举债①。但关于尚未被披露的地方政府性债务，目前仍不得而知。从 2013 年的政府债务审计报告统计数据来看，我国地方政府债务日益增多，债务风险情况不断恶化。

三、BT 债务与政府债务相比更具复杂性

（一）BT 债务涉及复杂的主体和资金流

在地方政府债务来源中，银行贷款和债券所占比例较大，更具有代表性，因此本研究以银行贷款和债券为例，与 BT 债务进行对比分析。银行贷款、债券的资金流相对比较简单，资金流向也比较清晰，对债务风险分析较为有利，例如地方政府以当地税收能力作为还本付息担保所发行的债券。我国《中华人民共和国预算法》规定，地方政府不得发行地方政府债券，虽然已经有上海、广东、浙江、深圳等少数几个地方政府于 2014 年 5 月 21 日作为试点开始自发自还，但我国政府债券主要还是由中央政府审批、财政部代理发行，其资金流如图 1-3 所示。

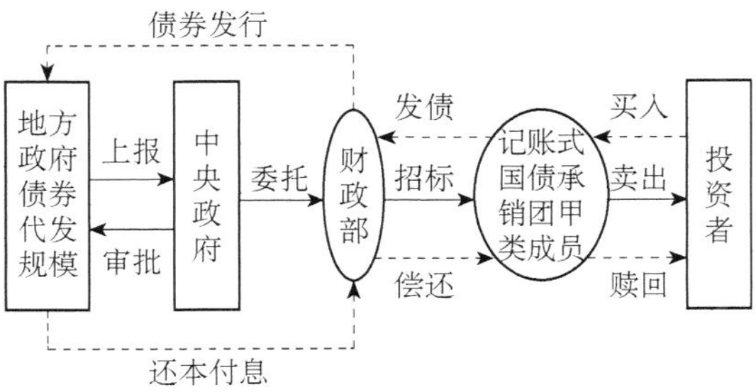

图 1-3　财政部代理发行地方政府债券资金流

注：虚线代表资金流向

① 财政部：积极稳妥化解地方政府债务风险. http://finance.ifeng.com/a/20170829/15624220_0.shtml [2020-10-09].

从图 1-3 中可以看出，中央政府对地方政府上报的代发债券规模进行核准审批，并由财政部进行债券发行，地方政府向财政部偿还债务的本息，然后由财政部代替地方政府进行债券偿还。除此之外，其他一般地方政府债务的现金流也相对比较简单。例如融资平台公司类债务，地方政府通过城建开发公司、城投公司等融资平台公司，以地方政府为担保主体进行贷款融资；政信合作类债务，该债务是各级地方政府与信托公司进行合作，推出信托产品形成的地方政府债务，均是在地方政府、融资平台公司或信托机构、公众债权人三方之间形成资金流，且资金流清晰简单，涉及主体相对简单明了。

BT 债务是由地方政府采用 BT 模式形成的地方政府性债务，BT 项目构成了 BT 债务的主体，在实际操作过程中，BT 项目涉及的合同关系比较烦琐，涉及主体较多，资金流相对复杂。在 BT 项目实施过程中，资金流从投资建设方的账户流向 BT 项目，在回购期则由地方政府公共部门账户分次流回投资建设方账户。在 BT 项目内部，资金则由 BT 项目公司通过工程建设资金专户流向设计单位、施工单位、咨询服务单位、材料设备供应单位，形成更复杂的资金流。以深圳地铁 5 号线 BT 项目为例，其涉及的主要参与主体和资金流如图 1-4 所示。

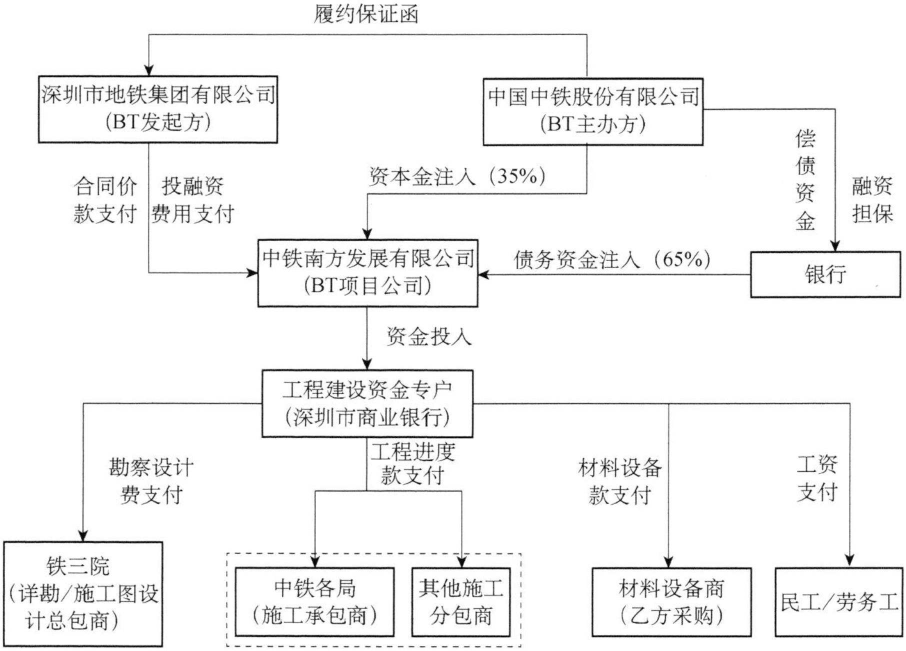

图 1-4　深圳地铁 5 号线 BT 项目资金流

注：中国中铁股份有限公司是指中国铁路工程集团有限公司（简称中铁）；铁三院是指铁道第三勘察设计院集团有限公司；中铁各局是指中国中铁下属的中铁一局集团、中铁四局集团等

从图 1-4 中可以看出，深圳地铁 5 号线 BT 项目涉及 BT 发起人、BT 主办人、BT 项目公司、银行、勘察设计单位、施工单位、材料设备供应商等多个主体单位，合同关系错综复杂，同时造成资金流流向多样性，涉及资本金注入、债务资金注入、投融资费用支付、合同价款支付、勘察设计费支付、工程进度款支付、材料设备款支付、工资支付等多条资金流。

BT 政府债务借入和偿还的资金流简化后得到图 1-5。可见。从参与主体角度来看，对于一般性政府债务而言，政府直接向金融机构或私人部门借债。然而，BT 债务的形成过程涉及政府、私人部门和金融机构等参与主体，可见 BT 债务的参与主体比一般性政府债务更复杂。从资金流角度，与一般性政府债务相比，BT 债务资金并非直接流向政府部门，而是通过 BT 项目的建设，间接流向政府部门。私人部门向金融机构借入资金用于 BT 项目建设，政府则按照合同规定分期向私人部门支付回购价款，然后由私人部门偿还银行债务，因此 BT 债务涉及更加复杂的参与主体和资金流。一旦 BT 项目回购延迟，造成拖欠工程款，将严重降低政府信用，也可能导致私人部门无法及时偿还银行贷款，银行财务出现亏损，严重时会引起银行倒闭，最后的买单者依然是政府部门。因此，必须严格控制 BT 债务风险，避免债务危机的出现。

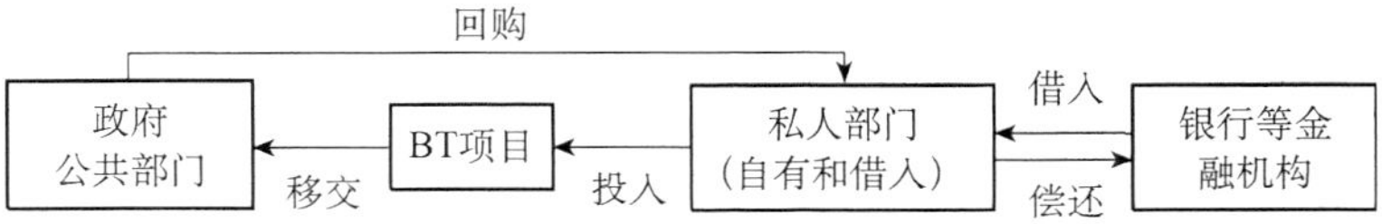

图 1-5　BT 政府债务借入和偿还流程图

（二）BT 债务偿还期限比一般地方政府债务偿还期限短

一般政府债务的还债期限较长，偿还期限在 5～10 年。例如城投债券的一般中长期还债期限为 5～10 年（赵云旗，2013）。另外，按照万得（WIND）数据统计的结果，2009～2013 年，我国财政部代理发行地方政府债券偿还期大多为 5 年。在 2014 年 5 月财政部的相关通知中，2014 年可自发自还地方政府债券的试点包括浙江、广东、江苏三个经济较发达的省份，中西部地区江西、宁夏两个经济相对欠发达的省份，以及北京、上海、深圳、青岛四个城市。债券期限均较长，5 年、7 年和 10 年债券的比例为 4∶3∶3。除了城投债券、地方政府债券之外，自 2008 年以后，地方政府通过融资平台公司开始大规模发行债券，2011 年和 2012 年进入了快速增长时期，这期间发行的债券期限主要为 5～10 年，偿还期限相对较长。

BT 项目一般的回购期限为 3～8 年（高华，2013），但是在实际操作过程中，大部分 BT 项目的回购期限很少超过 5 年。本研究搜集了中铁国际集团有限公司、中国水利水电建设股份有限公司、中国交通建设集团有限公司、太平洋建设集团有限公司等从事 BT 模式公司披露的相关数据，选取其中部分 BT 项目，对其回购期限进行汇总，得到表 1-6 的结果。可见，其中多数 BT 项目的回购年限在 2～3 年，地方政府需要在很短的时间内支付回购款，这在一定程度上增加了地方政府部门偿还 BT 债务的压力。

表 1-6　部分 BT 项目回购期限汇总

序号	BT 项目名称	合同签订年份	BT 项目规模/亿元	回购年限/年
1	辽宁省建昌至兴城高速公路 BT 项目	2012	52.96	2.5
2	江苏省句容市城市道路 BT 项目	2013	15.52	3.0
3	江苏省镇江市新区还迁安置房 BT 项目	2012	28.13 亿港元	2.0
4	湖南郴州有色金属产业园林邑公园、西河带状公园及生态治理 BT 融资建设项目	2011	2.70	3.0
5	南昌市象湖及抚河截污工程 BT 项目	2012	3.18	2.5
6	重庆市合川仪北路 BT 项目	2010	1.50	2.0
7	桂林市临桂新区防洪排涝及湖塘水系 BT 项目	2011	16.20	2.0
8	北京地铁奥运支线 BT 项目	2003	10.98	1.0
9	泰达海洋围海造路一期 BT 项目	2008	18.96	4.0
10	南京地铁二号线一期土建 D2-TA05 标 BT 项目	2006	6.99	3.0

（三）BT 债务的隐蔽性强，规模具有更多不稳定性

在 BT 项目回购前，政府很少制定 BT 项目回购支出的预算计划，这可能会加大实际回购难度。此外，2013 年以前，政府没有对 BT 债务规模进行披露，缺乏必要的信息公开机制，透明性较差。因此，我国 BT 债务风险隐蔽性相比政府债务风险更高。

BT 项目主要应用于非经营性和部分准经营性项目，BT 债务规模主要由 BT 项目最终回购总价款决定，而 BT 项目在实施过程中受到各种环境自然因素、社会经济、政治事件的影响，造成 BT 项目的回购基金和回购期融资费用的变动，造成回购总价款波动，从而影响 BT 债务规模的稳定性。对于地方政府而言，其支付给 BT 项目投资方的回购基价以及投资收益构成了 BT 项目投资规模的主

要部分。BT项目建设期间，由于受到设计变更、材料价格波动、不可抗力因素等各种不确定因素的影响，会造成回购基价的波动；BT项目回购期间，如果发生移交延误、利率波动等事件，也会对投资收益造成一定的影响，以浮动利率计算投资回报率为例，若回购期内中国人民银行公布同期的贷款基准利率上升，将导致投资回报率上浮，使地方政府支付的投资收益增加，影响到回购款的总额，形成BT项目利率风险。可见，BT项目的投资规模往往不是一成不变的，在项目实施过程中受到各种因素的影响，最终导致BT债务规模的不稳定性。

从以上分析可以看出，BT债务风险相比其他一般地方政府债务风险而言具有一定的特殊性，使得BT债务风险状况复杂，隐蔽性和不稳定性加大，监管难度加大，因此BT债务风险控制的难度更大。所以，进行BT债务风险控制时，有必要对风险大小进行度量。后续章节会在分析BT债务风险因素的基础上，采用系统动力学方法构建BT债务风险系统模型，度量BT债务风险的大小。

第二章　BT 债务风险因素的识别

第一节　BT 债务风险研究现状

目前，关于 BT 模式风险的研究主要集中在 BT 项目层面的风险划分（姜早龙等，2012）、风险分担（高华等，2015a，2016a）、风险评价（程鸿群等，2014）上，在宏观层面对 BT 债务的研究尚属空白。实际上，BT 债务在地方政府债务中规模较大，仅从项目自身的微观角度研究问题，显然不能满足实际需要，因此需要将 BT 债务与地方政府债务的研究相结合，以解决日益凸显的 BT 债务风险问题。

地方政府债务风险研究的成果很丰硕，本章主要梳理了地方政府债务风险成因、地方政府债务风险因素、地方政府债务风险预警模型和地方政府债务风险防范与治理等方面的研究。

1. 地方政府债务风险成因

国外仅有少数学者对地方政府债务风险成因进行了研究，归纳起来有以下几个方面：弥补财政赤字和短期资金不足、财权事权不对应、基础设施项目融资的需要和政府在财政上不负责任。较早时期，Bird 和 Tassonyi（2010）以及 Mikesell（2014）提出借债引起的财政赤字是产生地方政府债务风险的直接原因。Bird 和 Tassonyi（2010）认为加拿大政府债务的产生根源在于政府进行基础设施建设的资金需要。Henmanta 和 Pradhan（2002）认为，政府财权和事权的不对等是加拿大产生地方政府债务风险的主要原因。政府是地方债务风险的最终责任者和承担者，政策的职权削弱、建设能力下降以及政府对财政的不负责任加大了当地政府债务风险。

由于我国国情的特殊性，地方政府债务风险成因的研究需要结合我国经济、财政和管理等因素。为此，许多学者对政府债务风险成因进行了大量研究。我国政府债务风险成因主要包括财政体制造成的财权事权的不对等、债务管理和官员政绩考核等方面。刘尚希（2004b）认为，我国分税制改革弱化了地方政府财权，造成政府财权和事权不对称，且现阶段我国政府债务管理行政管理不完善，缺乏专门的监管机构，可能导致债务监管和披露的延迟，容易造成债务风险。郭琳和陈春光（2002）认为，体制转轨以及地方政府债务管理等问题是债务风险产生的重要原因。巴曙松（2011）提出，官员考核机制的不健全，导致政府干部以GDP作为绩效考核，加剧了地方政府债务风险。政府债务风险的原因较多，偿债意识、地方政府刚性支出[①]，以及社会经济发展与政府资金有限性的矛盾，均会对政府债务风险产生影响。杨灿明和鲁元平（2013）认为，财政管理体制、政府债务融资制度和债务管理是地方政府债务风险产生的主要原因。王俊（2015）认为，地方政府债务风险产生的原因主要是体制问题，包括财政体制、金融体制、政治体制和宏观政策等方面。刘衡和陈志勇（2016）认为，现行的财政分权制度以及地方政府间的竞争加剧是导致地方政府性债务扩张的主因。李淑芳和熊傲然（2020）认为，地方政府债务风险主要源于技术层面的债务管理水平不高、意识层面在于风险意识不强而盲目新增和扩建项目，以及制度方面分税制、领导考核方式和预算公开制度等。赵旭霞（2020）认为，金融体系低效率和财政制度性因素叠加是造成我国地方政府债务风险居高不下的重要原因。

2. 地方政府债务风险影响因素

对于地方政府债务风险因素的研究，可将其从预算管理视角、经济水平视角、土地财政视角、政府投资视角等方面进行分析。除了普遍意义上的影响因素如地方政府收入、地方政府支出、政府预算规则等，还包括人口流动、预算软约束（刘尚希，2004a）、利率和选举（Geys，2007）、规制与管理（Eichengreen and Mody，2003）和债务结构等因素。Denison和Guo（2015）研究了地方长期债务和预算支出之间的相互作用，讨论了国家和地方政府使用长期债务的历史趋势，按州检查地方政府的总财政数据，以证明支出波动性与尚未偿还债务余额之间的相关性。Guo（2017）运用逐步回归方法分析了国债规模的影响因素，然后运用布莱克-肖尔斯（BS）模型和朴素模型对某市政府债务违约风险进行了研究，发现经济发展水平和地方政府财政收入对债务风险控制具有正向影响，而地方政府财政支出和债务持有主体结构以及债务风险控制的总体结构具有负向影响。戴双兴和吴其勉（2016）通过建立在险价值（VAR）模型，探究了土地出让

---

① 本研究定义的刚性支出范围为一般公共服务、外交、国防、公共安全、教育、科学技术、文化体育与传媒、社会保障和就业、医疗卫生和计划生育、住房保障以及基金预算中的文体与社保。

金、房地产税与地方政府债务规模三者之间的关系，发现土地财政中的土地出让金和房地产税是造成地方政府债务规模扩大的重要因素。黄健和毛锐（2018）应用面板结构向量自回归模型，研究了地方政府投资对我国地方债务发行规模的变动影响，又进一步研究了地方经济增长和政府投资与地方政府债务的作用关系。Balaguer-Coll 等（2013）分析了直接影响西班牙地方政府债务水平的因素及可控影响因素引发地方政府债务的严重程度。

3. 地方政府债务风险预警模型

地方政府债务风险预警是在识别债务风险的基础上，根据风险标准采用定量或者定性的方法，对风险进行事前评估，并提出一定解决措施。目前，地方政府债务风险预警研究主要集中在美国、巴西、哥伦比亚、新西兰等国家。这些国家的风险预警方式也比较健全，按风险预警方式可归为两类：一类是利用地方财政监测系统对政府财政安全情况进行监控，从而控制政府债务危机发生，如美国俄亥俄州模式的“地方财政监控计划及财政危机法”（Alesino，2000）是上级政府对下级政府财政状况监控的一种预警模式；另一类是通过设定地方政府债务风险指标来控制政府债务规模，如新西兰将财政风险纳入预算管理，并建立了一套政府或有负债核算的预警体系；典型的还有哥伦比亚“交通信号灯”和巴西“地方政府借款限制”等预警模式。这些预警手段都涉及预警指标体系的构建和预警模型方法的确定。首先是预警指标体系的研究。Berg 和 Pattillo（1999）结合了概率论中的多元概率比（probit）回归模型，全面探讨了指标体系研究。王晓光和高淑东（2005）认为，对地方政府债务的定量分析需要构建一个与实际债务状况相关的综合指标体系。裴育和欧阳华生（2006）从政府债务风险预警机制视角提出，建立地方政府债务风险预警指标体系需要考虑风险状况并参照一定的标准量化风险等级。章志平（2011）探讨了政府债务风险指标体系，对地方政府债务风险进行了预警研究。金荣学等（2013）将不可控性因素纳入指标体系中，以多层次结构分析法建立指数指标，从宏观和微观两个层次对风险控制提出了合理化建议。倪筱楠等（2014）从债务的举债、用债和还债三个方面全面分析了地方政府债务风险指标体系，并在此基础上探讨了债务风险指标与风险的相关性。其次是预警模型方法的构建。目前，国际上主要流行的预警模型有 STV 横截面回归模型（Sachs et al.，1996）、KLR 信号分析法（Kaminsky et al.，1997）、马尔可夫模型（Doi et al.，2011）、PDR 模型（Rocha et al.，2002）、一般均衡模型（Tamegawa，2016）、随机模型（Cadenillas and Huaman-Aguilar，2016）。随着地方政府债务风险预警模型的发展，国内学者采用了因子分析、BP神经网络法、模糊综合评价方法和层次分析法建立地方政府债务风险预警模型。刘星等（2005）结合相关债务数据，运用因子分析和聚类分析法，构建了地方政府逻辑斯蒂模型和债务风险判别模型。洪源和刘兴琳（2012）采用BP神经网络方法建立了地方政府债务预警模型。许争和戚新（2013）从借债、用债和偿债三个角度，利用模糊综合评价方法和层次分析法对东北地区债务风险建立了风险预警模型。2013年审计公告显示，融资平台公司债务属于地方政府债务，并排在了政府借债主体的第一位，为政府举债提供了更大的空间，加重了地方政府的债务负担。刘骅和卢亚娟（2014）利用因子分析对融资平台公司财务指标进行了分析，将BP神经网络结构纳入地方政府融资平台公司债务预警模型研究中。刘娅等（2014）将因子分析和层次分析法融入标准分数模型中，并依此构建了地方政府投融资平台公司债务风险评价体系，对地方政府投融资平台公司债务风险提出了实际性建议。

4. 地方政府债务风险防范与治理

针对地方政府债务风险防范和解决措施，相关研究提出，从税务治理角度防范（王晓光和高淑东，2005），从财务指标预测角度提出解决措施（裴育和欧阳华生，2006），从控制公共风险角度提出化解措施（章志平，2011）。还有部分文献专门研究了地方债务融资平台公司风险防范和化解方法（金荣学等，2013；倪筱楠等，2014；Kaminsky et al.，1997）。贾康（2009）根据公共财政要求，认为债务风险的控制应该对地方融资活动及规模进行审查与监督。Bessembinder等（2006）通过对美国政府债务规模变化进行分析，认为地方政府应该通过发行债券的形式降低政府债务风险。何杨和满燕云（2012）通过对我国现行土地财政与地方政府债务融资的研究指出，我国地方政府债务风险控制需要兼顾法律规范和财税体制改革。赵永红（2014）提出，政府需要扩大税务来源，增加地方政府税收，以控制地方政府债务风险。我国财政体制改革后，中央享有更大的财政比例，而地方政府的事权逐渐扩大，造成地方政府财权和事权失衡，政府债务风险加剧。

现有研究对政府债务风险治理方面的措施主要包括政府债务管理、土地财政、税收和财政体制改革等宏观经济方面。此外，李勇等（2011）认为，地方政府债务风险的控制不仅需要维持宏观经济政策的一致，还要根据区域特点采取不同的措施。BT债务属于政府债务的一部分，本研究以重庆市政府为例，在上述宏观经济政策的基础上结合BT债务的特有风险，提出BT债务风险控制优化措施。

可见，地方政府债务风险研究还是比较成熟的，但都是基于宏观层面，债务使用的项目层面风险只有江俊龙等（2011）的文章提到。BT 债务虽然属于地方政府债务的一部分，但 BT 债务具有涉及主体较多、资金流复杂、规模稳定性差及更加隐蔽等特点。因此，虽然现有的地方政府债务风险评价指标体系已较为成熟，但这些指标没有考虑 BT 项目微观特殊性，不能直接套用。建立一套严谨、科学、适用、完整的 BT 债务风险评价指标体系，首先要确定 BT 债务风险的影响因素，这正是本章研究的主要内容，采用扎根理论对 BT 债务风险因素进行识别，构建风险因素集，为后续 BT 债务风险评价和度量奠定基础。

第二节　研究方法及数据来源

一、研究方法的确定

风险因素识别的方法很多，比如头脑风暴法、德尔菲法、核对表法、情景分析法、流程图法、分解分析法、故障树分析法、常识判断法等，这些方法通常应用在项目的风险识别中。我们选用了扎根理论用于识别 BT 债务风险的影响因素。扎根理论是一种以定性为主的研究方法，其目的是基于现有的经验资料来建立理论。一般情况下，在研究之前并没有理论假设，需要从实际的访谈或观察中直接入手，对获得原始资料进行概括总结，提炼为系统性的理论。应用扎根理论要有经验证据的支撑，需要从经验事实中抽象出新概念、新理论。由于 BT 债务风险属于一个新范畴，当前学术界的相关理论研究相对比较缺乏，尤其是我国理论界的相关研究还不成熟，因此本研究采用扎根理论的研究方法，对原始的定性资料进行归纳梳理，使其概念化、范畴化，进而通过比较、浓缩，获得最终的结论。

扎根理论最早于 1976 年由美国 Galsser 和 Strauss 两位学者提出，首先应用于医院死亡的研究，到 20 世纪 90 年代以后，该方法被逐步应用于管理学、教育学、心理学和社会学等不同领域（Barnsley et al.，2012）。近年来，扎根理论也广泛应用于影响因素的识别研究，比如老年人中风后参加户外旅游的影响因素分析（Lara et al.，2012）、不同类型学生选择工商管理硕士学位（MBA）计划的影响因素（Blackburn，2011）、在风险管理中各阶段的关键成功因素识别（朱荣，2010）。扎根理论在风险识别方面也有应用，比如产业集群（杜晓君和刘赫，

2012)、企业海外并购（李柏洲等，2014)、企业知识转移（费小冬，2008）等风险识别。

扎根理论在实践过程中产生了很多演化，以 Glaser 和 Strauss（1980）的原始版本、Strauss 和 Corbin（1994）的程序化版本以及凯西·卡麦兹（2009）的建构主义版本为三大代表流派。鉴于 Strauss 和 Corbin 的程序化版本是迄今为止使用最多的扎根理论，并且在风险识别领域应用较为成熟，故选用 Strauss 和 Corbin 的程序化版本扎根理论进行 BT 债务风险因素的识别。具体研究思路如图 2-1 所示。

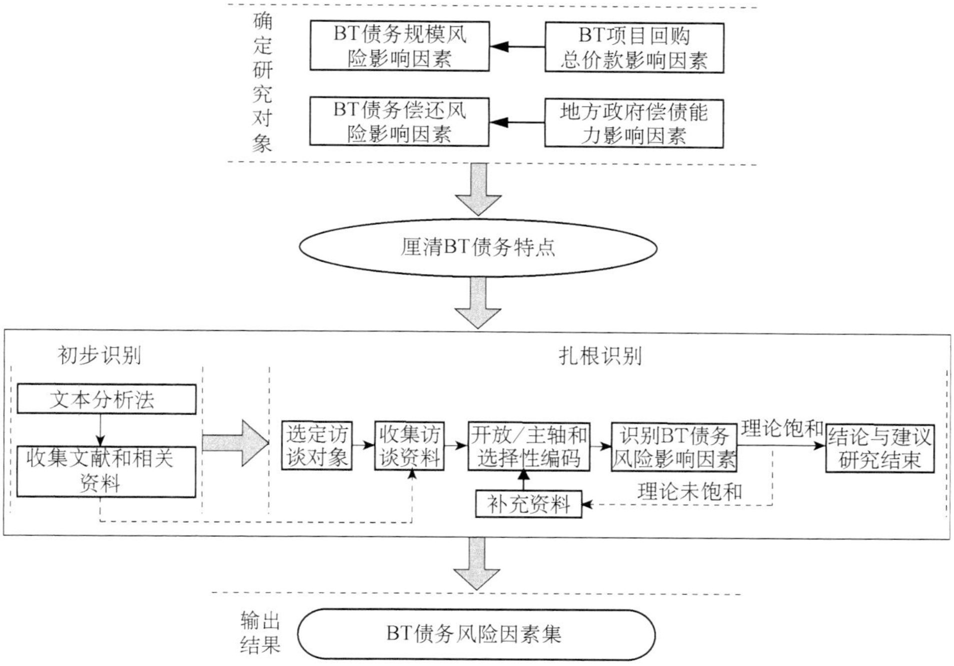

图 2-1 BT 债务风险因素研究过程

二、数据来源

鉴于质化研究一般需要受访者对所研究问题有一定的认识和理解，本研究选取了 BT 项目、地方政府债务等领域研究学者和从业人员为访谈对象，包括天津理工大学管理学院（5 人)、天津商业大学经济学院（4 人)、天津财经大学经济学院（2 人)、沈阳建筑大学管理学院（2 人）和北京交通大学经济管理学院（1 人）的学者，铁岭市经济贸易委员会（2 人)、天津财政局（2 人）的政府相关人员，以及天津理工大学基建处（2 人）、深圳市地铁集团有限公司合同部（2 人）和天津泰达海洋有限公司土地部（3 人）等 BT 项目从业人员，总计 25 人，访谈对象信息见表 2-1。每位受访者的访谈时间平均 35 分钟，通过笔记和录音进行记录，整理出访谈资料约 4.5 万字，其中 16 份样本数据用于扎根理论研究，剩余 9 份作为饱和度的检验数据。

表 2-1　访谈对象信息一览表

分类名称	类别	人数/人	所占百分比/%
性别	男	15	60
	女	10	40
工作岗位	教授	6	24
	副教授	11	44
	高级工程师（高级经济师）	4	16
	企业职员	4	16
学历	博士	12	48
	硕士	8	32
	学士及以下	5	20

第三节　BT 债务风险因素的初步识别

本研究界定的 BT 债务风险主要体现在 BT 债务规模风险以及 BT 债务偿还风险两个方面，BT 债务风险因素的初步识别也是从以上两个方面进行的。

一、BT 债务规模风险因素初步识别

BT 债务是地方政府引入 BT 模式而形成的地方政府债务，BT 项目投资规模构成了 BT 债务规模，主要以 BT 项目回购总价款为表现形式。本研究在研究目前 BT 项目投资控制相关文献以及收集的文本资料基础上（高华等，2015b；2017a），进行了 BT 债务规模风险因素的初步识别。

1. BT 项目融资费用计算方式

BT 项目融资费用包含建设期融资费用和回购期融资费用。此处的 BT 项目融资费用计算方式主要是针对建设期融资费用而言。建设期融资费用是 BT 项

目投资方在建设期的资金成本，主要包含建设期内自有资金投资回报和银行贷款利息两种（严玲等，2009）。其计算方式有三种：第一种方式是建设期内只计算银行借款的利息；第二种方式是建设期内按照全部投资计算融资费用，不考虑资金来源；第三种方式是将投资人投资分为自有资金和银行借款两部分，自有资金融资费用按照回购期投资回报率计算，银行借款融资费用按照同期银行贷款基准利率计算（高华等，2014）。对于回购期融资费用，则依据合同约定的投资回报率计算，由BT发起人支付给BT主办人。

2. 利率波动

在建设期融资费用的第一种和第三种计算方式中，利率波动直接影响建设期融资费用的高低；在第二种计算方式中，利率波动通过投资回报率间接影响建设期融资费用；同样地，利率波动还通过投资回报率间接地对回购期融资费用造成影响。无论是建设期融资费用还是回购期融资费用，其波动都会对BT项目回购总价款造成影响，从而影响BT债务规模。

3. BT项目回购款支付方式

在实践中，BT项目回购款的支付方式主要有两种，即等额本金、利息实付方式和等额本息方式。在不考虑时间价值的情况下，两种方式中BT发起方支付给主办方的回购总价款有所差异（高华和谢强，2009），地方政府部门的BT债务规模大小也不同。

4. 合同计价方式

目前，我国建设施工合同计价方式主要有单价合同、总价合同和成本加酬金合同三种。在实践中，BT合同计价方式一般为总价合同，总价合同又分为固定总价合同和变动总价合同。

在固定总价合同条件下，合同总价固定不变，不再由于内外部环境变化和工程量变化而调整，承包人承担了全部的工程量和价格风险，此合同条件下，承包商的报价多为风险报价；在变动总价合同条件下，由通货膨胀引起的工、料成本增加，设计变更、工程量变化等引起的工程费用变化，均可对合同价款进行调整，通货膨胀等不可预见因素的风险由发包人承担，一般适用于工期较长的项目。

一般BT项目的建设周期较长，容易受到通货膨胀、设计变更、环境变化等因素的影响，适合采用变动总价合同方式，风险分担更加合理。固定总价合同一般适用于建设期不太长的BT项目，此种合同条件下包含了承包人的风险报价，容易造成BT项目合同价格过高，超出投资预算。

5. 工程建设成本

工程建设成本是回购总价款的重要组成部分，影响工程建设成本的因素也将影响回购总价款，从而影响BT项目投资规模。本研究在研究以往相关文献、《建设工程工程量清单计价规范》（GB 50500—2013）、《建设工程施工合同（示范文本）》（GF-2013-0201）以及1999版国际咨询工程师联合会（FIDIC）《施工合同条件》的基础上，总结出影响BT项目工程建设成本的因素。

（1）不可抗力。依据《建设工程工程量清单计价规范》（GB 50500—2013）的相关规定，当不可抗力事件发生时，工程本身的损害、因工程损害导致第三方人员伤亡和财产损失以及运至施工场地用于施工的材料和待安装的设备的损害，由发包人承担；发包人人员伤亡，工程所需清理、修复费用，均由发包人承担。可见，不可抗力事件增加了BT项目工程成本，使得BT主办人的投资增加，相应加大了BT债务规模风险。

（2）设计变更。BT项目建设过程中，有可能发生设计变更，当工程量变化超过一定幅度时，需要对相应的项目单价进行调整，这还会影响到承包商的措施项目费，进而调整BT项目合同价格，使BT项目投资规模发生变化，影响BT债务规模。

（3）物价波动。在BT合同履行期间，国家政策、通货膨胀等因素的影响会造成人工、材料、工程设备和施工机械台班单价的波动，当波动超过一定幅度时，需要由BT项目发包人承担此部分风险；若因BT项目发包人原因导致工期延误，将由发包人承担在此期间发生的物价上涨风险。

（4）法律法规变化。BT项目建设过程中，国家法律法规、政府规章和相关政策发生变化引起的工程造价增减变化的，发承包双方应当按照有关部门发布的规定对合同价款进行调整，影响BT项目投资规模，从而影响未来BT项目的回购总价款。

（5）索赔。按照有关规定，在项目实施过程中，若发生事件是非承包人原因造成，同时又对承包人造成相应损失的，承包人可以在规定的期限内据此向发包人提出索赔请求。一般情况下，承包人提出顺延工期，由发包人支付实际发生的额外费用和合理的预期利润，此外按照有关合同约定，还可以以违约金等方式从发包人处获得相应赔偿。同样地，发包人也可以依据合同约定，就承包人原因导致发包人的损失向其提出索赔。索赔事件的发生，在一定程度上影响了BT

项目的投资规模。

综上所述，可得不可抗力、设计变更、物价波动、法律法规变化和索赔等因素对BT工程建设成本的影响路径，以至影响BT项目投资规模和BT债务规模，如图2-2所示。

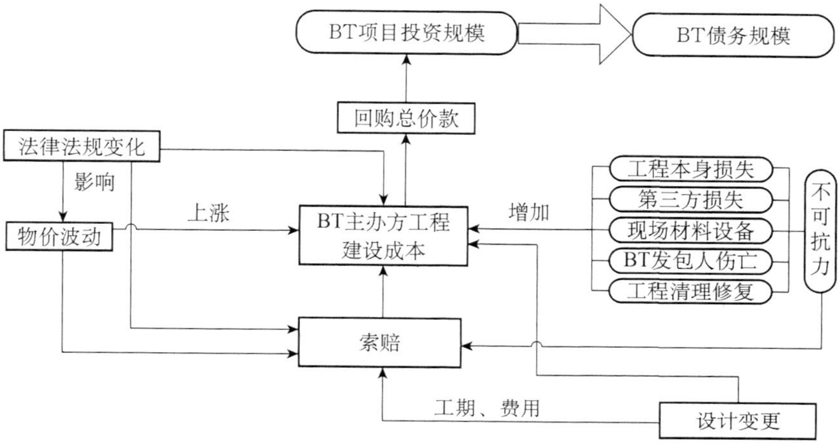

图2-2 工程建设成本影响BT债务规模路径分析

从图2-2中可以看出，五个因素彼此之间并不是独立无关的，而是存在一定的相互影响，各个因素都直接对BT项目工程建设成本造成影响，有可能造成BT项目投资规模的增加、地方政府BT债务规模负担的加重。同时，当发生不可抗力、设计变更、物价波动或法律法规变化等事件时，BT主办人可以通过索赔，向BT发起人主张己方利益，得到费用或工期补偿，索赔因素可以看作五个因素中的核心因素。另一方面，BT发起人也可以向BT主办人提出反索赔，这些因素均会对BT项目投资规模产生影响，地方政府的BT债务规模也会随之发生变化。

6. 投资回报率

投资回报率直接影响BT主办人要求的回购期投资收益的计算，即回购期投资收益总额，从而影响BT项目回购总价款额度，导致BT债务规模发生变化。

7. BT项目回购期

BT项目回购期对回购总价款的影响表现为，在其他因素不变的情况下，较短的回购期意味着回购期融资费用计算期限的缩短，使得回购期融资费用减少、BT项目投资规模降低，从而使BT债务规模下降。

二、BT 债务偿还风险因素初步识别

BT 债务作为地方政府债务的重要组成部分，其偿还风险的影响因素主要表现为地方政府偿债能力的影响因素。本研究在综合以往理论研究的基础上，对地方政府偿债能力的影响因素进行了初步识别。

1. 地方经济发展水平

地方经济发展水平决定了地方政府的财政实力的大小，从而进一步影响到地方政府的偿债能力。经济发展水平较高的地区，经济增速快，国民生产总值规模大，社会资源丰富，偿债资金充足，有较强的偿债能力。

2. 地方政府信用

地方政府信用贯穿于地方政府与公众的互动活动中，主要体现在地方政府与公众的信任关系，实质是地方政府的信用能力，包括地方政府履行职责（债务偿还）、信守承诺的道德感和责任感，以及据此获得的公众信赖力和社会信誉（程宏伟，2005）。

目前，很多地方政府在债务到期无法偿还时，往往会采取举借新债偿还旧债的方式来缓解偿债压力，从而出现“拆东墙，补西墙”的现象。这种做法在一定程度上“增强”了地方政府的偿债能力，但却是在“透支”地方政府信用。一般情况下，经济发展水平较高的区域，其地方政府的信用相对较高，因为有经济发展带来的政府收入作为信用保障。除此之外，许多地方政府举债时往往忽略了偿还责任，认为都是政府的钱，不还也没事（程宏伟，2005），或者政府换届，导致上届政府举借债务留给下届政府偿还，下届政府又留给下下届政府偿还，大大影响了地方政府信用，此时地方政府如果想通过发行债券、举借新债的方式来偿还旧债就非常困难了，影响其偿债能力。

3. 土地财政

土地财政是非常具有中国特色的现象，与分税制改革并行，地方政府财政对土地出让收益分配的依赖越来越大（张平，2013）。土地财政的收入在一定程度上成为地方政府偿债资金的重要来源。例如，BT 项目实践过程存在着通过土地置换来偿还 BT 债务的模式。在这种模式中，置换土地的价格和数量成为偿还 BT 债务的重要影响因素。

以上识别的地方经济发展水平、地方政府信用和土地财政等因素彼此之间相互联系、互相影响，如图 2-3 所示。地方经济的发展使税收增加、国有资产积累、各种收费收入增加，提高了地方政府信用，促进招商引资来发展当地基础设施建设和经济建设，形成良性循环。同时经济越发达的地区，土地价格往往越高，土地财政的现象也更为明显。

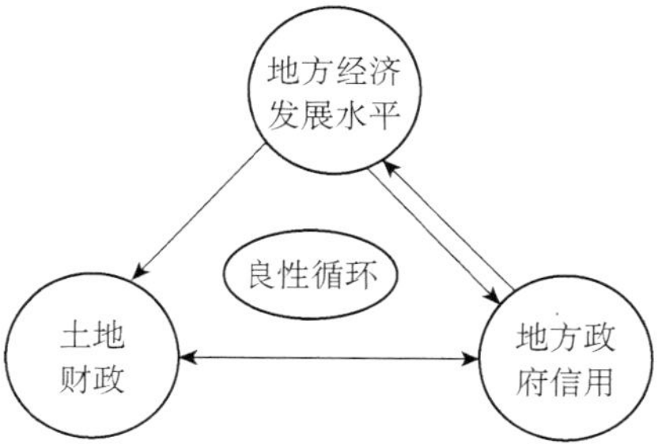

图 2-3　地方经济发展水平、地方政府信用和土地财政之间的关系

第四节　基于扎根理论的 BT 债务风险因素识别

一、开放式编码

为了深入发掘 BT 债务风险因素，本研究对访谈资料中比较简单的语句和模糊的回答进行了排除，保留与研究主题相关的陈述，采用逐句分析法对访谈资料进行分析，汇总得到原始语句 400 多条，最终得到 37 个初始概念和 22 个范畴，见表 2-2。

表 2-2　开放式编码过程

原始访谈记录中的语句	概念化	范畴化
BT 项目选用何种类型合同，直接影响将来实施过程中变更、签证的范围，对项目建造成本有直接影响。目前我们公司采用固定价格合同，还有一个项目采用了固定总价合同，没有任何条件因素，直接将投资限定了	合同类型（*a*1）	合同类型选择（*A*1）
合同签订阶段，对 BT 标的物质量标准的认定不一样，造成项目投资规模不一样	BT 项目质量标准（*a*2）	BT 项目标准选择（*A*2）
工期标准一旦发生变化，造成 BT 项目投资发生变化	BT 项目工期标准（*a*3）	

续表

原始访谈记录中的语句	概念化	范畴化
在招投标阶段，政府部门会制定相应的成本标准，防止BT项目投标人过高报价	BT项目成本标准（a4）	BT项目标准选择（A2）
标准认定以后，BT投资方认可不认可，牵扯到BT双方谈判水平的问题。例如政府部门代表谈判时，能力强、有较好的谈判技巧，能够让投资方接受认可制定的标准	合同谈判水平（a5）	政府工作人员水平（A3）
需要政府派驻现场或项目人员有较高的专业素质和业务水平，如果派驻现场人员没有较高水平的话，派驻人员则成了摆设，造成第三方监管和投资方相互勾结，蒙蔽政府部门，有可能使投资规模增加	驻现场人员水平（a6）	
项目实施期间，原材料、人工、机械台班等价格可能发生变化，这将会影响项目的建设成本	物价变化（a7）	物价波动（A4）
比如有些人工费用调整是因为国家出台政策而进行的，以及一些项目建设标准、环境保护政策变化，这些情况的发生到底该不该给投资人调价	法律法规变化（a8）	法律法规政策（A5）
在实施过程中，还可能出现设计缺陷或发生设计变更，BT项目越复杂，发生变更的机会就越大，承包人索赔可能性越大，这些都将影响项目最终的建设成本	设计缺陷和变更（a9）	设计变更（A6）
项目实施期间可能出现一些意外事件，比如地铁项目会涉及拆迁、封路，可能引起老百姓不满，进行抵抗，施工过程中也可能发生地震、洪水、暴雨等	暴动、地震和洪水（a10）	不可抗力（A7）
地下工程还可能遇到不能合理预测的地下障碍物，比如以前废弃的管道，或者地质断层等。这些事件发生后，承包商都会进行索赔，造成项目成本增加	废弃管道和地质断层（a11）	不利物质条件（A8）
BT投资人投入资金收益建设期收益怎样计算，是按银行利率计算，还是按最终给投资人的回报率计算，何时开始计算，计算范围是把投资人自有资金和借入资金一起算，还是分开算，都会对项目建造成本有影响	建设期融资费用计算方式（a12）	利率波动（A9）
此外，BT项目回购期回报率如何确定比较棘手，我们项目由于急需资金，又没有人太懂，给投资人的回报率在市场利率水平之上加7个百分点，太高了，造成项目总价款很高	投资回报率（a13）	
	合同谈判水平（a5）	政府工作人员水平（A3）
还有，回购方式采用哪种，比如等额本金还是等额本息，以及回购期限都会造成项目总回购价款不同	回购方案（a14）	回购方案设计（A10）
一般情况下，大型的项目具有系统性、专业性和复杂性，更需要第三方监管	监管必要性（a15）	BT项目监管（A11）
实施过程中有了目标，要实现这个目标，谁来监管？是独立的第三方，还是需要投资方自己找或者政府找？最好是由公正的第三方监管	监管方选择（a16）	

续表

原始访谈记录中的语句	概念化	范畴化
比如地板砖标准制定的是100元/m^2，但实际是60元/m^2，还有工期、质量，这种情况由谁来监管	监管范围（a17）	BT项目监管（A11）
中国的现实是谁给钱，监管为谁服务	监管服务费（a18）	
政府的诚信度高，债务不偿还可能性小。而且诚信度越高，投资方要求的投资回报率会越低，否则，要求的回报率会越高。诚信度是有力保证，降低了主办方的风险	政府诚信度（a19）	政府信用（A12）
正常情况下，决策失误是最大的风险，政府如果修改规划设计，会对BT项目规模造成很大影响	决策失误（a20）	政府决策水平（A13）
往往前期的规划设计是比较重要的影响，真正现场过程中的工程造价影响不是特别大	前期规划设计（a21）	前期规划设计水平（A14）
在BT项目实施过程中，项目手续批件很重要。如果合同中规定由政府公共方办理相关手续，若手续没能跟进办理，造成项目延迟验收，则会造成投资总额增加	手续完整性（a22）	政府内部控制制度（A15）
政府有关部门批文、立项、可行性研究、招标程序、开工手续、政府有关部门监管，是一条看不见的线，建设项目的完成要与另外一条看不见的线相平行	项目执行合规（a23）	
另外，政治因素也很重要，比如领导换届，对前任领导批复项目或者制定的BT项目规划不认可	领导换届（a24）	
回购担保的形式目前主要有担保函、海域使用证、土地质押、房产质押等	回购担保形式（a25）	回购担保（A16）
回购担保信誉度高的话，风险就会下降，同时对投资回报率产生影响，一般都是正面影响	回购担保的信誉水平（a26）	
对于BT债务偿还，地方政府的税收水平高肯定会降低债务风险，例如北京、上海、广州等发达地区的税收水平很高，保证了这些地区的偿还债务能力	税收（a27）	地方财政收入能力（A17）
地方政府的行政事业单位收费，尤其是进出口企业的商品检验检疫费、服务注册登记费都很高，这类费用保证了地方政府偿债资金充足	行政事业性收费（a28）	
还有一类就像地方政府的各种各样的罚款，比如天津市红桥区，每年的交通罚款收入也比较大，都增加了收入途径	罚款收入（a29）	
还有一些国有企业的收益水平，地方国有企业收益高的话，即使融了大量资金也没有关系，所以这是一个很重要的因素	国有企业收入（a30）	
有些地区采用土地置换政策进行BT项目回购，地区越发达，房价越贵，土地越值钱，反而形成良性循环，但目前来看，全国房地产价格下降，土地置换不太可行	土地置换回购（a31）	土地价格波动（A18）

续表

原始访谈记录中的语句	概念化	范畴化
除了这些之外，还有一个因素是政府动用社会资源的能力，这也是影响偿债能力的重要因素之一	社会资源（$a32$）	政府融资能力（$A19$）
政府没钱了没关系，只要能在短时间内快速地向银行融资、向资本市场借款，也能及时缓解偿债风险，暂时性地提高偿债能力	政府再举债能力（$a33$）	
针对 BT 债务而言，BT 项目本身的未来收入水平高低也会影响到偿债问题，比如地铁、高速公路等项目的收益较高，对将来的债务偿还较为有利	BT 项目收益（$a34$）	BT 项目收益（$A20$）
此外，地方经济发展水平决定了当地的财政实力大小，从而影响偿债能力。经济发展水平较高的地区，经济增速快，GDP 规模大，社会资源丰富，偿债资金充足，偿债能力就强	经济发展水平（$a35$）	地方经济发展水平（$A21$）
地方区域内的人口迁入率的升高会使总人口增加，这会直接增加当地劳动力，促使 GDP 产值和财政收入增加	人口迁入率（$a36$）	地方人口水平（$A22$）
较高的出生率同样增加了地区总人口和劳动力，促进经济发展和政府收入增加	人口出生率（$a37$）	

二、主轴编码

主轴编码的目的是将开放性编码中被割裂的资料，以类聚分析的方式，在不同的范畴之间构建关联。在主轴编码过程中，每次对一个范畴进行深度分析，以该范畴为核心进行挖掘关联，分析每个范畴在概念层次上是否存在一定的联系。本节基于主轴编码，通过分析各范畴之间存在的因果关系和逻辑联系，最终总结出 BT 债务风险因素的 7 个主范畴，如表 2-3 所示。表 2-3 将合同类型选择风险剔除，因从实际访谈和文献调研中得知，针对实践中的 BT 项目，工期短的采用固定总价合同，工期长的采用可调总价合同，都是采用固定价格合同，合同类型选择风险不大。

表 2-3　基于主轴编码呈现出的关系

主范畴	对应范畴及内涵
地方政府内部控制制度	政府内部控制制度（$A15$）：保证政府部门经济活动合法合规、资产安全和使用有效、财务信息真实完整，以及防舞弊和腐败的一系列具有控制作用的方法、措施、程序
地方政府信用水平	政府信用（$A12$）：地方政府履行职责、信守承诺的道德感和责任感 回购担保（$A16$）：抵押物（质押物）有瑕疵或毁灭引起的风险

续表

主范畴	对应范畴及内涵
地方政府能力水平	政府工作人员水平（A3）：工作人员合同谈判水平、现场管理水平、沟通水平等 政府决策水平（A13）：项目选择是否正确 BT 项目标准选择（A2）：BT 项目的工期标准、质量标准和成本标准 前期规划设计水平（A14）：可行性研究阶段项目总体设计和初步设计
	设计变更（A6）：设计缺陷等引起的施工阶段设计改变（不包括自然风险） 回购方案设计（A10）：BT 项目回购期限、回购方式、投资回报率的确定 BT 项目监管（A11）：监管方选择及监管范围
BT 项目不可控风险	法律法规政策（A5）：国家法律法规、政府规章和相关政策发生变化 物价波动（A4）：人工、材料、施工机械台班单价的波动 利率波动（A9）：同期银行贷款利率水平变化 不可抗力（A7）：由地震、水灾等自然原因或暴动、罢工等社会因素引起的事件 不利物质条件（A8）：不可预见的地下水、地质断层、溶洞、地下障碍物等
地方政府收入能力	地方财政收入能力（A17）：税收、行政事业性收费、罚款等 BT 项目收益（A20）：准经营性项目未来投产后的净收益 土地价格波动（A18）：土地价格变化引发土地财政失效
地方政府融资能力	政府融资能力（A19）：银行贷款、发行债券或其他融资渠道获得资金能力
地方社会经济发展水平	地方经济发展水平（A21）：经济增长的速度和质量 地方人口水平（A22）：常住和暂住人口数量及质量，尤其是劳动力数量、结构、质量

整理的 21 个风险因素的分析结果如下。

1. 政府内部控制制度

内部控制是组织管理不可或缺的组成部分，不是一个事件，而是贯穿整个组织且持续进行的一系列行为和活动。从这种意义上讲，内部控制是内置于机构、作为其基础制度组成部分的、持续帮助管理人员运转机构并实现其目标的管理控制。我国政府内部控制的建立与经济发展水平相关。经济发达地区的政府内部控制制度建设水平较高，具有较成熟的内部控制系统，而经济欠发达地区的政府内部控制制度建设水平较低，普遍还缺乏内部控制的知识和意识。因此，经济发达地区 BT 债务的偿还风险小些，而欠发达地区的风险要大些。

政府内部控制制度对地方政府信用和决策水平也有影响。政府内部控制制度健全，有利于地方政府信用水平的提升，并且使政府决策过程更加制度化和科学化。

2. 政府信用

政府信用就是政府诚信度，对 BT 项目投资影响主要体现在投资回报率的确定方面。在BT项目实践中，BT主办人最忧虑的就是BT项目不能按时回购，甚至无法回购，因此BT主办人对政府诚信度尤为看重，诚信度高的地方政府对BT项目的回购保障程度高。对于诚信度高的地方政府，BT主办人要求的投资回报率相应较低，反之，对于诚信度较低的地方政府，BT主办人要求的投资回报率一般较高，进而又增加了BT项目回购总价款，即加大了BT债务规模。另外，政府信用对政府举债能力有影响，信用好的地方政府举债更容易，而信用较差的政府举债更困难。

3. 回购担保

在BT项目投资建设合同中，BT发起人对BT主办人的回购付款承诺主要是以回购担保的形式实现，BT项目的回购担保和地方政府的诚信度又是密不可分的。目前，BT项目回购担保采用的形式有银行保函、抵押担保等形式，担保的金额与合同额度相同。与地方政府诚信度类似，如果回购担保具有较高的保障性，则BT发起人会在合同谈判阶段具有一定的主动性，BT主办人也会在投资回报率的确定上给予一定的让步，对BT发起人的投资控制有利，从而减轻地方政府的BT债务压力。

4. 政府工作人员水平

政府工作人员主要指BT项目合同签订阶段的政府谈判人员和实施阶段的现场派驻人员。政府谈判人员有较高的专业素质和谈判水平，往往能在合理工期、符合质量标准的基础上，确定合适的建设期融资费用计算方法、回购期限、回购方式和投资回报率，同时又要保证BT主办人的合理回报，实现“双赢”。现场派驻人员需要通过监理单位向BT主办人下达相关指令，如果现场派驻人员没有足够高的专业素质，一旦BT项目监理单位和BT主办人勾结，降低BT项目质量标准，蒙蔽政府部门，有可能造成BT项目投资规模增加。可见，政府工作人员的水平和能力除了影响BT债务规模，还影响政府决策水平。

5. 政府决策水平

政府决策水平对项目成败和回购有直接影响。项目是不是必需的，价值如何，政府是否有资金回购，这些是决策时必须考虑的问题。政府决策失误导致BT项目规划修改，是BT主办人比较担心的风险，其发生与否取决于地方政府决策的民主性和执政能力。

6. BT项目标准选择

BT项目标准主要包括BT项目的工期标准、质量标准和成本标准。如果BT项目的工期标准和质量标准制定过高，BT主办人往往会提高投标报价，这会容易造成BT项目投资规模增加，而地方政府部门制定的BT项目成本标准（招标控制价）又对BT主办人的投标报价有一定的限制。如何在BT项目工期、质量、成本标准之间进行平衡，合理控制BT项目投资规模，往往需要政府部门参与BT项目的人员有较高的业务素质和水平，如此才能够有效控制所形成的BT债务规模。

7. 前期规划设计水平

BT项目建设过程中，前期规划设计不当可能造成BT项目后期的设计变更或项目目标改变，对项目影响非常大。

8. 设计变更

设计变更因素见本章第三节第一部分BT债务规模风险因素初步识别中的第五个标题工程建设成本下面的（2）设计变更。

9. 回购方案设计

回购方案设计涉及项目回购期限、建设期融资费用计算方式、投资回报率计算方式及回购方式等。

10. BT项目监管

在直接施工型BT模式和施工同体型BT模式中，BT项目的监理单位一般是由BT发起人委托的第三方机构。选择合适的第三方监理单位，对BT项目标准进行良好的控制非常必要，有助于控制项目投资规模。

11. 法律法规政策

法律法规政策因素见本章第三节第一部分BT债务规模风险因素初步识别中的第五个标题工程建设成本下面的（4）法律法规变化。

12. 物价波动

物价波动因素见本章第三节第一部分BT债务规模风险因素初步识别中的第五个标题工程建设成本下面的（3）物价波动。

13. 利率波动

利率波动因素的具体说明见本章第三节第一部分BT债务规模风险因素初

步识别中的第二个标题利率波动。

14. 不可抗力

不可抗力因素见本章第三节第一部分 BT 债务规模风险因素初步识别中的第五个标题工程建设成本下面的（1）不可抗力。

15. 不利物质条件

不利物质条件指在 BT 项目实施过程中，遇到的地质条件与提供资料不符，出现不可预见的地下水、地质断层、溶洞、地下障碍物等情况，这是有经验的承包商无法预知的。发生时，通常 BT 主办人可以向 BT 发起人索赔，增加 BT 项目的投资，使 BT 债务规模扩大。

16. 地方财政收入能力

按财政部的财政收入决算统计口径，地方财政收入主要由税收（包括国内增值税等 14 种税收和其他税收）、非税收入（包括专项收入、行政事业性收费、罚没收入和其他非税收）、中央税收返还和转移支付组成。它是稳定的政府债务偿还资金的来源，是地方政府偿债能力的有力保证。因此，地方财政收入能力最终决定 BT 债务的偿还风险。

17. BT 项目收益

BT 项目收益主要指准经营性 BT 项目未来投产后的净收益，取决于未来的市场经济条件。良好的 BT 项目收益可作为稳定的 BT 债务偿债来源，提高地方政府偿债能力，减轻 BT 债务风险。

18. 土地价格波动

中国的地方政府依赖土地财政收入偿还政府债务[①]，而土地价格和土地储备量是影响土地财政的两个主要变量，且土地财政的风险主要由土地价格变化引起。目前房地产行业发展不景气，土地价格有明显的下降趋势，这对依靠土地收入偿还债务的地方政府来说挑战性变大，BT 债务偿还能力下降，风险加大。

---

① 中国地方政府过于依赖土地财政 偿还债务陷困境. https://www.chinacourt.org/article/detail/2011/09/id/463727.shtml[2021-09-23].

19. 政府融资能力

当地方政府收入不足以偿还 BT 债务时，地方政府可以通过银行贷款或其他融资渠道举债进行偿还。地方政府举债能力的大小和地方政府信用有关系。如果地方政府信用度较高，则容易得到金融市场的认可，再举债能力强，债务偿还有保障，风险低。

20. 地方经济发展水平

地方经济发展水平决定了地方政府财政实力的大小，从而影响到地方政府的偿债能力。经济发展水平较高的地区，经济增速快，国民生产总值规模大，社会资源丰富，偿债资金充足，有较强的偿债能力。

21. 地方人口水平

地方人口水平高的地区，相应地有较高的劳动力水平，能够促进当地经济发展，促进 GDP 增长，有利于增加地方政府财政收入，保障 BT 债务的偿还。另一方面，经济快速发展又促进了当地的基础设施建设，提高人民生活水平，吸引外来人口增加，使人口水平升高，形成了良性循环。可见，合理的 GDP 增长和人口水平增加有利于促进地方政府收入增长，降低 BT 债务偿还能力风险。

三、选择性编码

选择性编码是指从主范畴中提炼挖掘出核心范畴，以在核心范畴和其他范畴之间系统地搭建关联。核心范畴好比渔网的拉线，能够把所有其他的范畴串成一个整体拎起来，起到“提纲挈领”的作用（何杨和满燕云，2012）。本章的核心范畴是 BT 债务风险因素，围绕这一核心范畴，从 BT 债务偿还意愿、偿还规模和偿还能力三方面进行考虑，将各类风险因素的影响机理进行了分析，如图 2-4 所示，并构建了 BT 债务风险因素影响路径模型，如图 2-5 所示（高华等，2017a）。

四、理论饱和度检验

理论饱和度检验是作为决定何时停止采样的鉴定标准，具体指不可以获取额外数据以使分析者进一步发展某一个范畴之特征的时刻（朱丽叶 •M. 科宾和安塞尔姆 •L. 施特劳斯，2015）。将本研究预留的 9 份样本作为理论饱和度检验的材料，在分析过程中没有发现新的重要范畴和关系的出现，即未发现新的 BT 债务风险因素，因此上述 BT 债务风险因素识别是饱和的。

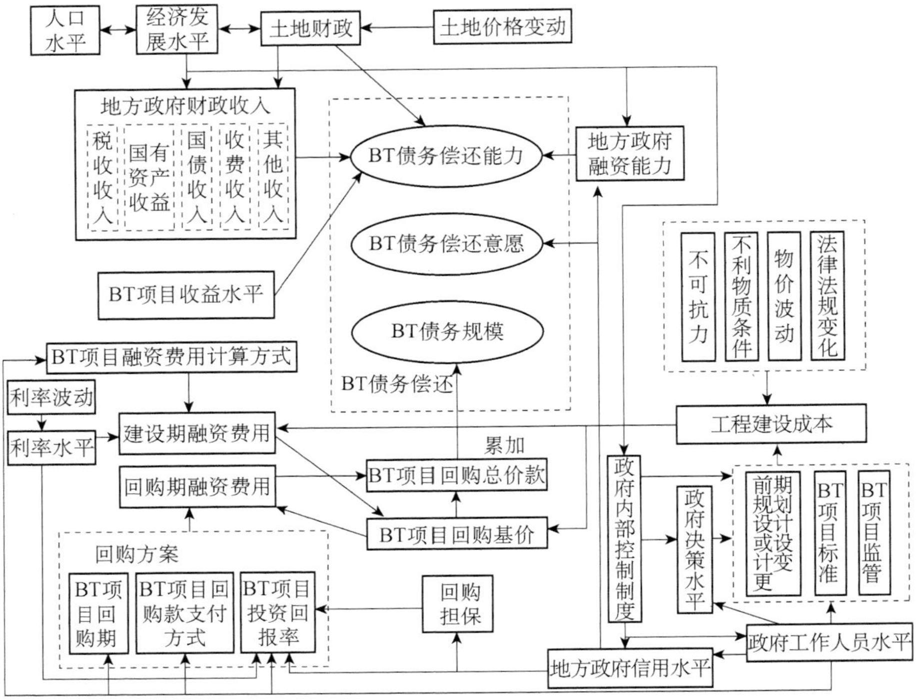

图 2-4　BT 债务风险因素的影响机理

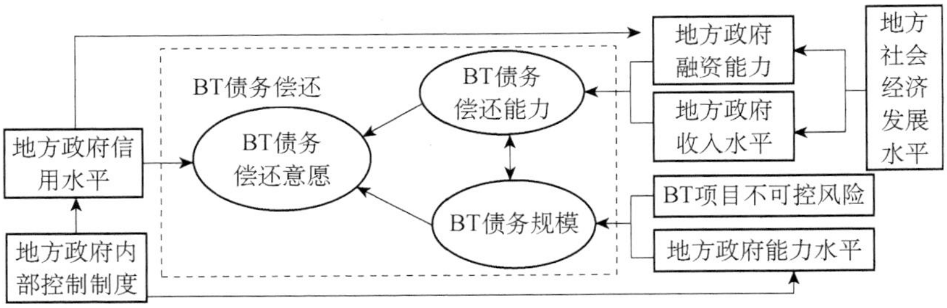

图 2-5　BT 债务风险因素的影响路径

第五节　BT 债务风险分析

一、BT 债务偿还意愿分析

首先，影响 BT 债务偿还意愿的最主要因素是政府信用，一旦出现信用风险，由于地方政府不可能破产，该问题最终还是由中央政府买单（金大卫，2010）。

从访谈中了解到，BT 主办人最担心领导换届影响项目回购或导致政府部门说话不算数，他们希望政府部门具有诚信意识，按合同办事。因此，地方政府诚信度越高，偿还意愿就越高，BT 债务不偿还的风险就会下降，否则，地方政府主观上耍赖、不认账的心理可能更强。根据范柏乃和张鸣（2012）的研究，制度环境对政府信用具有直接影响，且影响程度最深。可见，良好的政府内部控制制度能够规范政府来依法依规按程序办事，有利于增强地方政府信用，降低地方政府主观上不偿还债务的风险。

其次，BT 债务规模和 BT 债务偿还能力对 BT 债务偿还意愿有影响。当 BT 债务规模过大、偿债资金不足时，政府部门客观上“赖债”的可能性加大，因为还不起，BT 债务偿还意愿下降。

二、BT 债务规模分析

影响 BT 债务规模的因素主要是地方政府能力水平和 BT 项目不可控风险。在与政府工作人员访谈中发现，他们更多关注的是经验欠缺或政府工作人员水平不足、政府决策水平不足、前期规划设计不到位、BT 项目标准选择不合适、回购方案设计有缺陷、BT 项目监管不到位等造成项目投资失控风险。可见，地方政府能力水平中的关键因素是政府工作人员水平。实践中，政府决策失误导致 BT 项目规划修改，是 BT 主办人比较担心的风险，而决策人员水平决定 BT 项目前期规划设计，关系到项目成败和投资成本。合同签订前，谈判人员水平高，有利于合同条款的确定，能更好地保障 BT 主办方的合理回报；现场派驻人员的专业素质高，能够保证 BT 项目的质量，为政府将来回收合格的 BT 项目打下良好基础。

至于 BT 项目不可控风险，访谈中，BT 项目实践工作者多次提到不可抗力、不利物质条件、利率波动、物价波动、法律法规政策等因素对 BT 项目投资的影响及如何分担这些风险，政府部门人员仅提到与投资回报率相关的利率风险，而高校学者们更多提到合同风险合理分担的重要性，因为若把风险一味地交由承包商承担，使承包商处于不利位置，承包商可能先是勉强地接受合同，然后试图在施工过程中以变更“调价”索赔等手段获得更高的结算价款。可见，站的角度不同，关心的风险不同。与一般工程项目比较，这些风险因素在 BT 项目中也无特别之处，都由自然、经济等因素变化造成，是 BT 发起人和 BT 主办人都不可控的因素，因此特许权合同中规定的相关条款就是对风险分担的确定，而合理分担这些风险是关键，对项目的偿还影响不是太大。

访谈中，BT 项目实践工作者多次提到，领导换届、是否能按规章办事对 BT 项目未来回购有很大影响。这些风险规避的关键在于政府内部控制制度的建立，各地区政府尤其是欠发达地区应尽快建立高水平的政府内部控制制度，提高政府治理水平，降低 BT 债务风险。

三、BT 债务偿还能力分析

BT 债务偿还资金主要来自地方政府的财政收入、政府举债借入的债务资金和 BT 项目收益。如果采用土地置换方式进行 BT 项目回购，土地也属于偿还资金。

地方政府财政收入作为稳定的偿债资金来源，是地方政府偿债能力的有力保证，是根除地方政府债务风险的保障，是衡量地方政府偿债能力的重要标志之一（赵云旗，2013）。因此，地方财政收入能力直接影响到地方政府偿债资金来源的稳定性，最终决定 BT 债务的偿还风险。BT 项目收益也是 BT 债务偿还资金的来源，良好的收益利于降低 BT 债务风险。至于政府融资能力，则与地方政府信用有关。信用高的地方政府，其融资能力强，利于债务的偿还。一般情况下，经济发展水平较高的区域，其地方政府的信用相对较高，因为有经济发展带来的政府收入作为信用保障。

土地财政的风险主要来自土地价格的变化，与房地产行业发展态势紧密相关。房地产行业发展较好地区，其土地财政风险较低，而房地产行业发展较差地区，其土地财政收入有限，风险较高，会造成 BT 债务偿还能力下降。

BT 债务规模与偿还能力互相作用，地方政府 BT 债务偿还能力强，则 BT 债务规模大，然而，BT 债务规模过大，将影响 BT 债务偿还能力。过度举债是产生债务风险的重要原因之一，限制地方政府债务风险的首要前提是限制债务的规模（张平，2013），在地方政府能力范围内进行举债，债务风险将降低。

第三章　BT 债务风险评价指标的构建

第一节　BT 债务风险评价指标筛选原则及方法

BT 债务风险评价指标体系是一个能够全面综合评估地方政府 BT 债务风险状况的指标集合，而不仅仅是一些评价指标的简单罗列。目前，国际上在绩效指标选择方面大多遵循 SMART 分析法，即具体的（specific）、可衡量的（measurable）、可实现的（attainable）、相关的（relevant）、基于时间的（time-based）。本研究借鉴 SMART 分析法，遵循一般的地方政府债务指标选取原则，并结合 BT 债务特点和 BT 债务风险因素，设立一定的特殊原则，最终得到 BT 债务风险评价指标筛选的一般原则和特殊原则。

一、BT 债务风险评价指标筛选的一般原则

1. 系统性原则

系统性原则要求各个 BT 债务风险评价指标之间要有一定的逻辑联系，各个指标之间既相互独立，又彼此联系，共同形成全面系统的评价体系，确保指标体系有较高的概括性，能够准确反映 BT 债务风险程度。BT 债务风险主要体现在 BT 债务规模风险和 BT 债务偿还风险两个方面，而这两个方面的风险又由 BT 项目投资规模和地方政府偿债能力来体现，两个方面必须通过一些相应指标才能反映出来，保证构建具有足够涵盖面的指标体系。因此需要尽可能选取系统全面，并且具有代表性的指标，自上而下，从宏观到微观层层深入，对地方政府 BT 债务风险进行系统性评价。

2. 互补性原则

选取的指标都是为了评价地方政府 BT 债务风险，有些指标彼此之间可能是相互独立的，造成这些指标只能单独评定 BT 债务风险的某一个方面，具有一定

的局限性，这就要求其他指标来对此进行弥补，体现了指标之间的互补性。在前文的分析中可以看出，影响 BT 债务风险（BT 债务规模风险和 BT 债务偿还风险）的因素有很多，要想全面反映评价 BT 债务风险，就需要多层次、全方位地反映风险状况和可能发生的各种变化，仅仅靠单独的几个指标来完成是不现实的，因此需要各指标之间进行良好的互补。

3. 规范性原则

规范性原则要求选取的指标要遵循一定的科学规范，符合基本经济原理，有充分的理论依据。各个指标都要具有一定的规矩和标准，以明确的指向性衡量 BT 债务风险的各个方面。同时，规范性原则还要求选取的指标要尽量与国际接轨，选取国际上比较通用的指标（裴育和欧阳华生，2007）。

4. 可操作性原则

可操作性原则要求评价指标通过较为精确的定量化数值进行衡量，指标衡量所需的数据应该能够通过查阅相关资料或统计年鉴的途径获取。良好的 BT 债务风险评价指标应该是符合实际、能够量化的，不仅利于操作者进行分析，更利于地方政府 BT 债务风险状况的准确评价。这就要求选取的 BT 债务风险评价指标要符合具体的实践情况，指标设计简洁明了，有较强的操作性，以定量化测量避免或减少主观因素的影响，对 BT 债务风险状况进行更为客观准确的评价。

因为地方政府 BT 债务风险还体现在 BT 项目层面，在评价时需要考虑评价指标在 BT 项目层面的可操作性，使地方政府在评价 BT 债务风险时能够以 BT 项目为出发点，全面衡量风险状况。

5. 基于时间原则

本研究选取的 BT 债务风险评价指标是基于时间、按照年度进行统计的，查阅相关统计年鉴或公开文本资料，在时间上具有统一性。通过选取的指标，可以对不同地区地方政府在不同年份（仅限有 BT 项目产生的年份）的 BT 债务风险状况进行评价，能够在一定程度上实现地方政府 BT 债务风险的动态评价和纵向（不同时间）对比。

二、BT 债务风险评价指标筛选的特殊原则

1. 以 BT 债务风险因素为基础

目前，关于 BT 债务风险的研究较少，缺乏较为成熟的理论依据，因此 BT

债务风险评价指标的选取需要以识别的BT债务风险因素为基础，从BT债务规模风险因素和 BT 债务偿还风险因素两方面进行分析，将相关影响因素进行汇总分类，作为选取BT债务风险评价指标的基础。

2. 凸显BT债务的特点

BT债务虽然是地方政府债务的重要组成部分，但是与一般的地方政府债务有所区别，具有显著的独有特点。因此，在选取相关指标时除了符合一般地方政府债务指标的规范，还要以BT债务风险为特定评价对象，体现BT债务的特殊性。BT债务风险评价指标，其焦点内容和切入点应为BT债务风险，指标体系的构建是为了科学合理地评价BT债务风险而服务的，要以BT债务风险为明确导向。这就要求选取的评价指标具有一定的典型代表性，尽可能准确地反映出BT债务规模风险和BT债务偿还风险，从以上两个方面综合评价出BT债务风险。各个指标应有明确的经济意义，保证能够从各个角度对地方政府BT债务的总体状况进行描述。

三、BT债务风险评价指标筛选的方法

目前，BT债务风险评价指标筛选的方法主要有综合法、聚类分析法、指标属性分类法（胡光辉，2008）和因子分析等（邵伟钰，2008）。

1. 综合法

综合法一般是以已知信息和条件为基础，借助其性质和有关理论，经过逐步的逻辑推理过程，最终归纳总结获得研究期望的结论，主要特点是“由因到果”，从“已知”看“可知”，逐步推向“未知”。具体到指标构建方面，就是对已经存在的一些指标群按照一定的筛选标准和原则进行分类，使之体系化的一种构造指标的方法（胡光辉，2008）。在实践中，许多西方国家的社会评价指标设计多是以公共研究机构拟定的指标为基础，进行深入整理归类，使之条理化之后形成的，这就是一种综合法。

2. 聚类分析法

聚类分析法又称为群分析法，是对样品或指标进行分类的一种方法。所谓的类，就是相似元素的集合，该分析在经济、管理、社会学和医学等领域均有较为广泛的应用。聚类分析法是多元统计分析方法中的一类，主要用来建立分类。

该方法能在没有先验经验的情况下，依据样本数据的多方面特征和性质上的亲疏程度将其进行分类，从而得到多个分类结果，并且内部个体特征之间具有相似性（梁彦冰和崔雪松，2010）。在指标构建过程中，主要是采用聚类分析法中的“指标聚类”方法对初始指标进行归类，依据最终指标个数、指标相关性阈值等选择标准，确定相应的分类数。

3. 指标属性分类法

指标属性分类法的基本原理是不同指标间具有的差异属性，而不同的属性又有不同的表现形式，初选的评价指标体系具有的指标属性也可以是不统一的。该法从指标属性角度探寻构建指标元素，初选评价指标体系，再进一步对指标体系进行丰富完善，从而得到更加科学规范、系统全面的指标体系。

4. 因子分析

因子分析是主成分分析法的拓展和推广，主要以“降维”为指导思想，通过研究诸多变量之间的内部逻辑联系，厘清观察数据中的基本结构状况，并将基本数据结构以少数“抽象”变量进行表示。因子分析是一种通过显在变量测评潜在变量，通过具体指标测评抽象因子的统计方法，目前已有学者将其应用于地方政府债务风险预警指标构建方面。

综合上述分析，在大量文献资料和统计年鉴的研究基础上，结合 BT 债务数据的可获取性，本研究采用综合法和指标属性分类法进行 BT 债务风险评价指标的筛选。

第二节　BT 债务风险因素的筛选分析

某些 BT 债务风险因素彼此是相对独立的，因此在构建 BT 债务风险评价指标之前需要疏理影响因素之间的相关性，对 BT 债务风险因素进行筛选分析。不同于前文扎根理论识别影响因素的结果分析，此处的影响因素筛选分析主要是为了对 BT 债务风险因素进行筛选分类，分析影响因素之间的相关性，将联系紧密的影响因素划分为一类，提炼出更深层面的、能够具体量化的因素，为构建 BT 债务风险评价指标奠定基础。

一、BT债务规模风险因素筛选分析

1. BT项目融资费用计算方式

BT项目建设阶段，无论在何种融资费用计算方式下，融资费用的计算都需要结合利率或者投资回报率等因素，利率波动和投资回报率变化都会使BT项目融资费用发生变化，从而影响BT项目投资规模。因此，BT项目融资费用计算方式的影响都可以通过利率波动、投资回报率表示出来。

2. 利率波动

投资回报率的计算方式主要有固定利率和浮动利率两种。在两种方式下，利率波动都会对BT发起人产生影响，这种影响是通过投资回报率产生效果的。

3. BT项目回购款支付方式

BT项目回购阶段，无论是选择等额本金、利息实付方式，还是采用等额本息方式支付回购款，均需要依据BT合同条款而定，是双方合同谈判选择的结果，难以用量化指标衡量，分析时为简化处理，将其统一设定一个模式。

4. 合同计价方式

BT模式投资建设合同采用何种计价方式，一方面取决于BT双方谈判结果，另一方面取决于BT项目的建设期长短。合同计价方式的选择具有一定的主观性，同样难以对其进行量化衡量。

5. 工程建设成本

工程建设成本能够直接影响BT项目回购总价款，进而影响BT债务规模风险，并且能够以量化方式衡量其对BT债务规模风险的影响。

6. 投资回报率

投资回报率不仅直接决定BT发起人的回购期融资费用大小，在建设期融资费用的第二种和第三种计算方式中，还影响建设期融资费用的大小，并且投资回报率是很好的量化分析因素。

7. BT项目回购期

BT项目回购期的长短直接影响回购期融资费用的大小，同时该因素有良好的量化分析属性。

8. BT 项目标准

BT 项目标准的高低直接影响到工程建设成本的大小，因此该因素对 BT 投资规模的影响可以通过工程建设成本来体现。

9. 政府部门参与人员水平

政府部门参与人员水平的高低除了影响投资回报率的确定，还会影响工程建设成本的高低，该因素可以通过投资回报率和工程建设成本来表现。

10. BT 项目监管

BT 项目监管主要对工程建设成本产生影响，可以通过工程建设成本来表现。

11. 政府诚信度

BT 主办人在确定投资回报率的时候会把政府诚信度作为重要的考虑因素，如果政府具有较高的诚信度，则 BT 主办人在投标报价时会对投资回报率有所降低。因此，该因素可以通过投资回报率来表现。

12. BT 项目规划稳定性

BT 项目规划是否稳定也会影响到工程建设成本的变化。规划越稳定的项目，其工程建设成本变动相对也较小。因此，该因素以工程建设成本来体现。

13. BT 项目手续完整性

BT 项目手续完整性主要取决于地方政府部门在 BT 项目实施过程中的相关程序办理，具有很强的主观性，很难用量化指标进行衡量。

14. BT 项目回购担保

BT 项目回购担保对 BT 债务规模风险的影响同样是通过投资回报率来传递。如果回购担保较强，则 BT 主办人在确定投资回报率时会有一定的让步，降低投资回报率。因此，该因素可以通过投资回报率来体现。

综上所述，合同计价方式、BT 项目回购款支付方式、BT 项目手续完整性等很难量化其对 BT 债务规模风险的影响，均具有一定的主观性；BT 项目标准、BT 项目监管和 BT 项目规划稳定性等可以通过工程建设成本变动来体现 BT 债务规模风险；BT 项目融资费用计算方式、利率波动、BT 项目回购担保和政府诚信度等可以通过投资回报率来体现 BT 债务规模风险；政府部门参与人员水平既可以通过工程建设成本体现，也可以通过投资回报率体现。筛选分析结果如图 3-1 所示。

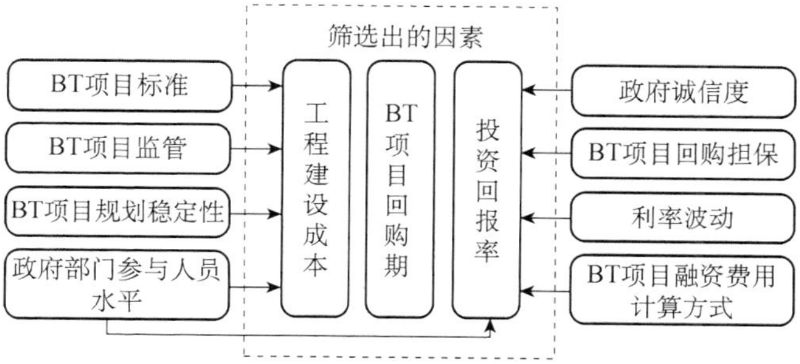

图 3-1　BT 债务规模风险因素筛选分析结果

注：合同计价方式、BT 项目回购款支付方式、BT 项目手续完整性等因素因难以量化，不予考虑

二、BT 债务偿还风险因素筛选分析

1. 地方经济发展水平

地方经济发展水平越高，其一般财政收入越高，地方政府偿债能力也就越高，相应 BT 债务偿还风险较低。地方经济发展水平一般用 GDP 表示。

2. 地方政府信用

地方政府信用是地方政府再举债能力的重要保障，新举措债务可以用来偿还 BT 债务，降低 BT 债务偿还风险。该因素可以通过地方政府再举债能力体现。

3. 土地财政

目前，土地财政已经成为某些地方政府的重要财政收入，可以用地方政府财政收入表现。

4. 地方政府财政收入

地方政府财政收入是地方政府偿债能力的重要保障，财政收入的高低直接决定 BT 债务的偿还能力，并且对该因素进行量化分析具有可行性。

5. 地方政府再举债能力

较强的再举债能力能够使地方政府通过举借新债来偿还旧债，同样保证了 BT 债务的偿还能力，可以以借新还旧额衡量此项因素。

6. BT项目收益

稳定的BT项目收益也是偿还BT债务的重要来源。虽然在深度访谈过程中，专家对此项内容进行了提及，但是在实践中，大多数BT项目为准经营性、公益性项目，其收益主要体现在社会效益和环境效益方面，因此很难用量化指标进行衡量。

7. 人口水平

人口水平较高的地区，一般劳动力充足，能够促进当地经济发展，为BT债务偿还能力提供有力保障。人口水平主要以地区人口数量进行衡量。

综上所述，地方经济发展水平可以通过GDP体现；地方政府信用可以通过地方政府再举债能力体现；土地财政可以通过地方政府财政收入体现；BT项目收益不易衡量，故不作考虑；人口水平通过地区人口数量体现。筛选分析结果如图3-2所示。

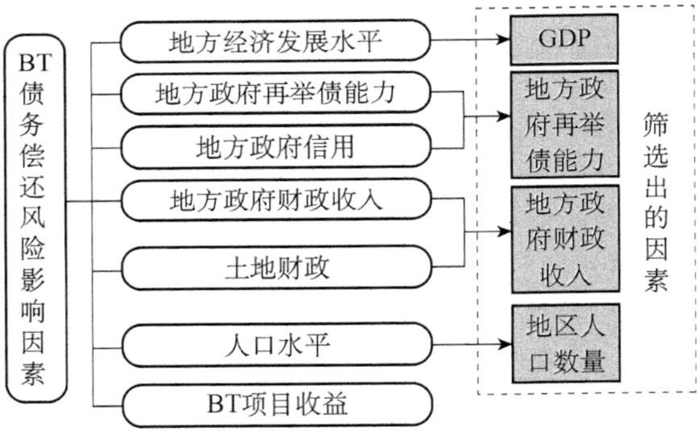

图3-2 BT债务偿还风险因素筛选分析结果

从图3-1和图3-2可以看出，由地方政府诚信度、利率波动、BT项目回购担保、BT项目融资费用计算方式、政府部门参与人员水平以及投资回报率等因素挖掘出投资回报率的量化值；由BT项目标准、BT项目监管、BT项目规划稳定性、政府部门参与人员水平和工程建设成本等因素挖掘出工程建设成本的量化值；由BT项目回购期挖掘出BT项目回购期的量化值；由地方经济发展水平挖掘出GDP的量化值；由地方政府再举债能力和地方政府信用挖掘出地方政府再举债能力的量化值；由地方政府财政收入和土地财政挖掘出地方政府财政收入的量化值；由人口水平挖掘出地区人口数量的量化值。合同计价方式、BT项目回购款支付方式、BT项目手续完整性和BT项目收益等不具有可量化性，故不作考虑。

第三节　BT 债务风险评价指标与阈值的确定

一、BT 债务风险评价指标的筛选

BT 债务风险评价指标构建的目标是系统全面地对现有地方政府 BT 债务的风险状况进行评估，为地方政府部门管理 BT 债务风险提供决策依据。

本研究遵循 BT 债务风险评价指标筛选的一般性原则和特殊性原则，以 BT 债务风险因素为基础和基本出发点，针对 BT 债务的基本特点，筛选出了 BT 债务风险评价指标。具体筛选的过程分为两部分：第一部分，从 BT 债务风险因素角度出发，进行 BT 债务风险评价指标筛选；第二部分，根据 BT 债务的特殊性，从地方政府债务评价指标中选取适用的指标进行补充，使 BT 债务风险评价指标更加系统全面（高华等，2016b）。

（一）基于影响因素的 BT 债务风险评价指标选取

我国地方政府债务风险指标的筛选需要结合实际情况进行确定。鉴于许多学者对政府债务风险进行了较全面的研究，本章采用文献综述法对地方政府债务风险评价因素进行总结，最终得到 42 个评价指标，如表 3-1 所示。

表 3-1　地方政府债务风险指标研究

指标名称	王晓光（2005）	裴育和欧阳华生（2006）	章志平（2011）	倪筱楠等（2014）	李勇等（2011）	石亚琴（2011）	谢虹（2007）	缪小林和伏润民（2012）	田丰（2014）	谢征和陈光焱（2012）
刚性支出收入比		√							√	√
财政支出补偿系数		√							√	
债务偿还率	√	√	√	√		√	√	√	√	√
财政赤字率	√	√		√		√			√	√
债务依存度	√	√	√	√	√	√	√	√	√	√

续表

指标名称	王晓光（2005）	裴育和欧阳华生（2006）	章志平（2011）	倪筱楠等（2014）	李勇等（2011）	石亚琴（2011）	谢虹（2007）	缪小林和伏润民（2012）	田丰（2014）	谢征和陈光焱（2012）
体制优惠收入比率		√								
负债资产比		√	√	√	√					√
债务负担率	√	√	√	√	√	√	√	√	√	√
地方人均负债额	√			√			√	√		
借新还旧债务额占债务总额比重	√			√			√		√	√
债务逾期率	√			√		√	√	√	√	√
平均还债年限				√						
债务率			√	√		√	√		√	√
新增债务率			√		√	√				√
利息支出率			√	√	√					
担保债务比重			√	√	√					
或有债务发生率							√			√
或有债务偿还率							√			
社保缺口债务度							√			
社保损失债务度							√			
非正常债务承担率							√			
灾害补贴承担率							√			
债务项目投入产出比				√						
GDP 增长率										√
GDP 增速与债务增速比例				√						

续表

指标名称	王晓光（2005）	裴育和欧阳华生（2006）	章志平（2011）	倪筱楠等（2014）	李勇等（2011）	石亚琴（2011）	谢虹（2007）	缪小林和伏润民（2012）	田丰（2014）	谢征和陈光焱（2012）
民间投资增速与债务增速比				√						
自我偿债额与总债务额比重				√						
债务支出收入比								√		
短期债务比								√		√
外债占比								√		
经济债务弹性								√		
财政债务弹性								√		
债务偿还弹性								√		
支出债务弹性								√		
居民应债率								√		
居民储蓄债务弹性								√		
居民收入债务弹性								√		
居民偿还债务弹性								√		
收入弹性						√				
债务增长率									√	
债务适应率									√	
土地出让收入占比										√

从表 3-1 可以看出，政府债务风险指标众多，出现频数较高的包括债务偿还率、财政赤字率、债务依存度、债务负担率、债务逾期率、债务率等。

结合上节 BT 债务风险因素的分析，可以挖掘出地方政府再举债能力、投资回报率、GDP、地方政府财政收入、地区人口数量、BT 项目回购期和工程建设成本等 BT 债务风险影响的关键因素。以这几个因素为基础进行深入分析，再与地方政府债务风险评价指标联系起来，可以得到基于影响因素的 BT 债务风险评价指标结果，如表 3-2 所示。

表 3-2　基于影响因素的 BT 债务风险指标

序号	汇总的影响因素	对应 BT 债务风险评价指标
1	地方政府再举债能力	借新还旧债务额占债务总额比重
2	投资回报率	BT 项目平均融资费用率
3	GDP	BT 债务负担率
4	地方政府财政收入	BT 债务偿还率
		BT 债务率
		BT 债务依存度
5	地区人口数量	地方人均 BT 债务负债额
6	BT 项目回购期	BT 债务平均还债年限
7	工程建设成本	BT 项目平均工程建设成本变动率

（二）BT 债务风险评价指标的补充

BT 债务属于地方政府债务中的直接显性债务，并且具有偿债期限较短的特点，属于短期性债务。结合前文分析结果，从地方政府债务风险一般性指标、地方政府直接显性债务风险评价指标、地方政府短期偿债能力指标三个方面进行指标筛选，对第一部分进行补充丰富。结合前述表 3-1 的文献分析，从出现频数较多的指标中选取财政赤字率和债务逾期率两个指标作为补充，另选取短期偿债能力代表性指标——刚性支出收入比作为补充。加上基于 BT 债务风险因素识别的 9 个指标，共识别出 12 个指标。

（三）BT 债务风险评价指标的说明

BT 债务风险指标是构建 BT 债务风险系统模型的重要因素之一，各个指标的重要性及其对应的风险能量值决定了整个 BT 债务系统的风险大小。为了便于指标量化，本研究结合实际数据资料将上述 BT 债务风险指标做以下说明。

1. 借新还旧债务额占债务总额比重

该指标是指政府为偿还旧债而举借的新债务占总债务的比例，间接反映了政府的借债能力。正常情况下，该指标的计算公式如式（3-1）所示，但现实中，当年为偿还旧债而举借的新债务额数据难以查询，故本章作出以下假设：①假定当年财政支出中除了用来偿还债务的，剩下的部分均用于各项支出；②假设当年新借入的债务，即当年债务增加量均作为政府的财政支出，且其用于偿还旧债的额度与当年政府债务偿还量占当年财政支出的比例一致。政府新增债务额与债务偿还支出占财政支出比的乘积即为当年为还旧债而新借债务额，因此该公式可表示为式（3-2），这是本章后面模型计算分析使用的计算公式。

$$借新还旧债务额占债务总额比重=\frac{当年为还旧债而新借债务额}{当年债务总额}\times 100\% \quad (3\text{-}1)$$

$$借新还旧债务额占债务总额比重=\frac{当年政府债务增加量\times\frac{当年政府债务偿还额}{当年财政支出}}{当年债务总额}\times 100\% \quad (3\text{-}2)$$

2. BT 项目平均融资费用率

从政府角度，BT 项目融资费用率是政府支付给 BT 项目投资人的回报率，与银行同期贷款利率和投资人自有投资期望收益率有关，与二者同向变化。考虑项目数据的复杂性及各个项目的平均融资费用率的隐蔽性，本章假定每个项目的平均融资费用率相等，BT 项目平均融资费用率的计算公式如式（3-3）所示。

$$\text{BT}项目平均融资费用率=0.65\times 银行同期贷款利率+0.35\times 投资回报率 \quad (3\text{-}3)$$

3. BT 债务负担率

BT 债务负担率衡量了当年 BT 债务规模对地方经济的承受能力，进而反映地方政府应对债务风险的潜力。计算公式见式（3-4）。

$$\text{BT}债务负担率=\frac{地方政府本年末\text{BT}债务余额}{地方当年\text{GDP}}\times 100\% \quad (3\text{-}4)$$

4. BT 债务偿还率

BT 债务偿还率是指地方政府财政收入中用于偿还 BT 债务的比重，直观反映了政府偿还 BT 债务的能力。

$$\text{BT}债务偿还率=\frac{当年\text{BT}债务还本付息额}{当年财政收入}\times 100\% \quad (3\text{-}5)$$

5. BT 债务率

BT 债务率是地方政府当年财政收入中用来偿还 BT 债务的能力，间接反映了政府债务的偿还能力。

$$\text{BT}债务率=\frac{年末地方\text{BT}债务余额}{当年财政收入}\times 100\% \quad (3\text{-}6)$$

6. BT债务依存度

BT债务依存度是指当年财政支出对举借BT债务的依赖程度，即从流量角度体现出当年的财政支出有多少是依靠举借BT债务实现的。计算公式如式（3-7）所示。

$$\text{BT债务依存度}=\frac{\text{当年举借BT债务数额}}{\text{当年财政支出+当年BT债务还本付息额}}\times 100\% \quad (3\text{-}7)$$

7. 地方人均BT债务负债额

地方人均BT债务负债额即地区平均每人负担的BT债务额，间接表明了当地政府的偿还压力。

$$\text{地方人均BT债务负债额}=\frac{\text{当年地方政府BT债务余额}}{\text{地方辖内人口总数}} \quad (3\text{-}8)$$

8. BT债务平均还债年限

BT债务平均还债年限是BT债务的举借期限，进一步说明了BT债务的还债压力。

9. BT项目平均工程建设成本变动率

地方政府在BT项目实施前估算了BT项目的工程建设成本。不可抗力、物价波动、法律法规变化等因素会造成BT项目工程建设成本的改变。实际中，BT项目平均工程建设成本变动率需要根据上述情况予以考量。

10. 财政赤字率

财政赤字率是衡量地方政府财政风险、反映地方政府财力对债务承受能力的指标。其计算公式为

$$\text{财政赤字率}=\frac{\text{当年地方财政支出}-\text{当年地方财政收入}}{\text{当年地方GDP}}\times 100\% \quad (3\text{-}9)$$

11. BT债务逾期率

BT债务逾期率是地方政府直接显性债务风险评价指标，反映了潜在的BT债务风险正在转化为BT债务危机的状况。其计算公式为

$$\text{BT债务逾期率}=\frac{\text{当年到期而无法还本付息的BT债务额}}{\text{当年到期的全部债务额}}\times 100\% \quad (3\text{-}10)$$

12. 刚性支出收入比

刚性支出收入比是地方政府短期偿还能力指标，反映了地方政府当年财政收入对当年刚性支出的保障程度。其计算公式为

$$\text{刚性支出收入比}=\frac{\text{当年地方刚性支出}}{\text{当年地方财政收入}}\times 100\% \tag{3-11}$$

（四）BT 债务风险评价指标的效度和信度检验

为了充分保证设立的 BT 债务风险评价指标的合理性和完备性，本研究对其进行了效度和信度检验。

1. 效度检验

评价指标的效度检验是用来衡量评价指标反映评价对象客观要素的准确性程度的，在 BT 债务风险评价指标中，若所有的指标都能反映 BT 债务风险状况，则表明这些指标具有较高的效度，反之则表明效度较低。评价指标的效度检验通常以内容效度（CVR）进行衡量，其计算公式为

$$\text{CVR}=\frac{N_e - N/2}{N/2} \tag{3-12}$$

其中，N_e为判定中认为某指标可以很好地表示测量内容范畴的裁判人数；N 为所有的裁判人数。

−1≤CVR＜0 时，表明无效度；0≤CVR≤1 时，表明有效度，且权值越靠近 1，效度越大。本效度研究对高校学者、企业 BT 项目从业人员共 20 人进行了问卷调查，其中 18 人认为 12 项指标很好地反映了 BT 债务风险状况评价内容，从而得到 CVR=0.8，表明选取的 BT 债务风险评价指标具有较高的效度。

2. 信度检验

信度检验是用来检验评价指标的可靠性程度的。信度的大小以信度系数表示，信度系数大于或等于 0.7 时，则表明结果可信（梁彦冰和崔雪松，2010）。内部一致性系数 a 系数（R_a）是使用较多的信度检验方法，其计算公式为

$$R_a=\frac{K}{K-1}\left|1-\frac{\sum S_i^2}{S^2}\right| \tag{3-13}$$

其中，K 为 BT 债务风险评价指标的个数；S_i、S_i^2 分别为第 i 个指标的标准差、方差；S、S^2 分别为总得分的标准差、方差。

依据此种方法，借用在效度检验中的受调查者的打分结果进行信度检验，得到 R_a=0.825，表明 BT 债务风险评价指标信度较高。

二、BT债务风险指标阈值及权重的确定

1. BT债务风险指标阈值

选取BT债务风险评价指标之后，需要对其阈值进行确定，以便更准确地评价地方政府BT债务风险状况。对于BT债务风险评价指标，本研究将设定2个界限值，划分为3个区段：安全区、中低风险区和高风险区。安全区表示地方政府BT债务处于安全运行状态；中低风险区表示BT债务风险已经初步显现或有所发展，但还处于可控状态，需引起地方政府部门的注意；高风险区表示BT债务风险较高，已经超过一定的警戒线，地方政府面临严重的BT债务风险和危机。

对于评价指标上下界限值（简称上下限）的确定，本研究将参考国际警戒线，采用专家问卷调查和结合地方政府财政状况等，划定指标的上下限。

（1）BT项目平均融资费用率。目前，国内确定BT项目投资回报率一般是在同期银行贷款基准利率的基础上上浮2～4个百分点。以中国银行最新公布的3～5年期贷款利率6%为基础，综合有关BT项目从业人员和学者意见，得到BT项目平均融资费用率的上下限分别为12%、6%（齐浩，2015）。

（2）BT项目平均工程建设成本变动率。鉴于BT项目绝大部分为一般建设工程项目，该指标一般将建设工程项目成本变动率作为参照。通过对建筑企业成本控制部门人员调查，结合相关理论，确定出一般建设工程项目工程建设成本变动率浮动范围为5%～10%，从而得到BT项目平均工程建设成本变动率的上下限分别为10%、5%（齐浩，2015）。

（3）BT债务负担率。根据2013年12月30日审计署发布的地方政府债务审计结果，可以看出，BT债务规模占地方政府债务规模的比重为11.2%，所占比重过高，风险较大。虽然《国务院关于加强地方政府性债务管理的意见》（国发〔2014〕43号）中没有明令禁止地方政府采用BT模式进行融资，但也不再提倡。经过这种考虑，并且整理有关专家学者的反馈意见，本研究将该比重取为10%。地方政府债务风险评价指标中的债务负担率计算公式为“本年末债务余额/地方当年GDP”，与BT债务负担率的计算公式相比较可以看出两公式分子不同，分母相同，因此可以借鉴债务负担率指标的上下限，再取10%的比重即为BT债务负担率的上下限。依据国际经验，一般国家将债务负担率控制在60%以内，考虑到地方政府一级状况，可以将债务负担率上下限设定为25%、12%（裴育和欧阳华生，2006）。因此，可以将BT债务负担率的上下限分别定为2.5%、

1.2%（齐浩，2015）。

（4）BT债务偿还率。类似BT债务负担率上下限的确定，BT债务偿还率上下限的确定可以借鉴偿债率指标值。国外政府关于偿债率的规定有：美国马萨诸塞州规定州政府偿债率一般不得超过10%，波兰对偿债率的最高规定为15%，韩国规定地方政府偿债率不得高于20%，而世界银行建议的中国偿债率为15%的安全线（赵云旗，2013）。考虑到我国实际情况，可以将偿债率区间设定为15%～30%（裴育和欧阳华生，2006），则BT债务偿还率的上下限分别为3%、1.5%。

（5）BT债务依存度。BT债务依存度指标上下限的确定可以参照地方政府债务风险评价指标中的债务依存度，但是根据两个指标的计算公式，不能简单地按照债务依存度上下限的10%进行衡量。目前，国际上认为债务依存度的警戒线为20%，我国学者研究的债务依存度上下限分别为45%和20%（裴育和欧阳华生，2006）。

（6）BT债务率。BT债务率上下限的确定可以以政府债务率为基础，从当前国际各国实践来看，债务率一般在100%左右，如美国规定债务率应为90%～120%（刘立峰，2009）。结合我国地方政府实情，可以将债务率区间设定为20%～50%（陆岷峰和张惠，2011），从而得到BT债务率上下限分别为5%、2%。

（7）地方人均BT债务负债额。类似于BT债务负担率、BT债务偿还率等指标上下限的确定，地方人均BT债务负债额上下限的确定可以参考借鉴地方政府债务风险评价指标中的地方人均负债额，以其10%计算。国际上，以法国为例，其全国每个居民人均负债额约为600欧元[①]，同时实证研究表明，居民个人偿债率（政府债务还本付息居民人均额/居民人均纯收入）不宜超过2%（牛竹梅，2002），而2014年我国居民个人纯收入为20167元。综合分析，可以将地方人均BT债务负债额的上下限分别定为400元和40元。

（8）BT债务平均还债年限。BT债务平均还债年限主要体现在BT项目回购期，通过对现有BT项目回购期进行研究分析，结合对BT项目实践人员访谈调研，确定BT债务平均还债年限的上下限分别为10年、3年（齐浩，2015）。

（9）借新还旧债务额占债务总额比重。通过对相关学者进行调查，结合我国

①巴黎人均负债1400欧元，高于全国平均水平两倍多. http://www.huarenjie.com/thread-2701401-1-1.html[2014-01-15].

地方政府债务风险评价指标理论研究①，得到此指标的上下限分别为 60%、10%（齐浩，2015）。

（10）财政赤字率。目前，相关研究将欧元体系警戒线的 3%作为参照确定财政赤字率，并且最高不能超过 5%（裴育和欧阳华生，2006），而 Kaminsky 等（1997）则认为财政赤字率的临界值为 2%。综合以上研究和我国地方政府状况，将财政赤字率上限确定为 3%，不设下限。

（11）BT 债务逾期率。截至 2013 年 6 月，我国地方政府债务逾期率基本可控，其中甘肃省逾期率最高达到 10%，河南、湖南和云南逾期率超 5%，而四川、广东、陕西、河北等逾期率大约为 3%②，而目前公认的国际警戒线是 25%，综合目前地方政府财政状况和相关学者研究（王晓光，2005；谢虹，2007；许明越，2012），确定 BT 债务逾期率上下限分别为 10%和 2%。

（12）刚性支出收入比。当刚性支出收入比大于 1 时，说明本期地方政府财政可支配财力不能够保证有关的刚性支出，财政风险相对较高；当刚性支出收入比小于 0.5 时，说明本期地方政府可支配财力的一半就能够满足政府刚性财政支出。结合现有经验值和理论研究，将刚性支出收入比上下限分别定为 100%和 50%（裴育和欧阳华生，2006）。

综上分析，本研究确定的 BT 债务风险指标阈值如表 3-3 所示。

表 3-3　BT 债务风险指标阈值

序号	代码	指标名称	上限	下限	确定来源
1	*R*1	借新还旧债务额占债务总额比重	60%	10%	齐浩（2015）
2	*R*2	BT 项目平均融资费用率	12%	6%	齐浩（2015）
3	*R*3	刚性支出收入比	100%	50%	裴育和欧阳华生（2006）
4	*R*4	财政赤字率	3%	—	Kaminsky 等（1997）、裴育和欧阳华生（2006）
5	*R*5	BT 债务负担率	2.5%	1.2%	裴育和欧阳华生（2006）、齐浩（2015）
6	*R*6	BT 债务偿还率	3%	1.5%	裴育和欧阳华生（2006）、赵云旗（2013）
7	*R*7	BT 债务率	5%	2%	刘立峰（2009）、陆岷峰和张惠（2011）

① 地方负债 10 万亿元，负债率 70%未超偿还能力. http://www.21cbh.com/HTML/2011-6-28/xOMDY5XzM0NzMxOQ.htlm[2011-06-28].

② 地方政府举债形式多元化，债务逾期率全国可控. http://www.gf.com.cn/cms/newsContent.jsp?docId=2493561[2014-06-06].

续表

序号	代码	指标名称	上限	下限	确定来源
8	*R*8	地方人均 BT 债务负债额	400 元	40 元	牛竹梅（2002）
9	*R*9	BT 债务依存度	5%	5%	裴育和欧阳华生（2006）
10	*R*10	BT 债务平均还债年限	10 年	3 年	齐浩（2015）
11	*R*11	BT 项目平均工程建设成本变动率	10%	5%	对建筑企业成本控制人员咨询结果，齐浩（2015）
12	*R*12	BT 债务逾期率	10%	2%	王晓光（2005）、谢虹（2007）、许明越（2012）

通过对 BT 债务风险评价指标上下限的确定，可得各个指标划分的安全区、中低风险区和高风险区 3 个区间，汇总以后可以得到表 3-4 的结果。

表 3-4 BT 债务风险评价指标的风险区间

代码	指标名称	风险区间		
		安全区	中低风险区	高风险区
*R*1	借新还旧债务额占债务总额比重/%	（0，10）	[10，60]	（60，+∞）
*R*2	BT 项目平均融资费用率/%	（0，6）	[6，12]	（12，+∞）
*R*3	刚性支出收入比/%	（0，50）	[50，100]	（100，+∞）
*R*4	财政赤字率/%	（−∞，1.5）	[1.5，3]	（3，+∞）
*R*5	BT 债务负担率/%	（0，1.2）	[1.2，2.5]	（2.5，+∞）
*R*6	BT 债务偿还率/%	（0，1.5）	[1.5，3]	（3，+∞）
*R*7	BT 债务率/%	（0，2）	[2，5]	（5，+∞）
*R*8	地方人均 BT 债务负债额/元	（0，40）	[40，400]	（400，+∞）
*R*9	BT 债务依存度/%	（0，2）	[2，5]	（5，+∞）
*R*10	BT 债务平均还债年限/年	（10，∞）	[10，3]	（0，3）
*R*11	BT 项目平均工程建设成本变动率/%	（0，5）	[5，10]	（10，+∞）
*R*12	BT 债务逾期率/%	（0，2）	[2，10]	（10，+∞）

2. 风险指标权重的确定

BT 债务风险指标的权重是 BT 债务风险系统的关键因素。本研究通过问卷调查法及层次分析法对各个指标的权重进行确定，指标权重如表 3-5 所示。

表 3-5 BT 债务风险评价指标的权重

编号	指标名称	权重	编号	指标名称	权重
1	借新还旧债务额占债务总额比重	0.05	3	刚性支出收入比	0.041
2	BT 项目平均融资费用率	0.092	4	财政赤字率	0.083

续表

编号	指标名称	权重	编号	指标名称	权重
5	BT债务负担率	0.122	9	BT债务依存度	0.12
6	BT债务偿还率	0.102	10	BT债务平均还债年限	0.103
7	BT债务率	0.103	11	BT项目平均工程建设成本变动率	0.063
8	地方人均BT债务负债额	0.055	12	BT债务逾期率	0.066

第四章 BT 债务风险系统的构建

BT 债务涉及主体众多，资金流复杂，并且各影响因素间存在着一定的反馈关系，符合复杂系统的特征，故本章从系统分析的角度，采用系统动力学方法进行 BT 债务系统的分析，建立 BT 债务风险的因果关系回路图及存量流量图，并结合具体案例对 BT 债务风险的大小进行度量。

第一节 研究方法及理论概述

一、系统动力学方法的适用性分析

（一）BT 债务系统是复杂系统

外部环境的多变性和项目自身的复杂性使 BT 债务暴露于风险之下，传统方法和工具无法处理复杂问题，急需选择新方法和工具，系统动力学（SD）具备优势，可以应用在风险管理中，用于风险分析和风险应对方案的效果检验。朱俊文等（2016）认为 BT 债务风险系统是个复杂系统，表现为以下几个特征。

1. 多重反馈性

BT 债务增加，促进基础设施建设，有利于 GDP 增长，GDP 的增长又进一步增强借债能力，扩大债务规模，是正反馈；但 BT 债务增加，导致还债资金增加，当超过政府财政收入时，引起债务危机，降低 GDP 的增长速度，限制债务规模，又是负反馈。BT 债务风险系统各因素构成了多个正、负反馈回路，具有多重反馈性。

2. 变量关系的非线性

BT 债务风险系统由 BT 债务特征、债务偿还、债务风险控制、风险评价及外部社会经济系统等多个子系统构成，每个系统涉及不同变量和多指标，关系较复杂，呈现非线性特征。

3. 变量作用关系的延迟性

BT债务在BT项目建成移交后才进行偿还，因此债务规模、债务偿还和偿还资金之间有延迟性，造成风险推迟。

4. 复杂性

BT债务系统构成因素很多，包括BT债务规模、BT项目、BT回购付款、BT回购资金来源、风险控制措施等因素，这些因素之间相互关联、相互影响，具有复杂的相互依存关系。

5. 突发性

BT债务风险在很大程度上是由信息在公私部门利益主体间不完全共享产生的，利益主体基于自身利益的考虑，信息很难实现及时有效的交流共享，造成私人部门无法对BT债务风险进行评价和估计，盲目参与BT项目。风险累积到一定程度就会突发，转变为政府债务危机。

因此，系统动力学的研究成果可以运用在BT债务风险研究中，用系统的观念全面考察引起BT债务风险的各个方面。

（二）系统动力学研究综述

随着社会经济的发展，系统动力学广泛应用于经济、可持续发展、物流与供应链、项目、教育、军事等领域。现从物流与供应链、可持续发展、工程项目三个方面概述系统动力学的应用。

1. 物流与供应链方面的应用研究

通过定量分析地区物流和供应链来降低经济成本一直是社会发展中的焦点。系统动力学作为一种定量的分析方法，在物流与供应链领域应用非常广泛，最为典型的是20世纪60年代Forrester提出的生产、库存与销售波动的问题，即“牛鞭效应”。Ovalle和Marquez（2003）采用系统动力学方法分析了互联网合作中产生的关键信息对供应链性能的影响。Higuchi和Troutt（2004）以短产品供应链为研究对象，采用系统动力学方法分析了多种供应链现象相互作用的影响。Anderson等（2010）基于定制型或服务型供应链视角，采用系统动力学方法构建需求变动和信息共享的动态模型。王超和穆东（2012）在分析物流成本控制方法的基础上，以天津市为例，构建了制造企业物流运作成本的系统动力学模型，验证了模型的有效性。唐丽敏等（2013）综合考虑经济、环境、能源对物流的影响因素，运用 Vensim 软件绘制因果关系图和物流节能减排模型，并进行仿真模拟，为政府提供了关于物流政策方面的有效启示。张玉春和郭宁（2014）以制造商、零售商和第三方回收商为视角，由此构造了三级闭环供应链系统动力学模型，结合影响回收商行为的环境政策指数及回收延迟，运用 Vensim 软件进行仿真实验。

2. 可持续发展方面的应用研究

随着社会发展过程中环境污染和资源贫乏等问题层出不穷，以人类活动为核心，资源、环境和经济可持续发展成为当今社会关注的热点。应用系统动力学方法，研究可持续发展问题，并找出适合地区经济发展的模式是人们研究的核心问题。Jin 等（2009）将系统动力学纳入生态足迹预测框架，建立动态的生态足迹预测模型，并通过四种不同的政策模拟，为城市可持续发展提供了有效建议。Shen 等（2009）以香港为例，建立了包括人口、经济、住房、交通和城市五个子系统的持续土地利用和城市发展模型，并依此提出城市人口密度发展方案，以实现可持续土地利用的目标。李维乾等（2013）在分析水资源配置过程复杂性的基础上构建水资源优化配置系统动力学模型，并探讨盈余水量回收再配置机制对区域水资源的影响，提出了水资源合理利用模式。刘承良等（2013）针对武汉城市圈的可持续发展问题，采用系统动力学方法构建 ERP 复合系统模型，并模拟了四种耦合发展模式，结果表明，协调发展模式能促进经济、资源和环境的协调发展。姜钰和贺雪涛（2014）基于系统动力学视角，以黑龙江省为例，建立了林下经济系统模型，为林下产业的可持续发展战略提供了决策支持。李桂君等（2016）综合考虑了社会、经济、资源等因素，运用系统动力学预测了水-能源-粮食的趋势变化，指出能源系统是实现北京市可持续发展的关键因素。

3. 工程项目方面的应用研究

工程项目作为一个复杂的系统工程，项目管理、风险管理及成本控制等问题是项目运作的关键。系统动力学的应用为上述问题的解决提供了有效工具。Love 等（2002）以项目性能为研究对象，采用系统动力学方法对项目管理进行分析，认为详细的工程计划、顾问、分包商及供应商之间的整合可以提高项目管理效果。Lee 等（2006）结合系统动力学构建了一个项目战略管理的动态框架。

李存斌和陆龚曙（2012）在分析风险元传递的影响因素基础上，运用系统动力学软件，绘制因果关系图并依此构建风险元传递模型，提出风险元与项目工期、费用和质量成正相关。张恒熠（2016）根据 BOT+设计-采购-施工-总承包模式（EPC）的项目特点，分析项目成本的影响因素，并利用系统动力学软件构建项目实施阶段成本控制模型，提出了设计、采购、施工一体化的成本控制策略。不仅如此，系统动力学的应用还体现在交通、经济、教育、金融和军事等领域。

通过以上分析发现，系统动力学方法虽然应用广泛，涉及多个领域，但是关于债务风险方面的研究，只有刘文琦和何宜庆（2017）利用系统动力学基模分析技术构建了财政收入、地区 GDP、城镇化水平、地方政府投资额、地方债务规模、债务风险的流率基本入树模型，并进行了相关的检验。鲜有文章将系统动力学方法应用于 BT 债务风险研究。外部环境的变化使 BT 债务风险系统具有复杂性、非线性和突发性的特点，用系统的观念可以全面考虑此类风险。因此，本章运用系统动力学方法，构建 BT 债务风险的系统动力学模型，并以重庆市为例，进行仿真研究，以及 BT 债务风险因素的敏感性分析，填补系统动力学在此领域应用的空白。

二、系统动力学方法简介

（一）系统动力学起源

系统动力学是结合了系统科学和计算机仿真技术，研究系统反馈结构与行为的一门科学。在系统动力学中，系统内部的动态结构和反馈机制是系统动力学的特征，通过计算机模拟，实现对社会、经济等系统问题的研究。1956 年，Jay W. Forrester 教授在研究经济与工业组织系统的系统因素和信息反馈的基础上创立并发展了系统动力学，为解决非线性、多变量的系统问题提供了理论基础。

20 世纪 50 年代，系统动力学主要用于工业企业管理，处理诸如生产与雇员情况的波动、市场股票及市场增长的不稳定性等问题。1968 年，Jay W. Forrester 出版的《系统原理》讲述了系统中动态行为产生的基本原理和相关概念，而且证明了基本原理在系统的分析、决策和预测中的适用性。20 世纪 70 年代，Meadows 教授带领的研究团队以现有系统动力学研究为平台，从人口、工业、污染、粮食生产和资源消耗等因素出发，构建了全球分析模型。这一研究成果汇总为《增长的极限》一书，为当时面临的资源枯竭的前景问题提供了解决策略。随着社会的发展，系统动力学的研究领域逐步扩大。1972 年，Forrester 带领系统动力学小组完成了全国性的模型，解决了一系列的失业、通货膨胀等经济学问题。20 世纪 90 年代，系统动力学研究领域逐渐扩大至项目、物流、医学等方面。

（二）系统动力学的基本原理和方法

1. 基本原理

系统动力学的基本原理是以现实问题为基础，通过因果关系回路图和系统流程图展现系统内部的逻辑关系，构建变量的数学关系，采用计算机平台进行模拟仿真。系统动力学的建模过程需要不断重复、完善系统模型，通过系统运行结果，得出实用的解决策略。

2. 基本方法

目前系统动力学的基本方法主要包括因果关系回路图法、存量流量图法。

（1）因果关系回路图法。因果关系回路图是描述系统内部反馈关系的一种工具，是构建系统动力学模型的基础。因果关系回路图中的因果链表示变量之间的关系，通常用单向箭头表示，分别代表正、负极性。其中，正极性（+）是指当变量变化时对相关变量的正反馈，而负极性（−）则表示当变量变化时对相关变量的负反馈。具体而言，正因果链表示当原因增加时，结果高于它原来的程度，而当原因减少时，结果则低于它原来的程度；负因果链表示如果原因增加，结果低于它原来的程度，而当原因减少，结果反而高于它原来的程度，如表 4-1 所示。

表 4-1　因果链的定义和例子

符号	说明	公式	举例
$X \xrightarrow{+} Y$	其他条件相同时，如果 X 增加（减少），那么 Y 增加（减少）到高于（低于）原应有的量	$Y=\int_{t_0}^{t}(X+\cdots)\mathrm{d}s+Y_{t_0}$	产品质量 $\xrightarrow{+}$ 销售量
$X \xrightarrow{-} Y$	其他条件相同时，如果 X 增加（减少），那么 Y 减少（增加）到低于（高于）原应有的量	$Y=\int_{t_0}^{t}(-X+\cdots)\mathrm{d}s+Y_{t_0}$	产品质量 $\xrightarrow{-}$ 销售量

资料来源：钟永光等（2013）。

注：s 为积分变量，ds 为变量的增量。

（2）存量流量图法。因果关系回路图呈现了变量间的因果关系，但是随着模型量化的需要，其并不能满足建模的要求。存量流量图是通过分析系统的因果关系和数量关系，依此构建系统模型的蓝图，包括存量、流量、辅助变量以及常量。其中，存量是累积量，意味着净流入量，即流入量和流出量的差，用矩形表示；流量是速率变量，包括流入量和流出量，流向存量的称为流入量，反之称为流出量，如图 4-1 所示。存量表征了系统的状态，使系统产生不均衡状态；流量是引起存量变化的直接原因。就辅助变量和常量而言，辅助变量是一个瞬时量，描述了模型中存量与流量间的信息传递和转换；常量是模型中保持不变或变化可忽略不计的量。辅助变量和常量的使用能够加深用户建模者对模型的理解。

图 4-1　存量流量图

在系统动力学中，存量是积累量，代表了流入量和流出量的差值，其中流入量和流出量是速率变量。存量公式如式（4-1）所示。

$$\text{Stock}(t)=\int_{t_0}^{t}[\text{Inflow}(s)-\text{Outflow}(s)]\,\mathrm{d}s+\text{Stock}(t_0) \tag{4-1}$$

其中，Stock（t）表示 t 时刻的存量，Inflow（s）表示流入量，Outflow（s）表示流出量；Stock（t_0）表示初始量。流量可以用微分的形式表示。流量的数学公式如式（4-2）所示。

$$\frac{\mathrm{d}(\text{Stock})}{\mathrm{d}t}=\text{Inflow}(t)-\text{Outflow}(t) \tag{4-2}$$

（三）系统动力学建模步骤

系统动力学是借助计算机平台，在研究系统内部变量之间的反馈关系和明确变量之间的函数关系的基础上，通过存量流量图的构建，解决系统问题的方法。考虑到研究对象和系统动力学模型的差异性，任何一个建模者在研究模型时都需要遵循一定的步骤。

1. 明确问题，确定系统边界

明确问题是建模研究的前提，让研究者认识到研究的真正问题及目的。一个清晰的目的是系统动力学研究的重要因素，不仅提高了研究的效率，而且为后续研究奠定了基础。需要明确的是，一个没有边界的系统将会大幅度增加研究的难度，甚至使得研究无法顺利进行。因此，建模的要领是明确为满足研究目的所需的基本特性，从而剔除与研究目的无关的因素，简化系统。同时，建模者通常需要通过文献研究、数据搜集、团队讨论等方式确定一个参考模式以及研究的时限，这不仅可以消除研究者的思维定式，还有助于提高对问题研究的能力。

2. 提出动态假设

系统动力学中的动态假设是指为了给动态问题提供一个内生性的解释，从问题来源的角度，对问题的动态特征提出可行性假说。内生性变量从系统内部产生，通过模型中变量和因素的交互作用产生系统的动态。通过对系统进行设计及决策规则，探索对应的行为模式。相应地，外生性变量是由模型边界以外的系统产生的、不可控制的变量。为了合理控制模型范围、提高系统的研究效率，必须严格区分内生性变量和外生性变量。系统因果关系回路图的绘制是在深入研究系统的内生性变量和外生性变量的基础上，结合动态行为假设，梳理变量之间的因果关系，经过反复斟酌，不断完善的过程。

3. 绘制存量流量图

因果关系回路图描述了变量的反馈关系，但难以进行系统的量化研究。存量流量图的绘制是从逻辑上对系统进行分解和再构造，明确各个变量之间的定量关系，以达到量化系统的目标。

（1）确定变量类型。在绘制存量流量图之前，要搜集整理相关要素的数据资料，区分系统中的存量和流量，使其既准确描述系统内的因果关系，又能正确地表达变量的数学意义和数学关系。

（2）写方程。在流量存量图中，方程体现了变量之间的数学关系，是对模型进量化的直观表达。设计变量的方程表达式不仅要选择具体的方程形式，而且还要注意量纲的一致性。

4. 模拟仿真

模拟仿真是系统动力学模型研究的最终目的，也是预测研究系统未来的发展趋势及设计政策的主要依据。绘制系统的存量流量图之后，结合设计好的方程，将预先搜集、整理的数据资料输入后设置系统的初始值、初始时间和步长，开始模拟。政策设计是在改变参数和存量流量结构的基础上，不断模拟，观察模型的运行结果，进而提出问题的解决策略。

（四）系统动力学软件

系统动力学发展初期使用的软件是SIMPLE，即通过程序语言来描述系统结构。20世纪90年代以前，常用的系统动力学软件仍以程序语言为基础，例如SIMPLE、Dynamo等。随着Windows操作系统的发展与普及，系统动力学软件由程序语言发展到可视化和图形化的软件，包括 iThink、Vensim、Powersim 等。

Vensim 软件应用范围广泛，包括商业、教育、科学等各个方面，具有不同的版本。Vensim PLE 是可用于 Windows 系统的、易操作的个人学习版。Vensim PLE 不仅可以将文件复制到粘贴板，还提供了因果树、结果图等常用的分析方法，具有更强的适用性。本章采用 Vensim PLE 软件绘制因果关系图、存量流量图并进行 BT 债务风险系统的敏感性分析。

三、能量释放理论

20 世纪 60 年代，William Haddon 创立了能量释放理论（Haddon，1963，1973），该理论以 Haddon 矩阵作为风险分析和风险对策制定过程的工具，在社会科学领域的风险分析和风险管理、灾害防范和预测以及公共安全政策的制定中得到了应用。该方法适用于系统结构复杂、风险因素具有多样性特征、风险损失较大的复杂系统，但并未给出能量的精确定义，难以进行量化分析。朱鲲（2004）基于系统论视角，认为风险是一种在系统和环境进行物质和能量交换过程中产生、存在和变化的现象；风险能量是风险因素与其理想状态间的有向距离在不同风险损益类型上投影的总和，具有能够消除各类风险因素特征差异的特点，同时使基于风险能量的风险建模方法能够适应一般经济系统风险的量化建模。

本章在测算风险指标与其理想状态间的距离时采用“距”的概念，以度量相应风险能量值。根据指标值与风险间的变化关系，将指标分为两类：指标值和风险正向变化的正向指标和反向变化的反向指标。计算公式见式（4-3）、式（4-4）。

若指标 i 为正向指标，则风险能量 E_i 为

$$E_i=\begin{cases}0 & R_i\leqslant R_{i\min}\\ \dfrac{R_i-R_{i\min}}{R_{i\max}-R_{i\min}} & R_{i\min}<R_i<R_{i\max}\\ 1 & R_i\geqslant R_{i\max}\end{cases} \tag{4-3}$$

若指标 i 是反向指标，则风险能量 E_i 为

$$E_i=\begin{cases}1 & R_i\leqslant R_{i\min}\\ \dfrac{R_{i\max}-R_i}{R_{i\max}-R_{i\min}} & R_{i\min}<R_i<R_{i\max}\\ 0 & R_i\geqslant R_{i\max}\end{cases} \tag{4-4}$$

其中，R_i 为第 i 个评价指标值；$R_{i\max}$ 为第 i 个指标阈值上限；$R_{i\min}$ 为第 i 个指标阈值下限。

从式（4-3）、式（4-4）可以看出，风险能量大小的区间为 0～1，风险大小

随着风险能量值的增加而增大。若系统中存在多个评价指标，则通过每个评价指标的权重与指标值进行加权，进而得出整个系统的风险能量（E）大小，如式（4-5）所示。

$$E=\sum_{i=1}^{n} E_i W_i \qquad (1\leqslant i\leqslant n) \tag{4-5}$$

其中，n 为指标个数，E_i为第 i 个指标的风险能量值，W_i为第 i 个指标的权重。

第二节　BT 债务风险系统的构成及因果关系

一、BT 债务风险系统的构成

BT 债务风险系统结构分析就是确定 BT 债务风险系统内部各组成要素以及各要素之间的相互联系、相互作用的方式或秩序。BT 债务系统内部结构包括 BT 债务的形成、使用、偿还和管理四个要素。第一，BT 债务的形成：政府为解决公共项目需求增加与财政资金匮乏的矛盾而产生。第二，BT 债务的使用：BT 债务主要用于 BT 项目的投融资建设过程。第三，BT 债务的偿还：在 BT 项目移交后，政府相关部门采用价款分期支付向私人部门回购，实现 BT 债务的偿还。第四，BT 债务的管理：对 BT 债务的形成、使用和偿还过程的一个监督及指导。

BT 债务风险系统与 BT 债务系统是紧密相连的，它是在 BT 债务系统的内部结构、外部条件和风险度量共同作用下形成的，由影响、形成、评价和化解债务风险的外部环境、BT 债务特征、BT 债务偿还、BT 债务风险度量和 BT 债务风险控制措施五个子系统构成，核心是 BT 债务特征及 BT 债务偿还。

1. 外部环境

外部环境是存在于系统之外的、无法控制的自然、社会经济环境的总称。与 BT 债务风险系统相关的自然环境主要是对 BT 项目造成影响的不利物质条件和不可抗力因素，这些因素发生直接引起 BT 项目建设成本的变化，进而影响 BT 债务规模的变化。社会经济环境主要是对 BT 债务规模及偿还资金来源造成影响的因素，包括人口增长、经济（GDP）增长、固定资产投资、利率变化等。人口增长促进 GDP 的增长和收入的增加，加强 BT 债务的偿还能力，但同时人口增长使基础设施需求增加，促进固定资产投资增加、利率上升、BT 债务规模加大。

2. BT 债务特征

BT 债务特征是指 BT 债务规模及其变化因素、BT 债务期限结构等方面。因为 BT 项目一般在建成移交后 3 年内回购，债务期限较短，这里不考虑 BT 债务期限结构，仅考虑 BT 债务规模及其变化因素，着重分析 BT 项目投融资和建设期影响债务规模的因素，比如工程变更、法律法规变化、通货膨胀、建设期融资费率、工期变化等，主要分析使 BT 债务规模扩大的不利因素。

3. BT 债务偿还

BT 债务偿还是指 BT 项目回购支付，主要考虑回购金额和可用来偿还债务的资金额度两个方面。回购金额包括回购基价和回购期利息费用，回购基价与 BT 债务规模一致，因此回购基价与影响 BT 债务规模的因素分析一致。影响回购期利息费用的因素包括回购方式和回购期利率变化，要对其进行分析。偿还债务的资金额度主要分析地方政府财政收入和支出等因素，但 BT 债务偿还的资金还有一个重要来源——土地收入，因此将土地收入作为一个重要因素进行分析。BT 债务特征和 BT 债务偿还反过来对外部环境产生影响，一个地方政府若负债能力和偿还能力强，会促进地方社会经济发展，反之亦然。

4. BT 债务风险度量

BT 债务风险度量包括风险因素识别和评价，从 BT 债务规模和地方政府偿债能力两个方面进行风险因素识别，在识别的因素基础上，结合地方债务风险评价指标，确定 BT 债务风险评价指标，并确定每个指标的阈值和中间值，从而进行风险高低层次的划分，并运用风险能量对 BT 债务风险系统进行度量。

5. BT 债务风险控制措施

BT 债务风险控制措施从减少 BT 债务负担和保障偿还方面着手，包括控制债务规模、降低债务使用费用（融资成本）、保障预算财政和稳定债务偿还资金来源等多个方面，尽量使 BT 债务系统的风险能量总体不要超过 1，控制在危机爆发的边界以内。这些控制措施对债务规模、债务偿还、债务风险能量产生影响。

综上，BT 债务风险系统由核心要素——BT 债务特征和 BT 债务偿还，以及外部环境、BT 债务风险度量和 BT 债务风险控制措施五个子系统组成，各子系统间的关系，即系统结构如图 4-2 所示。

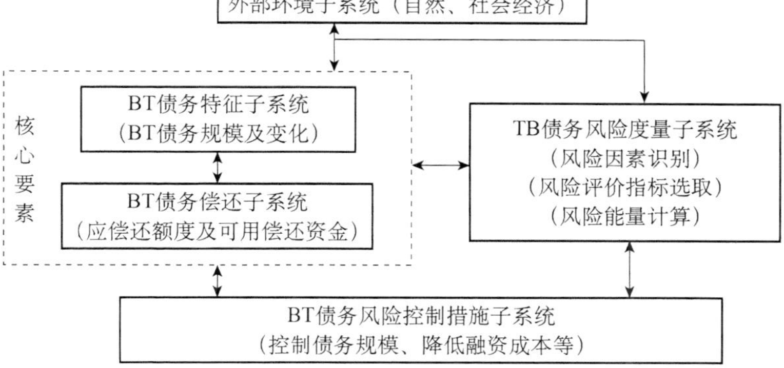

图 4-2 BT 债务风险系统结构图

BT 债务风险系统是 BT 债务的外部环境、内部结构和风险度量相互作用的产物。BT 债务外部环境中对 BT 债务风险影响最大的是社会经济子系统，故外部环境系统以社会经济子系统替代；BT 债务特征及 BT 债务偿还子系统是其内部结构的核心要素，将这两部分合并为一个子系统，称为 BT 债务规模子系统。此外，BT 债务风险控制措施要通过外部环境政策及内部结构子系统改变才可以实施，故该子系统只是个虚拟系统，进行后续系统仿真模拟时通过其他度量指标变化来体现，因此，在最终系统构成中会将其剔除，故 BT 债务风险系统构成最终包括外部环境的社会经济子系统、BT 债务规模子系统与 BT 债务风险度量子系统三个部分。

二、BT 债务风险系统的因果关系分析

BT 债务风险系统的因果关系就是分析系统内部要素之间的反馈关系。根据前文分析，本研究主要探讨 BT 债务中社会经济、BT 债务规模和 BT 债务风险度量三个子系统中各变量的因果关系。

1. 社会经济子系统

社会经济子系统属于外部环境，是 BT 债务偿还的重要保证，包括人口、财政收入、GDP、固定资产投资。人不仅是社会经济中的主导者，而且对社会经济的发展起着至关重要的作用。同时，财政收入和 GDP 的高低标志着地方的经济水平。此外，固定资产投资带动了当地建设，进一步促进 GDP 增长。因

此，本研究基于人口和经济视角绘制社会经济子系统的因果关系图，具体如图4-3所示。

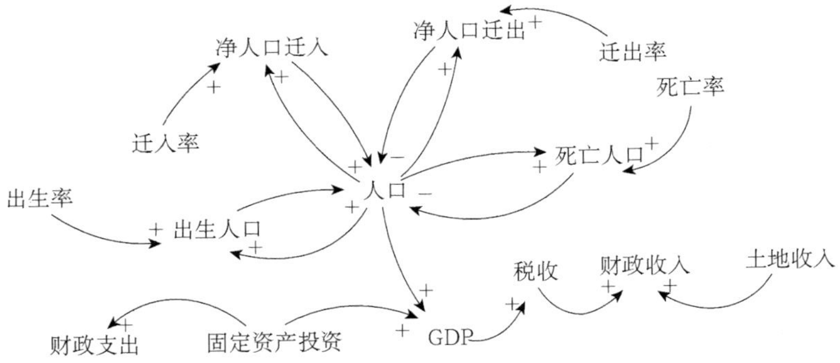

图 4-3　社会经济子系统因果关系图

从图 4-3 可以看出，社会经济子系统的反馈回路主要有 4 条：

（1）人口→+出生人口→+人口；

（2）人口→+死亡人口→−人口；

（3）人口→+净人口迁入→+人口；

（4）人口→+净人口迁出→−人口。

上述社会经济子系统中，（1）和（3）为正反馈回路，（2）和（4）为负反馈回路。其中，（1）和（2）反映了当地出生率和死亡率对人口的影响；（3）和（4）反映的则为净人口迁入率和迁出率对人口的影响。例如，在其他条件不变的情况下，人口增加，导致出生人口增加，进而引起人口增加；人口增加，净人口迁入增加，导致人口进一步增加。

2. BT 债务规模子系统

BT 债务规模子系统包括 BT 债务的形成和偿还，具体表现在：一方面，利率增加，导致投资回报率增加，必然引起 BT 项目建设期融资费用增加；BT 项目回购基价包括 BT 项目建设费用和建设期融资费用。因此，BT 项目建设费用和 BT 项目建设期融资费用增加，导致 BT 项目回购基价增大，加重 BT 债务规模，进而引起政府债务规模增加。另一方面，BT 债务规模增加，BT 债务偿还量增加，引起政府债务偿还量增加，进而导致政府债务规模减小。

由图 4-4 所示，BT 债务规模子系统的主要反馈回路有：

（1）BT 债务规模→+BT 债务偿还量→−BT 债务规模；

（2）政府债务规模→+政府债务偿还量→−政府债务规模。

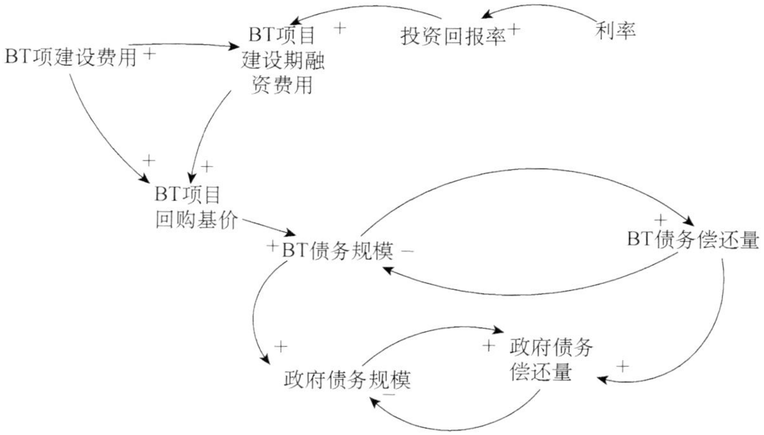

图 4-4　BT 债务规模子系统因果关系图

在上述反馈回路中，（1）和（2）均为负反馈回路。其中，（1）为 BT 债务规模回路，即 BT 债务规模增加会导致 BT 债务偿还量加大，进而引起 BT 债务规模减小；BT 债务属于政府债务的一部分；（2）是政府债务回路，即政府债务规模增加，则政府债务偿还量增加，从而导致政府债务规模减小。

3. BT 债务风险度量子系统

BT 债务风险度量是在识别 BT 债务风险指标的基础上，结合能量释放理论，分析指标与其对应风险能量之间的关系，进而确定 BT 债务风险。此子系统包含 12 个风险指标，且均为正向指标，即当指标值增加，BT 债务风险能量增大。对 BT 债务风险能量的计算过程主要包括以下两个步骤。首先计算每个风险指标的风险能量值；然后根据指标权重，将各指标对应的风险能量进行加权，得到系统的 BT 债务风险能量值，从而进一步反映 BT 债务风险大小。BT 债务风险度量子系统因果关系如图 4-5 所示。

从图 4-5 可以看出，BT 债务风险指标因果关系主要分为正反馈和负反馈。例如同期银行贷款利率增加，投资回报率增加，进而导致 BT 项目平均融资费用率增加，BT 债务风险增大；BT 债务规模增加，导致 BT 债务负担率、BT 债务率和地方人均 BT 债务负债额增大，进一步引起 BT 债务风险升高。另一方面，GDP 增加，财政赤字率和 BT 债务负担率减小，相应的风险能量减少，引起 BT 债务风险减小；人口增加，导致地方人均 BT 债务负债额减少，BT 债务风险减小；财政收入增加，导致刚性支出收入比、财政赤字率、BT 债务偿还率、BT 债务率四个指标值减小，进而引起相应风险能量减少；政府债务规模增加，借新还旧债务额占债务总额比重增加，导致 BT 债务风险增大；财政支出增加，引起财政

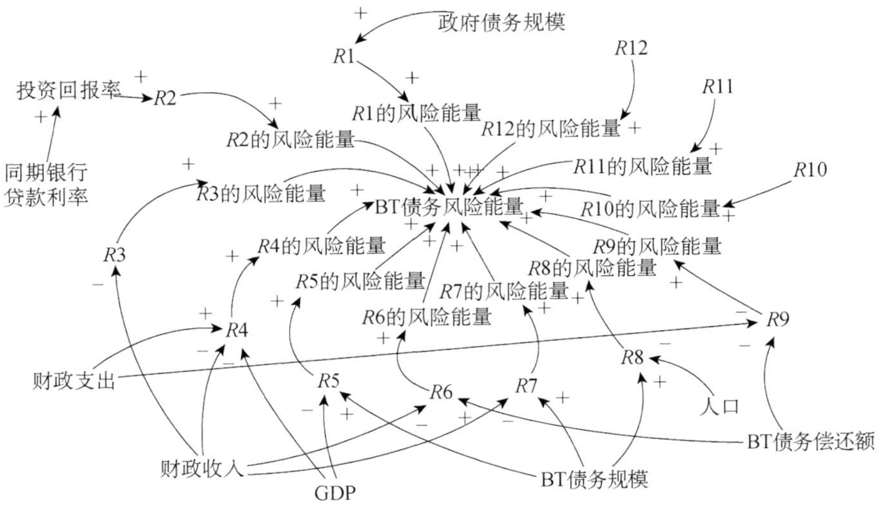

图 4-5 BT 债务风险度量子系统因果关系图

注：借新还旧债务额占债务总额比重（*R*1）、BT 项目平均融资费用率（*R*2）、刚性支出收入比（*R*3）、财政赤字率（*R*4）、BT 债务负担率（*R*5）、BT 债务偿还率（*R*6）、BT 债务率（*R*7）、地方人均 BT 债务负债额（*R*8）、BT 债务依存度（*R*9）、BT 债务平均还债年限（*R*10）、BT 项目平均工程建设成本变动率（*R*11）、BT 债务逾期率（*R*12）

赤字率增大，而 BT 债务依存度反而减小。此外，当年到期 BT 债务额增加，导致 BT 债务逾期率降低，而 BT 债务当年未偿还量增加，引起 BT 债务逾期率加大。

第三节 BT 债务风险系统仿真设计

一、BT 债务风险系统模型的存量流量图

因果关系图描述了变量之间的反馈关系，但难以表示它们之间的定量关系，故需要对系统结构进行更深入的分析。基于变量之间因果关系，利用 Vensim PLE 软件绘制 BT 债务风险系统动力学模型的存量流量图，用于分析和模拟，如图 4-6 所示。

在此模型中，包含 4 个状态变量、9 个速率变量以及 36 个辅助变量。图中颜色较浅内容表示的变量都存在相应的影子变量，他们只是原变量的镜像。为了让整个模型更加清晰，用影子变量表示模型中的原变量。为了保持模型的整体性，并未将 3 个子系统严格分开，模型从上到下依次是社会经济子系统、BT 债务规模子系统、BT 债务风险度量子系统，然而由于前两个子系统均会对 BT 债务风险指标产生一定影响，因此将变量直接表示在 BT 债务风险度量子系统中。

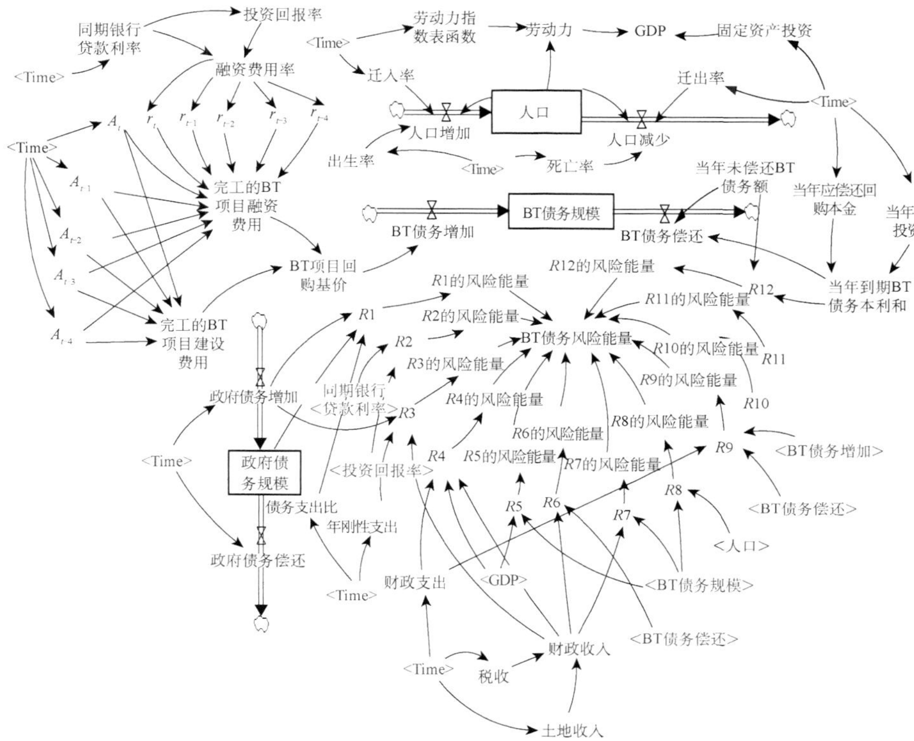

图 4-6　BT 债务风险系统存量流量图

注：A_{t-i}为项目第 i+1 年完工的建设费用；r_{t-i}为项目第 i+1 年融资费用率（i=0，1，2，3，4）；〈Time〉在系统动力学中表示时间的影子变量

理论上，BT 项目建设费用和 BT 项目建设期融资费用是 BT 项目回购基价的组成要素。为了建立 BT 项目建设期融资费用与利率之间的定量关系，本章假设形成回购基价的均为完工的项目，故用完工的 BT 项目建设费用和完工的 BT 项目融资费用分别表示 BT 项目建设费用和 BT 项目建设期融资费用。

二、主要变量说明及函数表达式

BT 债务风险系统包括社会经济子系统、BT 债务规模子系统及 BT 债务风险度量子系统。基于上述三个子系统角度，对模型中变量及方程进行如下说明。

1. 社会经济子系统

社会经济子系统包括人口、劳动力、固定资产投资、财政收入、财政支出、土地收入和税收等因素。由图 4-6 可知，人口是存量，表示每年人口数量，而其他变量均为辅助变量。由于固定资产投资、财政支出、财政收入、土地收入和税收数据均可在各统计年鉴中查阅，为了确保数据的准确性，故采用表函数进行表示。为了建立人口和劳动力间的数量关系，需要设置中间变量，即劳动力指数。劳动力指数是劳动力占人口的比重，通过查阅劳动力及人口数据，计算出每年的劳动力指数，进一步得到劳动力指数表函数。具体函数关系如下所示：

（1）人口=INTEG（人口增加−人口减少）；

（2）人口增加=（人口出生率+迁入率）×人口；

（3）人口减少=（人口死亡率+迁出率）×人口；

（4）劳动力=人口劳动力指数表函数；

（5）劳动力指数表函数=WITH LOOK UP（Time，表函数）；

（6）固定资产投资=WITH LOOK UP（Time，表函数）；

（7）财政支出=WITH LOOK UP（Time，表函数）；

（8）财政收入=WITH LOOK UP（Time，表函数）；

（9）土地收入=WITH LOOK UP（Time，表函数）；

（10）税收=WITH LOOK UP（Time，表函数）。

2. BT 债务规模子系统

BT 债务规模子系统由 BT 债务增加和偿还两部分组成，并对政府债务规模造成影响。从图 4-6 可以看出，BT 债务规模和政府债务规模均为存量，用积分形式表示。BT 债务增加及 BT 债务偿还、政府债务增加及政府债务偿还均为流量，分别为 BT 债务规模和政府债务规模的净改变量。

本章假定项目投资回报率在同期银行贷款利率的基础上上浮 3 个百分点。高华等（2014）分析了投资回报率的不同计算方式对回购基价的影响，如表 4-2 所示。

表 4-2 投资回报率计算方式

序号	计算方式	特点
1	只计算银行借款利息，此时投资回报率即为同期银行贷款利率	从工程造价构成出发，融资费用仅为银行借款资本化利息
2	只考虑自有资金投资回报率	从资金时间价值理论出发，不考虑资金来源，按全部投资计算融资费用
3	自有资金投入比例×自有资金投资回报率+银行借入资金比例×同期银行贷款利率	考虑资金来源，结合资金时间价值理论，对自有资金和借入资金均进行投资收益计算

从表4-2中可以看出，第三种方式不仅站在了资金来源角度，而且结合了资金时间价值理论，此种方式对投资回报率的计算更符合实际。本章结合实际情况，假定自有资金和银行贷款比例为0.35∶0.65。BT债务规模子系统中的函数关系如下所示：

（1）BT债务规模=INTEG（BT债务增加−BT债务偿还）；

（2）BT债务增加=BT项目回购基价；

（3）BT债务偿还=当年到期BT债务本利和−当年未偿还BT债务额；

（4）BT项目融资费用率=WITH LOOK UP（Time，表函数）；

（5）BT项目回购基价=完工的BT项目建设费用+完工的BT项目融资费用；

（6）完工的BT项目建设费用=$A_t+A_{t-1}+A_{t-2}+A_{t-3}+A_{t-4}$；

（7）完工的BT项目融资费用=$A_t\times 0.5\times r_t + A_{t-1}\times\left(1+0.5\times r_{t-1}\right)\times r_t$

$$+A_{t-2}\times[1+(1+0.5\times r_{t-2})\times r_{t-1}]\times r_t$$
$$+A_{t-3}\times\{1+[1+(1+0.5\times r_{t-3})\times r_{t-2}]\times r_{t-1}\}\times r_t$$
$$+A_{t-4}\times\{1+\{1+[1+(1+0.5\times r_{t-4})\times r_{t-3}]$$
$$\times r_{t-2}\}\times r_{t-1}\}\times r_t$$；

（8）当年应偿还回购本金=WITH LOOK UP（Time，表函数）；

（9）当年回购期投资收益=WITH LOOK UP（Time，表函数）；

（10）当年到期BT债务本利和=当年应偿还回购本金+当年回购期投资收益；

（11）政府债务规模=INTEG（政府债务新增−政府债务偿还）；

（12）政府债务偿还=WITH LOOK UP（Time，表函数）；

（13）政府债务增加=WITH LOOK UP（Time，表函数）；

（14）债务支出比=WITH LOOK UP（Time，表函数）；

（15）年刚性支出=WITH LOOK UP（Time，表函数）；

（16）投资回报率=同期银行贷款利率+0.03；

（17）BT项目平均融资费用率=0.65×同期银行贷款利率+0.35×投资回报率。

3. BT债务风险度量子系统

BT债务风险的度量是通过BT债务风险指标及相应的权重进行加权求得的。本章结合BT债务风险指标的阈值以及风险能量计算公式，采用Vensim PLE中的逻辑函数，列出各指标对应的风险能量关系式，具体如下所示：

（1）$R1$的风险能量=IF THEN ELSE（$R1\leqslant 0.1$，0，IF THEN ELSE（$R1<0.6$，（$R1-0.1$）/0.5，1））；

（2）$R2$的风险能量=IF THEN ELSE（$R2\leqslant 0.06$，0，IF THEN ELSE（$R2<0.12$，

（R2−0.06）/0.06，1））；

（3）*R*3 的风险能量=IF THEN ELSE（*R*3<0.5，0，IF THEN ELSE（*R*3<1，（*R*3−0.5）/0.5，1））；

（4）*R*4 的风险能量=IF THEN ELSE（*R*4≤0.03，0，1）；

（5）*R*5 的风险能量=IF THEN ELSE（*R*5≤0.012，0，IF THEN ELSE（*R*5<0.025，（*R*5−0.012）/0.013，1））；

（6）*R*6 的风险能量=IF THEN ELSE（*R*6≤0.015，0，IF THEN ELSE（*R*6<0.03，（*R*6−0.015）/0.015，1））；

（7）*R*7 的风险能量=IF THEN ELSE（*R*7≤0.02，0，IF THEN ELSE（*R*7<0.05，（*R*7−0.02）/0.03，1））；

（8）*R*8 的风险能量=IF THEN ELSE（*R*8≤40，0，IF THEN ELSE（*R*8<400，（*R*8−40）/360，1））；

（9）*R*9 的风险能量=IF THEN ELSE（*R*9≤0.02，0，IF THEN ELSE（*R*9<0.05，（*R*9−0.02）/0.03，1））；

（10）*R*10 的风险能量=IF THEN ELSE（*R*10≤3，0，IF THEN ELSE（*R*10<10，（*R*10−3）/7，1））；

（11）*R*11 的风险能量=IFTHENELSE（*R*11≤0.05，0，IF THEN ELSE（*R*11<0.1，（*R*11−0.05）/0.05，1））；

（12）*R*12 的风险能量=IF THEN ELSE（*R*12≤0.02，0，IF THEN ELSE（*R*12<0.1，（*R*12−0.02）/0.08，1））；

（13）BT 债务风险能力=$\sum_{i=1}^{12} E_iW_i$，其中 $1\leqslant i\leqslant 12$，E_i 和 W_i 分别为第 i 个指标的风险能量值和权重。

第五章　BT 债务风险度量的仿真模拟

第一节　BT 债务风险的度量

以重庆市为例，模拟 2006～2015 年其 BT 债务风险情况。为了确保模拟仿真的顺利进行，结合实际工作，对模型作一些假设。结合重庆市数据，对模型中的变量进行误差分析，验证了模型的可行性和适用性。在此基础上，从利率波动、工程建设成本变动、经济发展水平和人口水平变动四个角度，对 BT 债务风险系统进行敏感性分析，并根据 BT 债务风险能量的变化程度，确定 BT 债务风险的敏感因素，从而为 BT 债务风险控制优化措施提供思考角度。

一、案例选择

重庆市投融资改革试点始于 20 世纪 90 年代初期，李家沱长江大桥、重庆同兴垃圾发电厂等基础设施项目中 BOT 模式的采用，为 BT 模式的推动奠定了基础。自 1997 年成为直辖市以来，重庆市为发展地方经济不断加大基础设施建设，然而由于地理环境限制，市政府财力难以满足基础设施建设的需求。为了克服这一问题，地方政府领导市城投公司，进行基础设施的融资和建设，将国外 BT 模式应用到菜园坝长江大桥项目并获得成功，随后朝天门大桥、重庆长江大桥、高家花园嘉陵江大桥复线桥、鱼洞长江大桥等项目也相继采用了 BT 模式，为 BT 模式的应用积累了宝贵的经验。通过查阅重庆市建设工程信息网及招投标信息网发现，从 2002 年至 2018 年，重庆市 BT 项目主要包括隧道、路桥工程、轨道交通、安置房、厂房、宿舍、车库、水电、学校、广场、公园、景区、污水处理、博物馆等工程，主要集中在道路、桥梁、隧道、轨道交通和厂房工程项目上，共有 265 个项目，建设期为 3～5 年，累计 BT 建设费用 1008.97 亿元，其中 BT 项目金额最大达 225 亿元，导致政府 BT 债务加重，故以重庆市 BT 债务风险进行实证研究具有代表性。重庆市 BT 项目信息如附表 2-1 所示。

二、模型假设与说明

为了确保模型研究的可行性，本章结合重庆市数据的查阅状况，对模型中的变量作如下假设和说明。

（一）模型假设

（1）人口的影响因素一般包括出生率、死亡率、迁入率与迁出率。查阅相关统计年鉴可知，出生率与死亡率一般是按照户籍统计。为了防止统计口径的不一致，本章只考虑出生率与死亡率对人口的影响而不考虑迁入率和迁出率。

（2）投资回报率决定政府向 BT 项目投资人支付回报的大小，直接影响了 BT 项目融资费用。实际研究中，考虑到 BT 项目的投资回报率并未公开，假定 BT 项目的投资回报率为在同期银行贷款利率的基础上上浮 3 个百分点。

（3）项目回购不仅是 BT 项目运作的最后阶段，也是 BT 债务形成的直接因素。通过对重庆市 BT 项目数据资料搜集与整理发现，只有部分项目披露了回购期。结合已披露项目的回购期限，现将重庆市其余 BT 项目回购期作如下假设。

如果项目有确定的回购期限和回购方法，按实际规定计算；如果没有，按以下规则计算：2 亿元以及 2 亿元以下项目的回购期按两年计，分 3 次回购，第一次为竣工验收合格后 3 个月内回购 30%，第二次为竣工验收合格后一年内回购 40%，第三次为竣工验收合格后两年内回购 30%；2 亿元以上项目回购期按 3 年计，分 4 次回购，第一次为竣工验收合格后 3 个月内回购 20%，第二次为竣工验收合格后一年内回购 30%，第三次为竣工验收合格后两年内回购 30%，第四次为竣工验收合格后三年内回购 20%；考虑到轨道交通项目建设期长、投资金额大的特点，假定其回购期为 5 年，每年末回购 1 次，每次回购份额为 20%。

（4）通过查阅《中国统计年鉴》、《重庆统计年鉴》和重庆市财政局、重庆市统计局等网站以及咨询当地政府，发现其只披露了 2016 年政府债务余额，无法查询 2016 年政府新增债务以及当年政府债务偿还金额，难以对当年政府债务风险进行仿真。因此本研究选取 2006～2015 年重庆市数据进行模拟，模型运行的初始时间为 2006 年，终止时间为 2015 年，且步长为 1，单位为年。

（5）《重庆统计年鉴》和《中国统计年鉴》披露，2006 年重庆市人口为 3169.16 万人，当地政府债务规模为 21 393 100 万元。由于当年经济稳定，BT 项目数量少，现假设BT债务规模初始值为0，BT项目平均成本变动率为0。

（二）模型说明

经查阅重庆市BT项目情况，2006～2015年，重庆市政府对BT项目回购形成的BT债务已偿还，未存在逾期情况，因此各年未偿还BT债务额和BT债务逾期率均为0。舒元（1993）认为，我国经济增长主要依靠固定资产投资和劳动力。本章从固定资产投资和劳动力角度对GDP的值进行计算，并依此建立三者之间的方程。此外，柯布-道格拉斯（CD）生产函数利用对数转换的方式对变量之间的关系进行线性回归分析，据此得出变量的函数形式。因此，为了避免模型中的异方差性，利用Eviews 8.0软件对GDP、劳动力和固定资产投资进行线性回归分析后得到函数关系：

$$\text{GDP} = 0.000\,630\,964 \times \text{劳动力}^{2.051\,039} \times \text{固定资产投资}^{0.582\,529} \quad (5\text{-}1)$$

土地收入和税收是财政收入的主要来源，通过 Eviews 8.0对财政收入、土地收入和税收进行线性回归分析，发现三者拟合度较高，说明存在明显的线性关系，求解得到数量方程：

$$\text{财政收入} = 1.650\,24 \times \text{税收} + 1.370\,97 \times \text{土地收入} + 2\,158\,220 \quad (5\text{-}2)$$

系统动力学中常见的方程主要由数学函数和逻辑函数组成，虽然这些函数能表示系统内部因素之间的线性关系，但具有一定局限性。实际模型构建中有的变量难以通过简单的函数关系进行组合实现，系统动力学中的表函数能解决这一问题。此外，表函数是研究者通过观察和统计数据资料，自行设计符合数据之间关系的关系式，并将因变量数据通过连线的方式表现出来，表达式如（5-3）所示。

$$\text{Lookup} = \{[(X_{\min}, X_{\max}) - (Y_{\min}, Y_{\max})], (X_1, Y_1), (X_2, Y_2), \cdots, (X_n, Y_n)\} \quad (5\text{-}3)$$

表函数的建立一般包括以下步骤：①确定表函数中的自变量和因变量；②明确变量的取值范围，一般通过历史数据和预测数据来确定；③选取合适的曲线驻点、拐点、端点；④画出图形。

Vensim PLE软件中表函数不仅可以通过软件中AS Graph选项输入自变量和因变量的值，还可以利用方程类型Type中的Lookup（查找）进行列举表示，具体做法为在软件中的表格内列出自变量和因变量的最大值、最小值及其他对应点的值。本章根据表函数的方程形式及步骤，在通过Excel对原始数据进行整理的基础上，列举重庆市 BT 债务风险系统的表函数，如表 5-1 所示。

表 5-1 主要变量、参数赋值

序号	变量名	表达式
1	劳动力指数	WITH LOOK UP（Time，（[（2006，0.454776218）-（2015，0.638298314）]（2006，0.454776218），（2007，0.454010732），（2008，0.458215256），（2009，0.4618987）（2010，0.466164162），（2011，0.476051186），（2013，0.501280364），（2014，0.63422612），（2015，0.638298314）））
2	固定资产投资	WITH LOOK UP（Time，（[（2006，24518351）-（2015，154803250）]（200624518351），（2007，31615147），（2008，40452509），（2009，53179185），（2010，69347966），（2011，76858699），（2012，93800012），（2013，112050284），（2014，132237463），（2015，154803250）））
3	土地收入	WITH LOOK UP（[（2006，1799228）-（2015，15749356）]，（2006，1799228）（2007，2853324），（2008，3273534），（2009，4384382），（2010，9115773），（2011，13340811），（2012，13378780），（2013，15521506），（2014，16901141），（2015，15749356））
4	税收	WITH LOOK UP（[（2006，2152562）-（2015，14509282）]，（2006，2152562），（2007，2944592），（2008，3638736），（2009，3909881），（2010，6215564），（2011，8810708），（2012，9701657），（2013，1126179），（2014，12818300），（2015，14509282））
5	财政支出	WITH LOOK UP（[（2006，8201936）-（2015，55451546）]，（2006，8201936），（2007，11023545），（2008，14485581），（2009，18060672），（2010，27467891），（2011，39598745），（2012，42292794），（2013，47942563），（2014，51644014），（2015，55451546））
6	出生率	WITH LOOK UP（[（2006，0.01149）-（2015，0.01107）]，（2006，0.01149），（2007，0.01388），（2008，0.01333），（2009，0.0125），（2010，0.0191），（2011，0.01244），（2012，0.01102），（2013，0.01069），（2014，0.0118），（2015，0.01107））
7	死亡率	WITH LOOK UP（[（2006，0.00468）-（2015，0.00706）]，（2006，0.00468），（2007，0.00515），（2008，0.00757），（2009，0.0008），（2010，0.01185），（2011，0.0059），（2012，0.00714），（2013，0.00602），（2014，0.0067），（2015，0.00706））
8	利率	WITH LOOK UP（[（2006，0.06165）-（2015，0.05375）]，（2006，0.06165），（2007，0.069814），（2008，0.06615），（2009，0.054），（2010，0.057375），（2011，0.0625），（2012，0.064），（2013，0.0615），（2014，0.06075），（2015，0.05375））
9	A_t	WITH LOOK UP（[（2006，1500）-（2015，59658.3278）]，（2006，1500），（2007，48992.1739），（2008，50810.1313），（2009，44527.9671），（2010，278423.3293），（2011，406849.9065），（2012，365759.0293），（2013，416919.0772），（2014，211358.872），（2015，59658.3278））
10	A_{t-1}	WITH LOOK UP（[（2006，0）-（2015，78934.6821）]，（2006，0），（2007，54782.6087），（2008，16079.4613），（2009，16772.9457），（2010，65588.8722），（2011，308161.059），（2012，320932.2522），（2013，724753.5784），（2014，276970.0369），（2015，91184.1201））
11	A_{t-2}	WITH LOOK UP（[（2006，0）-（2015，78934.6821）]，（2006，0），（2007，54782.6087），（2008，12503.7037），（2009，6173），（2010，12243.3333），（2011，70946.5283），（2012，61962.6012），（2013，309034.1417），（2014，200213.1696），（2015，78934.6821））

续表

序号	变量名	表达式
12	A_{t-3}	WITH LOOK UP([(2006,0)-(2015,61203.0075)],(2006,0),(2007,54782.6087),(2008,12503.7037),(2009,0),(2010,11822.5),(2011,0),(2012,2599.555),(2013,42183.908),(2014,53375.8677),(2015,61203.0075))
13	A_{t-4}	WITH LOOK UP([(2006,0),(2015,39473.6842)],(2006,0),(2007,0),(2008,0),(2009,0),(2010,985.2083),(2011,0),(2012,0),(2013,0),(2014,3000),(2015,39473.6842))
14	当年应偿还回购本金	WITH LOOKUP([(2006,466.23375)-(2015,906293.5485)],(2006,466.23375),(2007,1133.0361),(2008,94148.22054),(2009,133392.72),(2010,151473.1191),(2011,270095.9759),(2012,503848.8606),(2013,849014.6245),(2014,1203926.674),(2015,906293.5485))
15	当年回购期投资收益	WITH LOOK UP([(2006,31.13859)-(2015,121679.6967)],(2006,31.13859),(2007,110.8681),(2008,19939.5393),(2009,17094.38342),(2010,12421.8106),(2011,29722.0619),(2012,66781.9633),(2013,108752.0822),(2014,143633.1905),(2015,121679.6967))
16	政府债务增加	WITH LOOK UP([(2006,4438600)-(2015,34592700)],(2006,4438600),(2007,5510100),(2008,7314600),(2009,9304800),(2010,12800300),(2011,17437500),(2012,22375000),(2013,30703900),(2014,32363500),(2015,34592700))
17	政府债务偿还	WITH LOOK UP([(2006,1612700)-(2015,91130700],(2006,1612700),(2007,768700),(2008,1612600),(2009,2444100),(2010,3492200),(2011,8644100),(2012,10625400),(2013,16101300),(2014,25184400),(2015,91130700))
18	债务支出比	WITH LOOK UP([(2006,0)-(2015,0.487654)],(2006,0.196624),(2007,0.0697326),(2008,0.111324),(2009,0.135327),(2010,0.127137537),(2011,0.218292272),(2012,0.251234),(2013,0.335846),(2014,0.106875891),(2015,0.487654))
19	年刚性支出	WITH LOOK UP([(2006,3782358)-(2015,20953138)],(2006,3782358),(2007,4849142),(2008,6161209),(2009,7711654),(2010,9682844),(2011,13817935),(2012,16843224),(2013,16571905),(2014,18250961),(2015,20953138))

三、模型检验

模型构建好后，通过设置常量和变量，对系统进行模拟。进行模拟之前，需要对模型的准确性和有效性进行检验。模型检验的目的是通过模拟值与真实值间的误差，验证模型仿真结果是否符合实际，进而确保模型的可信度。本章运用历史数据吻合度比对法进行误差检验。一般来说，当每个指标变量的相对误差不大于10%时，则认定该模型的仿真性能和预测精度较好。本章选取GDP、人口、BT债务偿还金额和财政收入4个变量对模型运行结果进行检验，结果如表5-2所示。可见，除了2006年财政收入模拟值稍微超过真实值10%外，其他指标误差绝对值均在10%以内，所以模型预测精度满足要求。

表 5-2 误差检验

年份	GDP			人口			BT 债务偿还金额			财政收入		
	真实值/亿元	模拟值/亿元	误差/%	真实值/万人	模拟值/万人	误差/%	真实值/万元	模拟值/万元	误差/%	真实值/亿元	模拟值/亿元	误差/%
2006	3 907.23	3 914.64	0.19	3 198.87	3 169.16	−0.93	−497.37	489.94	−1.49	742.17	817.72	10.18
2007	4 676.13	4 578.15	−2.10	3 235.32	3 190.74	−1.38	1 243.90	1 221.84	−1.77	1 057.29	1 092.93	3.37
2008	5 793.66	5 472.85	−5.54	3 257.05	3 218.6	−1.18	114 087.76	110 100	−3.50	1 290.18	1 265.09	−1.94
2009	6 530.01	6 603.97	1.13	3 275.61	3 237.14	−1.17	150 487.1	146 315	−2.77	1 535.39	1 462.13	−4.77
2010	7 925.58	8 037.77	1.42	3 303.45	3 275.01	−0.86	163 894.93	160 395	−2.14	2 506.33	2 491.28	−0.60
2011	10 011.37	9 037.2	−9.73	3 329.81	3 298.75	−0.93	299 818.04	293 061	−2.25	3 523.65	3 498.78	−0.71
2012	11 409.6	10 830.8	−5.07	3 343.44	3 320.33	−0.69	570 630.82	556 041	−2.56	3 726.84	3 651.02	−2.03
2013	12 783.26	12 757.6	−0.20	3 358.42	3 333.21	−0.75	957 766.7	933 481	−2.54	4 101.06	4 179.86	1.92
2014	14 262.6	14 292.9	0.21	3 375.2	3 348.78	−0.78	1 347 559.86	1 313 640	−2.52	4 608.03	4 648.24	0.87
2015	15 717.27	15 480.325	−1.51	3 371.84	3 365.86	−0.18	1 027 973.24	998 314	−2.89	4 785.53	4 769.4	−0.34

资料来源：根据 Vensim PLE 软件模拟整理。

四、BT 债务风险能量度量

本研究结合已收集、整理的数据及变量初始值，采用 Vensim PLE 软件对重庆市 2006～2015 年 BT 债务风险能量进行仿真模拟，并通过 Origin 软件将运行后的结果进行绘制，见图 5-1。

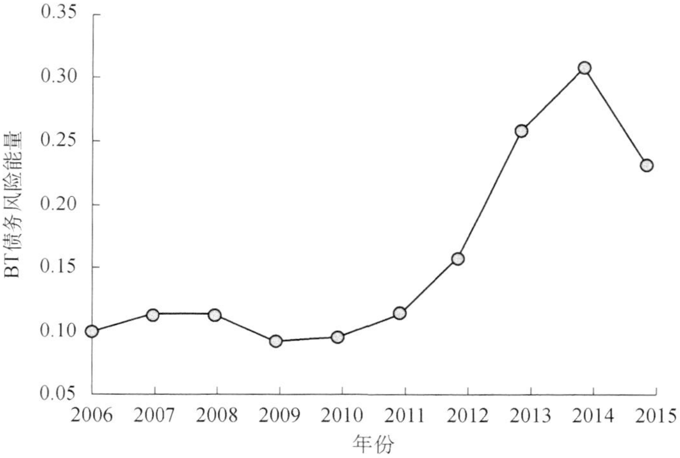

图 5-1 BT 债务风险能量

通过仿真模拟可知，总体而言，BT 债务风险变化幅度较小，风险能量在 0.095 和 0.312 间波动，并且从 2011 年开始，BT 债务风险能量逐渐增大，在 2014 年达到最大值后又出现下降趋势。原因在于，初始阶段，BT 项目规模小，所形成的债务较少，BT 债务风险能量低，但随着 BT 模式的广泛使用，BT 项目逐渐增多，政府对 BT 项目所形成债务的分期偿还使得 BT 债务规模逐渐增大，从而使得 BT 债务风险能量呈上升趋势，2014 年达到顶峰。但随着《国务院关于加强地方政府性债务管理的意见》（国发〔2014〕43 号）的颁布与实施，BT 项目逐渐减少，甚至被禁止，BT 债务风险能量逐渐下降。这种趋势较符合重庆市实际的 BT 债务风险情况。

第二节 BT 债务风险因素的敏感性测试

系统动力学中的敏感性分析即灵敏度分析，是对模型变化所引起模型响应的研究。王其藩（2009）从多个角度将灵敏度分为数值灵敏度、行为灵敏度和政策灵敏度。其中，数值灵敏度是通过改变模型中的参数或结构，引起模拟结果的数值变化的；行为灵敏度是通过改变参数或数学关系式，导致模型行为变化的；当模型的参数或部分结构在合理的范围内变动时，利用模型分析，得出“政策结论是否改变”是政策灵敏度分析的主要目的，其优点是能够明确模型行为对某一参数变动的不敏感性。

本章基于上述分析，从数值灵敏度视角，在不改变其他影响因素的条件下，通过改变模型中参数值，对不同数值下的BT债务风险能量进行度量，进而比较影响因素的敏感性大小，为BT债务风险控制优化奠定基础。

（一）利率波动的影响

实际BT项目中，利率波动通过影响投资回报率及建设期融资费用率直接影响建设期融资费用和回购期投资收益，从而进一步影响BT债务偿还金额。BT项目合同中融资费用率通常在同期银行贷款利率的基础上上浮2～4个百分点。通过查阅2006～2015年的1～3年和3～5年同期银行贷款利率，计算每次利率变化幅度的绝对值，并求得平均值接近5%，因此将利率分别增加和减少5%进行BT债务风险能量的模拟，如图5-2所示。

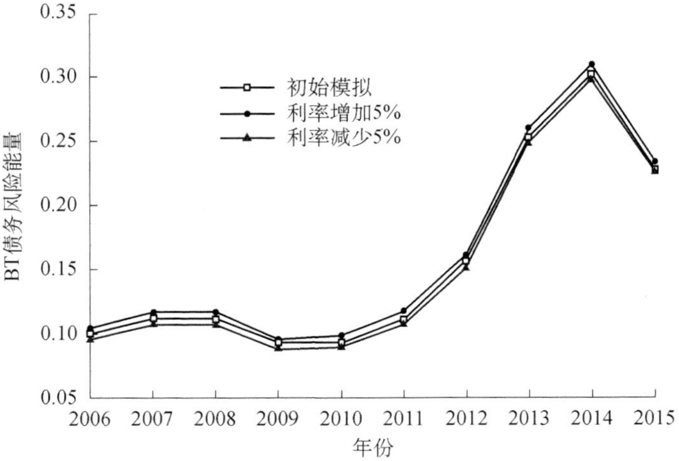

图5-2　利率波动的影响

从图5-2仿真结果来看，利率下浮，BT债务风险能量减少，使BT债务风险下降；利率上浮，BT债务风险能量加大，使BT债务风险上升。主要原因在于，当利率下降，BT 项目融资费用率降低，导致 BT 债务规模下降，进而引起 BT 债务风险减小。

（二）工程建设成本变动的影响

工程建设成本变动通过 BT 项目回购基价直接影响 BT 债务规模。BT 项目通常采用可调总价合同，当合同约定的风险因素，如物价波动、不可抗力、设计变更等出现时，才进行合同价格调整，而一般工程项目成本变动比例不超过 10%。因此，本研究假设风险因素引起工程建设成本变动的比率为 5%，以此进行模拟，并同时进行利率增加 5%和减少 5%情况的模拟，BT 债务风险能量的输出结果如图 5-3 所示。

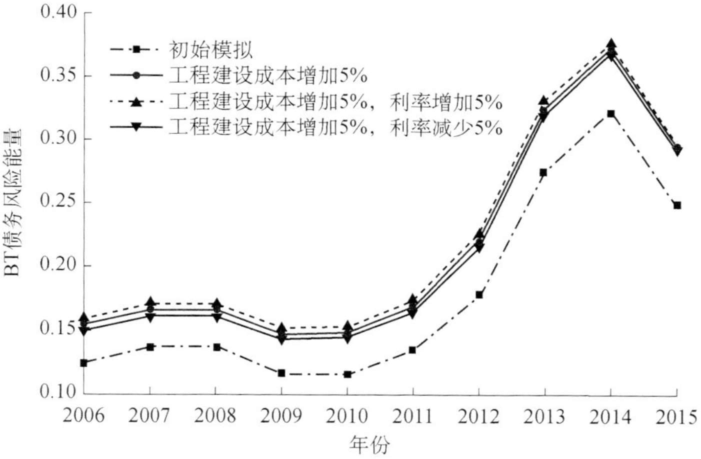

图 5-3 工程建设成本变动及利率波动的影响

由图 5-3 可知，当工程建设成本增大时，BT 债务风险能量增加，BT 债务风险加大。若利率同时提升，风险能量进一步加大，而利率下降引起风险能量减少，但仍比未改变之前的 BT 债务风险大。利率增加或工程建设成本变动加大，均会使 BT 债务风险能量升高，导致 BT 债务风险增大。通过以上分析可知，工程建设成本增加的基础上利率提升对 BT 债务危机的影响更为严重。

（三）经济发展水平的影响

地方经济发展水平是 BT 债务风险系统的重要影响因素，决定了地方政府偿债能力的高低，因此有必要对此进行 BT 债务风险的敏感性分析。经济发展水平主要体现在 GDP 上，而固定资产投资增加会使得未来 GDP 增大，在此基础上结合 BT 规模子系统因果关系，用固定资产投资变动表示 GDP 变化。税收是地方财政收入的主要来源，直接影响 BT 债务偿还能力。此外，土地已成为地方政府获取利益的工具及融资的诱饵和杠杆，对保障民生产生挤压作用，进一步加深了政府对土地财政的依赖。土地财政已经成为地方政府重要的经济来源，尤其是在基础设施建设方面更为显著，地方政府通常以土地收入作为 BT 债务偿还的资金来源。通过上述分析，本章将固定资产投资变动、税收变动、土地收入变动三个因素作为变量分别进行分析。查阅《重庆统计年鉴 2016》可知，2006～2015 年，固定资产投资增长率平均为 22.9%，但近几年增速下降，2015 年的增长率为 17%；根据重庆市国民经济和社会发展统计公报，计算得出 2006～2015 年税收每年按 24.6%的增长率递增，2015 年税收增长率为 13.2%，增速下降；根据重庆市财政局信息公开中的财政预算执行分析，得到 2006～2015 年土地收入每年按 31.1%的增长率递增，但 2015 年土地收入呈现下降趋势，下降 6.8%。从统计数据来看，2006～2015 年，重庆市经济处于快速发展阶段，但从 2015 年开始，发展速度变缓。当前我国处于经济发展的新常态，经济增长速度普遍变慢，且固定资产投资、税收和土地收入三个因素与 BT 债务风险呈反向关系，故而只考虑其下降的趋势，综合以上分析，假设这三个因素分别减少 5%进行模拟，仿真结果如图 5-4 至图 5-6 所示。

图 5-4 固定资产投资的影响

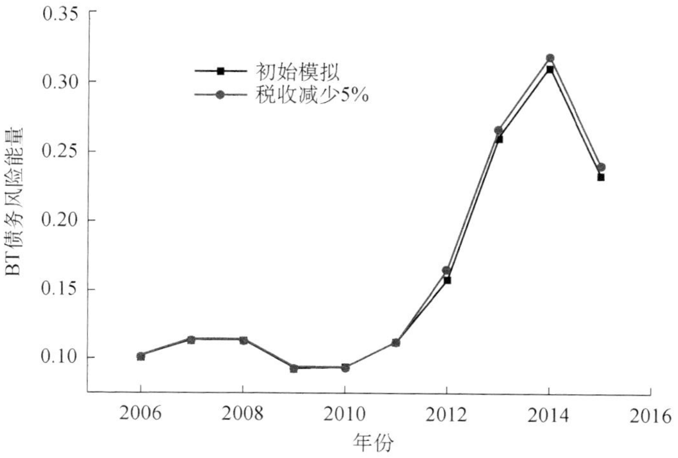

图 5-5　税收的影响

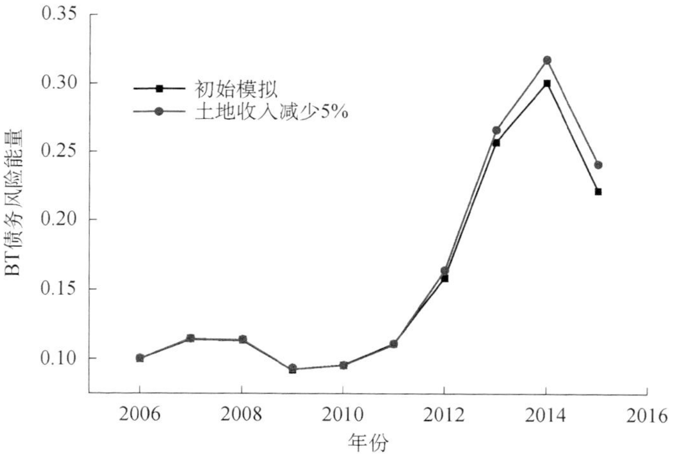

图 5-6　土地收入的影响

从图 5-4 至图 5-6 可以看出，第一，固定资产投资变动对 BT 债务风险能量大小的改变非常微小，说明固定资产投资对 BT 债务风险的影响微乎其微。原因在于两个方面：一是重庆市财政赤字率较大，导致相应的风险能量高；二是 BT 债务负担率较小，相应风险能量小。第二，税收减少使 BT 债务风险能量增大，使 BT 债务风险上升，这与实际情况相符。第三，土地收入减少，BT 债务风险能量增大，导致 BT 债务风险增加。可见政府实施的土地政策和税收政策对 BT 债务风险具有直接影响。总体而言，从 2006～2011 年固定资产投资、税收和土地收入的变动对 BT 债务风险能量变化的影响微乎其微，而从 2012 年开始，这种影响才较为明显。这是由于金融危机结束后我国经济飞速发展带动了城市基础设施的建设，而财政收入作为 BT 债务偿还资金的来源，对 BT 债务风险的影响越来越大。

（四）人口水平变动的影响

人口是 BT 债务风险系统中的关键因素，为 BT 债务的偿还提供了充分的保障。伴随着世界人口不断增长，发达国家的人口增长率低于 0.5%，而发展中国家的人口增长率大约为 2.1%，我国由于计划生育政策的影响，人口增长率为 1.5%～1.6%，二孩政策放开后，估计人口增长率为 1.5%～1.8%。因此，按出生率可能增加的最大变化率 0.3%（1.8%减去 1.5%）情况进行模拟，如图 5-7 所示。

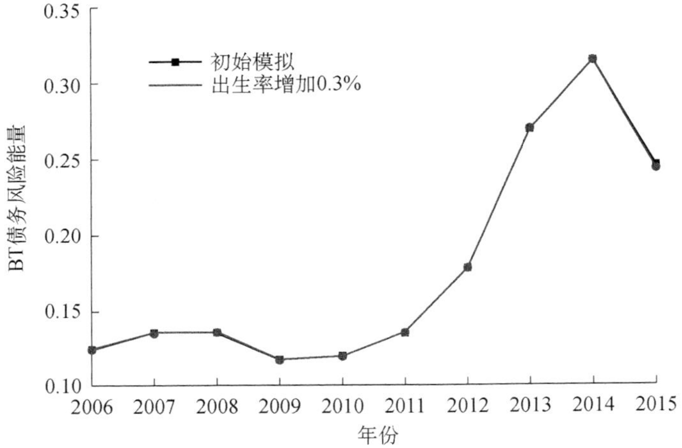

图 5-7　人口政策变动的影响

由图 5-7 模拟结果可知，出生率增加，使 BT 债务风险能量减小，导致 BT 债务风险下降，但是其影响不是特别明显。实际上，人口总量在一定时间内不会发生很大变化，因此人口因素对 BT 债务风险影响可以忽略不计，下面的敏感性分析中不再考虑。

为了进一步分析上述因素对 BT 债务风险的影响程度，本章根据上述分析，探讨各因素变动 5%所引起 BT 债务风险能量变化结果，如表 5-3 所示。

表 5-3　BT 债务风险因素的敏感性分析　（单位：%）

影响因素变化	2006 年	2007 年	2008 年	2009 年	2010 年	2011 年	2012 年	2013 年	2014 年	2015 年
利率增加 5%	0.47	0.54	0.51	0.42	0.44	0.49	0.54	0.59	0.65	0.65

续表

影响因素变化	2006年	2007年	2008年	2009年	2010年	2011年	2012年	2013年	2014年	2015年
工程建设成本增加 5%	3.15	3.15	3.20	3.21	3.19	3.43	4.29	5.24	5.21	4.88
工程建设成本增加5%，利率增加 5%	3.62	3.68	3.72	3.62	3.62	3.92	4.84	5.80	5.55	5.20
工程建设成本增加5%，利率减少 5%	2.68	2.62	2.69	2.79	2.76	2.95	3.75	4.68	4.86	4.56
固定资产投资减少 5%	0.00	0.00	0.00	0.00	0.00	0.00	0.00	0.00	0.33	0.00
税收减少 5%	0.00	0.00	0.00	0.00	0.00	0.00	0.42	0.54	0.75	0.58
土地收入减少 5%	0.00	0.00	0.00	0.00	0.00	0.00	0.48	0.66	0.98	0.85

从表 5-3 可以看出，当利率增加 5%，BT 债务风险能量增加 0.5%左右；工程建设成本增加 5%，BT 债务风险能量增加 3.15%～5.24%；工程建设成本增加 5%，且利率增加 5%，BT 债务风险增加 3.62%～5.80%；工程建设成本增加 5%，且利率减少 5%，BT 债务风险能量增加 2.62%～4.86%。经济发展水平因素中，2006～2011 年，由于 BT 债务规模较小，固定资产投资、税收和土地收入变化对 BT 债务风险没有明显影响；2012～2015 年，税收减少 5%，引起 BT 债务风险能量增加 0.42%～0.75%；土地收入减少 5%，使 BT 债务风险能量增加 0.48%～0.98%；固定资产投资减少对 BT 债务风险几乎没有影响。因此，工程建设成本和利率波动是 BT 债务风险能量的最敏感因素，其次是土地政策和税收政策，固定资产投资政策对 BT 债务风险影响很小。

第六章　BT 债务风险控制的优化及启示

第一节　BT 债务风险控制优化措施

一、合理控制工程建设成本，降低 BT 债务风险

工程建设成本作为 BT 项目回购基价的重要组成部分，是决定 BT 债务规模大小的最敏感因素之一。然而，实际项目在建设过程中容易受到不可抗力、设计变更、物价波动、法律法规变化等不利条件的影响，使 BT 债务规模增大，进一步导致 BT 债务风险升高。

不可抗力是指人无法避开的，并且难以抵抗的社会事件和自然灾害事件，不可抗力所产生的风险也同样存在于 BT 项目的运作中，包括战争、暴乱、自然灾害，例如水灾、火灾、泥石流、山体滑坡、地震、台风、传染病、污染等，容易造成施工人员伤亡及施工设备损害，甚至影响工程质量，引起 BT 项目工程建设成本增加、BT 债务规模加大，引发 BT 债务风险（卢明慧，2015）。因此，为了降低 BT 债务风险的发生，政府和 BT 项目投资人在 BT 项目开工前，应该充分了解施工项目的地理、地质以及气候环境，为项目的建设做好充足的准备工作。BT 项目施工方应立即调整施工的后续计划，确保工期正常进行。

通货膨胀容易造成工程建筑材料和施工设备价格的波动，可能引起工程价格上涨，同样也会加大 BT 债务风险。基于此，为了合理控制 BT 债务风险，政府应该与 BT 主办人签订劳务、材料、设备价格上涨的调价条款，通过竞标的形式对材料和设备价格进行固定或者预先购买项目材料和设备，防止价格上涨。

设计变更的产生需要项目团队对工程量、施工方案进行更改甚至重新设定，可能由于工程规模变化导致工程量加重，而当工程量变化过大时，需要调整工程单价，进而影响工程建设成本，导致 BT 债务加重，使 BT 债务风险加大。

工程项目建设过程中，相关法律法规变化会影响BT项目施工进度，甚至引起项目停工，工程建设成本不能及时收回，对施工单位甚至BT主办人造成不同程度的损失。

从以上分析中可以看出，不可抗力、通货膨胀、设计变更、相关法律法规会对工程建设成本造成影响，进而可能增加BT债务风险。同时，这些因素也会产生工程索赔。具体表现为：不可抗力容易引起工程损坏，施工方则要对此进行修复，进而导致工程延期；通货膨胀会导致物价、人工费用的增加，容易引发工程纠纷，延误工期，造成工程索赔；设计变更和相关法律法规变化会导致工期延误甚至停工，也会引发工程索赔。鉴于此，应从以下几个方面合理控制工程建设成本。

1. 拟定合理的风险分担条款，理清各方承担的风险责任

为了减小BT债务风险，需要采取适当的方式来对风险进行规避和分担。对于任何BT项目，从项目融资、建设到移交，它们都会涉及不同的参与主体，这可能会引发一定风险。因此，需要对不同参与主体的风险予以合理的分配。从分担主体来看，BT 项目的风险分担者包括主层级风险分担者和次层级风险分担者，其中主层级风险分担者即政府和项目投资人，而次层级风险分担者主要为参与BT项目的设计单位、施工单位、担保机构等。对此，本章根据风险分担原则，从风险可控性的视角确定风险分担条款。

（1）对双方都不可控的风险，应由BT主办人承担一定比例，超过上限部分由地方政府部门承担和补偿；政府部门可以针对不可抗力和物价波动的具体情况，分别确定不同的分担比例，防止风险发生时双方因风险分担问题产生纠纷，影响工程进度。

（2）对双方可控的风险，应该根据责任制和最优性原则，对风险进行合理控制。具体而言，由BT发起人行为引起的风险则由BT发起人自身承担。例如，政策法律法规变化是由政府部门引起的，可由政府部门承担全部责任。对于政府部门提出的设计变更，政府部门承担相应风险；对于设计方产生的设计变更，设计方承担责任；对于施工方因为施工技术问题而提出的设计变更，施工方和设计方各承担一定比例风险。

（3）由于上述原因引起的工程索赔，政府应该严格监督项目的工程索赔事件，防止BT主办人因此而延误工期，影响BT项目的回购。此外，还需协助BT主办人及时处理工程索赔事件，合理控制项目损失。不仅如此，BT主办人可以通过购买商业保险的形式将风险进行转移。

2. 采取适当的合同计价模式，降低 BT 债务风险的发生

我国工程合同的计价模式主要分为单价合同、总价合同和成本加酬金合同。实际 BT 项目中，总价合同方式更为常见，具体包括固定总价合同和可调总价合同。其中，固定总价合同的工程计价方式便捷，适合工程量较小、工期短以及施工环境稳定的风险较小或者容易控制的工程项目，而可调总价合同计价方式繁杂，适合容易受不利条件的影响，导致项目风险加大，难以控制的项目。然而，BT 项目建设过程中容易受到不可抗力、设计变更、物价波动等因素的影响，导致工程建设成本增加。因此，政府应该在考虑项目规模及工期的基础上对合同计价模式进行选择，如果项目周期短，无须考虑不可抗力、设计变更及物价波动的影响，可采用固定总价合同；当项目风险较大且工期较长时，可采用可调总价合同，但合同中应明确规定，当各种风险因素发生时，政府部门应承担的责任和价格调整机制，部分工程可采用包干价格。

二、预测利率变化趋势，确定合理的投资回报率

由于 BT 项目的投资额较大，投资人一般会根据项目的类型、大小和投资金额选择合适的金融机构，进而降低融资成本。这些均需要精密计算资金的到账时间和还款时间，缩短资金滞留时间，加大资金的使用效率，但考虑到金融政策的变动性，汇率及利率的波动会影响融资成本，甚至对金融机构产生重大影响，进而影响 BT 项目的实施进度。

BT 项目建设过程中，利率对 BT 债务规模的影响包括两个方面：一方面，利率通过影响建设期融资费用率来影响 BT 项目回购基价，导致 BT 债务规模发生变化；另一方面，利率通过影响投资回报率来影响 BT 项目回购期费用，导致 BT 债务偿还量变化，进一步影响 BT 债务规模。

通过上文中的敏感性分析发现，利率波动是 BT 债务风险的最敏感因素之一。因此，选择何种利率方式对 BT 债务风险控制更加重要。BT 项目实际建设过程中，利率的计算方式包括固定利率和浮动利率。采用固定利率，对私人部门而言，资金的筹措成本更低，借入资金的手续更为便捷，而采用浮动利率，对政府和投资人而言，其所承担的利率变动风险的不确定性更强。因此，在 BT 项目合同签订之前，银行相关部门需要结合国内外经济、市场等因素对未来利

率的变化趋势进行合理预测，并保证利率预测的时效性。此外，还可以及时根据银行预测的利率变动趋势选择合同中的利率计算方式。若利率上浮可能性大，采用固定利率模式有利于降低 BT 债务风险；若利率下浮可能性大，采用浮动利率模式有利于降低 BT 债务风险。不仅如此，政府应该积极做好投资人的沟通工作，兼顾投资人的利益并给予一定的政策补偿措施。

三、采取合理的土地政策，增强 BT 债务偿还能力

地方政府不仅是土地的出让者，更是土地制度的制定者，同时还是土地制度实施的执行者。从敏感性分析结果来看，土地收入的增加有利于 BT 债务风险的降低，说明增强土地收入有利于 BT 债务风险控制的优化。本章主要从以下几个方面采取适宜的土地政策，以增强 BT 债务的偿还能力。

1. 减少中央对地方政府的干预，适当提高地方政府的土地出让金比例

自 20 世纪 80 年代以来，土地财政成为地方政府财政收入的重要来源，更是基础设施建设费用偿还的重要保障。财政部发布了《关于国有土地使用权有偿使用收入征收管理的暂行办法》，指出中央和地方国有土地使用权有偿使用收入比为 3∶2，即中央占 60%，地方占 40%。在我国财政体制分权的情况下，地方政府拥有更少的财权，却承担着更多的地区经济、教育、医疗责任。因此，中央需要赋予地方政府更多土地出让金比例，增加地方政府的收入。中央对地方政府的控制，导致地方政府的行为受到一定的干预。为此，中央应该提高地方政府的新增建设用地有偿使用费比例，并将其改为土地出让总额。此外，中央应该减少对土地出让行为的干预，对财政进一步放权，进而增加地方政府的财政权利，增加政府资金分配比重。

2. 健全土地出让金管理制度，提高土地收入使用效率

2016 年，国土资源部发布，年度土地出让金总额为 35 600 万亿元，创造了历史新高，相比去年增长 19.3%①，增长速度较快。我国土地出让金实行“收支两条线”管理，但在实际中相关执行部门并未及时将收缴的土地出让金上交国库，或者没有按照规定缴入国库，造成收支管理混乱。政府部门需要严格执行土

① “去年土地收入 3.56 万亿增近两成”. http://www.xinhuanet.com//house/2017-02-14/c_1120460188.htm[2017-02-14].

地出让金收支管理制度，将收缴的土地出让金按规定比例及时归置，并安排合适的审核人，及时进行审查，如有出现相关收支管理问题，相应审查人对此担负一定的责任。土地出让金的价格应该按照规定，逐步提高基础设施建设比重。现阶段，地方政府为了实现土地收入最大化，对土地实行供不应求的饥饿政策，根据市场对土地资源的需求状况，不断调整土地的供应量，虽然在短期内增加了土地出让金的收入，为降低 BT 债务风险解了燃眉之急，但是从长远角度来看，进一步表明了土地出让金制度的不完善。因此，中央政府作为土地制度的把控者，应该对制度进行创新，将土地出让金的收取年限改为一年，完善相应的分配体制。此外，土地出让金管理制度的缺陷来源于制度环境。因此，政府应该不断完善土地出让金的相关制度，并根据特定的环境对土地出让金制度进行完善，为土地出让金管理制度的有效实施奠定基础。

3. 完成土地资源从资本到资产之间的转换，提高土地使用效率

土地作为一种不可或缺的资源，其利用方式的不当，会造成土地资源的浪费，因此政府应该结合土地资源的特点，制定合理的、科学的土地政策。第一，需要加强土地的宏观调控。现阶段我国土地管理体系较为混乱，政府难以发挥土地供应的宏观调控作用。对此，政府必须实行土地的集中管理，调整土地结构，规范土地市场的运行体制，采用透明、公开的方式对经营性土地进行运作，并提高现有土地存量的利用率。第二，完善土地管理机制。目前，我国土地管理机制的内部关系复杂，例如国有土地和集体土地产权之间的利益分配。为此，政府应该成立土地资产管理委员会，协助政府行使土地所有权和使用权，并将土地监察机构分离出来，对其进行重新分配。第三，强化监督机制，加强土地市场的整顿和管理。从 2004 年起，我国实行垂直管理模式，然而这种模式并未从根本上提高土地资源的利用效率。因此，政府应该建立统一的管理机制，相关部门予以配合，同时 BT 项目参与方及社会媒体进行监督。此外，还需要增强地方领导干部的法律教育，防止领导干部知法犯法。随着土地交易规模的不断扩大，土地市场的作用也逐渐增强，极易产生旧的审批制度和新的市场机制之间的冲突，对此，政府应该转变管理职能，完善市场体制，增强市场信息的透明度和公平性。推进土地配置的市场化运营，盘活政府资产，将土地资本应用到城市的运作之中。

四、采取合理的税收政策，增强 BT 债务偿还能力

自采用分税制以来，税收成为我国财政收入的主要来源。1994～2013 年，中央税收分成为 75%，地方政府分成为 25%。2016 年 5 月 1 日起，我国全面实施营业税改增值税（简称“营改增”）政策，增值税属于中央和地方享税，若按原来的比例分成，会造成地方政府税收的大幅度下降，使地方政府的偿债能力降低。为此，中央需要扩大地方政府的税收分成。许多学者在对财政分权研究的基础上，系统地探讨了中央和地方政府税收分成。本章根据相关参考文献，先将地方政府税收比例分为 30%～40%、41%～50%、51%～60%三个区间，然后结合文献将区间中的地方税收分成进行细化，得到表 6-1。从表 6-1 可以看出，地方税收分成在 45%～49%和 50%～52%的文献居多。将上述比例进行加权得到 48%，以 48%为基准进行调整，同时中央应采取转移支付的形式对个别财权和事权严重失衡的地区进行适当弥补。

表 6-1　地方税收分成

编号	地方税收分成	主要文献
1	30%～31%	张秀莲和李建明（2014），董其文（2010）
2	45%～49%	白彦锋和胡涵（2012），高凤和宋良荣（2013），耿变华（2013），潘罡（2014）
3	50%～52%	刘明和王友梅（2013），王亚星（2013），刘和祥和诸葛续亮（2015），刘妍琼和郑露（2017）

第二节　对 PPP 项目风险控制的启示

PPP 模式的应用提高了公共产品或服务的效率，有效降低了政府的财政风险。实际 PPP 项目中，私营部门获得的资金回报来源于使用者付费、可行性缺口补助或政府付费。其中，私营部门通过政府支付的方式获得报酬的项目即政府付费和可行性缺口补助类项目。这类项目与 BT 项目类似，主要满足地方政府融资目的和提高建设效率，而对项目运营本身没有要求，不仅加重了政府的偿债压力，还增大了其债务风险。因此，本节结合 BT 债务风险控制优化措施，对政府付费和可行性缺口补助类 PPP 项目风险控制提出相应对策。

PPP 项目风险控制是在 PPP 项目的全生命周期中，通过采取一定措施来降低风险发生的可能性，从而确保 PPP 项目的顺利实施。政府作为 PPP 项目的发起者和重要参与者，对政府付费类 PPP 项目的顺利实施起到了关键性作用。PPP 项目的风险贯穿其全生命周期，包括项目识别、准备、采购、执行、移交。但项目选择阶段的 VFM 评价和特许权合同对政府付费类 PPP 项目的风险控制尤为重要。

一、识别不同类型项目的风险，加强 VFM 评价的准确性

VFM 评价是基于项目的全生命周期，从公共服务、风险分担、产出标准、关键绩效指标和融资方案等方面预测采取 PPP 模式后是否能对项目成本、服务质量及运营效率有所提高，主要分为定性评价和定量评价，其中定量评价中无论 PPP 值的计算还是公共部门比较（public sector comparator，PSC）值的计算，均涉及风险分担成本的计算，比如 PSC 值计算需要确定可转移风险承担成本和风险自留成本，而 PPP 值中需要计算风险自留成本。目前，政府发布的相关文件虽然给出了风险分担成本的计算方法，但未结合项目类型予以区分，并且不同项目在不同阶段风险计算成本也没有明确，导致 VFM 计算结果可能与实际偏离。因此，在进行 VFM 评价的实际工作中，政府首先需要对前期工作进行深入分析，识别不同类型项目可能存在的具体风险，进一步明确 PPP 项目实施中的关键技术和风险，然后根据项目类型制定不同的风险承担成本计算方法，并以法律的形式予以明确，以提高 VFM 评价效果。

二、选择合适的贴现率，提高 VFM 量化分析的准确性

为了保证财政支付的长期可持续性，应财政部要求，政府需要根据 PPP 项目全生命周期内的财政支出、政府债务等因素，对 PPP 项目开展财政承受能力论证，并规定政府对每年 PPP 项目的财政支出不能超过一般公共预算支出的 10%。对于政府付费类项目，财政承受能力关系到政府能否按时向项目公司支付相应的费用，项目公司能否获得合同约定的回报。

《财政部关于印发〈政府和社会资本合作项目财政承受能力论证指引〉的通知》（财金〔2015〕21 号）明确了当年运营补贴支出需要考虑折现率，并且应结合财政补贴支出年份，采用同期地方政府债券收益率来计算折现率。这是因为：

首先，折现率主要补偿资金占用的机会成本；其次，机会成本的补偿主要参考无风险收益率，包括货币的时间价值和通货膨胀率；最后，无风险利率的计算通常参照当期的短期国债利率，且财政补贴的支付单位一般为地方财政局。然而，这种计算方式并未考虑到建设期融资余额所产生的利息成本，也未考虑PSC值测算所使用的折现率与PPP值测算折现率是否应该一致的问题。实践中，一些学者认为，PSC和PPP测算应使用不同的折现率。Grout（2003）认为，在公共部门供应PSC和PPP之间的测算时，使用相同折现率的标准操作是不恰当的，因为当评估公共部门供应时，要从建设设施支出角度进行评估，对成本现金流采用一个折现率；相反，在评估私营部门供应时，要从收益角度进行评估，对收入流采用一个折现率，这两种现金流的风险特征不同，一般成本比收益的风险性要小，私人部门采用的折现率要高于公共部门更恰当。为从实践中证实这个事实，2002年，普华永道受英国政府商务部的委托，对PFI项目的收益率进行了测试。为更贴近实际情况，普华永道选择了64个PFI项目作为样本，涵盖了PFI的各个类型的项目，约占PFI项目建设总造价的23%。研究发现，所有样本中的项目每年的平均收益率为7.7%，比对比得出的加权平均资本成本的估算值5.3%高出2.4个百分点（Pricewaterhouse and Franks，2002）。这就意味着，PFI项目的平均收益率高于资本成本，超出融资成本的收益为2.4个百分点。造成这种现象的原因有两个方面：第一，投标成本占的比例为0.7%～1.3%（平均1%），因为私人主动融资模式下投标成本高于其他采购法方式下的投标成本，这些成本至少有一部分必须通过股权收益收回；第二，与公共部门贷款相比，私人部门贷款的基本利率成本更高。股权收益按照资本资产定价模型计算的无风险收益率通常不采用同业拆借利率（5.3%），而是采用掉期利率（5.75%～6.25%），可以把平均资本成本提高0.45%～0.95%，平均为0.7%。这缺失的0.7%，普华永道将其归于PPP市场的结构性弱点，但达霖·格里姆赛和莫文·K. 刘易斯（2016）将剩下的0.7%溢价归于项目的不确定性。

目前，折现率选取方法主要有四种：一是社会时间偏好率（social time preference rate，STPR）。该方法认为，折现率应当反映政府政策偏好，即政府愿意放弃一单位的现在消费希望换取未来更高水平消费的回报率。Grimsey和Lewis（2005）采用STPR来计算反映成本与效益的折现率，英国采用此方法，计算实际利率为3.5%作为PPP项目折现率，但是当项目特许经营期超过30年时，英国开始使用递减折现率。二是社会机会成本（social opportunity cost，SOC）。该方法认为，政府项目的折现率等于资本市场对可比投资的预期回报（Brealey et al.，1997），即私营部门的资本机会成本。Young（2002）认为，在考虑私人部门投资积极性的情况下，政府采用社会机会成本方法计算折现率更为合理。加拿大政府《2007年成本效益分析指南》中采用社会机会资本成本，得到8%的实际利率作为折现率，这种方法实际上是资本资产定价模型（capital asset pricing model，CAPM）的衍生方法（Sarmento，2010）。三是CAPM。该方法可以规范应用程序，根据具体情况适应项目的规模以及战略的重要性和复杂性（刘广生和文童，2013）。澳大利亚建议，不同的项目应当根据CAPM，由市场无风险回报率加上风险溢价反映系统性的市场风险，并作为项目贴现率（Australian Government，2008）。加拿大在折现率选取上与澳大利亚类似。四是无风险利率。该方法通常选用公共债券利率作为项目折现率。这些方法各有利弊，但综合考虑PPP项目可能的风险、融资成本、社会时间等因素，PSC值和PPP值中各年经营补贴支出测算应采用不同的折现率确定方法，应分别站在政府与社会资本角度来讨论VFM评价中PSC值和PPP值测算使用的折现率和PPP值中运营补贴支出测算使用的折现率的确定方法。

（一）PPP值中运营补贴支出折现率的确定方法

CAPM是各国在确定PPP折现率时广泛采用的一个方法，CAPM可规范公共项目评估程序，适应项目的规模、特点和不确定性，操作性强。此外，该模型可以对风险、成本和收益进行综合反映，更适合社会资本对项目收益率的评价，因此本研究采用CAPM对PPP值中运营补贴支出使用的折现率进行估算。PPP项目风险是由政府和私人部门共同承担的，因此要考虑项目风险分配的影响，在利用CAPM测算PPP值中运营补贴使用的折现率时，需在综合项目风险分担的基础上进行相应调整。此外，利用CAPM计算得到的折现率往往仅反映股东的期望收益率，而并非项目整体的资产收益率，故需在CAPM计算得到的折现率的基础上，考虑项目贷款融资成本综合加权平均进行调整。基于CAPM，以可比公司和市场为基础，考虑项目本身资本结构及PPP项目风险分配调整，测算PPP值中运营补贴支出使用的折现率。CAPM测算PPP值中运营补贴支出使用的折现率的基本思路见图6-1（高华和侯晓轩，2018）。

以CAPM为中心进行折算率的计算，对各参数及影响因素进行考虑，其中CAPM公式：

$$R_g=R_f+\beta（R_m-R_f） \tag{6-1}$$

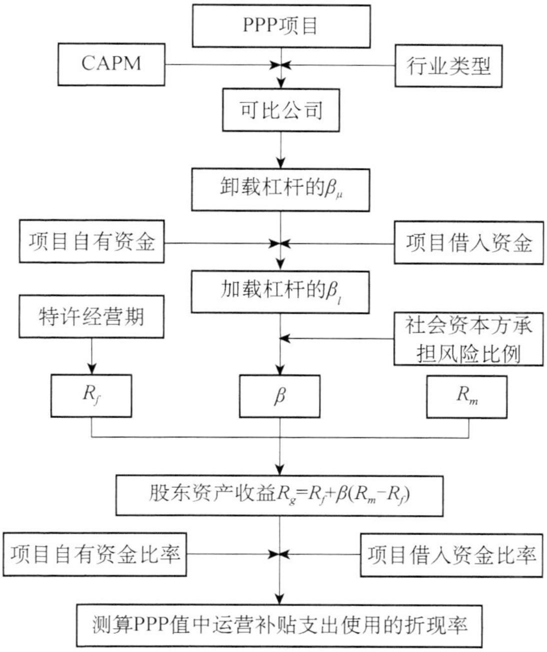

图 6-1　测算 PPP 值中运营补贴支出使用的折现率计算思路图

其中：R_f为无风险报酬率，一般采用长期国债利率，由于 PPP 项目特许经营期在 25 年左右，应选用 10 年期国债到期收益率；R_m为市场平均收益率；（R_m-R_f）为市场风险溢价；β 为风险系数。PPP 项目公司不是金融市场上既定的公司，故本研究采用与同行可比公司 β 值的平均值进行适当调整后得到 PPP 项目投资的 β 值。我们可以分别计算可比公司的公司收益与行业市场收益，通过 Excel 斜率回归，获取每个可比公司的 β 值。各参数计算过程如下。

1. 可比公司股票收益计算

本研究通过对可比公司 2012～2016 年各月股票收盘价及各年股息进行搜集计算，得到各可比公司股票收益率，计算公式如下：

$$R_i=\frac{P_{ij}-P_{ij-1}+D_j}{P_{ij-1}} \tag{6-2}$$

其中：R_i为第 j 期股票 i 的收益率；P_{ij}为股票 i 在第 j 期的价格；P_{ij-1}为 $j-1$ 期股票 i 的价格；D_j为第 j 期股票 i 的股息。

2. 市场收益率的计算

本研究选取 2012～2016 年沪深 300 指数计算各期市场收益率，计算公式如下：

$$R_m = \frac{I_j - I_{j-1}}{I_{j-1}} \tag{6-3}$$

其中：I_j为第 j 期市场指数；I_{j-1}为第 $j-1$ 期市场指数。

3. PPP 项目 β 值的计算

由于本研究 PPP 项目 β 值计算采取的可比公司法，考虑到 PPP 项目财务杠杆的影响，我们需要对计算出的每个可比公司的 β 值进行处理，以获得目标行业的 β_l 值，处理方法如下：

$$\beta_l = \beta_\mu \times \left[1 + (1-t) \times \frac{D}{E}\right] \tag{6-4}$$

其中，β_l 为加载杠杆 β 系数，即为所求目标行业 β 值；β_μ为卸载财务杠杆的系数，即为可比公司 β 值的均值；t 为所得税税率；D 为债务资本；E 为权益资本。由于 PPP 项目的特殊性，需对加载项目财务杠杆的 β_l 系数进行风险调整，设 PPP 项目社会资本方承担的风险比例为R_s，则调整后得到 PPP 项目 $\beta = R_s \times \beta_l$。

（二）PPP 值中运营补贴支出使用的折现率的计算

通过上文计算得到的各项参数，利用 CAPM 计算得到股东资产收益率R_g。考虑到 PPP 项目负债融资成本，综合加权平均得到测算 PPP 值中运营补贴支出使用的折现率，即 $R=R_g\times$自有资金比率$+R_d\times$借入资金比率×（$1-t$），其中R_d为借入资金成本，通常为银行长期借款利率；t 为所得税税率。

（三）算例分析

某高速公路 PPP 项目总投资为 90 940.17 万元，其中项目自有资金为 18 188 万元，银行贷款 72 752.17 万元，银行贷款利率为 5%。项目采用 BOT 模式，合作期为 15 年，其中建设期为 3 年，运营期为 12 年。项目属于政府付费类型，包含运营维护期间政府基于项目可用性支付服务费和基于绩效考核支付运营维护服务费，项目进行 VFM 评价使用的折现率为 4.51%，合理利润率为 6%。项目全部风险成本占项目建设和运营维护成本的 12%，其中政府自留风险占项目全部风险的 15%。

1. 利用 CAPM 测算该 PPP 项目各年补贴支出的折现率

（1）R_m 与 R_f的确定。通过 Wind 数据库搜集沪深 300 指数 2012～2016 年各

月指数收盘价，经统计计算得到市场平均收益率 R_m 为 10.76%[①]。由于高速公路 PPP 项目特许经营期一般在 20 年左右，无风险报酬率一般采用与特许经营期时间相近的国债利率，通过 Wind 数据库搜集 2012～2016 年 10 年期国债年末到期收益率，统计计算得到年平均到期收益率为 3.4838%，即无风险收益率 R_f=3.4838%。市场风险溢价=（R_m-R_f）=10.76%−3.4838%=7.2762%。

（2）可比公司及其 β_μ 的确定。本研究选取道路运输行业中通行费及配套服务收入占公司业务 60%以上的公司作为可比公司，最终得到粤高速 A（000429）、深高速（600548）、四川成渝（601107）、山东高速（600350）等 10 家公司。利用 Wind 数据库获取各可比公司 2012～2016 年各月收盘价、各年产权比率均值以及沪深 300 指数各月指数收盘价，按前述方法计算出各公司的 β 系数、产权比率均值及卸载杠杆的系数 β_μ，统计计算得平均卸载杠杆 β 值 β_μ=0.5338，如表 6-2 所示。

表 6-2　可比公司资料

序号	可比公司名称	β	产权比率均值	β_μ
1	楚天高速（600035）	1.2805	1.6220	0.5777
2	东莞高速（000828）	0.9897	0.5820	0.6890
3	赣粤高速（600269）	0.8608	1.0880	0.4740
4	吉林高速（601518）	0.9053	0.9180	0.5362
5	宁沪高速（600377）	0.5186	0.4600	0.3856
6	四川成渝（601107）	1.16080	1.2800	0.5956
7	山东高速（600350）	0.9866	0.8380	0.6059
8	深 高 速（600548）	0.8557	1.0860	0.4716
9	皖通高速（600012）	0.7737	0.4420	0.5811
10	粤高速 A（000429）	0.8005	1.2020	0.4210

资料来源：Wind 数据库。

（3）PPP 值中运营补贴支出测算使用的折现率的计算。本项目自有资金为 18 188 万元，银行贷款 72 752.17 万元，自有资金和借款比例为 2∶8，即项目负债/资产为 4，项目所得税税率为 25%，β_l 为 2.1352，考虑到该项目政府保留风险为项目全部风险的 15%，进行风险调整后的 β=2.1352×（1−15%）= 1.8149，代入 CAPM 计算，得到 $R_g=R_f+\beta$（R_m-R_f）= 3.4838%+1.8149×7.2762%= 16.69%；银行借款利率 5%，综合加权平均后得到测算 PPP 值中运营补贴支出使用的折现率 R=16.69%×0.2+5%×0.8×（1−25%）=6.34%，大于利用社会时间

① 数据下载时间：2018 年 2 月 3 日。

偏好率计算的 PPP 折现率 4.50%，验证了考虑项目的风险和不确定性、融资成本和资产专用性后计算 PPP 值补贴支出的折现率应高于测算 PSC 值使用的折现率。

2. 项目 VFM 评价

根据《财政部关于印发〈PPP 物有所值评价指引（试行）〉的通知》（财金〔2015〕167 号）和《财政部关于印发〈政府和社会资本合作项目财政承受能力论证指引〉的通知》（财金〔2015〕21 号）文件，按照国际成熟流程和国内已有经验，项目 VFM 评价流程包括测算 PPP 值及 PSC 值，比较 PSC 和 PPP 值，得出定量评价结论。

（1）测算 PPP 值及 PSC 值。该项目资金全部来自社会资本，不存在政府投资支出项，即股权投资支出为 0；社会资本全部收入属于政府补贴收入，竞争性中立调整值为 0；采用 6.34%计算 PPP 项目运营补贴支出，对 VFM 评价结果进行重新测算并与最初评价结果进行对比分析。VFM 评价数据结果如表 6-3 和表 6-4 所示。

表 6-3　PPP 值测算数据及对比

PPP 值测算数据	重新测算结果	最初测算结果
PPP 折现率/%	4.50	4.51
PPP 政府各项支出折现率/%	6.34	4.51
股权投资支出/万元	0	0
运营补贴支出合计/万元	156 656.50	136 163.36
保留风险支出（现值）/万元	1 867.88	1 866.45
PPP 值/万元	102 889.20	90 387.19

表 6-4　PSC 值测算数据及对比

PSC 值测算数据	重新测算结果	最初测算结果
PSC 折现率/%	4.50	4.51
建设和运营维护成本（现值）/万元	22 523.77	19 723.33
竞争性中立调整值/万元	0	0
项目全部风险成本（现值）/万元	12 452.55	12 443.02
PSC 值/万元	122 438.66	119 611.93

从表 6-3 中可以看出，采用社会时间偏好率计算得到的折现率与项目最初测算时采用的折现率基本一致；本案例重新测算后的 PPP 值中运营补贴支出使用的折现率大于最初测算使用的折现率，这是导致计算 PPP 值存在差距的主要

原因。因此，合理测算PPP值中运营补贴支出使用的折现率是PPP值计算的关键。

（2）比较PSC和PPP值，得出定量评价结论。通过上述计算，可以得到PSC和PPP值定量评价比较数据，结果见表6-5。

表6-5 PSC和PPP值定量评价比较数据

VFM定量评价数据	重新测算结果（*A*）	最初测算结果（*B*）	差值（*A*−*B*）
PSC值/万元	122 438.66	119 611.93	2 826.73
PPP值/万元	102 889.20	90 387.19	12 502.01
VFM量值/万元	19 549.46	29 224.74	−9 675.28
VFM指数/%	15.97	24.43	−8.47

基于PSC和PPP值定量评价的比较数据可以看出，在两种测算方法下，该项目均通过了VFM评价，但重新测算的PSC值和PPP值较最初测算结果增大，其中PSC值增加幅度较小，表明使用社会时间偏好率计算得到的社会折现率4.50%作为PSC值测算使用的折现率是合理的；PPP值增加幅度较大，造成VFM量值和VFM指数变化幅度较大，这是由于重新测算PPP值时运营补贴支出使用的折现率考虑了项目的风险和不确定性、融资成本和资产专用性，使得该折现率高于PSC值测算使用的折现率，导致政府各年补贴支出增加，PPP值增大。若不考虑社会资本的风险差异性与资产专用性，采用较低折现率可能会使定量分析不可行的PPP项目通过VFM评价，降低PPP项目VFM评价的准确性，而且可能会产生两种结果：一是在政府财政资金紧缺时，为引入私人资金保证公共项目实施而允许私人部门在完工项目的运营阶段收取更高费用，减少公众福利；二是为追逐经济效益，使PPP模式可行，降低提供的产品或服务质量。不论何种结果出现，社会公众利益都会受到损害，从而导致社会总福利降低。

三、设计风险分担合理的特许权合同，控制PPP项目建设风险

特许权合同作为PPP合作模式的基础，确定了政府和私人部门的合作关系，为项目中其他合同的拟定提供了参考依据。因此，设计特许权合同是PPP项目顺利实施的重要前提。在实际项目中，由于PPP项目特许权合同期限较长，风险的有效识别和分配是PPP项目运作的关键。PPP项目特许权合同的内容主要包括合同双方及项目概况，项目建设、运营和移交，双方义务，以及违约补救等

四个部分。PPP项目风险分担原则大体上包括三个方面：一是由最有控制力的一方承担相应风险；二是风险承担程度与回报成正比；三是合理设置私人部门风险承担上限。基于此，本研究对PPP项目建设中的几种常见的风险分担条款的设置提出建议。

1. 法律法规变化

法律法规变化引起的风险是国家层面的，一般分为政府可控的法律变更和政府不可控的法律变更，但这些风险均为政府引起的，应该由政府承担。对此，在PPP项目建设期内法律法规变化的风险分担条款可设置为：若此类风险导致项目建设费用增加或者工期延误，项目公司可以要求额外费用补偿或延长建设工期；对于临近付费期限的政府付费类项目，可以设置为“已开始运营”；若法律法规变化导致合同无法继续履行，项目公司有权终止合同履行，并要求政府进行回购补偿并赔偿利润损失，回购补偿包括项目公司尚未偿还的贷款、合同终止前的投资额以及因项目提前终止所引起的与第三方合同终止产生的第三方费用或其他费用等。

2. 不可抗力

财政部出台的《PPP项目合同指南（试行）》（简称156号文）中指出，不可抗力包括自然不可抗力和政治不可抗力。政治不可抗力是政府行为引起的非正常征收、征用以及政府不可控的法律变更等事件。PPP项目建设过程中，建设成本由于受到不可抗力的影响，可能会引发项目风险。自然不可抗力是任何一方都不能控制的，此类风险分担条款可设置为：对于不可抗力产生的费用损失，合同双方均承担一定比例；若不可抗力发生的时间超过12个月，一方面，任何一方均可以解除合同，政府对社会资本方未偿还的项目贷款以及合同终止前投入的资金给予一定补偿，另一方面，政府可以批准延长工期，确保PPP项目建设的完成；对于政治不可抗力产生的费用损失，该损失应由政府承担，并且根据不同行业的实际情况及中介机构审计结果，对项目公司未偿还的贷款、合同终止前的投资金额、因项目终止所产生的第三方费用以及项目公司的利润损失等给予一定的补偿。

第二篇
PPP 政府债务质量评价

第七章　PPP 项目与 PPP 政府债务质量

第一节　PPP 项目概述

一、PPP 项目的概念、特征及类型

（一）PPP 项目的概念

截至目前，国际上对 PPP 项目的概念界定还没有达成共识。各国基于其市场特征从不同的角度对 PPP 模式做出了解释，如表 7-1 所示，其中存在一些较具代表性的认识，大致可以将其分为广义和狭义两类。广义的 PPP 模式是指为提供公共产品或服务，政府和社会资本在签订特许权协议的基础上，形成的一种合作关系，强调的是一种合作关系，如英国财政部、加拿大 PPP 国家委员会、美国 PPP 国家委员会、亚洲开发银行、联合国开发计划署等都是从广义上对 PPP 模式进行的定义；狭义的 PPP 模式是指政府通过给予社会资本特许经营权或是提供较长期的政府补贴等来获取基础设施所需的资金或者是有效的经营管理，强调的是一种创新融资模式，中国财政部、国家发展和改革委员会及国务院都从狭义上对 PPP 进行了详细的定义。本研究中所涉及的 PPP 模式是狭义的 PPP 模式。

表 7-1　不同国家或机构对 PPP 模式的定义

机构	PPP 模式的定义
英国财政部	PPP 模式应由至少两个主体构成，通过签署协议，实现收益风险在主体之间的分摊，共同投资完成公共产品的供给
加拿大 PPP 国家委员会	政企之间的协作经营活动，合作双方通过各自的经验，结合适当的风险分担、利益共享机制，进行资源分配，以满足公共需求
美国 PPP 国家委员会	一种公共产品的建设方式，充分结合外包和私有化两种常见的融资模式的特点，在此基础上利用私人资源提供相关服务以满足公共需求
亚洲开发银行	政府和社会资本之间为提供资产、服务形成的合同关系

续表

机构	PPP模式的定义
世界银行	通过长期合同签订所形成的政府与私人部门的合作关系，私人负责公共设施或服务的供给并承担相应风险和管理，由政府部门通过绩效考核以支付回报
联合国开发计划署	PPP是指政府与营利企业或非营利组织基于具体项目形成的互助合作关系。通过这种合作形式，合作各方可以取得1+1＞2的效果。各方参与项目时，需要共同承担项目风险与责任
联合国培训研究院	PPP项目主要为了满足两种要求：一是为满足社会公众对公共产品的需求，解决各区域内的复杂问题；二是公共部门和私人部门建立伙伴关系，共担风险，共享收益
中国财政部	作为提供公共产品或服务建立的公私之间的长期合作关系。私人部门承担项目具体的建设、运营的主要工作，政府部门负责指导和监管公共产品项目的价格和质量，以保证公共利益的最大化。最后，私人部门通过运营项目及政府的补贴获得合理的投资回报
中国国家发展和改革委员会	PPP模式是政府引导带动投资，通过特许经营、股权资本合作等方式，与社会资本建立长期稳定的合作关系，鼓励社会资本投资运营农业、水利、能源设施等领域
中国国务院	政府应采用竞争性方式，择优选取具有建设、运营、管理能力的社会资本，建立合作伙伴关系，同时合同中应明确各方的权利、责任和义务等，确保社会资本能够获得合理收益

（二）PPP项目的特征

PPP项目的特征主要表现在以下三个方面。

1. 伙伴关系

PPP模式下，社会资本不应只参与建设环节，也要参与运营环节，实现项目全生命周期的参与。从政府的角度看，其职责定位从“裁判员兼运动员”转为“裁判员”。从社会资本的角度看，其能够参与项目的各个环节，发挥其在各个环节的独特优势，帮助项目完成得更好，使经济效益最大化。政府和社会资本合作形成伙伴关系，存在一个共同的目标：在具体的项目上，以最少的资源投入，实现最多最好的产品服务及供给。

2. 利益共享

PPP模式下，政府与社会资本不仅是简单地分享利润，政府还需要控制社会资本可能的高额利润。对此，利益共享除了共享PPP的社会成果，还包括使作为参与主体的各部门机构能够取得相对平和、长期稳定的投资回报。

3. 风险共担

利益与风险有对应性，风险是除利益共享之外伙伴关系的另一个基础。根据国家发展和改革委员会、财政部等系列文件要求，PPP 模式的重要原则之一即风险与收益对等，在政府和社会资本间，合理分配项目风险。原则上，项目的建设、运营风险由社会资本承担，法律、政策调整、最低需求风险由政府承担，自然灾害等不可抗力风险由双方共同承担。根据政策要求，明确了伙伴关系双方的权责利。

（三）PPP 项目的类型

PPP 项目类型主要包括委托运营（O&M）、管理合同（MC）、租赁-运营-移交（LOT）、BOT、BOO、TOT 和 ROT 等。具体类型的选择主要由收费定价机制、项目投资收益水平、风险分配基本框架、改扩建需求和期满处置等因素决定。本研究列出七种常见的合作模式，如表 7-2 所示。

表 7-2 PPP 项目的七种常见的合作模式

类型（英文）	类型（中文）	定义	合同期限	备注
operation&maintenance，O&M	委托运营	政府将存量公共资产的运营维护职责委托给社会资本或项目公司，社会资本或项目公司不负责用户服务	一般不超过 8 年	政府保留资产所有权，只向社会资本或项目公司支付委托运营费
management contract，MC	管理合同	政府将存量公共资产的运营、维护及用户服务职责授权给社会资本或项目公司	一般不超过 3 年	政府保留资产所有权，只向社会资本或项目公司支付管理费
lease-operate-transfer，LOT	租赁-运营-移交	将存量及新建公共资产的运营管理职责、维护职责以及用户服务职责转移给社会资本	一般为 20～30 年	对于存量项目，LOT 属于 MC 范畴
transfer-operate-transfer，TOT	移交-运营-移交	政府将存量资产所有权有偿转让给社会资本或项目公司，并由其负责运营、维护和运营服务，合同期满后，资产及其所有权移交政府	一般为 20～30 年	项目有偿转让后，政府暂无所有权
rehabilitate-operate-transfer，ROT	改建-运营-移交	政府在 TOT 模式的基础上，增加改扩建内容	一般为 20～30 年	ROT 模式属于 TOT 模式范畴
build-operate-transfer，BOT	建设-运营-移交	由社会资本或项目公司承担新建项目设计、融资、建设、运营、维护和用户服务职责，合同期满后，项目资产及相关权利等移交	一般为 20～30 年	

续表

类型（英文）	类型（中文）	定义	合同期限	备注
build-own-operate，BOO	建设-拥有-运营	由社会资本或项目公司承担新建项目设计、融资、建设、运营、维护和用户服务责任，必须在合同中注明保证公益性的约束性条款，社会资本或项目公司长期拥有项目所有权	长期	由 BOT 模式演变而来

资料来源：萨瓦斯（2002）

二、PPP 项目的发展状况

自 2014 年起，随着一系列政策的推动，作为吸引国内外资本的有效途径，PPP 模式在我国大力推广。2014 年 9 月，财政部下发了《财政部关于推广运用政府和社会资本合作模式有关问题的通知》（财金〔2014〕76 号），阐明了推广运用 PPP 模式的重要意义，自此拉开了我国 PPP 模式发展的序幕。2014 年 11 月，国务院印发了《国务院关于创新重点领域投融资机制鼓励社会投资的指导意见》（国发〔2014〕60 号），明确指出要积极推广 PPP 模式，规范选择项目合作伙伴，引入社会资本以增强公共产品供给，鼓励应用 PPP 模式来进一步盘活我国存量资源。2014 年 12 月，国家发展和改革委员会又印发《国家发展改革委关于开展政府和社会资本合作的指导意见》（发改投资〔2014〕2724 号），明确提出要充分发挥政府投资的引导带动作用，鼓励社会资本投资运营农业、水利、能源设施等，建立健全 PPP 机制。这一系列改革措施的出台标志着利益共享和风险共担的 PPP 模式逐渐成为我国基础设施供给的一种模式。

近几年，我国 PPP 项目的入库数量和投资额一直在持续增长。全国 PPP 综合信息平台项目管理库 2020 年 9 月报统计显示，累计入库项目 9792 个、投资额 15.2 万亿元；累计签约落地项目 6771 个、投资额 10.8 万亿元，落地率为 69.1%；累计开工建设项目 4032 个、投资额 6.1 万亿元。从行业来看，2020 年以来，在库项目投资额净增量排名前五的是交通运输（4530 亿元）、市政工程（2278 亿元）、林业（521 亿元）、保障性安居工程（359 亿元）、水利建设（355 亿元），具体情况如图 7-1 所示。

从地区来看，截至 2020 年 9 月，在库项目投资额净增量排名前五的是云南（1979 亿元）、山西（878 亿元）、四川（699 亿元）、天津（629 亿元）、河南（562 亿元），具体情况如图 7-2 所示。

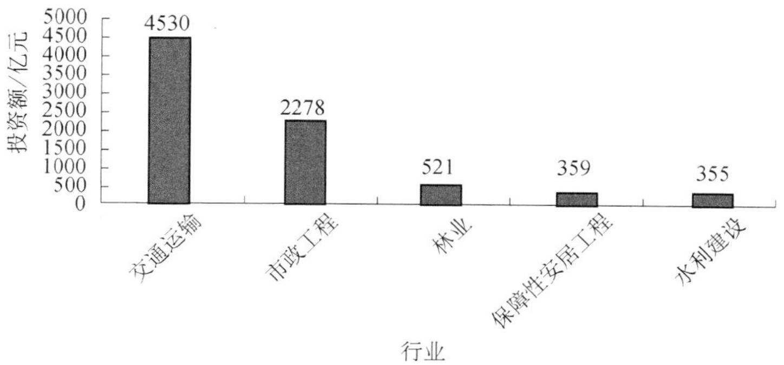

图 7-1　截至 2020 年 9 月在库项目行业投资额净增量排名前五

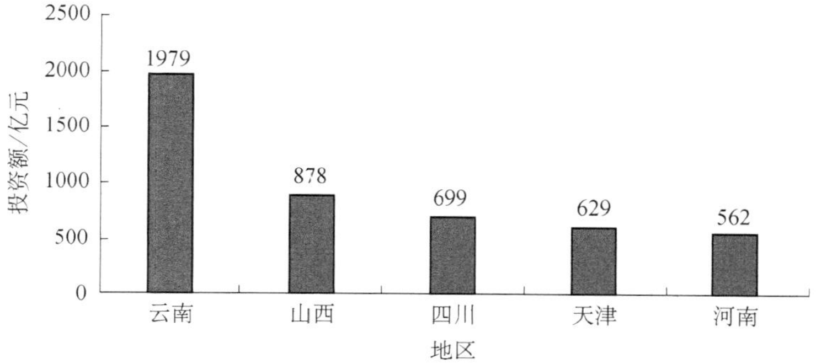

图 7-2　截至 2020 年 9 月在库项目地区投资额净增量排名前五

从回报机制来看，截至 2020 年 9 月，管理库累计使用者付费类项目 606 个、投资额 14 468 亿元，分别占管理库项目数和投资额的 6.2%和 9.5%；累计可行性缺口补助类项目 5710 个、投资额 103 416 亿元，分别占管理库项目数和投资额的 58.3%和 68.2%；累计政府付费类项目 3476 个、投资额 33 684 亿元，分别占管理库项目数和投资额的 35.5%和 22.2%，具体如图 7-3 和图 7-4 所示。PPP 项目近年来起累计入库情况如图 7-5 所示。

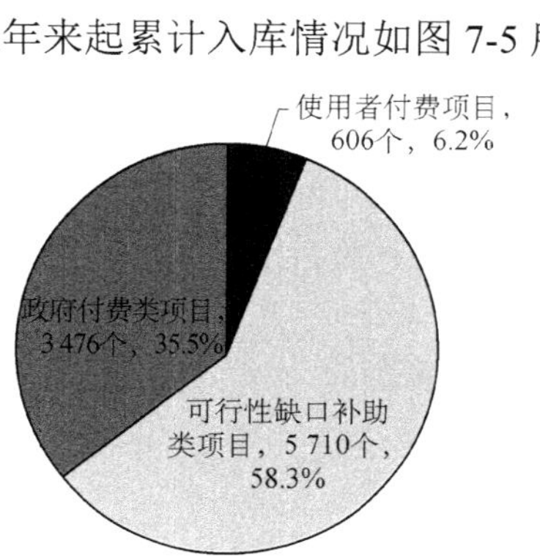

图 7-3　截至 2020 年 9 月累计项目数分布

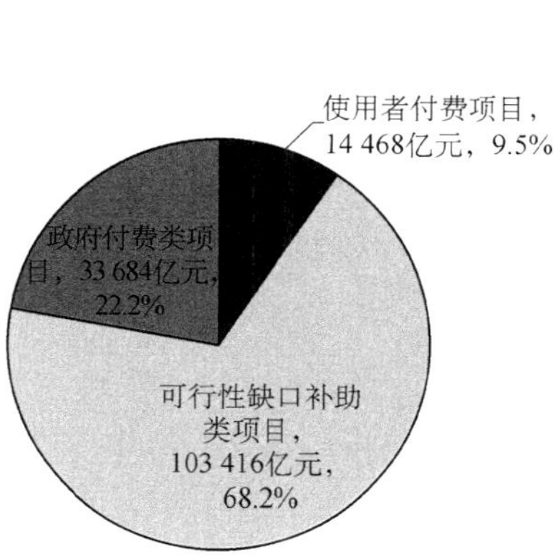

图 7-4　截至 2020 年 9 月累计项目投资额

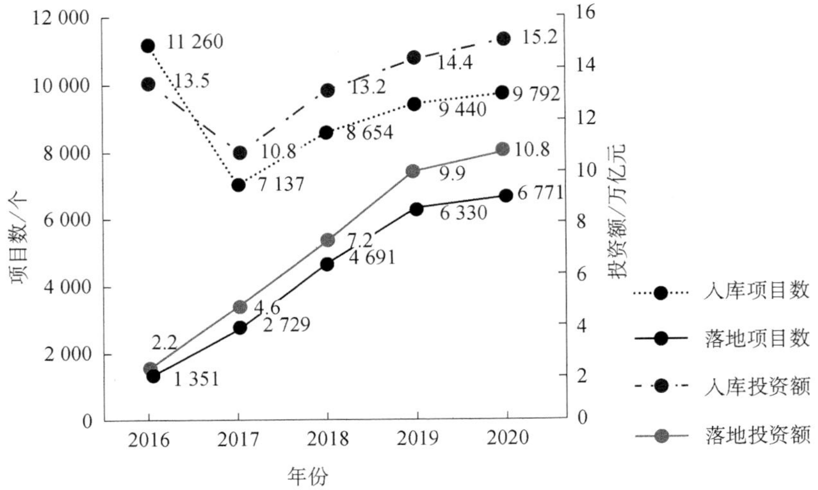

图 7-5　PPP 项目累计入库情况

注：2020 年数据截至 2020 年 9 月

可见，PPP 项目主要是交通运输、市政工程等基础设施项目，投资地区以中部地区为主，政府付费类和可行性缺口补助类项目占主体。

三、PPP 项目的活动流程

2014 年 11 月 29 日，财政部发布的《政府和社会资本合作模式操作指南（试行）》将 PPP 项目的操作程序分为五个阶段：识别、准备、采购、执行和移交。五个阶段按照 PPP 项目的操作逻辑前后连接，形成完整的 PPP 项目采购流程，其中任何一个阶段出现问题，都可能导致 PPP 项目的失败。

（一）项目识别阶段

项目识别阶段是 PPP 项目实施的第一个阶段，该阶段的主要任务是筛选潜在 PPP 项目，选择适合采用 PPP 模式的项目。项目识别阶段的主要任务包括征集潜在 PPP 项目、初选潜在 PPP 项目、确定备选 PPP 项目、制订项目年度和中期开发计划、提交相关准备资料、开展 VFM 评价和财政承受能力评价。项目识别阶段活动流程如图 7-6 所示。

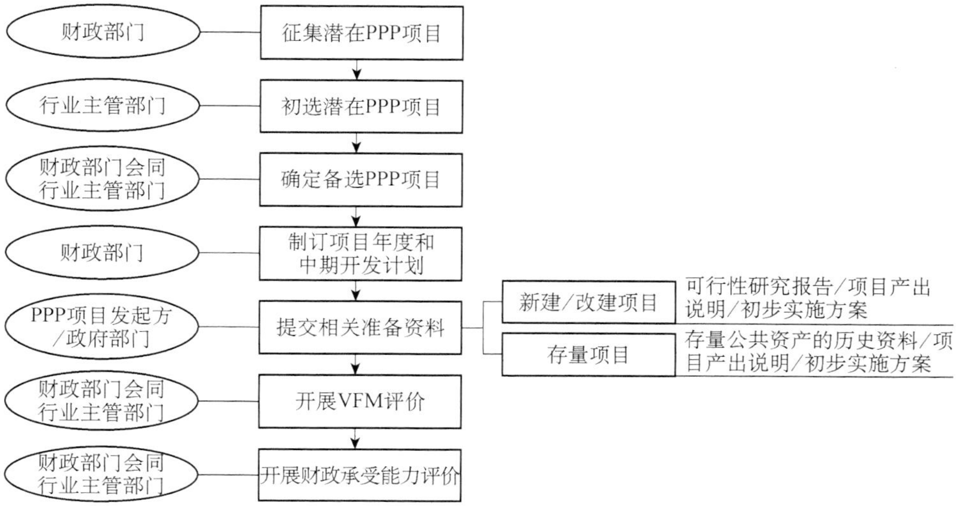

图 7-6　项目识别阶段活动流程

（二）项目准备阶段

项目准备阶段是 PPP 项目实施的第二个阶段，在项目通过 VFM 评价和财政承受能力评价的基础上进行项目准备，同时也为项目的后续工作做好准备。该阶段的主要活动包括建立项目实施机构和机构协调机制、制定项目实施方案、审核项目实施方案、进行项目立项。项目准备阶段活动流程如图 7-7 所示。

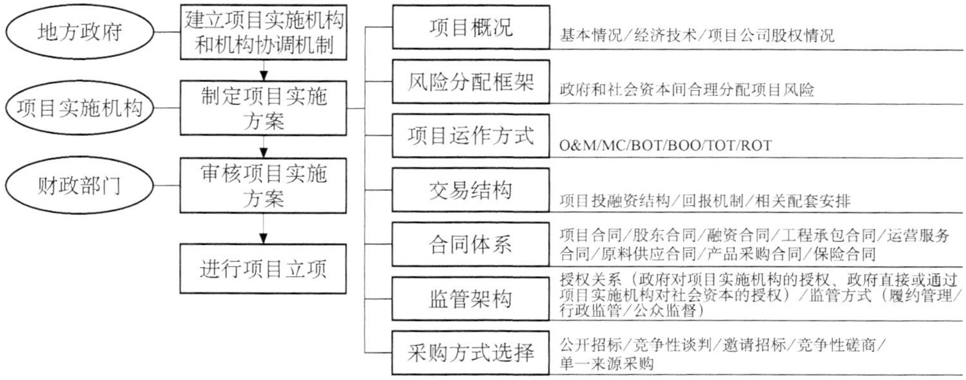

图 7-7　项目准备阶段活动流程

（三）项目采购阶段

项目采购阶段是 PPP 项目实施的第三个阶段，其主要目标是利用有效的项目采购方式，选择有效的私人合作方，以达到提高 PPP 项目提供效率和 PPP 项目质量的目标，保证采购目标的实现。PPP项目的采购方式有多种（公开招标、竞争性谈判、邀请招标、竞争性磋商和单一来源采购）。该阶段的主要活动包括：准备资格预审文件、发布资格预审公告、准备项目采购文件、发布采购招标公告、提交投标文件、评标、组织社会资本现场考察或召开采购前答疑会、进行项目合同谈判、签署确认谈判备忘录、签订项目合同等。项目采购阶段活动流程如图7-8所示。

图7-8 项目采购阶段活动流程

（四）项目执行阶段

项目执行阶段是PPP项目实施的第四个阶段，且是PPP项目运作成功的关键，从项目识别、准备阶段到项目采购阶段，可能只需要几个月的时间就可以完成，而项目执行阶段通常需要15～30年的时间，是PPP项目开始实施并产生效率的关键阶段，是保证项目质量和公共服务质量的主要阶段，其主要目标是通过对项目的监督管理，提高项目的建设质量和运营阶段的服务质量。该阶段的主要活动包括：设立项目公司、开展项目融资、进行绩效监测（定期检查项目产出绩效指标及编制季报和年报）、履行政府支付义务和进行中期评估。项目执行阶段活动流程如图 7-9 所示。

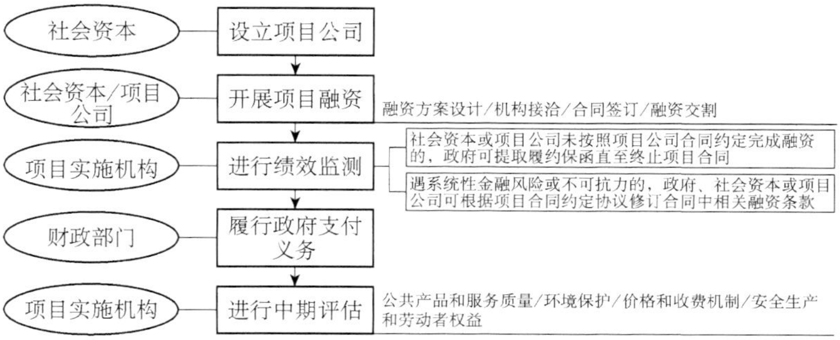

图 7-9　项目执行阶段活动流程

（五）项目移交阶段

项目移交阶段是 PPP 项目实施的最后阶段，其主要目标是把项目从社会资本方顺利移交给政府方，活动流程见图 7-10。该阶段的主要活动包括：组建项目移交工作组、确认项目移交方式和补偿方式、制定项目资产评估和性能测试方案、对移交资产进行资产评估、对移交资产进行测试、办理法律过户和管理权移交手续和进行项目绩效评价。

综上所述，PPP 项目运作流程非常复杂，涉及的利益相关者众多，涉及的相关工作及环节也异常复杂，整个项目全生命周期的风险非常高，这对政府部门来说也是一个挑战。PPP 项目中很大一部分涉及政府未来支付问题。

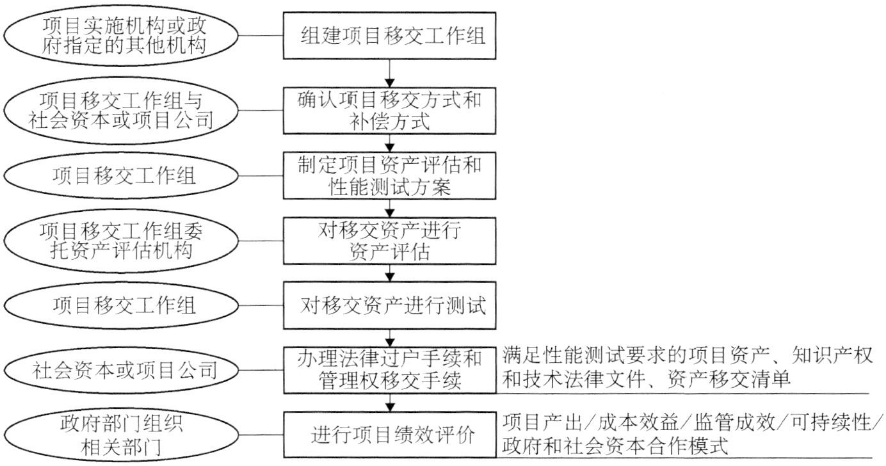

图 7-10　项目移交阶段流程及相关活动

第二节　PPP 政府债务风险

一、PPP 项目与地方政府债务的关系

按照我国规定，PPP 模式下的财政支出不属于政府债务，但该规定是否合理，还存在一定的争议：有的学者认为，PPP 模式下的财政支出属于政府债务，而有的学者认为，该支出不属于政府债务，下面进行辨析。

（一）反对将 PPP 财政支出确认为政府债务的观点

由于 PPP 项目中地方政府扮演角色的复杂性，PPP 项目对地方政府债务的影响在一定程度上是有益的。具体来讲，PPP 模式有利于解决地方政府资金不足的难题，降低债务增长速度。主张不将 PPP 财政支出纳入政府债务范围主要是以我国法律法规和政府会计制度为依据。2014 年 10 月 23 日，财政部发布的《地方政府存量债务纳入预算管理清理甄别办法》明确规定，地方政府存量债务若在 PPP 模式中转化成企业债务，就不能确认为政府债务。此外，《政府会计准则第 8 号——负债》中规定，政府负债是指政府作为会计主体由过去的经济业务或事项形成的，预期会导致政府经济资源流出的现时义务。PPP 项目中政府主要根据项目的绩效考核结果付费，财政支出责任既不需要现金支付，也不能确认为现时义务，即不能计入预算支出，也不能划入会计负债。只有在未来使用固定资产或接受服务的当期，才能将因确认和支付时间差形成的政府支付责任划入政府债务范畴。

（二）赞成将 PPP 财政支出确认为政府债务的观点

PPP 项目可能引发地方政府债务风险。随着我国城市化水平不断提高，与日俱增的基础设施建设需求与紧缺的财政资金之间的矛盾日渐凸显。在社会融资机制和市场竞争机制下，PPP 模式能够通过优化资金配置，缓解地方政府资金压力，促进政府职能转变，然而在成本收益机制和债务隐藏机制下，PPP 模式也可能加大地方政府债务风险，诱发系统性金融风险（白德全，2018）。根据汉娜（Hana）债务风险矩阵模型（Brixiv and Schick，2002），国内外许多专家学者都

倾向于将 PPP 模式下的财政支出看成是政府债务。该模型指出，PPP 模式下的运营维护费用属于直接隐性债务，政府所提供的直接或间接担保则属于或有显性债务或者是或有隐性债务。

由图 7-3 和图 7-4 中对 PPP 项目发展现状的分析可知，从回报机制来看，2014 年以来，管理库累计可行性缺口补助类项目 5710 个、政府付费类项目 3476 个，二者占管理库项目总数比例达 93.8%，所占比例非常高，而累计使用者付费类项目所占比例仅为 6.2%，很小。单纯的使用者付费模式不会对政府方产生财政责任，而在政府付费模式和可行性缺口补助模式下，政府将承担政府付费等明确的义务，或财务担保、终止付费等或有义务，或需求低于特定水平时提供补贴的义务，还可能承担更为遥远的一些或有义务。因此，基于实质重于形式原则，大部分学者趋向于将 PPP 项目财政支出作为政府债务来对待，认为 PPP 模式下的财政支出应当划分为政府债务，本研究采纳此观点。

二、PPP 政府债务风险的含义及度量

（一）PPP 政府债务风险的含义

PPP 模式中，政府付费类和可行性缺口补助类项目未来需要地方政府运用财政资金支付，构成了地方政府财政支出的一部分，形成了地方政府债务，因此 PPP 模式中未来需要政府财政支付的部分被称为 PPP 模式政府债务，简称为 PPP 政府债务。可见 PPP 政府债务是指政府相关部门采用 PPP 融资模式所形成的地方性政府债务，是政府部门向社会资本方支付的使用费、补贴价款和回购价款。

随着 PPP 模式的大力推广，PPP 项目不断增多，尤其是我国的 PPP 项目较多地集中在中西部地区，PPP 政府债务规模不断加大，造成了地方政府债务规模的加大，这可能引发地方政府债务风险，即在财政体系不完善的情况下，各种经济因素的不确定性共同作用，导致地方政府财政不能正常运转，地方政府财政稳定性与平衡性遭到破坏，以致诱发财政系统风险，加剧财政困境。因此，PPP 政府债务风险就是指采用过度膨胀的 PPP 模式，造成地方政府债务规模过大，超出了政府支付能力而引发的地方政府债务风险。

正常规模的地方政府性债务不具有危害性，也不构成债务风险，但随着债务规模的扩大，地方政府可能利用 PPP 模式来隐藏财政赤字和债务，或避免赤

字和债务上限，这会导致地方政府债务风险的不断增大，已引起中央政府的高度重视。2017 年 7 月 14 日至 15 日的全国金融工作会议上，习近平总书记提出遵循金融发展规律，防控金融风险；财政部于 2018 年 2 月 24 日发布了《关于做好 2018 年地方政府债务管理工作的通知》（财预〔2018〕34 号），部署规范地方政府着力加强债务风险监测及防范等工作。打好防范化解重大风险攻坚战，是党的十九大作出的重大决策部署，2020 年全国财政工作会议再次指出，在全面贯彻党的十九大和十九届二中、三中、四中全会精神的基础上，要重点防范、化解地方政府隐性债务风险。PPP 模式的运行实质上是一种“财富代际转移机制”，仅是延迟了政府现金流支出时间，并未从根本上减少政府债务（Jin and Rial，2016），很可能导致政府未来更大的财政压力（廖振中等，2018），可能在短期内诱发地方政府的财政风险，在中期内诱发连锁的隐藏债务风险（白德全，2018）。可见，PPP 政府债务风险过大会对国民经济和社会发展产生消极影响，如何准确评估、管理和防范地方债务风险已成为亟须关注和解决的问题，而这些问题之首是对地方政府债务风险进行客观度量和评价。

（二）PPP 政府债务风险的度量

目前研究多从宏观角度分析 PPP 项目对地方政府债务风险的影响，存在研究视角单一、评价质量不高等问题，并且还未有研究从微观视角着手。因此，本研究拟采用宏观与微观相结合的手段，进行 PPP 政府债务风险的测度。PPP 模式引发的政府债务风险与一般政府债务风险不同，PPP 项目自身的资金运动与地方政府财政收入与支出紧密相连，故测量 PPP 政府债务风险需要将地方政府债务和 PPP 项目的现金流动联系起来，所以本研究通过构建政府方 PPP 项目现金流将地方政府债务和 PPP 项目联系起来。Allen（2009）发现，政府会担心 PPP 在实施过程中绕过支出控制，且政府未能对项目财务状况进行全面跟踪，因此应同时加强 PPP 项目财务风险防范。可见，影响 PPP 项目自身现金流的风险主要是财务风险，因此本研究分别进行了 PPP 项目财务风险和地方政府债务风险评价，考虑 PPP 项目财务风险以充分体现 PPP 政府债务风险的特征，进而体现 PPP 项目对地方政府债务风险的影响，并在此基础上通过政府方 PPP 现金流将二者联系起来，最终达到 PPP 政府债务风险评价的目的。

关于 PPP 项目财务风险的研究，国内外起步较晚且文献较少，国外研究主要集中在风险识别（Boeing and Kalidindi，2009）、风险评价指标（Kurniawan et al.，2015）、风险因素（Kumar et al.，2017）等三个方面，研究方法包括蒙特卡罗拟合、回归分析、概率随机模型和 CAPM 等。国内少数学者从 PPP 项目财务风险的预警评价指标角度（叶晓甦和于娜莎，2009；刘骅和卢亚娟，2018）、成本收益角度（叶晓甦等，2017）、投融资角度（王莲乔等，2018）进行分析。PPP 项目财务风险存在于其生命周期的每个阶段，风险因素之间呈现出相互作用和转化的复杂非线性传递关系，符合复杂系统的特点，可从系统角度动态考虑。

对于地方政府债务风险评价的研究，国内外多从静态视角分析着手，进行政府债务的风险成因及影响因素（Balaguer-Coll et al.，2013；王俊，2015；张平等，2016；Guo，2017）、风险管理（Denison and Guo，2015）、风险预警及防范（许争和戚新，2013；聂新伟，2016；戴双兴和吴其勉，2016；刘尚希等，2017；刘文琦和何宜庆，2017；黄健和毛锐，2018）等方面的研究，采用模糊综合评价方法、灰色系统理论、信用风险度量模型（如 KMV 模型）、因子分析等定量方法进行分析，存在研究对象单一、指标多重共线性、结论不稳健等问题，而地方政府债务风险应视为可持续性的动态问题，且其对绩效客观评价及动态预测尤为重要。地方政府债务风险复杂多变，各风险变量之间呈现多种非线性关系，彼此构成多重反馈回路，与系统动力学复杂系统特征相吻合，同样可以从系统角度进行动态分析和预测。

在社会科学领域的风险研究中，Haddon（1973）建立了“能量释放理论”，并认为风险是由系统承受的能量超过其承受限度所致，该理论在风险分析、预测和防范等方面得到了广泛应用（Zwietering and Gerwen，2000）。但能量释放理论中的“能量”是对风险因素的抽象描述，而朱鲲（2004）从系统论角度进一步将风险能量量化，论证了基于风险能量的建模方法适用于一般经济风险系统，且在对策实施过程中能够对系统和环境状态进行量化观测，提高风险对策的精细化程度。此外，系统动力学的应用领域几乎涉及所有社会与自然科学方面，近几年尤其在开放经济系统（毛征兵等，2020）、金融风险与监管（许文彬等，2019；朱学红等，2019）、大型工程项目风险（黄德春等，2019）等方面多有应用。可见，风险能量释放理论和系统动力学建模都适用于系统庞大、结构复杂、风险因素多变的经济风险系统。因此，本研究依据风险能量释放理论对 PPP 政府债务风险进行评价，从全生命周期角度动态分析 PPP 政府债务风险系统的多重反馈结构，构建 PPP 政府债务风险评价系统，揭示 PPP 政府债务风险的传递路径和作用机理，并通过敏感性分析挖掘出关键风险因素，以此提高政府债务风险管理水平，解决覆盖全生命周期财政风险管理方法等难题。

第三节 PPP 政府债务质量评价的必要性

一、现有相关研究不能解决 PPP 政府债务风险全生命周期度量问题

（一）地方政府债务风险研究现状

西方地方政府债务理论源于 20 世纪 30 年代大萧条后产生的“政府债务新理论”，地方政府“隐性债务”概念的提出是西方政府债务理论的一个突破。近年来，以 Brixiv（1998）、Brixiv 和 Schick（2002）、Easterly（2002）为代表的经济学家开始从“政府或有负债”这一崭新的视角，系统地研究政府性债务以及财政风险问题，提出了“财政风险矩阵”分析框架，做出了突破性的理论贡献。在地方政府债务理论指导下，国外地方政府债务问题的研究迅速开展起来，其研究重点集中在债务成因、影响因素、债务管理和风险预警及防范等方面。国内对于地方债务问题的研究以财政部财政科学研究所刘尚希、赵全厚、贾康、赵云旗等为代表，多侧重于理论分析，实证分析较少，重点在地方债务成因、债务管理及对策、债务风险评价和防范、地方政府发债权的合法性等方面。本研究第二章第一节 BT 债务风险研究现状已对相关研究进行了全面阐述，本章只进行简单总结。

关于地方政府债务风险成因，国内研究远多于国外。关于政府债务风险产生根源，国外在于政府的财政赤字、财权事权不对应、基础设施项目融资和政府在财政上不负责任等方面，而我国主要在于财政体制、债务管理水平和官员绩效考核等方面。可见，国外地方政府债务风险是直接因政府的资金短缺造成的，而我国地方政府债务风险产生的原因除了政府资金短期，更主要的是制度设计和考核机制问题。

关于地方政府债务风险及防范。国外的实证研究和理论研究主要集中在美国、巴西、哥伦比亚、新西兰、澳大利亚、南非等风险预警相对比较健全的国家。美国俄亥俄州地方债务风险预警不仅具有“事前示警”的作用，也可以及时处理掉债务存量，以防止债务逐渐积累，避免最后的“政府破产”（Brixiv，1998）。1998 年债务危机后，巴西对地方政府借贷以及地方政府债务实施监督和

控制。哥伦比亚政府将防范地方政府债务风险的主要焦点集中在债务利息支出和债务余额上，这有利于从宏观上迅速掌握债务的总量和发展趋势。新西兰等国家正式建立了一套政府或有负债核算和报告体系，他们将财政风险纳入了预算管理，从而较好地从源头控制地方债务的膨胀（Brixiv and Schick，2002）。这些国家的地方政府风险预警方式可归为两类：一是利用地方财政监测系统对政府财政安全情况进行监控，从而控制政府债务危机的发生，比如美国俄亥俄州模式；二是通过限制地方政府债务风险指标来控制政府债务的规模，典型的例子有哥伦比亚的“交通信号灯”预警模式。目前国内关于地方债务风险主要从税务治理角度防范，从财务指标预测角度提出解决措施，从控制公共风险角度提出化解措施，还有专门针对地方债务融资平台风险的防范和化解。我国对地方政府债务风险预警的另一种方式是运用风险预警理论，构建地方政府债务风险评价指标体系，见表 7-3。

表 7-3　地方政府债务风险评价指标体系研究汇总

文献	风险评价指标体系	研究方法
王晓光（2005）	债务依存度、债务负担率、财政赤字率、地方人均负债额、借新还旧债务额占债务总额比重、债务偿债率、债务逾期率、平均还债年限	模糊综合评价方法
裴育和欧阳华生（2006）	刚性支出收入比、财政支出补偿系数、财政收入偿债率、赤字率、债务依存度、体制优惠收入比率、负债资产比、债务负担率	定性分析
谢虹（2007）	债务依存度、债务负担率、债务偿还率、债务逾期率、借新还旧债务额占债务总额比、地方人均负债额、或有债务发生率、或有债务偿还率、社保缺口债务度、社保损失债务度、非正常债务承担率、灾害补贴承担率	模糊综合评价方法
徐旭初和应丽（2010）	债务负担率、债务偿债率、地方外债比例、财政收入/GDP、地方赤字依存度、财政赤字负担率、财政收支弹性、GDP 增长率、第三产业增长率、固定资产增长率	层次分析法
章志平（2011）	债务负担率、债务率、新增债务率、偿债率、利息支出率、债务依存度、资产负债率、担保债务比重	灰色系统理论
陆岷峰和张惠（2011）	债务负担率、财政负债率、财政偿债率、债务依存度、负债成本支出率、居民个人负担率、居民个人偿债率、债务期限结构、直接或有负债比例、长期应债能力、财政长期负债能力、财政长期偿债能力	定性分析
许争和戚新（2013）	债务依存度、债务负担率、债务项目的投入产出比、GDP 增速与债务增速比例、民间投资增速与债务增速比例、自我偿债额与总债务额比例、债务偿还率、债务逾期率、借新还旧额占债务余额比重	模糊综合评价方法、层次分析法
霍成义等（2016）	GDP 增长率、财政收支变动率、财政赤字率、债务负担率、债务率、债务依存度、新增债务率、或有债务比重、逾期负债率、偿债率	模糊综合评价方法
刘文琦和何宜庆（2017）	财政收入、地区 GDP、城镇化水平、地方政府投资额、地方债务规模	系统动力学

续表

文献	风险评价指标体系	研究方法
杜思正和冷艳丽（2017）	负债率、债务率、逾期债务率、人均负债额、债务财政负担率、高债务率占比、借新还旧率占比、居民应债率、赤字率、土地出让偿债率、债务居民负担率、经济债务弹性、财政债务弹性、居民储蓄债务弹性、居民收入债务弹性	因子分析、聚类分析法、判别分析法

可见，关于地方政府债务风险的研究内容非常丰富，但对政府债务风险全生命周期测量和监控的研究相对匮乏，有待进一步探讨。

（二）PPP 政府债务风险的研究现状

由于 PPP 项目相关风险由社会资本方承担，财政支出责任是否构成政府债务引起了学术界的讨论，大部分学者的意见趋向于将 PPP 项目财政支出作为政府债务对待。当前 PPP 政府债务风险研究可分为 PPP 引发政府债务风险问题和 PPP 政府债务风险管理问题两方面。

1. PPP 引发政府债务风险问题

PPP 可通过融资创新方式有效缓解地方政府债务风险，促进财政的可持续发展，但也可能会因为风险配置等问题而加大地方政府债务风险。PPP 引起的政府债务可分为政府直接债务和或有债务（董再平，2016）。印度尼西亚、马来西亚、泰国等国家曾因大量的或有负债加剧了其金融风险（Cebotari，2008）。目前来看，澳大利亚、菲律宾和巴基斯坦等国家针对 PPP 政府或有债务风险的管理框架和体系已经比较完善。国际货币基金组织（IMF）对 PPP 政府债务风险问题提出多次警告，指出许多国家对 PPP 能够降低政府财政支出需要和缓解政府债务问题上存在误区，PPP 仅是延期了政府现金流的时间而非项目财政支出总净现值，因此 PPP 并未从根本上减少地方政府债务。姚东旻等（2019）基于微观计量方法探究了 PPP 是否推高了地方政府债务，研究发现，政府采用 PPP 并未降低地方政府债务水平，且 PPP 项目的资金规模越大，地方政府债务水平越高。方桦和徐庆阳（2019）从政策变迁角度运用 Nvivo 质性分析方法研究了近几年政策对 PPP 模式引起政府债务风险关注程度的变化趋势。谭艳艳等（2019）对政府在 PPP 项目中的职能进行定位并明确政府应承担的义务，系统识别了 PPP 项目中政府债务风险，具体包括财政支出责任、政府接管责任和不规范 PPP 项目。

2. PPP 政府债务风险管理问题

在 PPP 政府债务风险管理问题上，拉丁美洲曾因合同等问题造成财政软约束，葡萄牙曾因滥用 PPP 对负债管理不当而引起财政危机，而智利、秘鲁、南非以及土耳其等国家对 PPP 政府债务风险有较成熟的管理经验（马恩涛和李鑫，2017）。为了防控 PPP 政府债务风险，我国学者对 PPP 政府债务风险防范路径和管理措施进行了研究。针对我国目前尚缺乏可执行的 PPP 风险监管操作指南，温来成等（2015）分析了我国现行 PPP 政府财政风险监管的现状及存在的问题，并提出建立科学的 PPP 项目财政风险监管业务流程和管理制度。陈少强（2018）认为，现行的 PPP 项目财务风险管理方式存在存量信息缺乏、解决方案不全等问题，提出在 PPP 项目流量管理的基础上引入政府债务存量管理。缪小林和程李娜（2015）将地方政府债务风险的效率划分为“责任分担效率”和“投入产出效率”，并从提升债务“责任分担效率”和提升债务“投入产出效率”两方面提出我国防范 PPP 地方政府债务风险的相应措施。白德全（2018）从 PPP 影响地方政府债务风险的机制和路径方面提出加强 PPP 运行监督和管理、培养参与主体的市场契约精神等风险防范措施。

（三）研究启示

（1）以上学术成果为 PPP 政府债务风险度量研究提供了思路和基础，也为 PPP 项目全生命周期财务风险和地方政府债务风险的评价指标选取提供了依据。PPP 项目财务风险并非独立存在于某一阶段，而是一个自始至终存在的系统内风险，风险因素之间交互作用，呈现复杂的非线性传递关系，已有学者运用系统工程方法研究了 PPP 项目收益系统及全生命周期多方利益相关者财务风险问题，但目前尚未形成全生命周期视角下 PPP 项目财务风险的动态度量及预测的评价系统。国内外对地方政府债务风险的研究比较全面，但相关评价和预警的研究多从静态视角分析着手，且存在研究对象单一、指标多重共线性、结论不稳健等问题，而地方政府债务风险应视为可持续性的动态问题。此外，目前研究多从宏观管理角度分析 PPP 项目对地方政府债务风险的影响。随着资金运动，PPP 项目财务风险在全生命周期内传播和扩散。地方政府债务系统作为风险的接收方，与 PPP 项目财务风险系统构成多重反馈回路，这些路径的影响机制是系统风险传播和产生的根源，但目前人们对该影响机制尚未揭示，本研究以期揭示该机制。

（2）以上学术成果进一步验证了本研究选用的系统动力学方法的可行性。系统动力学应用领域几乎涉及所有社会与自然科学方面。在风险研究领域中，系统动力学模型主要应用在财务风险危机或预警、重大工程危机应急管理、物流外包风险和项目筹资风险管理等方面，近几年尤其在开放经济系统、金融风险与监管、大型工程项目风险等方面多有应用，但在 PPP 政府债务风险方面的应用还是空白。风险能量释放理论和系统动力学建模都适用于系统庞大、结构复杂、风险因素多变的经济风险系统，基于风险能量的系统动力学模型，可以从动态角度明晰 PPP 政府债务风险系统的多重反馈结构，揭示系统风险能量的传递路径和作用机理，通过敏感性分析，挖掘系统风险关键影响因素。鉴于此，本研究基于风险能量释放理论，借鉴 PPP 项目流量管理与政府债务存量管理相结合的思想（陈少强，2018），构建 PPP 项目全生命周期财务风险评价系统动力学模型、地方政府债务风险评价系统动力学模型和 PPP 政府债务风险系统动力学模型，并运用实例，分析 PPP 项目财务风险能量的释放过程、释放结果及其对地方政府债务风险系统的影响，最终对 PPP 政府债务风险进行度量，解决我国缺乏量化的风险控制指标和尚未覆盖全生命周期财政风险管理方式等难题。

二、当前经济发展需要对政府债务进行高质量管理

在社会融资机制和市场竞争机制下，PPP 模式能够通过优化资金配置来缓解地方政府资金压力，促进政府职能转变，然而在成本收益机制和债务隐藏机制下，PPP 模式也可能加大地方政府债务风险，诱发系统性金融风险（白德全，2018），因此国家各部门出台了相关文件进行风险控制。2015 年，财政部下发了《财政部关于印发〈政府和社会资本合作项目财政承受能力论证指引〉的通知》（财金〔2015〕21 号），该文件成为国内评判 PPP 政府债务风险管理的关键性文件。2017 年 11 月，国资委下发了《关于加强中央企业 PPP 业务风险管控的通知》（国资发财管〔2017〕192 号），提出加强 PPP 业务经营管理水平，高度重视 PPP 项目资金运转问题，防范业务和债务等财务性风险。2019 年 3 月，财政部又下发了《关于推进政府和社会资本合作规范发展的实施意见》（财金〔2019〕10 号），明确提出要健全财政支出责任监测和风险预警机制，防控财政风险。我国对防范地方政府债务风险频频释放强监管信号，可见 PPP 政府债务风险问题已引起政界的高度关注。然而，我国当前的项目管理方式无法满足 PPP 项目财务风险管控，且缺乏覆盖全生命周期的财政风险管理方法。

PPP 项目对地方政府财政收支的影响，又体现在对地方政府债务风险的影响方面。防范化解重大金融风险是经济高质量发展必备的金融环境，化解地方政府债务风险是经济高质量发展的内在要求。2017 年 12 月，中央经济工作会议

明确指出：必须加快形成推动经济高质量发展的指标体系、标准体系、政策体系。地方政府债务风险与经济高质量发展存在着密切关系（寇宏伟和陈璋，2020），经济的高质量发展离不开高质量财政建设，财政收支管理和防范政府债务风险是高质量财政稳定可持续的保障（朱云飞和赵宁，2019）。

因此，实现 PPP 政府债务质量水平风险管控规范化，也是建设高质量财政的前提。PPP 政府债务质量体现在两个方面，一是债务主体，即地方政府风险信用评价方面；二是债务客体，即 PPP 政府债务规模方面。

第八章　PPP项目中地方政府信用风险评价

第一节　地方政府信用风险评价的历史沿革

信用评价一直是研究的热点，最早出现于19世纪上半叶的美国。1909年，穆迪公司（Moody's Corporation）出版了《穆迪美国铁路公司投资分析手册》，最先开始了对铁路公司的信用评价，后来对各种金融产品进行了信用评价。不同的信用评价对象和不同的评价要求使信用评价的内容和方法存在较大区别。关于信用评价的概念，目前没有统一说法，其内涵主要包括以下三方面：第一，信用评价的根本目的是揭示被评价对象违约风险的大小；第二，信用评价所评价的标的是经济主体按合同约定履行偿债或其他义务的意愿和能力；第三，信用评价是独立、专业的第三方就经济主体的信用风险大小所发表的一种意见。信用评价一般分为主体信用评价和债券信用评价。根据期限划分，主体信用评价一般又可分为长期评级（期限为一年以上）和短期评级[12个月（含）以下]。信用评价从经济、政治、法律等角度对某有价证券未来可能出现的风险进行判定，并以专门的符号来衡量按期还本付息的可靠程度，或者是对企业资信、偿债能力等进行评估，并用符号表示其信用的可靠度。信用评价方法主要是指对受体及客体的信用状况进行客观分析，在分析之后，根据其具体情况来判断其优劣性，在分析、综合以及评价的过程中都要用到信用评价方法（段安琪，2016）。

地方政府风险信用评价是指评级机构以地方政府作为评级对象，对其主体或所发行债券的违约风险及偿还能力和偿还意愿所做出的评价，并以一定的符号或分数进行表示。它反映的是地方政府的相对信用风险，而非绝对信用风险。就信用评价而言，地方政府是一类特殊的受评主体，其主要职能是提供社会所需的公共产品和服务、维持社会秩序、实现社会管理。因此，地方政府信用评价关注的要素与工商企业不同，主要包括地区经济、财政、政府治理等方面，还要分析上级政府支持对地方政府信用评价产生的重要影响。国际上三大信用评价公司，即标准·普尔公司（简称标普）、穆迪公司和惠誉公司的做法如下。

标普从国际上而言，对地方政府的信用评价思路为：首先分析地方政府的个体信用状况，主要根据打分卡来确定影响地方政府个体信用状况的一些定性和定量要素的加权平均分值，然后结合行政体制因素的得分值，根据行政体制和个体信用状况信用等级矩阵表来获取地方政府的模型指示性级别，然后再通过模型外的一些调整因素获得地方政府的最终级别。具体分析过程是：首先，通过经济实力、预算表现、预算弹性、债务负担、或有负债、流动性和财政管理等评级要素来衡量地方政府个体信用状况；其次，考虑行政体制影响（主要是个体信用状况和行政体制矩阵对应表），确定地方政府的指示性级别或模型级别；再次，考虑一些额外的积极和消极因素（主权级别、非常弱的流动性和管理、债务或财政表现低于标准以及特殊的政府支持等）对指示性级别进行调整；最后，确定地方政府的信用等级。一般情况下，标普不会将地方政府的信用级别高于所在国的主权级别。

穆迪公司对美国以外的地方政府的信用评价思路为：首先结合地方政府个体信用风险和系统性风险来分析和确定地方政府基本信用实力，然后再考虑外部支持，最终确定地方政府的信用级别。具体来看，穆迪公司对美国以外的地方政府的信用评价采用联合违约概率理论方法，即将其视为如下两个关键因素的函数：地方政府基本信用实力，以及在发生严重流动性危机情况下，其从上级政府获得特别支持的可能性。第一步，需要确定地方政府基本信用实力。首先，利用打分卡确定经济基础、行政体制、财政表现和债务情况、政府治理与管理等要素分值，评价地方政府个体信用风险；其次，考虑地方政府所在国主权级别来衡量系统性风险的分值，根据个体风险和系统性风险矩阵对应表来确定评级模型得分；最后，在此基础上，考虑一些额外因素（无法纳入评级模型的因素），来确定地方政府基本信用实力，即某些事件或者特定因素相比于其在打分卡模型中的权重而言，会对评级结果产生更加重大的影响，或者可能存在一些对评级结果产生重大影响但不包含在上述评级因素中的其他额外的因素。第二步，对获得上级政府特殊支持可能性的评估，主要通过提供支持的政府级别、两个实体之间的违约相关程度的评价、特殊政府支持程度等三个因素来分析。穆迪公司将支持程度设置为五个等级：低（0%～30%）、一般（31%～50%）、强（51%～70%）、高（71%～90%）、极高（91%～100%），主要是采用专家打分来定性评估。第三步，评级委员会对上述级别区间进行调整，确定地方政府最终信用等级。

惠誉公司对美国以外的地方政府信用评价思路为：首先评估地方政府的运营行政体制，然后分析债务和其他长期负债、预算绩效、经营和管理以及地区经济四个主要评级因素来确定地方政府的最终信用等级。此外，评级过程中，惠誉公司还关注趋势分析和评级要素的相互作用，具体评级过程包括分析相关趋势及确定现在和未来潜在的义务与风险敞口。对于评级要素的相互作用分析，比如：尽管地方政府可能有一个充满活力和富裕的经济，但脆弱的财政管理或严苛的税率上限可能抵消积极的评级要素，导致履行义务能力的降低；较弱的经济也可能被其他优势抵消，如积极的管理、上级政府较高的支持或较少的债务。

标普、穆迪公司和惠誉公司都将行政体制作为评估地方政府自身信用水平之外的因素进行考虑，这主要是对于地方政府而言，各个国家的行政体制不同，其对地方政府信用影响也不同，三大评级机构希望通过调整行政体制这个评价因素来解决不同国家的地方政府信用评价标准如何实现一致性的问题。三大巨头思路的不同点在于：标普和穆迪公司都将外部政府支持作为独立于其自身信用评估之外的因素进行考虑，惠誉公司则没有明确将外部政府支持作为独立于其自身信用评估之外的因素进行考虑。但是标普与穆迪公司对外部政府支持的分析也存在不同，标普把外部政府支持作为地方政府自身信用实力之外的调整因素之一，而穆迪公司则将其明确为支持评级。此外，穆迪公司采用联合违约概率理论评估地方政府和支持政府违约相关程度和支持程度，来确定地方政府信用等级。标普注重关键评级要素的“短板效应”，惠誉公司则注重各个评级要素之间的相互作用或者相互抵消作用。

可见，地方政府信用评价在国外相对成熟，而国内也有一些公司在做，比如北京银通智略投资咨询有限公司，多采用评分法。但因为 PPP 自身的特殊性，其主体之一的相关地方政府信用程度如何，与一般地方政府信用评价还是有一定差异性的，下面将对此进行探讨。

第二节　PPP 中地方政府信用风险度量指标及评价方法选择

一、PPP 中地方政府信用风险度量指标的建立

三大信用评级公司都将地方政府信用评级分为两类：一类是美国体系，对

美国的地方政府进行信用评价；另一类是国际体系，对美国之外的其他国家和地区的地方政府进行信用评价。尽管不同评级机构在进行地方政府信用评价分析时的侧重点不尽相同，但一般均考虑了以下五个方面的评价要素：一是地方经济状况，主要包括经济增长前景、经济结构及人口结构（Loviscek and Crowley，1990）；二是地方政府财政状况，地方财政实力主要体现在财政收支上，一般要求收支平衡、不追求盈余，评价地方政府财政状况，还要考虑地方财政预算的质量以及政府处理收支失衡的能力（Liu and Tan，2009）；三是地方政府债务水平及结构，Ammar 等（2010）在已有地方政府偿债能力评估方法的基础上提出模糊规则化方法衡量地方政府的债务状况，Palumbo 和 Zaporowski（2012）主要关注地方政府债务的限制性规则对偿债能力的影响，得出的结论是地方政府债务的限制性规则大多正向影响其偿债能力；四是地方政府的管理与治理效率，Alberto 等（1992）认为，政府的财政纪律是实现政府财政可持续的重要制度保障，而预算软约束会导致支出扩张，这是引发地方政府债务风险的根源；五是主权因素及体制框架，Schorfheide（2008）对穆迪公司的非美国地方政府信用评价实践进行了研究，发现地方政府信用评价基本上都会受到主权评级的制约。

国内学者选取不同指标对地方政府信用进行评价。比如，李长江（2003）从政府资质和政府行为两方面选取指标，构建回归分析模型，对地方政府信用进行评价；刘军（2004）从生产力水平的提高、人民生活水平的提高和人民根本利益的保障方面对地方政府信用进行评价；范柏乃和张鸣（2012）定量考察了公务员素质、政府能力、制度环境及信用文化四个变量对地方政府信用水平的影响强度、影响路径；闫明和顾炜宇（2014）在综合考虑经济发展和财政状况的情况下，从宏观经济影响因素、地区经济发展状况、基本财政体制、地方政府预算管理制度和地方政府治理状况五个方面构建地方政府风险信用评价框架。可见，国内学者主要从政府能力（公务员素质、行政能力、行政效率、透明度、廉洁）、经济发展水平（生产力水平、人民生活水平）、法治环境（市场监管）和社会管理等方面对地方政府信用进行评价，以定性分析为主，且每个学者的分析依据各有不同，导致指标类别差异较大，缺少权威性指标评价体系。

PPP 的本质是公共部门不再是购买一项资产，而是基于规定条款和条件购买一整套服务。周正祥等（2015）认为，中国推广 PPP 模式的根本原因在于，国内地方政府债务负担严重、公共部门财政困难、经济发展需要保持适度的公共投资规模与地方政府短期偿债压力过大之间的矛盾凸显。上述观点都说明了，推行 PPP 模式的一个主要目的就是为政府融资，这一点与市政债券相似。另外，

PPP 模式和市政债券融资虽然在形式上存在差别，但在本质上都是进行基础设施建设，二者对地方政府信用水平有着一定的要求，因此我们可以借鉴市政债券评级中的指标。

美国具有世界上规模最大和最完善的市政债券市场，穆迪公司的地方政府信用评价方法论最具代表性，其基本思路是：地方政府债券的信用级别代表对地方政府财政收入水平的未来预期，并从地区经济发展状况、地方政府财政收入状况、债务水平及结构和治理与预算管理水平四个方面对地方财政收入水平进行考量。市政债券中的地方政府风险信用评价主要是从偿债能力和偿还意愿两方面进行的，但 PPP 项目不完全等同于市政债券，契约周期更长，不确定性更大，对政府能力和效率、制度环境要求更高，更关注于地方经济发展状况和财政收支状况，不应对地方政府目前的债务情况过多关注（因 PPP 模式通常是在政府不能通过债券等低成本融资方式时才采纳的，而且我国财政部出台的《财政部关于印发〈政府和社会资本合作项目财政承受能力论证指引〉的通知》（财金〔2015〕21 号）中规定，每一年度 PPP 项目占一般公共预算支出比例应当不超过 10%）。根据范柏乃和张鸣（2012）的研究，在地方政府信用影响因素中，制度环境对地方政府信用的总体影响远远超过了其他变量。国外研究一般使用“腐败透明度感知指数”来衡量各地区的制度环境（Arin et al.，2011），国内学者较多使用“腐败立案数及腐败金额数”（周黎安和陶婧，2009），但因各地区规模不同，腐败犯罪人数和立案数的多少不能直接说明一个地区制度环境的好坏，因此，腐败犯罪率更能合理地衡量各地区的制度环境。政府违约、官员腐败可能会导致 PPP 项目失败或搁置，各地区的市场化水平与 PPP 项目的顺利进行密切相关，本研究采用市场化水平（刘慧龙和吴联生，2014）和腐败犯罪率两个指标衡量 PPP 项目中各地区的制度环境。本研究在借鉴穆迪公司地方政府风险信用评价思路的基础上，将制度环境指标加入到政府信用评价中，从地区经济发展状况、地区财政收支状况和制度环境三个方面对 PPP 融资中的地方政府信用进行评价，具体指标体系及计算方法如表 8-1 所示。

表 8-1　地方政府风险信用评价指标

因素	指标名称	计算或表示
地区经济发展状况	GDP 总量（X_1）	某地区第 t 年的 GDP
	GDP 增长率（X_2）	X_{2t} =（GDP_t–GDP_{t-1}）/GDP_t
	人均 GDP（X_3）	X_{3t} =GDP_t/常住人口数 $_t$

续表

因素	指标名称	计算或表示
地区经济发展状况	产业结构偏离度（X_4）	X_{4t}=|第一产业偏离度|$_t$+|第二产业偏离度|$_t$+|第三产业偏离度|$_t$
	资源禀赋（X_5）	根据各地区在我国发展战略中的地位，将各地区的土地、能源、矿产资源进行打分，总分为 10 分
地区财政收支状况	财政收入（X_6）	某地区第 t 年的财政收入
	建设性支出比重（X_7）	X_{7t}=建设性支出 $_t$/财政支出 $_t$
	财政支出弹性（X_8）	X_{8t}=财政支出增长率 $_t$/GDP 增长率 $_t$
	财政自给率（X_9）	X_{9t}=财政预算收入 $_t$/财政预算支出 $_t$
制度环境	市场化水平（X_{10}）	市场化指数总体评分
	腐败犯罪率（X_{11}）	X_{11t}=贪污贿赂、渎职犯罪人数 $_t$/常住人口总数 $_t$

二、PPP 中地方政府政府信用风险评价方法的选择

信用评价方法分为定性分析方法和定量分析方法，其中定性分析方法主要包括 5C 要素分析法、杜邦分析体系和沃尔比重评分法等，因受主观因素影响较大，信用评价的准确度较低，所以自 20 世纪 60 年代以来，国外普遍采用定量分析方法进行检测。Beaver（1966）最早将财务比率引入到预测公司破产的研究中，建立了单变量模型的信用评价；而后，Altman（1968）采用多变量模型进行信用评价研究；随着对定量分析研究的准确性和与实证契合度要求的提高，Ohlson（1980）将逻辑斯蒂模型方法运用于信用评价分类，使评价效果显著提高。20 世纪 80 年代末 90 年代初，信息技术的发展促使神经网络方法应用到信用评价的研究中，主要解决非正态、非线性的信用评价问题。20 世纪 90 年代后期，基于市场价值的 KMV 模型评估法被用于信用评价，当前较新的信用评价方法是 1995 年由 Cortes 和 Vapnik 提出的支持向量机，其样本小、精确度高的特点得到人们的广泛认同。Huang 等（2004）等在对企业信用评价时，运用神经网络法和支持向量机进行对比分析，发现运用支持向量机的评价结果比运用神经网络法的精确度高；Chaudhuri 和 De（2011）在对破产公司研究时，运用模糊支持向量机和概率神经网络方法对破产公司进行分类对比研究，结论是模糊支持向量机比概率神经网络有更强的分类能力。

我国对地方政府信用的评价方法主要有民意测验法、因子分析、回归分析、德尔菲法、层次分析法、模糊综合评价方法等。王秀华等（2004）采用民意测验法从政府诚实、政府守信和民众信任三个方面对政府信用进行测评；李杨等

（2007）从提高政府公信度、促进经济发展和维护社会稳定三个方面构建政府信用评价指标体系，采用定量分析的指数法和定性分析的民主判断法，综合评价了地方政府信用能力的大小；陈国绪（2014）分析了我国推出地方政府债券可能面对的困境以及现行地方政府信用评价制度存在的问题（隐性担保导致地方政府信用评价变为政治预测；刚性兑付导致信用评价公司的评级准确性无法验证；垄断定价导致信用评价公司级别竞争难以避免；单一信用评价制度无法同时实现双重政策目标），并提出了制定明确的地方政府信息披露制度、建立两套并行的地方政府信用评价制度、逐步推出融资平台公司与隐性担保，以及改变市场主体级别竞争的成本与收益；陈志勇和庄佳强（2014）在借鉴国际经验的基础上，从地方经济发展水平（地区宏观经济、地区产业结构）、地方政府财政状况（地方政府财政收入、地方政府财政支出）和地方政府对地方融资平台公司支持情况（财政补贴、土地资产、政府项目应收款）三个方面对我国省级地方政府信用状况进行评价；韩文琰（2016）采用层次分析法，对地方政府债务信用从品质、能力和环境三方面进行了横向和纵向的测算，从而分析了多个地方政府某一时间横断面的债务信用情况和某一地方政府多个时间的纵向债务信用情况；李义超等（2016）运用物元可拓模型从经济状况、财政状况和债务状况三方面对全国31个省（自治区、直辖市）进行地方政府信用风险的评估，其中经济状况主要用GDP、GDP增长率、人均GDP和进出口总额四个变量衡量，财政状况用赤字率和房屋价格变量来衡量，债务状况用债务依存度变量来衡量；温来成和刘洪芳（2016）提出了包括经济发展、财政收支、债务负担、体制环境四大因素的内部评估体系，运用迭代聚类法对各指标进行高低分类，得出全国31个省（自治区、直辖市）信用风险的相对高低；张凯云（2016）通过分析国内外地方政府信用评价思路和要素提出，我国地方政府发债信用评价存在的不足表现在信用评价制度不完善、评级结果无法体现偿债风险、评级所需的部分数据缺失，针对存在的不足，提出从完善地方政府信用评价制度、进一步提高地方政府财政透明度、加快政府综合财务报告体系建设、健全地方政府性债务管理制度体系等方面来改进我国地方政府信用评价工作。

综上所述，以上研究为本研究奠定了丰富的研究基础。

第一，国外的信用评价方法较为丰富，以定量分析为主，而我国地方政府风险信用评价方法以主观性较强的定性分析为主，缺少实用性强、准确性较高的定量分析方法。国外用于企业信用评价的支持向量机相对于神经网络模型、逻辑斯蒂模型，具有较高的分类精确度，是建立在统计学习理论的VC维（Vapnik-

Chervonenkis Dimension）理论和结构风险最小化原理基础上的机器学习方法。它在解决小样本、高维度和非线性识别问题上有很大的优势，能非常成功地处理回归中的时间序列分析和模式识别中的分类、判别分析等诸多问题。政府信用评价指标体系具有多维度、非线性特征，因此要从多角度进行分析。支持向量机是解决此类问题可行的方法之一，为研究提供了较好的思路。

第二，国内外信用评价从采用单一方法转向采用多个方法进行综合评价和比较。因此，本研究借鉴国内外研究经验，采用多方法综合评价，拟运用因子分析和支持向量机相结合的方法进行地方政府风险信用评价。首先，通过文献分析，构建地方政府风险信用评价指标体系；然后，运用有分析指标重要性功能的因子分析和较高分类精确度的支持向量机，进行地方政府风险信用评价，并与北京银通智略投资咨询有限公司《2016 年地方政府信用评级报告》中的综合评分（简称“银通综合评分法”）结果进行对比分析，旨在提高地方政府风险信用评价结果的精确度和客观性，并为地方政府提高信用水平提供依据和解决方案。

（一）因子分析

因子分析最早由英国心理学家 Charles Spearman 在 1904 年提出，是一种从多变量中提取具有代表性公共因子的统计分析技术（贾俊平，2008）。因子分析根据原始数据的相关系数矩阵对各因子进行客观赋权，避免了主观赋权的武断性，使权重具有科学性（卢纹岱，2006）。因子分析提取公共因子达到了减少变量的目的，但是因子不能包含完全的原始信息，致使评价结果与原始信息的结果存在微小差异。因子分析又分为探索性因子分析和验证性因子分析，在对地方政府信用进行评价的时候，运用的是探索性因子分析。该方法在本研究中的运用步骤主要包括：首先，确认 PPP 中地方政府信用等级评价 11 个原始变量是否适合做因子分析；其次，运用主成分分析，提取 6 个公共因子；再次，计算得出因子得分矩阵，计算每个因子变量得分；最后，计算地方政府风险信用评价的最终综合得分。

（二）支持向量机

机器学习研究从数据观测中寻找规律，利用发现的规律对未来数据进行分析预测，统计学理论（研究实际应用中有限样本情况的机器学习规律，支持并发展了支持向量机）是其重要的理论基础之一。支持向量机在解决小样本、非线性及高维模式识别中表现出许多特有的优势，在解决二分类的时候具有较强的精确度，但是在解决多分类问题的时候，需通过构造多个分类器组合来解决，其主要思想是建立一个最优决策的超平面，使得该平面的两侧距平面最近的两类样本之间的距离最大化。支持向量机在本研究中的运用步骤包括：首先，选择径向基（Radial Basis Function，RBF）作为内积核函数，确定选定函数的参数；其次，选取 13 个地区作为训练集，剩余地区作为测试集；最后，确定样本属性，运用 MATLAB 程序，得出测试集的分类结果。

第三节 PPP 中地方政府信用风险度量及结果分析

一、因子分析与支持向量机分析结果

本研究基于两个方面选取数据：一是考虑数据可比性和可获得性，选取各地区公布的具有相同编制基础的数据，二是为与“银通综合评分法”结果相比，考虑数据选取的时段与其时段相同。鉴于 2013 年全国进行了第三次经济普查，2013～2015 年各类政府工作报告采用了相同的编制基础，且北京“银通综合评分法”选取了 2013～2015 年数据作为研究样本，因此本研究选取 2013～2015 年政府机构公布的数据。具体来说，地区经济发展状况因素中的 GDP 总量、GDP 增长率、人均 GDP、产业结构偏离度指标，财政收支状况因素中的财政收入、建设性支出比重、财政支出弹性、财政自给率指标，以及制度环境因素中的腐败犯罪率指标数据来源于 2013～2015 年国民经济和社会发展统计公报、政府工作报告、统计年鉴、预算执行情况、年度预算草案报告和各地区人民检察院报告等公开资料；资源禀赋指标借鉴北京银通智略投资咨询有限公司《2016 年地方政府信用评级报告》中的数据；市场化水平指标采用王小鲁等[①]编写的中国市场化指数，鉴于 2015 年数据未公布，选取 2013 年、2014 年数据作为研究样本。

（一）因子分析

因子分析是一种客观赋权法，通常采用主成分分析法对相关性较强的变量提取公共因子。本研究选取的指标相关系数较大，因此运用主成分分析法进行处理，采用的统计分析软件为 Statistics17。地方政府信用处在一个变动但相对稳

① 王小鲁等：中国市场化八年进程报告. http://jer.whu.edu.cn/jjgc/14/2016-06-03/2794.html[2021-05-08].

定的状态，为了平滑因素不稳定性带来的波动，对 GDP 总量、GDP 增长率、人均 GDP、产业结构偏离度、财政收入、建设性支出比重、财政支出弹性、财政自给率、腐败犯罪率九个指标的 2013 年、2014 年、2015 年数据分别赋予 20%、30%、50%的权重（权重大小的确定借鉴中债资信评估有限责任公司出具的《中国地方政府信用评级模型》），对市场化水平指标的 2013 年、2014 年数据分别赋予 40%、60%的权重。

由于各个变量的单位有所不同，在进行因子实证分析前，须对各个变量的原始数据进行标准化（无量纲化）处理，并进行 KMO（Kaiser-Meyer-Olkin）和巴特利特（Bartlett）球形检验，Bartlett 球形检验统计量为 156.645，检验的 P 值接近 0，表明 11 个变量之间有较强的相关性，KMO 统计量为 0.640，接近 0.7，适合做因子分析。采用主成分分析法和因子方差最大旋转法得出的实证结果如表 8-2 所示。

表 8-2 旋转后因子载荷矩阵、特征值、方差贡献率、累计方差贡献率

指标	F_1	F_2	F_3	F_4	F_5	F_6
GDP 总量（X_1）	0.934	0.058	0.004	−0.038	−0.139	0.066
GDP 增长率（X_2）	−0.163	0.780	0.070	−0.099	0.479	0.024
人均 GDP（X_3）	0.470	−0.204	0.659	0.321	−0.054	0.251
产业结构偏离度（X_4）	0.264	0.018	0.457	0.412	−0.420	0.240
资源禀赋（X_5）	0.221	0.142	0.026	0.086	0.080	0.937
财政收入（X_6）	0.919	0.113	−0.052	−0.059	−0.198	0.165
建设性支出比重（X_7）	−0.159	0.366	0.851	0.020	0.046	−0.103
财政支出弹性（X_8）	0.187	0.123	−0.005	−0.039	0.912	0.096
财政自给率（X_9）	−0.015	0.109	0.102	0.953	−0.049	0.050
市场化水平（X_{10}）	−0.769	−0.111	0.234	0.437	−0.051	0.197
腐败犯罪率（X_{11}）	0.289	0.808	0.179	0.244	−0.100	0.193
特征值	3.919	2.075	1.481	0.922	0.738	0.578
方差贡献率/%	35.628	18.861	13.464	8.382	6.710	5.258
累计方差贡献率/%	35.628	54.490	67.954	76.336	83.046	88.304

注：F_1 表示政府偿债能力；F_2 表示地区制度经济环境；F_3 表示地区建设性支出状况；F_4 表示财政自给状况；F_5 表示财政支出弹性；F_6 表示资源禀赋。

由表 8-2 可知，特征值大于 1 的三个因子累计方差贡献率为 67.954%，在减少变量数目但最大限度包含原指标信息的情况下，共提取六个公共因子包含原指标 88.303%的信息量。

第一个因子中，GDP 总量、财政收入两个变量的负荷量较大，将其命名为

“政府偿债能力”因子，用 F_1 表示；第二个因子中GDP增长率、腐败犯罪率两个变量的负荷量较大，命名为“地区制度经济环境”因子，用 F_2 表示；第三个因子中人均GDP、产业结构偏离度、建设性支出比重三个变量的负荷量较大，其中建设性支出比重与第三个因子的相关性最大，命名为“地区建设性支出状况”因子，用 F_3 表示；第四个因子中财政自给率、市场化水平两个变量的负荷量较大，其中财政自给率与第四个因子的相关性最大，将其命名为“财政自给状况”因子，用 F_4 表示；第五个因子由财政支出弹性一个变量构成，将其命名为“财政支出弹性”因子，用 F_5 表示；第六个因子也仅有资源禀赋一个变量构成，将其命名为“资源禀赋”因子，用 F_6 表示。根据上述分析和表8-2统计结果，得出各地方政府基于因子的综合评价模型：

$$F=0.35628F_1+0.18861F_2+0.13464F_3+0.08382F_4+0.0671F_5+0.05258F_6 \tag{8-1}$$

其中，F 表示各地方政府信用的综合得分，F_i（i=1，2，3，4，5，6）表示每个因子得分。根据回归分析估计，因子得分系数矩阵如表8-3所示。计算出每个公共因子的值，计算模型如式（8-2）：

$$F_i=w_{i1}X_1+w_{i2}X_2+w_{i3}X_3+w_{i4}X_4+w_{i5}X_5+w_{i6}X_6+w_{i7}X_7+w_{i8}X_8+w_{i9}X_9+w_{i10}X_{10}+w_{i11}X_{11} \tag{8-2}$$

其中，F_i 表示第 i 个因子的得分，w_{in}（n=1，2，3，…，11）为第 i 个因子、第 n 个指标数据的得分系数，X_n 为各个地区第 n 个指标数据。

表8-3 因子得分矩阵

指标	F_1	F_2	F_3	F_4	F_5	F_6
GDP总量（X_1）	0.451	0.059	−0.055	−0.106	0.096	−0.220
GDP增长率（X_2）	0.027	0.477	−0.021	−0.037	0.218	−0.077
人均GDP（X_3）	0.115	−0.324	0.500	−0.005	0.193	0.086
产业结构偏离度（X_4）	−0.103	0.010	0.222	0.095	−0.322	0.187
资源禀赋（X_5）	0.197	−0.019	−0.062	−0.150	−0.078	1.045
财政收入（X_6）	0.391	0.121	−0.115	−0.143	−0.018	−0.075
建设性支出比重（X_7）	−0.090	0.120	0.712	−0.244	−0.020	−0.145
财政支出弹性（X_8）	0.136	−0.172	0.054	0.113	0.856	−0.017
财政自给率（X_9）	−0.076	0.073	−0.270	0.871	0.083	−0.171
市场化水平（X_{10}）	0.317	−0.162	0.035	0.263	0.263	−0.119
腐败犯罪率（X_{11}）	0.026	0.617	−0.116	0.097	−0.241	−0.010

将式（8-2）代入式（8-1）即可得出各地方政府信用的因子分析结果，如表 8-4 所示。其中，江苏、天津、浙江、广东、山东、上海、湖南、重庆、福建、安徽、河南、北京、湖北、四川、江西被评价为投资级，辽宁、广西、贵州、陕西、河北、云南、新疆、西藏、内蒙古、海南、黑龙江、青海、甘肃、吉林、宁夏、山西被评价为次投资级。

表 8-4　因子分析、支持向量机分析与“银通综合评分法”结果对比

地区	“银通综合评分法”结果（排名）	因子分析结果（排名）	支持向量机分析结果	对比分析结果	最终评价结果
天津	83（1）	0.667 027（2）	1	一致	投资级
浙江	83（1）	0.584 499（3）	1	一致	
江苏	81（3）	1.081 477（1）	1	一致	
北京	78（4）	0.189 985（12）	1	一致	
上海	78（4）	0.395 674（6）	1	一致	
山东	78（4）	0.555 870（5）	1	一致	
广东	75（7）	0.578 328（4）	1	一致	
福建	74（8）	0.236 390（9）	1	一致	
湖北	68（9）	0.079 933（13）	1	一致	
重庆	68（9）	0.297 316（8）	1	一致	
湖南	67（11）	0.312 867（7）	1	一致	
四川	66（12）	0.075 814（14）	1	一致	
江西	65（13）	0.040 236（15）	1	一致	
安徽	64（14）	0.219 947（10）	1	一致	
河南	64（14）	0.195 807（11）	1	一致	
贵州	62（16）	−0.147 040（18）	1	“银通综合评分法”和支持向量机为投资级，因子分析为次投资级	次投资级
新疆	62（16）	−0.232 610（22）	1	“银通综合评分法”和支持向量机为投资级，因子分析为次投资级	
辽宁	61（18）	−0.246 200（16）	−1	“银通综合评分法”为投资级，因子分析、支持向量机为次投资级	
吉林	61（18）	−0.665 810（29）	−1	“银通综合评分法”为投资级，因子分析、支持向量机为次投资级	
陕西	61（18）	−0.157 460（19）	−1	“银通综合评分法”为投资级，因子分析、支持向量机为次投资级	

续表

地区	“银通综合评分法”结果（排名）	因子分析结果（排名）	支持向量机分析结果	对比分析结果	最终评价结果
内蒙古	60（21）	−0.319 910（24）	−1	“银通综合评分法”为投资级，因子分析、支持向量机为次投资级	次投资级
山西	59（22）	−0.719 110（31）	−1	一致	
海南	58（23）	−0.352 590（25）	−1	一致	
河北	57（24）	−0.164 440（20）	−1	一致	
云南	57（24）	−0.189 250（21）	1	“银通综合评分法”和因子分析为次投资级，支持向量机为投资级	
广西	54（26）	−0.100 340（17）	1	“银通综合评分法”和因子分析为次投资级，支持向量机为投资级	
黑龙江	51（27）	−0.472 870（26）	−1	一致	
西藏	48（28）	−0.237 820（23）	−1	一致	
甘肃	46（29）	−0.583 170（28）	−1	一致	
青海	42（30）	−0.503 230（27）	−1	一致	
宁夏	40（31）	−0.692 630（30）	−1	一致	

注：①投资级地方政府具有相对较强的还本付息能力，受外部条件影响小，风险较低；次投资级地方政府的还本付息能力相对较弱，易受外部条件影响，风险较高。

②“银通综合评分法”结果及排名资料来源于北京银通智略投资咨询有限公司出具的《2016 年地方政府信用评级报告》。

③因子分析结果中得分大于等于 0 为投资级，小于 0 为次投资级。

④支持向量机分析结果中 1 代表投资级，−1 代表次投资级。

⑤“银通综合评分法”大于等于 60 为投资级，小于 60 为次投资级。

（二）支持向量机分析

运用支持向量机时，对于非线性问题，需要将输入的非线性数据映射到一个更高维数的特征空间，而后构造最优分类超平面，在高维数空间中只涉及内积运算，因此不必知道具体的映射函数表达式。支持向量机在解决分类问题时具有系统结构简单、全局最优等优点。系统结构简单保证了分类器具有较好的稳定性，全局最优保证了分类具有较高的准确率（郭明玮等，2014）。

根据指标数据的相关性分析，以因子分析和“银通综合评分法”对各地区政府信用的排名分析和评价结果为基础，选取天津、浙江、江苏、上海、山东、福建、重庆、四川、江西作为投资级的训练集，海南、黑龙江、甘肃、宁夏作为次投资级的训练集。基于支持向量机理论分析，本研究构造样本集（X，Y），其中

X 是评价指标，维数为 11；Y 是样本的类别属性，对于地方政府信用被评价为投资级的地区，Y=1，对于地方政信用被评价为次投资级的地区，Y=−1。在支持向量机算法中，不同的内积核函数对应不同的算法，其中使用较多的有多项式函数、RBF 核函数、Sigmoid 函数，其中 RBF 核函数具有较好的分类效果，因此本研究选择 RBF 核函数作为此分类的内积核函数。支持向量机的参数选择是一个问题不断优化的过程，目前研究较多的支持向量机参数选择法有经验选择法、梯度下降法、交叉验证法、网格搜索法等。综合考虑最少的样本错分类和最大的分类间隔，本研究将选取交叉验证法来进行参数选择，确定出交叉检验计算出来的参数 C=93.523，σ^2=13.966，说明计算误差符合要求。

将 LSSVMlabv 嵌入 MATLAB R2014a 中，将北京、广东、湖北、湖南、安徽、河南、贵州、新疆、辽宁、吉林、陕西、内蒙古、山西、河北、云南、广西、西藏、青海作为测试集，根据标准化样本数据和选定的核函数、参数、训练集对测试集进行分类。其中，北京、广东、湖北、湖南、安徽、河南、贵州、新疆、云南、广西被分类为投资级，辽宁、吉林、陕西、内蒙古、山西、河北、西藏、青海被分类为次投资级。

（三）评价结果

根据因子分析、支持向量机和“银通综合评分法”的评价结果，将至少有两种方法评价结果为投资级的地区确定为投资级，其余地区确定为次投资级，因此，最终将天津、浙江、江苏、北京、上海、山东、广东、福建、湖北、重庆、湖南、四川、江西、安徽、河南、贵州、新疆评价为投资级，将辽宁、吉林、陕西、内蒙古、山西、海南、河北、云南、广西、黑龙江、西藏、甘肃、青海、宁夏评价为次投资级。可见，评价为次投资级的地方政府主要位于西南地区（云南、西藏）、西北地区（陕西、甘肃、青海、宁夏）、东北地区（辽宁、吉林、黑龙江）、华南地区（海南、广西）和华北地区（内蒙古、山西、河北），这个评价结果与王守清教授的言论基本一致：对于 PPP，可能最适合做的、最不怕政府违约的地区就是长三角、珠三角，再就是中部，比较糟糕的是西南、西北，最糟糕的是东北[①]。

二、评价结果分析

从上述评价结果来看，被评价为次投资级的地区共有 14 个，占总数的 45%，

① 王守清：不参与 PPP 将会被边缘化. https://www.solidwaste.com.cn/news/247690.html[2016-10-20].

可见我国地方政府信用水平的评价结果总体上不太理想。评价为次投资级的地方政府，面对变化的内外部环境，在 PPP 项目中吸引社会资本投资的能力相对较弱，风险较高。然而，地方政府守信用是推广 PPP 模式、实现 1+1>2 目标的重要条件和关键因素之一，否则投资者将不敢长期投资（王守清和王盈盈，2017a）。因此，本研究根据各地区人民检察院公开报告中的数据对影响地方政府信用的指标做了进一步分析，尤其是评价为次投资级地区的影响指标。

通过因子分析结果可知，对地方政府信用水平产生较大影响的指标是 GDP 总量、GDP 增长率、财政收入、腐败犯罪率，被评价为次投资级地区的经济和财政状况较差、制度环境不完善，具体分析如下。

西南地区：影响云南的主要指标是人均 GDP、产业结构偏离度和财政自给率，云南工业产品附加值低，第一产业从业人数超过 1/2，产值占比不足 1/5，其经济发展水平仍处在较低的阶段，财政收入水平较低，七成以上的财政支出来自中央政府的转移支付；影响西藏的主要指标是 GDP 总量、财政自给率和市场化水平，由于自然、历史等原因，当地的经济发展水平相对落后，GDP 总量和市场化水平较低，财政收入有限，财政风险较大。

西北地区：影响陕西的主要指标是产业结构偏离度和建设性支出比重，陕西的产业结构不协调，“二三一”的结构特征十分明显，非生产性耗费大，可转化为下期收入的财政支出占比小；影响甘肃的主要指标是产业结构偏离度、财政收入、建设性支出比重和市场化水平，甘肃地区产业与就业结构不协调，就业的结构性矛盾突出，财政收入对中央具有较强依赖性，总体经济发展水平较低；影响青海的主要指标是 GDP 总量、资源禀赋、建设性支出比重、财政自给率和市场化水平，青海与西藏相似，自然、历史等原因影响其经济发展和市场化水平，同时也使其面临较大的财务风险，此外青海的经济发展战略和资源优势不明显，当地的非生产性耗费大，挤占了建设性支出的资金来源；影响宁夏的主要指标是 GDP 总量、产业结构偏离度、资源禀赋、财政收入和腐败犯罪率，宁夏地区总体的经济环境相对落后，资源和战略优势不足，财政收入总量小，大部分的财政支出依靠中央的财政支持，重工业和建筑业占第二产业比例较大，产业结构缺乏自动调整的动力，此外政府贪污贿赂渎职犯罪率较高，对地方政府的信用产生巨大冲击。

东北地区：影响辽宁、吉林、黑龙江的主要指标是 GDP 增长率和腐败犯罪率。投资下滑、工业出现困难、资源产业比重较高是导致东北三省 GDP 增长率下滑的重要原因；另外，这三个地区的贪污贿赂渎职犯罪率明显高于我国其他地区，地方政府治理水平有待提升。

华南地区：影响海南的主要指标是 GDP 总量和财政收入，当地 GDP 总量较低，主要是因为当地工业太薄弱，但是财政收入的主要来源是工业产业，因而当地的财政收入总量较低，政府的财政实力不足；影响广西的主要指标是产业结构偏离度，当地产业结构也呈现“二三一”的特点，工业结构调整初显成效，但是产业结构还是不协调。

华北地区：影响内蒙古的指标主要是腐败犯罪率，内蒙古位于我国边境地区，政府治理水平和整体制度环境还有待完善；影响山西的主要指标是 GDP 增长率和财政支出弹性，山西 GDP 增长率的下滑很大一部分原因是煤炭等能源原材料价格持续下跌，经济运行面临严峻挑战；影响河北的主要指标是资源禀赋和财政支出弹性，河北虽然地处“京津冀”城市群中，但是与京津两市的发展水平相比，存在较大差距；河北和山西的财政支出弹性较小，政府财力的保障能力较弱，且面临现有产业中低增长、高耗费产业比重较大的困境。

第四节　提升地方政府信用水平的对策

一、利用国家发展战略增强自身经济实力，提升信用水平

对于评级结果为次投资级的地方政府，大多数（辽宁、吉林、黑龙江、广西、海南、云南、西藏、陕西、甘肃、青海、宁夏、内蒙古）现处于“一带一路”的前沿，应抓住“一带一路”倡议的机遇，突破原有区域政策囿于国内的现状，在更大的经济发展空间格局内，调动国际国内两个市场、两种资源。“一带一路”沿线地区推进采用 PPP 模式加快基础设施建设和提升公共服务供给能力，将社会资本的经验和技术等要素作为 PPP 可持续发展的有力支撑，强调 PPP 项目代际公平的可持续发展理念，实现 PPP 项目服务于当地社会民生的可持续发展，有助于促进“一带一路”沿线地区经济的发展和经济实力的提升，从而提高 PPP 中地方政府的信用水平。

此外，广西、云南和西北地区的陕西、甘肃、宁夏应加强产业结构调整，减少资源依赖；黑龙江、吉林、辽宁等东北地区还要抓住“新一轮振兴东北战略”，实现动能由旧转新，切实保护好经济环境，促进经济增长；河北要抓住“京津冀”协同发展的机遇；山西需要加强与“京津冀”地区的战略合作。因此，各地

区应发挥自身优势，提升自身经济实力，为信用水平的提升提供有力保障。

二、加大对落后地区的财政支持，设立国家级补缺资金和 PPP 基金

即使应用 PPP 模式，基础设施项目光靠地方政府，特别是经济落后财力不足的地方政府是很难开发的，因此中央应加大对落后地区的财政转移支付力度。在明确中央与地方政府的权责利关系的基础上，中央政府应合理确定中央财政转移支付的总体规模，使之与地方政府承担的财政收支责任相适应，从而促进地方政府更好地发展地区经济，在制定中央财政转移支付政策时，应充分考虑地方政府收入政策和地方政府支出结构的特点，充分发挥中央财政转移支付对地方政府行为的激励作用，以更好地优化地方政府职能。针对中央政府对经济欠发达地区推广的可促进当地经济增长、提升人民生活质量的 PPP 项目，特别是对国家具有宏观和战略意义的跨区域项目，应建立国家级补缺资金支持或补贴筛选出来的项目，统筹全国均衡发展；另外，中央政府还可为地方设置担保基金制度，加强对西南、西北、东北等经济欠发达地区和重点入库 PPP 项目的支持，使地方政府信用增级。

三、做好财政预算工作，真正实现 PPP 项目的“物有所值”

财政状况差是被评价为次投资级地方政府的普遍现象，为增强地方政府未来财务支出的可行性和可控性，地方政府应做到以下两点：第一，应将 PPP 项目中的财政支出责任列入预算，对 PPP 项目合同中涉及的政府支付义务，应结合中长期财政规划统筹考虑，开展财政承受能力论证，在编制年度预算和中期财政规划时，将其纳入预算统筹安排，确保政府履行合同的能力；第二，地方政府应基于事先约定的项目绩效标准，将社会资本在项目全生命周期中的责任与权利相匹配，把政府支付对价与项目公司所提供的服务绩效挂钩，提高 PPP 项目的效率，真正实现“物有所值”。

四、构建清新型政商关系、平衡政府购买与监督角色

PPP 本质上是公私合作伙伴关系，没有政府的支持和帮助，PPP 项目不可能

成功实施（Sachs et al.，2007），且腐败对 PPP 项目回报具有极大影响，制约了 PPP 项目的产出数量，因此各地方政府应加大腐败惩治力度，构造清新型政商关系，从顶层制度体系、机构能力建设和示范项目等方面制定合理的制度规则，明确各部门职责，加强协调，共同建设一个统一、规范、透明、高效的 PPP 大市场，摆脱传统管理体制下政府高高在上以“管”为主的执政模式。

政府方作为 PPP 项目的购买者，和社会资本方是平等关系，应平起平坐，友好协商，按合同办事，强化契约精神。此外，政府在 PPP 项目中还是监管者，除了须按照法规来监管 PPP 项目，还要注重监管的透明，因此建立一套公众全程参与 PPP 项目的发起、建设和运营制度，并让媒体也参与监管，提升政府公共治理能力，大力推动 PPP 信息公开透明化，提升 PPP 项目的公共服务能力，实现政府“可信的承诺”。必要的政府干预（监管）是一个 PPP 项目成功的重要保证，但是，政府干预过多会使其在 PPP 项目中的购买和监管角色失衡，因此在合同谈判阶段，政府应特别注意干预的方式、适当的干预时机或阶段，可以将标准（例如产出标准）作为政府干预的前提条件，同时政府干预条件必须更加明确，从而减少政府干预的范围和可能性（Ke et al.，2013）。

第九章　PPP 项目财务风险度量及模拟

PPP 模式是社会资本参与基础设施和公用事业项目投资运营的一种模式，政府通过 PPP 项目与社会资本建立利益共享、风险共担、长期合作伙伴等关系。PPP 项目含有多个利益主体，包含一系列的合同、协议，涉及融资、投资、经营、收益等经济活动，且受到政治、经济、法律等外部环境的影响，具有平衡性、长期性、复杂性等特征（Zeng et al.，2015）。因此，本章对 PPP 项目财务风险进行分析，构建 PPP 项目财务风险系统模型，也为 PPP 项目政府债务风险系统构建及模拟奠定基础。

第一节　PPP 项目财务风险系统的构成

PPP 项目的资金运动将不同时期的财务节点衔接在一起，这为 PPP 项目财务风险将资金作为载体而发生转移和扩散提供了契机。因此，PPP 项目财务风险能量传递过程机理如下：基于蝴蝶效应和耦合效应的双重作用，PPP 项目财务风险因素相互叠加，风险能量传递相互交错，随着 PPP 项目财务资金运动范围逐渐扩大，其风险程度逐渐加深，某一阶段的财务节点在风险传播过程中可能由于相互作用而引发财务风险性质的改变，最终带动整个风险系统发生巨大变化。因此，本章基于复杂系统理论，将 PPP 项目全生命周期财务风险系统分为外部风险子系统、内部财务子系统以及 PPP 项目财务风险度量子系统，各子系统间相互关联，子系统内各要素彼此相互作用，构成不断循环的反馈结构。

一、外部风险子系统

PPP 项目外部风险伴随着 PPP 项目财务风险始终存在，外部风险子系统会对 PPP 项目财务内部影响因素带来不确定性，每种不确定性因素会沿着各种方向迅速传开，并且彼此发生作用，最终引发 PPP 项目财务风险等（Koubatis and

Schonberger，2005），由此可能带来额外的管理成本，甚至造成项目停止的后果。刘宏和孙浩（2018）通过 DEMATEL-ANP 模型构建了 PPP 项目融资风险评价指标体系，本研究在此基础上构建了由政治风险、金融风险、建设风险、运营风险、环境风险五大类组成的外部风险子系统。

政治风险是指政局发生动荡、政府政策发生变更或者其他政治上的不可抗力风险导致项目的推迟、延误等（Kumaraswamy and Zhang，2001），具体包括政策变更风险、政府监察风险、政府信用风险。我国 PPP 项目缺乏健全的法律体系。依据我国相关法律，PPP 项目只有经过严格的审批和备案才能保证 PPP 项目的合法性，但繁杂的审批过程可能导致时间和成本投入过多，PPP 项目无法落实。此外，我国地方政府和社会资本运作 PPP 项目的经验不足，对 PPP 项目的监察可能不力，可能无法保证 PPP 项目的正常运行，政府也可能无法兑现政府补贴。

金融风险是指由金融市场发生变动造成的不确定性因素（Kwak et al.，2009），例如汇率、利率以及通货膨胀所产生的风险等，具体包括利率风险、通货膨胀风险、汇率风险、税收风险。在项目建设和经营过程中，利率如果上升，项目的贷款利息就会相应增加，从而项目的建设和运营成本就会增加。此外，PPP 项目历时较长，由于通货膨胀可能使项目的原材料物价发生大幅度的提升，这必然会导致项目成本的增加，超出项目的预算支出。

建设风险是指由较大的施工难度、工程质量不达标等问题造成的项目成本预算超支或者工期延误（Flyvbjerg，2011），具体包括质量风险、进度风险、建设成本风险、施工技术风险。建设风险一般发生在项目的建设期或者改建期等，项目建设时间和整体质量决定了项目的安全性能和使用年限，也影响着项目运营期的收入。在施工过程中任何一个不可控因素都可能导致项目的延期等问题，进而导致项目失败。

运营风险是指在项目运营期由项目监察不足、市场需求发生变动等造成的风险，具体包括定价风险、营运成本风险、市场需求风险、同行竞争风险。在项目的运营过程中，预计市场需要与实际市场需要可能出现偏差，若 PPP 项目不及时调整收费，项目公司就要自负盈亏，其资金也会出现一系列问题（高华等，2016c）。

环境风险是指由项目当地的自然资源、社会环境等不可抗力因素造成的风险（Kobrin，1984），具体包括社会环境风险、法律环境风险、自然环境风险。对于 PPP 项目多方利益者来说，项目的成立和运行要基于当下的社会情况，能够充分利用自然资源且满足社会需要，一旦发生环境风险，项目公司就要花费额外的资金来改善项目的生产和运行环境，尤其是对环境污染严重的 PPP 项目可能面临停产等问题。

二、内部财务子系统

PPP 项目现金流能实时反映项目的资金流动情况，从现金流视角建立的 PPP 项目财务预警可以准确地反映出 PPP 项目的财务运行状况，及时发现财务问题。因此，内部财务子系统包括项目全生命周期现金流入与流出相关的各财务要素。建设期的现金流入主要指项目资本金投入、工程建设贷款和试运营现金流入，现金流出主要指项目的工程建设投资和试运营现金流出；运营期的现金流入主要指项目的营业收入和政府补贴等，现金流出主要指项目的经营成本、长期借款利息和偿还借款本金等。

三、PPP 项目财务风险度量子系统

通过 PPP 项目财务风险度量子系统计算各 PPP 项目风险能量值，并对其风险大小进行直观地横纵向比较。此子系统主要包括评价指标选取、评价指标阈值与权重确定，以及风险能量计算。PPP 项目财务风险因素包括融资成本、运营成本、资本结构、贷款金额、利息费用等，据此构建该子系统。

（一）PPP 项目财务风险评价指标选取

参照对 PPP 项目财务风险预警指标研究汇总的梳理，根据 PPP 项目资金循环运动的特点，结合 PPP 项目融资活动、投资活动、经营活动以及收益分配活动的内容，本研究将 PPP 项目财务风险评价指标体系分为融资期、建设期和运营期，见表 9-1。

表 9-1　PPP 项目财务风险评价指标体系

分类	指标名称（代码）	计算公式	指标含义	指标类别
融资期	资产负债率（$R01$）	负债总额/资产总额	反映债权人所提供的资本占全部资本的比例	正向
	债务结构比例（$R02$）	贷款金额/投资总额	反映项目债权各方为项目提供的债务资金比例	正向
	财务净现值（$R03$）	$\sum_{t=1}^{n}\frac{\text{NCF}_t}{(1+i)^t}$	反应项目在特许经营期内的可行性	反向
	投资回收期（$R04$）	$\sum_{t=1}^{P_t}\frac{\text{NCF}_t}{(1+i)^t}=0$	使累计的经济效益等于最初的投资费用所需的时间	正向

续表

分类	指标名称（代码）	计算公式	指标含义	指标类别
建设期	日平均盈余资金（*R05*）	尚可用库存资金/当期高下期资金到账期–平均日支出量	反映库存资金能够支撑项目日支出量的程度	反向
	资金充裕度（*R06*）	尚可用库存资金/平均日支出量–当期高下期资金到账期	反映了库存资金能够支撑项目支出的预计天数	反向
	进度偏离度（*R07*）	1–SPI	反映项目的进度与计划的偏离程度	正向
运营期	利息备付率（*R08*）	息税前利润/当期应付利息费用	反映项目经营收入偿还利息的能力	反向
	偿债备付率（*R09*）	当期可用于还本付息资金/当期应还本付息金额	反应项目偿还本金和利息的能力	反向
	总资产周转率（*R010*）	销售收入/资产平均总额	综合反映项目整体资产的营运能力	反向
	流动资产周转率（*R011*）	销售收入/流动资产平均总额	反映项目流动资产的利用效率	反向
	净资产收益率（*R012*）	净利润/所有者权益	反映股东权益的收益水平	反向
	资产报酬率（*R013*）	息税前利润/资产平均总额	反映项目的获利能力和投入产出状况	反向
	总资产现金回收率（*R014*）	经营活动净现金流/总资产金额	反映项目全部资产产生现金的能力	反向
	盈利现金保障倍数（*R015*）	经营活动净现金流/净利润	反映项目的实际收益质量	反向

注：t 为第 t 年；n 为 PPP 项目的特许期；NCF_t 为 PPP 项目第 t 年的净现金流量；i 为 PPP 项目折现率；SPI 为进度绩效指数（schedule performance index），计算公式为 EV（完成工作的预算价值）/PV（完成工作的计划值）。

融资期的指标具体包括资产负债率、债务结构比例、财务净现值、投资回收期。在项目的融资期，政府方和社会资本方依据约定的比例对项目进行投融资，二者享有一定的权利并承担各自的责任。因此，PPP 项目的融资期主要考虑特许经营期内的项目可行性，而融资结构、合同利率的选择等将直接影响项目特许经营期内的现金流入、流出，本研究将综合资金成本率作为财务净现值的基准折现率，以此体现项目的融资成本。

PPP 项目建设期的指标具体包括日平均盈余资金、资金充裕度、进度偏离度。PPP 项目建设期的风险多与工程项目本身有关，该阶段主要是保证各投资方资金的流入能够支撑设备购置、工程进度管理、利息支出等现金流出，防止出现资金缺口，因此该阶段的财务指标主要衡量项目的资金短缺状况及项目进度情况（叶晓甦和于娜莎，2009）。

PPP 项目运营期的指标具体包括利息备付率、偿债备付率、总资产周转率、流动资产周转率、净资产收益率、资产报酬率、总资产现金回收率、盈利现金保障倍数。运营期主要使项目能够偿还贷款和利息，进行成本管理、维护管理等，并实现盈利，期间可能面临运营不当、成本超支、收益不足等一系列风险。因此，项目的运营期主要衡量项目偿债能力、运营能力、盈利能力和获现能力。

（二）PPP 项目财务风险评价指标阈值及权重确定

不同状态下的 PPP 项目财务风险评价指标临界值不同，本研究依据相关文献确定指标阈值，并将阈值划分为安全区、风险区、危机区，采用层次分析法确定各指标权重，构造地方政府债务风险评价指标的递阶层次结构。通过发放调查问卷，以及整理和计算 32 位风险评价专家对判断矩阵的评分数据，得到各风险评价指标权重值，最终实现各风险评价指标权重的定量化，结果见表 9-2 所示。

表 9-2　PPP 项目财务风险评价指标体系阈值及权重表

指标名称	代码	安全区	风险区	危机区	权重
资产负债率	*R*01	（0，65%）	[65%，75%]	（75%，∞）	0.0747
债务结构比例	*R*02	（0，50%）	[50%，80%]	（80%，∞）	0.0829
财务净现值	*R*03	（0，∞）	—	（−∞，0）	0.0784
投资回收期	*R*04	（0，t）	—	（t，∞）	0.0781
日平均盈余资金	*R*05	（0，∞）	—	（−∞，0）	0.1131
资金充裕度	*R*06	（7，∞）	[0，7]	（−∞，0）	0.1091
进度偏离度	*R*07	（0，5%）	—	（5%，∞）	0.0831
利息备付率	*R*08	（3，∞）	[1，3]	（−∞，1）	0.0406
偿债备付率	*R*09	（1.5，∞）	[1，1.5]	（−∞，1）	0.0502
总资产周转率	*R*010	（$\bar{x}$，∞）	[x_0，$\bar{x}$]	（0，x_0）	0.0445
流动资产周转率	*R*011	（$\bar{x}$，∞）	[x_0，$\bar{x}$]	（0，x_0）	0.0399
净资产收益率	*R*012	（$\bar{x}$，∞）	[x_0，$\bar{x}$]	（−∞，x_0）	0.0531
资产报酬率	*R*013	（$\bar{x}$，∞）	[x_0，$\bar{x}$]	（−∞，x_0）	0.0561
总资产现金回收率	*R*014	（$\bar{x}$，∞）	[x_0，$\bar{x}$]	（−∞，x_0）	0.0447
盈利现金保障倍数	*R*015	（$\bar{x}$，∞）	[x_0，$\bar{x}$]	（−∞，x_0）	0.0514

注：t 代表特许经营期；x_0代表全行业最低值；$\bar{x}$代表全行业均值。

表 9-2 中的指标 $R01$、$R04$、$R08$、$R09$ 的阈值参考邱莲莲（2018）的数据，指标 $R03$、$R05$、$R06$、$R07$ 参考叶晓甦和于娜莎（2009）的数据。《国务院关于调整和完善固定资产投资项目资本金制度的通知》（国发〔2015〕51 号）规定，项目资本金最低为工程总投资的 20%，则项目最高贷款为 80%，又由于商业贷款中对项目贷款总额的要求不得超过项目投资总额的 50%，因此本章将指标 $R02$ 的风险区设定为 50%～80%。此外，对于指标 $R010$～$R015$，该指标值若高于全行业平均值，则代表项目运营良好，处于安全区；若高于全行业最低值，且小于全行业平均值，则代表项目运营存在一定风险，处于风险区；若小于全行业最低值，则代表项目运营较差，处于危机区。

（三）PPP 项目财务风险能量计算

本研究借鉴朱俊文等（2016）在初探 BT 债务风险控制框架中采取的风险能量计算方法，借助“距”的概念和风险能量释放理论，计算 PPP 项目财务风险能量。各风险评价指标的风险能量E_i（$1 \leqslant i \leqslant n$）依据与理想状态的距离大小进行计算，具体计算公式见式（4-3）和式（4-4）。

通过计算评价指标对理想状态的距离，得到各评价指标的风险能量，再根据层次分析法结果确定的各指标权重，得到加权平均下的财务风险能量值E_t，计算公式见式（4-5）。计算出来的风险能量值越大，PPP 项目财务风险就越大；若风险能量值为 0，则系统绝对安全；若风险能量值为 1，则系统处于危急状态，必须采取有效的控制措施。

第二节　PPP 项目财务风险评价的系统模型构建

一、系统因果关系反馈图的构建

反馈是系统动力学的一个核心概念，系统动力学中的因果关系反馈图可以表达整个系统形成原因的假说，引出整个系统的核心模型。为更好地体现 PPP 项目财务风险系统中各风险因素之间的正负反馈及制约影响情况，绘制了因果关系反馈图，如图 9-1 所示。

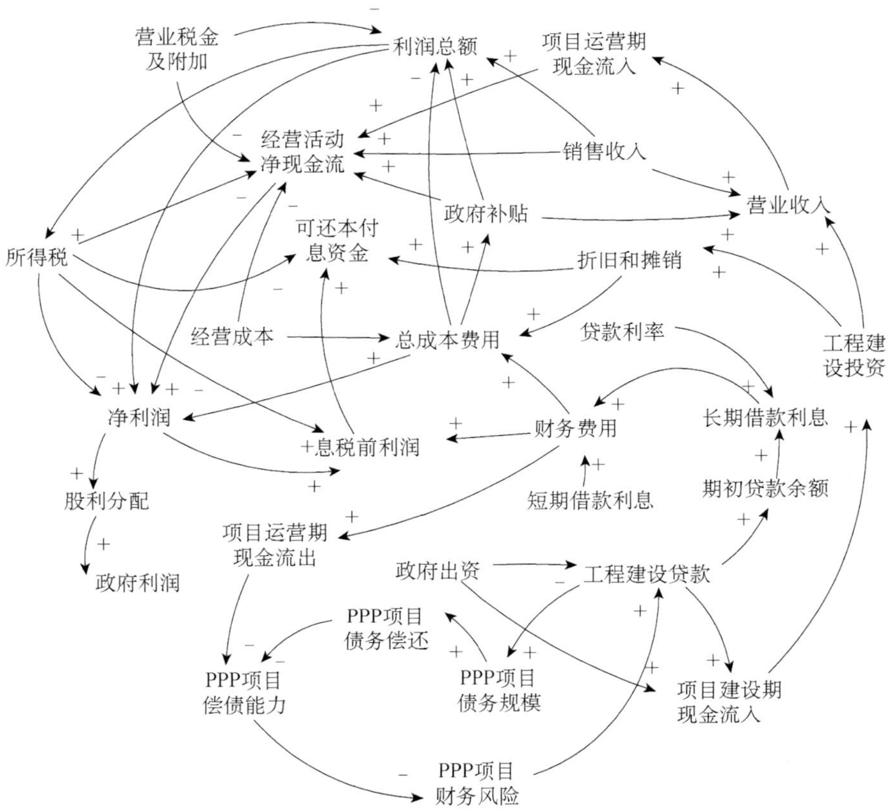

图 9-1　PPP 项目财务风险系统因果关系反馈图

二、系统存量流量图的构建

因果关系反馈图反映了整个系统变化的原因，但这属于系统动力学中的定性分析，还不能将各个因素之间的变化关系定量化。因此，在因果关系反馈图的基础上，结合前述系统构成的分析，利用 Vensim PLE 软件，构建 PPP 项目财务风险能量的存量流量图，模拟各变量随时间变化的趋势，实现 PPP 项目财务风险分析的定量化，如图 9-2 所示。

此模型中，包含 8 个状态变量、10 个速率变量以及 107 个辅助变量，为使模型更加清晰，用影子变量表示模型中的原变量。模型从上到下依次是外部风险子系统、内部财务子系统以及 PPP 项目财务风险度量子系统。各子系统间相

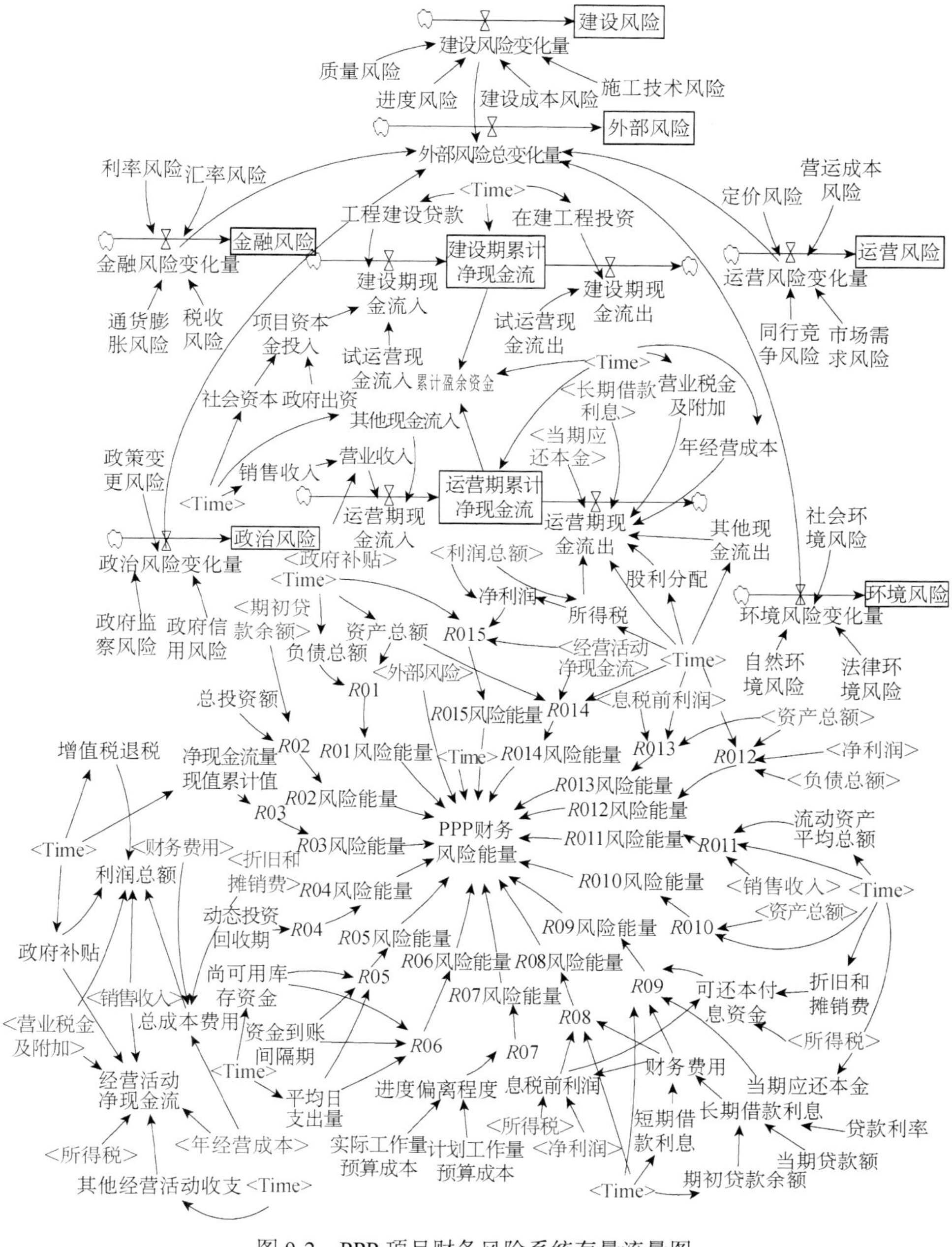

图 9-2　PPP 项目财务风险系统存量流量图

互关联，子系统内各变量间构成了多重反馈回路。前两个子系统均会对PPP项目财务风险衡量产生一定影响，因此将一些变量直接表示在PPP项目财务风险度量子系统中。

三、主要变量函数的定义

PPP项目财务风险系统模型中的主要变量函数关系如表9-3所示。

表9-3　PPP项目财务风险系统模型中的主要变量函数关系

系统	变量名称	类型	变量表达式	单位
外部风险子系统	政治风险变化量	辅助	0.527×政策变更风险+0.259×政府监察风险+0.214×政府信用风险	无量纲
	金融风险变化量		0.325×利率风险+0.262×通货膨胀风险+0.187×汇率风险+0.226×税收风险	无量纲
	建设风险变化量		0.255×质量风险+0.147×进度风险+0.295×建设成本风险+0.303×施工技术风险	无量纲
	运营风险变化量		0.176×定价风险+0.245×营运成本风险+0.313×市场需求风险+0.266×同行竞争风险	无量纲
	环境风险变化量		0.375×社会环境风险+0.309×法律环境风险+0.316×自然环境风险	无量纲
内部财务子系统	建设期累计净现金流	状态	TNTEG（IF THEN ELSE（Time<3，建设期现金流入−建设期现金流出，0））	万元
	运营期累计净现金流		TNTEG（IF THEN ELSE（Time≥6，运营期现金流入−运营期现金流出，0））	万元
	建设期现金流入	速率	工程建设贷款+项目资本金投入+试运营现金流入	万元
	建设期现金流出		在建工程投资+试运营现金流出	万元
	运营期现金流入		其他现金流入+营业收入	万元
	运营期现金流出		IF THEN ELSE（Time＞2，其他现金流出+年经营成本+长期借款利息+当期应还本金+所得税+股利分配+营业税金及附加，0）	万元
	长期借款利息	辅助	（期初贷款余额+当期贷款额）×贷款利率	万元
	财务费用		短期借款利息+长期借款利息	万元
	息税前利润		净利润+所得税+财务费用	万元
	可还本付息资金		息税前利润+折旧和摊销费−所得税	万元
PPP项目财务风险度量子系统	PPP项目财务风险能量		$\sum_{i=1}^{15} W_i E_i$ 其中，W_i（$1\leqslant i\leqslant 15$）为第 i 个指标的权重；E_i（$1\leqslant i\leqslant 15$）为第 i 个指标的风险能量	无量纲
	$R01$ 风险能量		IF THEN ELSE（$R01\leqslant 0.65$，0，IF THEN ELSE（$R01<0.75$，（$R01-0.65$）/0.1，1））	无量纲
	$R02$ 风险能量		IF THEN ELSE（$R02\leqslant 0.5$，0，IF THEN ELSE（$R02<0.8$，（$R02-0.5$）/0.3，1））	无量纲

续表

系统	变量名称	类型	变量表达式	单位
PPP项目财务风险度量子系统	R03 风险能量	辅助	IF THEN ELSE（R03＞0，0，1）	无量纲
	R04 风险能量		IF THEN ELSE（R04＜30，0，1）	无量纲
	R05 风险能量		IF THEN ELSE（R05≥0，0，1）	无量纲
	R06 风险能量		IF THEN ELSE（R06＜0，1，IF THEN ELSE（R06≤7，（7−R06）/7，0））	无量纲
	R07 风险能量		IF THEN ELSE（R07≥0.05，1，0）	无量纲
	R08 风险能量	辅助	IF THEN ELSE（R08＜1，1，IF THEN ELSE（R08≤3，（3−R08）/2，0））	无量纲
	R09 风险能量		IF THEN ELSE（R09＜1，1，IF THEN ELSE（R09≤1.5，（1.5−R09）/0.5，0））	无量纲
	R010 风险能量		IF THEN ELSE（R010＜0.3，1，IF THEN ELSE（R010≤0.34，（0.34−R010）/0.04，0））	无量纲
	R011 风险能量	辅助	IF THEN ELSE（R011＜1.2，1，IF THEN ELSE（R011≤1.59，（1.59−R011）/0.39，0））	无量纲
	R012 风险能量		IF THEN ELSE（R012≤0.022，1，IF THEN ELSE（R012≤0.0401，（0.0401−R012）/0.0621，0））	无量纲
	R013 风险能量		IF THEN ELSE（R013＜0.007，1，IF THEN ELSE（R013≤0.0374，（0.0374−R013）/0.0304，0））	无量纲
	R014 风险能量		IF THEN ELSE（R014＜0.035，1，IF THEN ELSE（R014≤0.0516，（0.0516−R014）/0.0166，0））	无量纲
	R015 风险能量		IF THEN ELSE（R015＜0.8，1，IF THEN ELSE（R015≤1.83，（1.83−R015）/1.03，0））	无量纲

第三节 PPP 项目财务风险评价的案例分析

一、案例背景

本节以北京市 2013 年垃圾焚烧发电 PPP 项目作为研究案例（张彦春等，2016），该项目采用 BOT 模式，特许经营期为 30 年（含建设期 2 年），回报机制为发电收入和可行性缺口补助方式。项目规划用地为 120 亩[①]，投资总额约为 3.5

① 1 亩≈666.7m^2。

亿元，主要包括厂区建设投资 2.78 亿元和征地拆迁安置费用 0.72 亿元。该项目垃圾处理规模为 500 t/d，正常年垃圾处理量为 16.67 万 t。财务内部收益率设定为 7%，项目公司自筹资金（即政府和社会资本出资）为 8332.04 万元，占项目总投资额的 30%，在自筹资金中政府出资为 833.2 万元，占 10%，社会资本出资为 7498.84 万元，占 90%。长期借款资金占总投资的 70%，为 19 458.4 万元，长期借款年利率按同期银行利率上浮 20%估算，为 5.88%。

二、参数设置

（1）模型初始参数设置：仿真步长 DT=1（年），PPP 项目财务风险系统起始时间（第 1 年）为项目建设初期，即 2013 年，终止时间为项目终止期。

（2）在本模型初始模拟时，假设外部环境稳定，不考虑其影响。

（3）项目建设期财务状况稳定，因此假设项目实际进度按计划进行，即实际工作量预算成本=计划工作量的预算成本。

（4）假设项目财务净现值所采用的基准折现率为该项目的综合资金成本率，则综合资金成本率=30%×7%+70%×5.88%=6.2%。

（5）火力发电行业相关指标阈值的设定：本案例是火力发电行业，其相关评价指标的均值和最低值通过 2001～2018 年的前瞻数据库获取，如表 9-4 所示。

表 9-4　火力发电行业部分指标阈值

指标名称	代码	风险区	危机区	指标类别
总资产周转率	*R*010	[0.3，0.34]	（0，0.3）	反向
流动资产周转率	*R*011	[1.2，1.59]	（0，1.2）	反向
净资产收益率	*R*012	[−2.2%，4.01%]	（−∞，−2.2%）	反向
资产报酬率	*R*013	[0.7%，3.74%]	（−∞，0.7%）	反向
总资产现金回收率	*R*014	[3.5%，5.16%]	（−∞，3.5%）	反向
盈利现金保障倍数	*R*015	[0.8，1.83]	（−∞，0.8）	反向

三、误差检验

为了保证模型仿真结果的有效性，采用历史数据吻合度比对法对模型进行误差检验。若被检验变量的相对误差≤10%，则认定该模型的仿真性能和预测精度较好（刘畅和涂国平，2015）。由于模型的输出变量较多且篇幅有限，因此只列出了状态变量及重要函数变量 2013～2022 年的误差检验结果，选取运营期累计净现金流、政府项目累计净现金流、建设期现金流入、运营期现金流出、长期借款利息、可还本付息资金进行误差检验，结果如表 9-5 所示。检验结果表明，仿真值与实际值之间虽然存在误差，但所有误差结果都控制在 5%以内，因此认定该系统模型仿真性能和预测精度较好，适合进行 PPP 项目全生命周期财务风险系统的定量分析和其影响因素的敏感性分析。

表 9-5　误差检验结果

项目	2013 年	2014 年	2015 年	2016 年	2017 年	2018 年	2019 年	2020 年	2021 年	2022 年
运营期累计净现金流	0	0	0	0	0	0	0.01	0.01	0.01	0.09
政府项目累计净现金流	0	0.30	0	0.01	0.06	0.04	0.10	0.23	0.33	0.18
建设期现金流入	0	0.10	0.23	0.16	0.06	0.18	0.12	0.07	0.16	0.02
运营期现金流出	0	0.01	0.16	0.24	0.17	0.09	0.06	0.06	0.16	0.01
长期借款利息	0	0.06	0.03	0.51	0	0.06	0.07	0.04	0.06	0.08
可还本付息资金	0	0.20	0.04	0.21	0.13	0.10	0.17	0.16	0.07	0.06

四、PPP 项目全生命周期财务风险模拟及敏感性因素分析

基于蝴蝶效应和耦合效应的存在，外部环境的细微变化必然会对 PPP 项目财务系统产生重要影响，因此须进一步研究 PPP 项目财务风险能量对应的风险能量释放过程、释放结果及其对 PPP 项目财务风险系统损益的作用。

（一）PPP 项目财务风险模拟

运用 Vensim PLE 软件对该 PPP 项目财务风险及变化趋势进行模拟，见图 9-3。

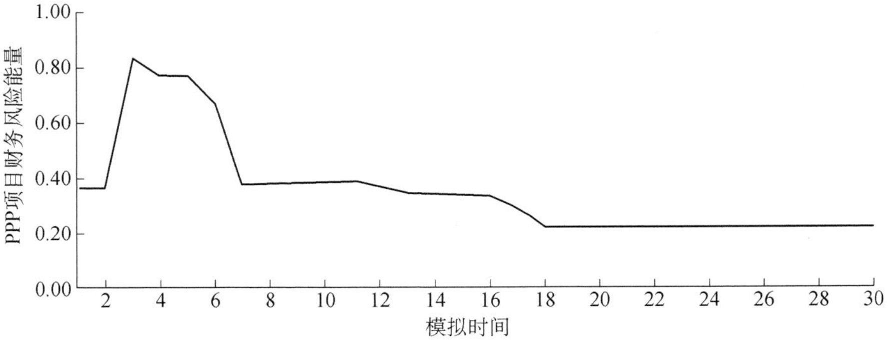

图 9-3 PPP 项目财务风险仿真图

从模拟结果来看，PPP 项目进入运营期后，风险急剧加大，但随着项目的逐渐开展，其风险呈现下降趋势并趋于稳定，从第 18 年开始，预测的各年财务风险能量都一样，PPP 项目财务风险没有再发生变化。经敏感性测试，项目后期的模拟值和初始值在相同风险阈值内，财务状况十分稳定。因此，为使仿真图像更加清晰，本节选取前 18 年的数据来做财务风险因素敏感性分析。经测试，销售收入、经营成本、贷款利率、所得税税率、政府出资及政府补贴等六个因素对 PPP 项目财务风险有影响，而营业税金等其他财务因素的影响甚微，因此只对这六个因素进行敏感性分析。此外，经测试，单个项目财务因素的变化对政府财政影响微乎其微，因此后续会讨论多个 PPP 项目对地方财政的联动性影响。

（二）销售收入与经营成本的影响

项目的良好收入和有限支出是保障项目顺利进行的关键。由于宏观经济条件、法律法规等的调整，项目的实际需求与预测需求之间可能出现偏差。PPP 项目全生命周期财务风险系统外部环境五大风险（政治风险、金融风险、建设风险、运营风险、环境风险）中任意一个因素变动，都可能对销售收入和经营成本产生影响，因此对销售收入与经营成本的变动进行仿真模拟，结果见图 9-4。

根据仿真结果可知：当销售收入减少时，经营活动净现金流、净利润等减小，利息备付率等减小，最终导致 PPP 项目财务风险显著增大，而当销售收入增加时，情况相反；当经营成本增加时，总成本费用增大，经营活动净现金流等都减小，进而利息备付率、资产报酬率等都减小，最终导致 PPP 项目财务风险显著增大，而当经营成本减少时，情况相反。

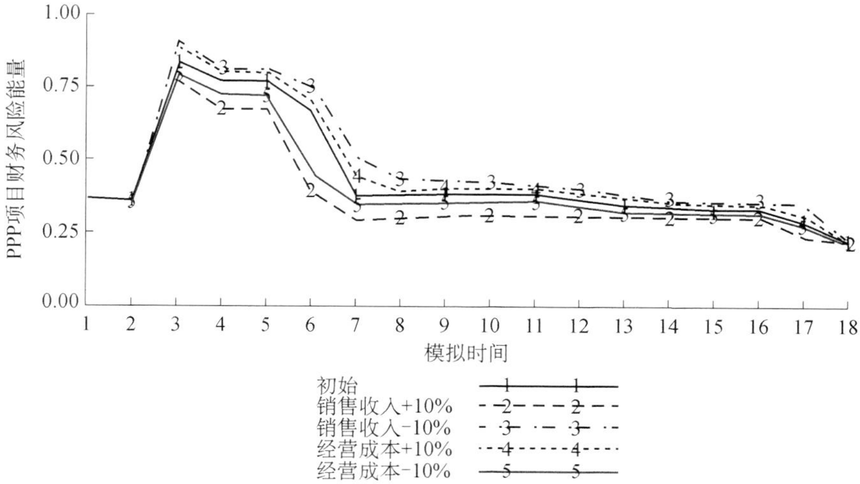

图 9-4 销售收入与经营成本变动影响仿真图

（三）贷款利率和所得税税率的影响

PPP 项目融资杠杆高、建设周期长，项目支付利息、偿还本金等都将面临利率波动的风险，从而会影响项目的成本和收益。此外，根据我国政策文件的规定，国家重点扶持的公共基础设施项目可以享受税收优惠政策。税收是项目不能控制的变量，其变化将直接影响项目的运营成本和服务水平。在 PPP 项目全生命周期财务风险系统外部环境中，如果贷款利率发生波动或者税收政策发生变更，将直接引起金融风险的变动，进而会带动项目的建设风险和运营风险，因此对贷款利率和所得税税率变动进行仿真模拟，结果如图 9-5 所示。

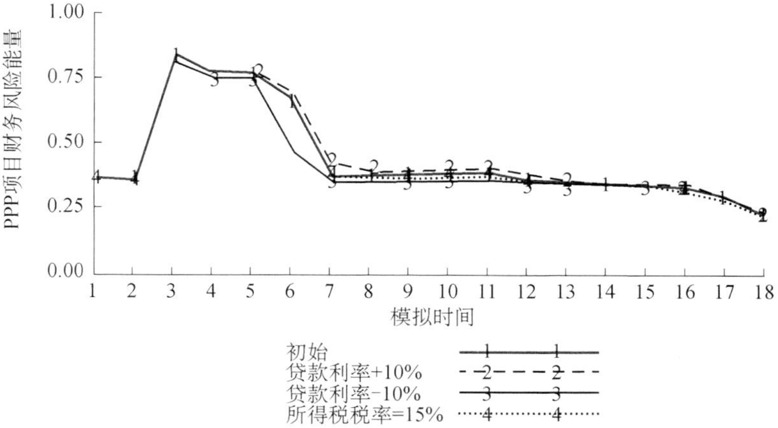

图 9-5 贷款利率与所得税变动影响仿真图

根据仿真结果可知：随着贷款利率增加，长期借款利息、总成本费用等增大，利润总额等减小，利息备付率、净资产收益率等都减小，最终导致PPP项目财务风险增大，贷款利率减少时情况相反。本案例中，项目运营期的前7年因弥补亏损没有缴纳所得税，所以从第8年开始，进行所得税的敏感性分析。国家对公共基础设施项目一般不会增税，因此本章不考虑增税情况。假设政府实行税收优惠政策，所得税税率为15%，此时经营活动净现金流等都增大，从而使偿债备付率、总资产现金回收率等都增大，最终导致PPP项目财务风险减小。

（四）政府出资与政府补贴的影响

政府与社会资本合作，需按协议投资比例进行融资。若融资结构失衡，不仅会违背政府与社会资本合作的初衷，也会加大政府的债务压力。为了确保PPP项目的财务可行性，政府也通常以付费或可行性缺口补助的形式给予社会资本政府补贴。政府补贴机制设计的合理与否直接影响社会资本的投资和运营决策，进而会影响PPP项目的实施效果。PPP项目全生命周期财务风险系统外部环境中，若社会环境、补贴政策等发生变化，将直接引起政治和环境风险，进而产生项目建设和运营风险。因此，对政府出资与补贴分别进行仿真模拟，结果如图9-6和图9-7所示。

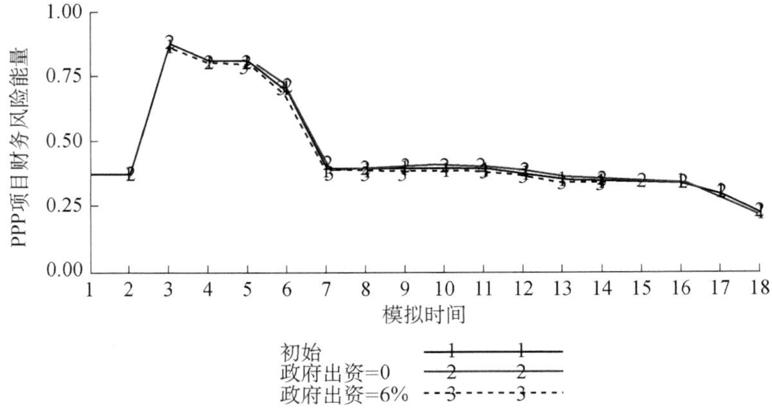

图9-6 政府出资变动影响仿真图

本案例中，政府出资占总投资额的3%，社会资本占27%。为使模拟结果更加明显，假设社会资本出资额不变，政府出资额减少或增加将引起贷款的增加或减少。当政府出资为0元时，工程建设贷款增加4.28%，则每年的期初贷款余额会增加，利润总额减少，进而使债务结构比例增大，利息备付率减小，最终导致 PPP 项目财务风险有增大趋势；当政府出资增加到总投资额的 6%时，情况相反。当政府补贴减小时，经营活动净现金流、净利润等都减小，进而偿债备付率、总资产现金回收率等都减小，导致 PPP 项目财务风险明显增大，当政府补贴增大时，情况相反。

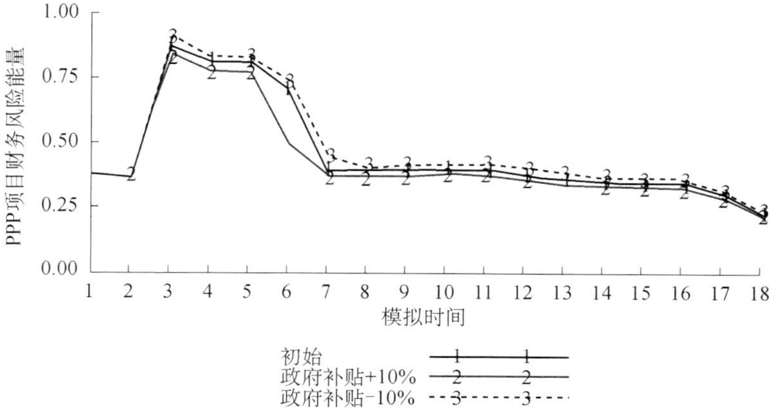

图 9-7　政府补贴变动影响仿真图

将上述六个 PPP 项目财务风险因素进行单因素敏感性分析，假设各个因素之间相互独立，保持其他影响因素不变，分析单个因素对整体系统的敏感性，即分析单个 PPP 项目财务风险的不确定因素对全生命周期的 PPP 项目财务风险系统的影响程度和敏感程度。计算模拟变化的六个因素敏感度系数，对每个因素共 18 年的敏感度系数取均值，结果如表 9-6 所示。

表 9-6　影响因素敏感度系数均值表及排序

变动因素	敏感度系数	敏感排序	变动因素	敏感度系数	敏感排序
销售收入+10%	1.6021	1	贷款利率+10%	0.3193	4
销售收入−10%	1.1516		贷款利率−10%	0.4859	
经营成本+10%	0.6392	2	所得税税率=15%	0.0855	5
经营成本−10%	0.8007				
政府补贴+10%	0.6113	3	政府出资=0	0.0145	6
政府补贴−10%	0.4883		政府出资=6%	0.0155	

由上述模拟分析，得出以下主要结论。

第一，销售收入、政府补贴、政府出资与 PPP 项目财务风险之间呈反向关系，即销售收入、政府补贴、政府出资的增加会促使 PPP 项目财务风险减小。

第二，经营成本、贷款利率、所得税税率与 PPP 项目财务风险之间呈正向关系，即经营成本、贷款利率、所得税税率的增加会促使 PPP 项目财务风险增大。

第三，各个风险因素敏感程度从大到小依次为：销售收入>经营成本>政府补贴>贷款利率>所得税税率>政府出资。

第四，单个风险因素以相同比例增减变动时，促使 PPP 项目财务风险减小的有利变动比促使其增大的不利变动更敏感，且在项目后期，这种差异会越来越小。

第四节　研 究 结 论

PPP 项目具有多个利益相关方，在较多的经济活动中还涉及一系列的法规、合同等，具有长期性、复杂性等特征，其资金运动将不同时期的财务节点衔接在一起。鉴于此，本章基于复杂系统理论，将 PPP 项目财务风险系统分为外部风险子系统、内部财务子系统以及 PPP 项目财务风险度量子系统。通过文献研究和专家访谈，选取 PPP 项目财务风险评价指标；依据相关文献及国际惯例，确定相关指标阈值；通过调查问卷、专家打分法和层次分析法，确定各评价指标权重，借助“距”的概念和风险能量来度量 PPP 项目财务风险的大小，又运用系统动力学 Vensim PLE 软件构建 PPP 项目财务风险评价系统模型，其中包含系统因果关系图、存量流量图及主要变量函数的定义；最后，结合案例研究实现 PPP 项目财务风险的动态评价和关键风险因素的确定。

案例分析结果表明：销售收入、政府补贴、政府出资与 PPP 项目财务风险之间呈反向关系，经营成本、贷款利率、所得税税率与 PPP 项目财务风险之间呈正向关系，销售收入、经营成本、政府补贴、贷款利率、所得税税率及政府出资对 PPP 项目财务风险的影响程度依次降低，且各因素以相同比例变动时，有利情况比不利情况更敏感。

本章从动态角度揭示了 PPP 项目财务风险系统敏感性因素的影响机制，有效解决了我国缺乏量化的全生命周期 PPP 项目财务风险控制指标问题，利于 PPP 项目财务风险的防范。

第十章　地方政府债务风险度量及模拟

本章运用系统动力学方法对我国地方政府债务风险进行动态分析，具体包括构建地方政府债务风险评价系统，选取具有代表性的四个直辖市作为案例，进行仿真模拟，确定影响债务风险的关键因素及作用机制，对各直辖市风险状况进行跟踪、反馈，并根据分析结果提出相关政策建议。这对化解地方债务风险、稳定金融市场、保障经济安全都具有重要意义，也为 PPP 项目政府债务风险度量及分析做好铺垫。

第一节　地方政府债务风险系统构成的分析

地方政府债务风险系统由影响政府债务借入和偿还的内部系统和外部环境构成，外部环境中对政府债务影响最大的是社会经济发展状况，内部系统中对政府债务影响最大的是地方政府债务规模变化和债务风险度量。因此，地方政府债务风险系统主要包括社会经济、地方政府债务规模、地方政府债务风险度量三个子系统。各子系统间相互关联，子系统内各要素彼此作用，构成不断循环的反馈结构（高华和张璇，2020）。

一、社会经济子系统

社会经济子系统是地方政府债务风险系统的外部环境系统，是政府债务不断运转的重要保证，它包括人口、居民收入、财政收支、全社会固定资产投资等方面。全社会固定资产和劳动力的增加会引起经济的增长（舒元，1993），从而引起税收的增加，又进一步引起财政收入的增加。因此，涉及两条因果回路：

（1）总人口 →+劳动力 →+GDP →+劳动力 →+总人口；

（2）全社会固定资产投资 →+GDP →+税收 →+财政收入 →–资金缺口 →+财政支出 →–偿还能力 →+全社会固定资产投资 →+GDP。

二、地方政府债务规模子系统

地方政府债务规模子系统是债务风险系统中枢，起到关键的支撑作用。它包括政府当年年初债务额、借入债务额、借款利率、偿还债务额、年末债务余额等方面。当年借入债务本金额以及借款利率的增加会引起当年政府债务的增加，从而使政府债务规模加大，政府需要偿还的债务额增加，政府债务偿还后又使政府债务规模减小。因此，涉及一条因果回路：

政府债务借入量 →+政府债务规模 →+政府债务偿还 →–政府债务规模。

三、地方政府债务风险度量子系统

地方政府债务风险度量子系统可对各地区债务风险能量的大小进行直观地横向比较。本研究依据风险能量释放理论对该子系统进行构建，主要包括：风险因素识别、评价指标选取、评价指标阈值确定以及风险能量计算。我国地方政府债务水平的影响因素包括财政收支水平、债务负担情况、地区经济实力、地方财政体制等（孙克竞，2015），根据以上因素进行该子系统的构建。

（一）地方政府债务风险评价指标的选取

结合国际惯例以及中国的国情和省情，在选取地方政府债务风险评价指标的过程中，须明确以下六点原则：第一，债务指标的选取应有高度的概括性，能全面地反映地方政府债务风险状况；第二，所选指标能够准确、敏感地反映出地方政府债务风险变动情况；第三，指标体系中的定量指标要用精确的数值来表示，定性指标也要标准化、数值化；第四，剔除相关性较强的指标，避免出现指标多元共线性问题；第五，各指标所涉及的数据易于查找和测量；第六，受偶然因素较大的指标不宜选取。我国地方政府债务本质上并不存在经济上的违约风险（李腊生等，2013），因此本章不考虑违约风险指标。根据以上原则，结合国际通用的预警指标和我国经济增长的新常态，统筹地方政府债务规模与债务结构特点，在对地方政府债务风险评价指标研究汇总梳理的基础上，参照裴育和欧阳华生（2006）、许争和戚新（2013）、陆岷峰和张惠（2011）、徐旭初和应丽

（2010）、霍成义等（2016）研究，构建了包含债务状况、债务使用、债务偿还、经济实力四个方面共 11 个指标的债务风险评价体系，并根据指标与风险变化方向的关系，将其分为正向指标和反向指标，债务状况包括债务依存度、债务负担率、赤字率。债务使用包括 GDP 增速与债务增速比例、负债成本。债务偿还包括地方财政偿债率、地方财政负债率、资产负债率。经济实力包括 GDP 增长率、财政支出占 GDP 比重、财政收支变动率，如表 10-1 所示。

表 10-1 地方政府债务风险评价指标体系

分类	指标名称（Ii）	计算公式	指标含义	指标类别
债务状况	债务依存度（$I1$）	$\frac{当年举债数额}{当年财政支出+当年债务还本付息额}$	反映财政支出对借入债务的依赖程度	正向
	债务负担率（$I2$）	$\frac{地方政府债务余额}{GDP}$	反映地方经济总规模对政府债务的承受能力	正向
	赤字率（$I3$）	$\frac{财政支出-财政收入}{GDP}$	反映政府在一定时期内对社会资源的带动水平	正向
债务使用	GDP 增速与债务增速比例（$I4$）	$\frac{GDP增长率}{债务余额增长率}$	反映地方政府债务情况与经济运行状况的协调程度	反向
	负债成本（$I5$）	$\frac{利息}{年初债务+1/2当年借入}$	反映债务成本占借入债务的比例	正向
债务偿还	地方财政偿债率（$I6$）	$\frac{当年还本付息额}{当年财政收入}$	反映政府偿还债务本息的金额占财政收入的比重	正向
	地方财政负债率（$I7$）	$\frac{地方政府债务余额}{地方财政收入}$	反映用当期财政收入来偿还债务余额的能力	正向
	资产负债率（$I8$）	$\frac{年末政府债务额}{年末政府资产额}$	反映地方政府的资产负债结构及整体财务风险状况	正向
经济实力	GDP 增长率（$I9$）	$\frac{当年GDP-上年GDP}{上年GDP}$	反映地方的经济运行变化情况	反向
	财政支出占 GDP 比重（$I10$）	$\frac{财政支出}{GDP}$	反映当年财政支出占地方政府 GDP 的比重	正向
	财政收支变动率（$I11$）	$\frac{财政收入增长率}{财政支出增长率}$	反映政府财政的发展能力	反向

（二）地方政府债务风险指标阈值的确定

风险评价指标选取后，要确定其在不同状态下的风险临界值。风险临界值的确定遵循以下三点原则：第一，综合考虑我国政府财政体制和经济发展目标以及各个历史时期的经济变动和经济循环状况；第二，充分参考国内外有关政府负债的研究文献；第三，横向比较同类型省本级的相关指标。依据相关文献，将政府评价指标阈值划分为安全区、风险区、危机区，如表 10-2 所示。

表 10-2　地方政府债务风险评价指标体系阈值表

指标名称	代码	安全区	风险区	危机区
债务依存度	*I*1	（0，20%）	[20%，45%]	（45%，+∞）
债务负担率	*I*2	（0，12%）	[12%，25%]	（25%，+∞）
赤字率	*I*3	（0，1%）	[1%，3%]	（3%，+∞）
GDP 增速与债务增速比例	*I*4	（100%，+∞）	[50%，100%]	（0，50%）
负债成本	*I*5	（0，5.93%）	[5.93%，24%]	（24%，+∞）
地方财政偿债率	*I*6	（0，15%）	[15%，30%]	（30%，+∞）
地方财政负债率	*I*7	（0，20%）	[20%，50%]	（50%，+∞）
资产负债率	*I*8	（0，10%）	[10%，70%]	（70%，+∞）
GDP 增长率	*I*9	（7%，+∞）	[0%，7%]	（−∞，0）
财政支出占 GDP 比重	*I*10	（0，10%）	[10%，20%]	（20%，+∞）
财政收支变动率	*I*11	（100%，+∞）	[50%，100%]	（0，50%）

注：①指标 *I*1、*I*3、*I*6、*I*8 参考裴育和欧阳华生（2006）的研究、*I*4 参考许争和戚新（2013）的研究、*I*7 参考陆岷峰和张惠（2011）的研究、*I*10 参考徐旭初和应丽（2010）的研究、*I*11 参考霍成义等（2016）的研究。②指标 *I*2、*I*9 参考国际惯例。③指标 *I*5 自行分析确定：地方政府债务成本主要由银行贷款利率的高低来决定，因此本研究选取 2006～2015 年中国人民银行发布的同期银行贷款利率的均值 5.93%作为该指标阈值之一，此外根据我国法律规定，民间借贷年利率在 24%以下的，属于“司法保护区”，因此将该指标的安全区、风险区、危机区确定为（0，5.93%）、[5.93%，24%]、（24%，+∞）。

（三）地方政府债务风险能量的计算

本章对地方政府债务风险能量的计算方法与 PPP 项目财务风险能量的计算方法相同。首先，采用层次分析法确定各指标的权重：构造地方政府债务风险评价指标的递阶层次结构，通过发放调查问卷，以及整理和计算 32 位风险评价专家对判断矩阵的评分数据，得到各风险评价指标权重值，最终实现各风险评价指标权重的定量化，分析结果如表 10-3 所示。其次，计算各地方政府债务风险能量：根据层次分析法结果确定的指标权重，得到加权平均下的债务风险能量。

表 10-3　基于层次分析法的地方政府债务风险评价指标权重

指标	I1	I2	I3	I4	I5	I6	I7	I8	I9	I10	I11
权重	0.078	0.081	0.077	0.119	0.114	0.089	0.091	0.083	0.093	0.088	0.087

第二节　地方政府债务风险评价系统动力学模型的构建

一、系统因果关系反馈图的构建

本研究为明晰地方政府债务风险系统中各个风险因素之间正负反馈及制约影响情况，绘制了因果关系反馈图，如图 10-1 所示。

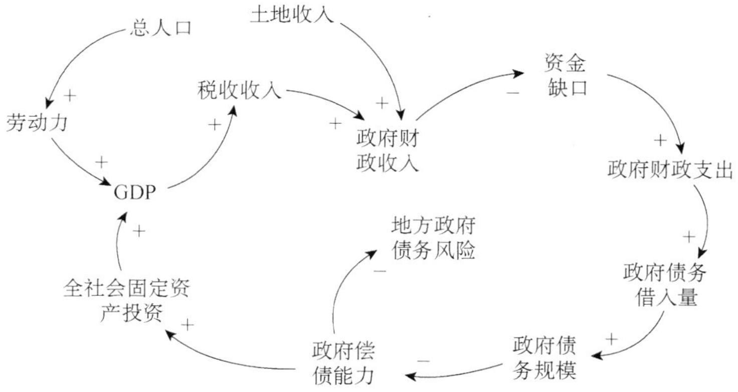

图 10-1　地方政府债务风险系统因果关系反馈

二、系统存量流量图的构建

根据前述系统构成的分析，利用 Vensim PLE 软件构建地方政府债务风险能量的存量流量图，模拟各变量随时间变化的趋势，实现地方政府债务风险分析的定量化，见图 10-2。

此模型中，包含 2 个状态变量、4 个速率变量以及 46 个辅助变量，为使模型更加清晰，用影子变量表示模型中的原变量。模型从上到下依次是社会经济子系统、地方政府债务规模子系统、地方政府债务风险度量子系统，子系统内各变量构成多重反馈回路。

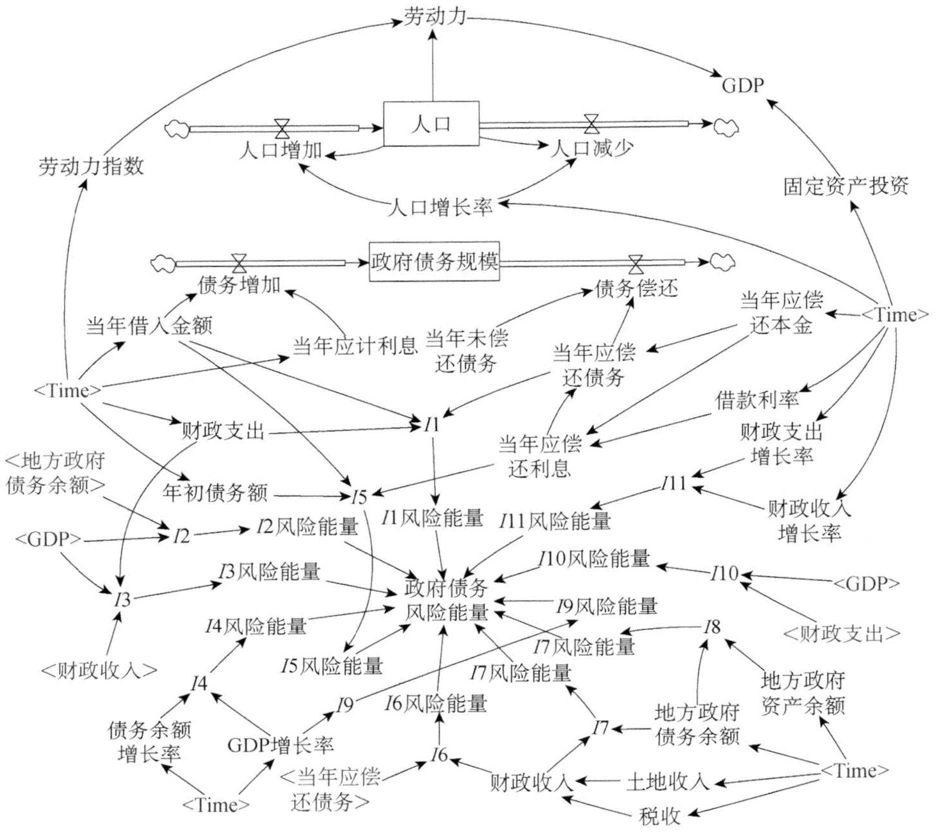

图 10-2　地方政府债务风险能量存量流量图

三、主要变量函数的定义

地方政府债务风险系统模型中的主要变量函数关系如表 10-4 所示。

表 10-4　地方政府债务风险系统主要变量函数关系

系统	变量名称	类型	变量表达式	单位
社会经济子系统	人口	状态	TNTEG（人口增加–人口减少）	万人
	人口增加	速率	人口×人口增长率	万人/a
	人口减少		人口×人口增长率	万人/a
	人口增长率	辅助	WITH LOOK UP（Time，表函数）	无量纲
	劳动力指数	辅助	WITH LOOK UP（Time，表函数）	无量纲
	劳动力		人口×劳动力指数表函数	万人
	GDP		A×固定资产投资$^{\alpha}$×劳动力$^{\beta}$	万元

续表

系统	变量名称	类型	变量表达式	单位
社会经济子系统	财政收入	辅助	a×税收+b×土地收入+c	万元
	固定资产投资		WITH LOOK UP（Time，表函数）	万元
	财政支出		WITH LOOK UP（Time，表函数）	万元
	财政支出增长率		WITH LOOK UP（Time，表函数）	无量纲
	财政收入增长率		WITH LOOK UP（Time，表函数）	无量纲
	土地收入		WITH LOOK UP（Time，表函数）	万元
	税收		WITH LOOK UP（Time，表函数）	万元
	GDP 增长率		WITH LOOK UP（Time，表函数）	无量纲
地方政府债务规模子系统	政府债务规模	状态	INTEG（债务增加−债务偿还）	万元
	债务增加	速率	当年借入金额+当年应计利息	万元/a
	债务偿还		当年应偿还债务+当年未偿还债务	万元/a
	当年借入金额	辅助	WITH LOOK UP（Time，表函数）	万元
	当年应计利息		WITH LOOK UP（Time，表函数）	万元
	当年未偿还债务		0	万元
	当年应偿还本金		WITH LOOK UP（Time，表函数）	万元
	借款利率		WITH LOOK UP（Time，表函数）	无量纲
	当年应偿还利息		当年应偿还本金×借款利率	万元
	当年应偿还债务		当年应偿还本金+当年应偿还利息	万元
	年初债务额		WITH LOOK UP（Time，表函数）	万元
	地方政府债务余额		WITH LOOK UP（Time，表函数）	万元
	债务余额增长率		WITH LOOK UP（Time，表函数）	无量纲
	地方政府资产余额		WITH LOOK UP（Time，表函数）	万元
地方政府债务风险度量子系统	政府债务风险能量	辅助	$\sum_{i=1}^{11} W_iE_i$其中，W_i（$1\leqslant i\leqslant 11$）为第 i 个指标的权重；E_i（$1\leqslant i\leqslant 11$）为第 i 个指标的风险能量	无量纲
	*I*1 风险能量		IF THEN ELSE（*I*1≤0.2，0，IF THEN ELSE（*I*1＜0.45，（*I*1−0.2）/0.25，1））	无量纲
	*I*2 风险能量		IF THEN ELSE（*I*2≤0.12，0，IF THEN ELSE（*I*2＜0.25，（*I*2−0.12）/0.13，1））	无量纲
	*I*3 风险能量		IF THEN ELSE（*I*3≤0.01，0，IF THEN ELSE（*I*3＜0.03，（*I*3−0.01）/0.02，1））	无量纲
	*I*4 风险能量		IF THEN ELSE（*I*4≤0.5，1，IF THEN ELSE（*I*4＜1，（1−*I*4）/0.5，0））	无量纲
	*I*5 风险能量		IF THEN ELSE（*I*5≤0.0593，0，IF THEN ELSE（*I*5＜0.24，*I*5−0.0593）/0.1807，1））	无量纲
	*I*6 风险能量		IF THEN ELSE（*I*6≤0.15，0，IF THEN ELSE（*I*6＜0.3，（*I*6−0.15）/0.15，1））	无量纲

续表

系统	变量名称	类型	变量表达式	单位
地方政府债务风险度量子系统	I7 风险能量		IF THEN ELSE（I7≤0.2，0，IF THEN ELSE（I7<0.5，（I7−0.2）/0.3，1））	无量纲
	I8 风险能量		IF THEN ELSE（I8≤0.1，0，IF THEN ELSE（I8<0.7，（I8−0.1）/0.6，1））	无量纲
	I9 风险能量	辅助	IF THEN ELSE（I9≤0，1，IF THEN ELSE（I9<0.07，（0.07−I9）/0.07，0））	无量纲
	I10 风险能量		IF THEN ELSE（I10≤0.1，0，IF THEN ELSE（I10<0.2，（I10−0.1）/0.1，1））	无量纲
	I11 风险能量		IF THEN ELSE（I11≤0.5，1，IF THEN ELSE（I11<1，（1−I11）/0.5，0））	无量纲

注：①GDP 计算公式中的 A、α、β 皆为参数，A 为效率系数，α为固定资产投资的产出弹性，β为劳动力的产出弹性；②财政收入计算公式中的参数，a 和 b 分别为税收和土地收入的系数，c 为常数。

第三节　地方政府债务风险评价的案例分析

一、数据选取及处理

随着我国经济结构进入新常态，北京、天津、重庆、上海四个直辖市的经济增长态势相对稳定，财政规模持续扩大，政府债务风险管控良好，对其他地区具有带动和借鉴作用，而且财政数据相对全面并容易获取，因此选取这四个直辖市的政府债务状况作为研究案例。为了进一步验证本章模型预测的有效性，特选取 2006～2015 年的数据为原始数据，2016～2018 年的数据为预测数据。原始财政数据来源于 2006～2015 年的国家统计局数据库、《中国统计年鉴》、《北京统计年鉴》、《天津统计年鉴》、《重庆统计年鉴》和《上海统计年鉴》。本节通过 MATLAB 软件编程，采用灰色时间序列预测模型 GM（1，1）对原始数据进行预测。随着时间的推移，该灰色时间序列预测模型中，原始数据对预测数据的作用越来越小，因此本研究预测时间长度为 3 年。

二、参数设置

（1）模型初始参数设置：起始时间（第一年）为 2006 年，终止时间为 2018 年，仿真步长 DT=1（年）。

（2）模型中人口初始值为各直辖市 2006 年末常住人口数，政府债务规模初始值为各直辖市 2006 年末负债累计值。

（3）人口变动的辅助变量采用年末常住人口的环比增长率。

（4）借款利率采用 2006～2018 年同期银行贷款利率，对于同一年内进行多次调整的银行贷款利率，取其均值。

（5）四个直辖市的每年债务偿还金额=年初债务余额+当年新增负债−年末债务余额。其中，年初债务余额采用该市的负债合计上年年末同期累计值，年末债务余额采用该市的负债合计年末累计值。

（6）相关变量说明：我国的经济增长主要由固定资产投入来决定，其次是劳动力的投入。为了避免模型中的异方差性，本节参照柯布−道格拉斯（C-D）生产函数，利用 Stata12.0 对 GDP、固定资产投资、劳动力进行多元线性回归分析，通过对数转换的方式得到四个直辖市变量间的函数关系。

三、误差检验

本章采用的误差检验方法与第九章相同，若被检验变量的相对误差≤10%，则认定该模型的仿真性能和预测精度较好（刘畅和涂国平，2015）。本节模型的输出变量较多，所以选取人口、政府债务规模、GDP、财政收入四个变量进行检验，如表 10-5 所示。检验结果表明，该模型适合进行地方政府债务风险的仿真模拟和其影响因素的敏感性分析。

表 10-5　各直辖市误差检验结果　　（单位：%）

地区	变量名称	2006 年	2007 年	2008 年	2009 年	2010 年	2011 年	2012 年	2013 年	2014 年	2015 年
北京市	人口	0	−0.56	−1.49	−0.88	−1.32	1.16	1.58	1.83	2.31	3.19
	政府债务规模	0	−3.30	−7.98	−9.09	−7.18	3.05	−4.12	0.07	7.04	1.36
	GDP	5.02	−2.78	−7.17	−2.68	−3.89	−0.03	4.62	7.79	5.69	8.98
	财政收入	4.74	−2.57	1.82	−3.35	−2.42	0.53	1.61	1.15	1.27	−1.81
天津市	人口	0	−0.63	−2.28	−1.30	−2.57	−1.19	−1.16	−1.06	0.01	1.07
	政府债务规模	0	−0.08	−8.26	4.29	1.88	3.70	1.27	−0.79	−2.31	0.93
	GDP	−2.99	3.19	−6.84	−0.27	−2.25	−6.82	−6.46	−3.26	0.77	5.22
	财政收入	−8.75	−6.64	1.05	4.38	6.1	3.15	−3.59	0.87	1.66	−2.45
重庆市	人口	0	0.07	−0.46	−0.34	−0.55	−0.81	−0.53	−0.49	−0.35	−0.51

续表

地区	变量名称	2006年	2007年	2008年	2009年	2010年	2011年	2012年	2013年	2014年	2015年
重庆市	政府债务规模	0	−7.31	−9.70	3.47	2.29	1.19	1.53	0.92	−6.33	−3.61
	GDP	1.70	1.08	−4.05	2.84	1.33	−8.96	−5.54	0.46	1.03	1.23
	财政收入	8.86	0.7	−1.76	7.01	3.18	−6.49	5.54	3.21	4.00	2.49
上海市	人口	0	−1.26	0.04	0.53	−0.42	1.82	2.33	2.26	3.3	4.24
	政府债务规模	0	−7.19	−3.88	−1.85	−8.06	−5.97	3.36	−5.23	3.15	6.12
	GDP	2.59	−0.10	9.92	9.72	−1.35	−6.73	−7.51	5.9	5.31	5.01
	财政收入	−8.95	1.95	1.83	0.19	2.00	0.60	−0.21	1.44	1.23	−2.42

四、地方政府债务风险模拟及敏感性因素分析

（一）地方政府债务风险模拟

运用 Vensim PLE 软件，对 2006～2018 年北京、天津、重庆、上海四个地方政府债务风险进行仿真模拟，如图 10-3 所示。此模拟结果与四个直辖市政府债务风险的实际情况基本相符。

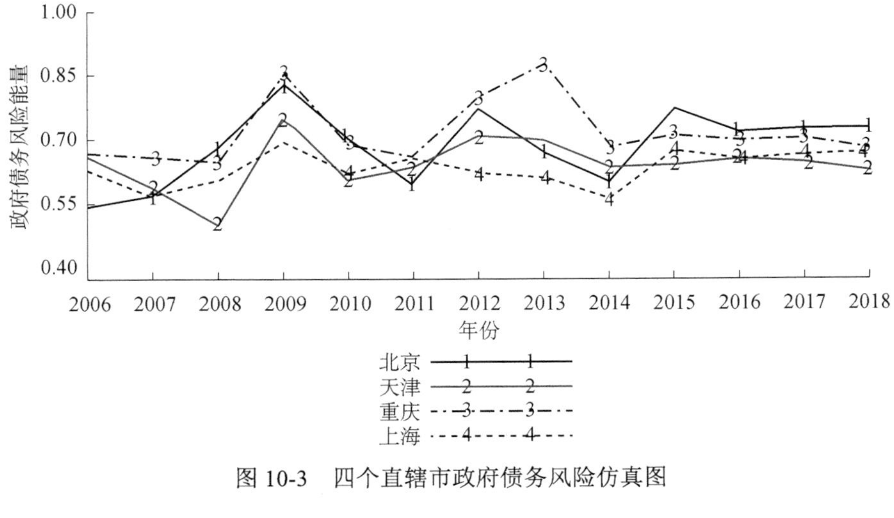

图 10-3 四个直辖市政府债务风险仿真图

从模拟结果来看：第一，四个地区的政府债务风险变化趋势基本一致。2009 年各直辖市债务风险达到一个局部高点，2014 年各直辖市债务风险达到一个局部低点，之后债务风险波动幅度减小。第二，整体来看，重庆市和北京市的政府

债务风险较高，上海市的政府债务风险较低。以 2015 年为节点，之前重庆市政府债务风险水平最高，之后为北京市。第三，2016～2018 年，从风险能量值来看，各地区整体风险走势比较稳定，天津市和重庆市政府债务风险呈略微下降趋势，北京市和上海市政府债务风险稍显上升趋势。此预测结果与我国 2016～2018 年经济发展态势相吻合。

（二）地方政府债务风险敏感性因素分析

根据《中国统计年鉴》以及四个直辖市的统计年鉴数据，2006～2015 年四个直辖市的固定资产投资、税收和土地收入等经济因素每年均持续增长。但随着我国供给侧结构性改革的加快推进，近几年固定资产投资增速大幅回落，土地市场需求相对不足，全国土地收支规模出现“双降”现象，各地方政府经济增速放缓。因此，本节对模型中各经济因素变化趋势进行敏感性分析。

1. 地方经济发展水平的影响

地方经济发展水平是社会经济子系统中重要的影响因素。从经济学角度来看，一般用 GDP 来衡量地方经济发展水平，而固定资产投资和劳动力对地方经济发展水平有着直接影响，且劳动力的增加又与人口增加有关。自 2001 年以来，我国人口增速明显降低，据国家统计局数据库公布的数据，2001～2018 年我国人口增长率为 0.38%～0.7%，变动幅度大约为 0.3%。故固定资产投资按减少 10%、人口增长率按增加 0.3%进行仿真模拟，结果如图 10-4 和图 10-5 所示。

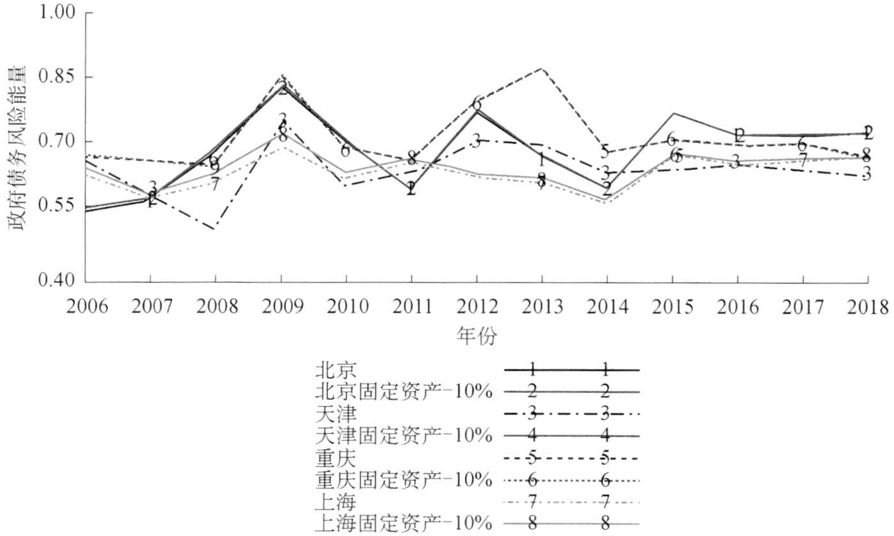

图 10-4　固定资产投资变动影响仿真图

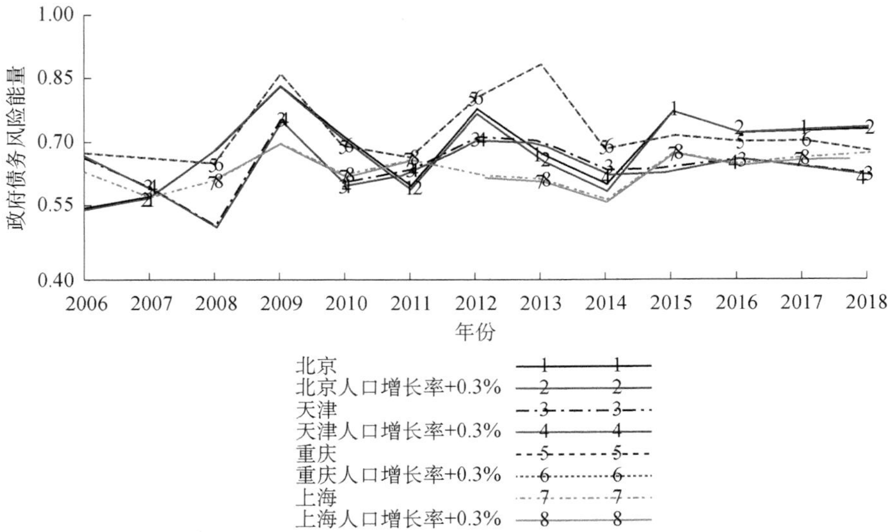

图 10-5　人口变动影响仿真图

根据仿真结果可知：当固定资产投资减少 10%时，GDP 会随之减少，进而债务负担率、赤字率以及财政支出占 GDP 比重增大，最终导致地方政府债务风险能量也增大；当全社会固定资产投资增加时，则结果相反。当人口增长率增加 0.3%时，总人口和劳动力会随之增加，进而 GDP 增加，最终地方政府债务风险能量减少；当人口增长率减少时，则情况相反。

2. 财政收入的影响

税收和土地收入是地方财政收入的主要来源，税收和土地收入的不稳定性，会直接加剧地方政府债务风险。近几年，我国宏观税负偏高，国家陆续出台减税降费、“营改增”等政策。这些减税政策对地方的财政收入必会造成影响。此外，我国地方政府债务对土地出让收入的依赖程度较高，在地方债规模迅速扩大的过程中，土地出让金不仅是债务举借的依托，也是债务偿还的最终保障。因此，分别对税收和土地收入减少 10%进行仿真模拟，结果如图 10-6 和图 10-7 所示。

根据仿真结果可知：当税收减少 10%时，财政收入明显减少，地方政府赤字率、地方财政偿债率以及负债率三项风险指标值均增大，进而导致地方政府债务风险能量显著增大；当税收增大时，情况则相反。当土地收入减少 10%时，北京市和上海市的债务风险能量显著减少，天津市政府债务风险能量显著增大，重庆市债务风险能量有下降趋势但不明显。

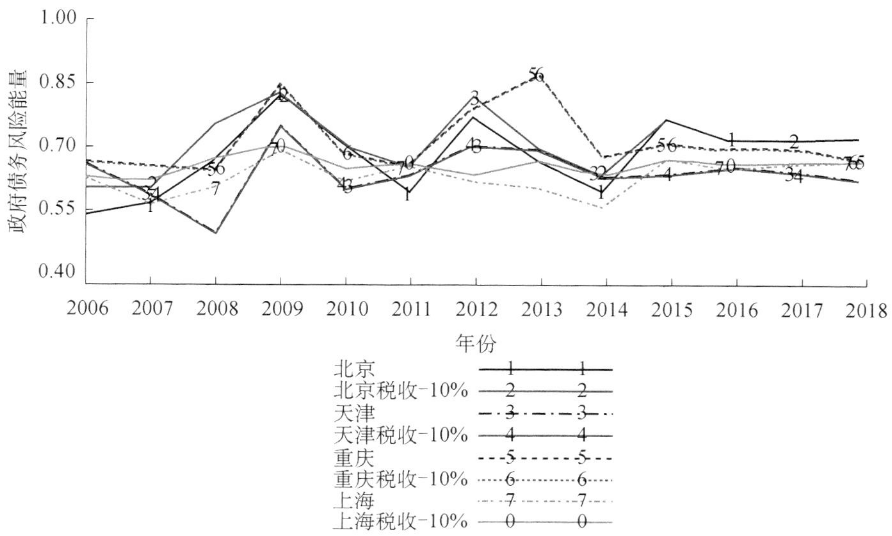

图 10-6　税收变动影响仿真图

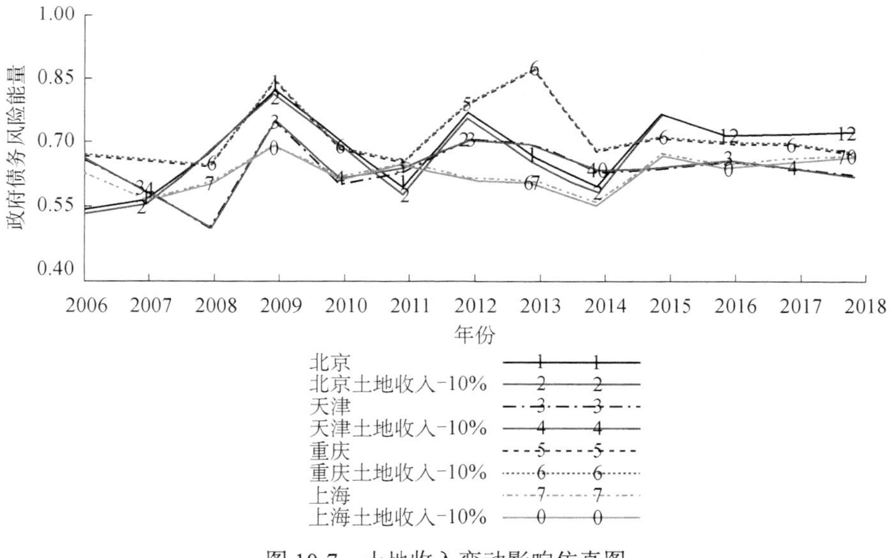

图 10-7　土地收入变动影响仿真图

3. 财政支出及其他因素的影响

各地方政府为了响应国家政策，在加强基础设施建设、完善社会保障体系、改善地区生态环境等各项工作中会加大财政支出，但随着我国经济新常态的发展，地方政府财政收入的增幅越来越小，当以上各项财政支出又是只增不减的刚性支出时，地方政府的财政收支矛盾就会越来越突出，而这样的矛盾再加上地方官员政绩观、任期制的影响，就会使地方政府进一步加大借债规模，进而加大地方政府债务风险。对财政支出按增加 10%进行仿真模拟，结果如图 10-8 所示。

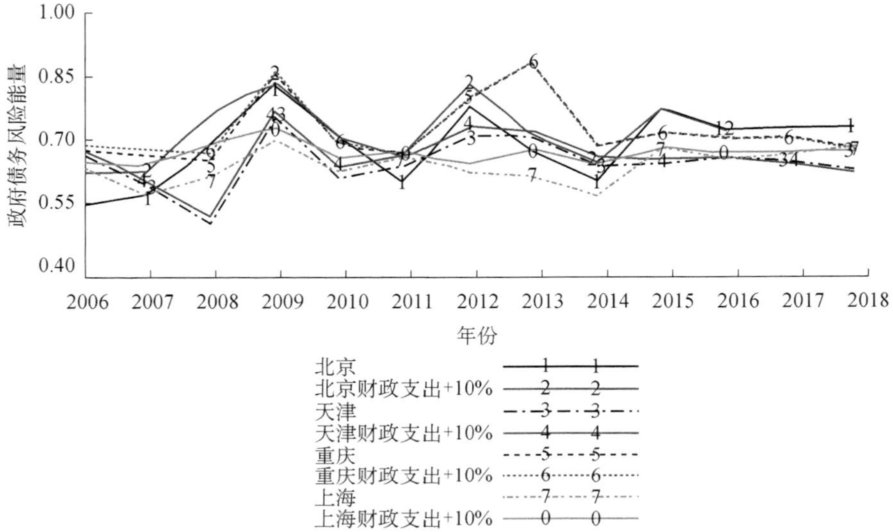

图 10-8 财政支出变动影响仿真图

根据仿真结果可知：当财政支出增加 10%时，债务依存度减小，赤字率及财政支出占 GDP 比重都增大，最终导致地方政府债务风险能量显著增大。

此外，经敏感性测试，其他可能的影响因素如贷款利率、当年借入金额等对地方政府债务风险能量影响甚微，因此不再讨论。

（三）结论及分析

根据系统仿真模拟四个直辖市的政府债务风险能量及其变动情况得出以下主要结论。

第一，税收与地方政府债务风险之间呈显著的反向关系，即税收增加会减少地方政府债务风险。税收具有财政稳定器的功能，而税收增加有利于各地方政府公共服务和社会管理能力的提高，可为调节社会收益分配、优化产业经济结构提供财力保证，进而降低地方政府债务风险。因此这一仿真模拟结论符合经济预期的合理性，也进一步说明了税收杠杆的调控作用。

第二，地方财政支出与地方政府债务风险之间呈显著的正向关系，即地方财政支出增加会加大地方政府债务风险。如果地方财政支出大于地方财政收入，则会出现地方政府财政赤字，而地方财政支出的持续扩大必然会导致地方政府债务风险的加大。因此，这一仿真模拟结论符合我国当前地方政府主导经济发展的行为模式。

第三，固定资产投资与地方政府债务风险之间呈反向关系，即固定资产投资的增加促使地方政府债务风险减小。高效率的固定资产投资将增加地方财政收入，提高社会经济福利，从而降低地方政府债务风险。人口与地方政府债务风险之间呈反向关系，即人口的增加也会促使地方政府债务风险的减小。人口结构决定需求结构，需求结构又决定劳动力供给和潜在的消费者规模，进而促进当地经济的发展，有效降低地方政府债务风险。

第四，土地收入与地方政府债务风险之间的关系与地区有关，不同地区表现出不同特征，呈现三种状态：正向关系、反向关系和关系不显著。从模拟结果来看：北京市和上海市的土地收入与其地方政府债务风险之间呈正向关系，即北京市和上海市的土地收入越高，其地方政府债务风险就越大，表明北京市和上海市在利用土地获得融资杠杆效应的同时也放大了财政风险。天津市土地收入与其地方政府债务风险之间呈反向关系，即天津市的土地收入越少，其地方政府债务风险就越大。天津市政府的土地收入在一定程度上对政府债务有显著影响，在楼市紧缩调控背景下，天津市地方政府的债务风险敞口将会基于土地财政瓶颈而被急剧放大。重庆市土地收入对其地方政府债务风险影响不明显。从重庆市政策来看，其切实把控“土地供给、建设规模、税收调节、按揭杠杆、‘市场＋保障’双轨配置”五个关键环节，对房地产市场的平稳发展起到很大作用，因此重庆市政府依赖土地财政现象不明显。

第四节 研究结论

本章首先在地方政府债务风险系统结构分析阶段，将地方政府债务风险系统分为社会经济子系统、地方政府债务规模子系统和地方政府债务风险度量子系统。通过文献研究和专家访谈，选取地方政府债务风险评价指标，并确定相关指标阈值。此外，通过调查问卷、专家打分法和层次分析法确定各评价指标权重，借助“距”的概念和风险能量来度量地方政府债务风险的大小。又进一步通过 Vensim PLE 软件运用系统动力学方法构建地方政府债务风险评价系统模型，包含构建系统因果关系图、存量流量图，以及定义主要变量函数。最后，结合案例研究，实现评价地方政府债务风险，并通过误差检验的方法来确保模型的有效性，采用敏感性分析方法来确定地方政府债务风险系统关键影响因素。

案例分析结果表明：税收和财政支出是最敏感因素，固定资产投资和人口因素次之，而土地收入的敏感性因地区而异，贷款利率等是不敏感因素。

从本章案例结果可以看出，财政收入中的税收和财政支出与地方政府债务风险之间均有显著关系，是最敏感因素，这也为接下来的 PPP 项目财务风险联动地方政府债务风险的敏感性影响因素分析找到了切入点。

第十一章　PPP 政府债务风险度量及管控

推动经济高质量发展是一项系统工程，分析 PPP 政府债务风险传递路径是构建高质量系统模型的前提，PPP 项目的资金运动将不同时期的财务节点衔接在一起，这为 PPP 项目财务风险将资金作为载体而发生转移和扩散提供了契机。而地方政府债务系统作为风险的接收方，会受到 PPP 项目财务风险系统的联动作用。由于风险发生的时间、位置等都具有不确定性，加大了预测 PPP 政府债务风险能量释放结果的难度，因此可通过构建 PPP 政府债务风险评价系统动力学模型，来进一步分析风险传递路径、风险影响程度及风险能量释放结果。

第一节　PPP 政府债务风险系统构成的分析

PPP 政府债务风险评价系统由地方政府债务风险系统、PPP 项目财务风险系统以及连接两者的政府方 PPP 项目现金流系统三部分构成，各系统间相互关联，子系统内各要素彼此作用，构成不断循环的反馈结构。

一、地方政府债务风险系统

地方政府债务风险系统由影响地方政府债务借入和偿还的内、外部系统构成，外部环境中对政府债务影响最大的是社会经济的发展，内部系统中对政府债务影响最大的是债务规模变化和债务风险大小两个方面，因此该系统主要包括社会经济、地方政府债务规模、地方政府债务风险度量三个子系统。地方政府债务风险系统动力学模型的构建已在第十章进行讨论，本章不再叙述。

二、PPP 项目财务风险系统

PPP 项目含有多个利益主体，包含一系列的合同、协议，并且涉及多种经济活动，具有平衡性、长期性、复杂性等特征。因此，基于复杂系统理论，将 PPP 项目财务风险系统分为外部风险子系统、内部财务子系统以及 PPP 项目财务风险度量子系统。PPP 项目财务风险系统动力学模型的构建已在第九章进行讨论，本章不再重述。

三、政府方 PPP 项目现金流系统

PPP 项目建设与运营对政府财政的影响直接表现为财政收支的变化，将此部分涉及的现金流命名为政府方 PPP 项目现金流，因此将政府方 PPP 项目累计净现金流这一状态变量作为连接 PPP 项目财务风险系统与地方政府债务风险系统的桥梁。在同一时期，n 个 PPP 项目会对政府方 PPP 项目现金流入、流出产生影响，这又表现为地方财政的收入和支出。

第二节　PPP 政府债务风险评价系统模型的构建

一、系统因果关系反馈图的构建

为进一步体现 PPP 政府债务风险评价系统内各个风险因素之间的正负反馈及制约情况，利用 Vensim PLE 软件绘制其因果关系反馈图，如图 11-1 所示。

二、系统存量流量图的构建

根据前述系统构成的分析，利用 Vensim PLE 软件构建 PPP 政府债务风险评

价系统模型的存量流量图，模拟各变量随时间变化的趋势，如图 11-2 所示。

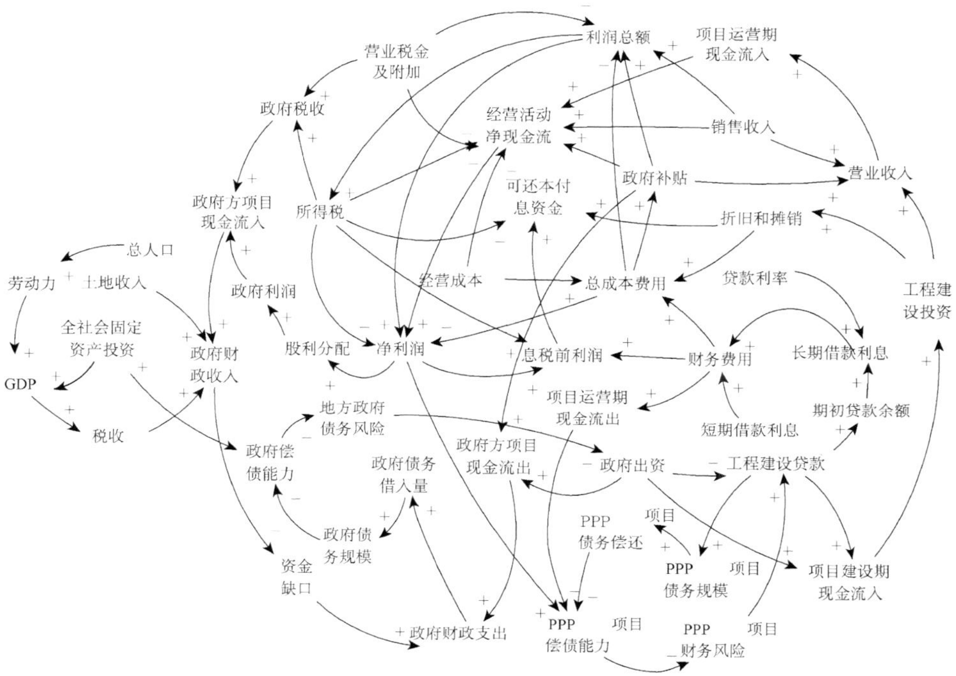

图 11-1　PPP 政府债务风险评价系统因果关系反馈图

本章构建的系统动力学模型具有衡量政府债务风险、评价 PPP 项目财务风险、预测风险趋势、探究影响因素等功能。模型中包含 11 个状态变量、16 个速率变量以及 154 个辅助变量，为使模型更加清晰，用影子变量表示模型中的原变量。模型从左到右依次为地方政府债务风险系统、政府方 PPP 项目现金流系统、PPP 项目财务风险系统，地方政府债务风险系统从上到下依次是社会经济子系统、地方政府债务规模子系统、地方政府债务风险度量子系统，PPP 项目财务风险系统从上到下依次是外部风险子系统、内部财务子系统、PPP 项目财务风险度量子系统（高华等，2021a）。

三、主要变量函数的定义

PPP 政府债务风险系统模型中的主要变量函数关系如表 11-1 所示。

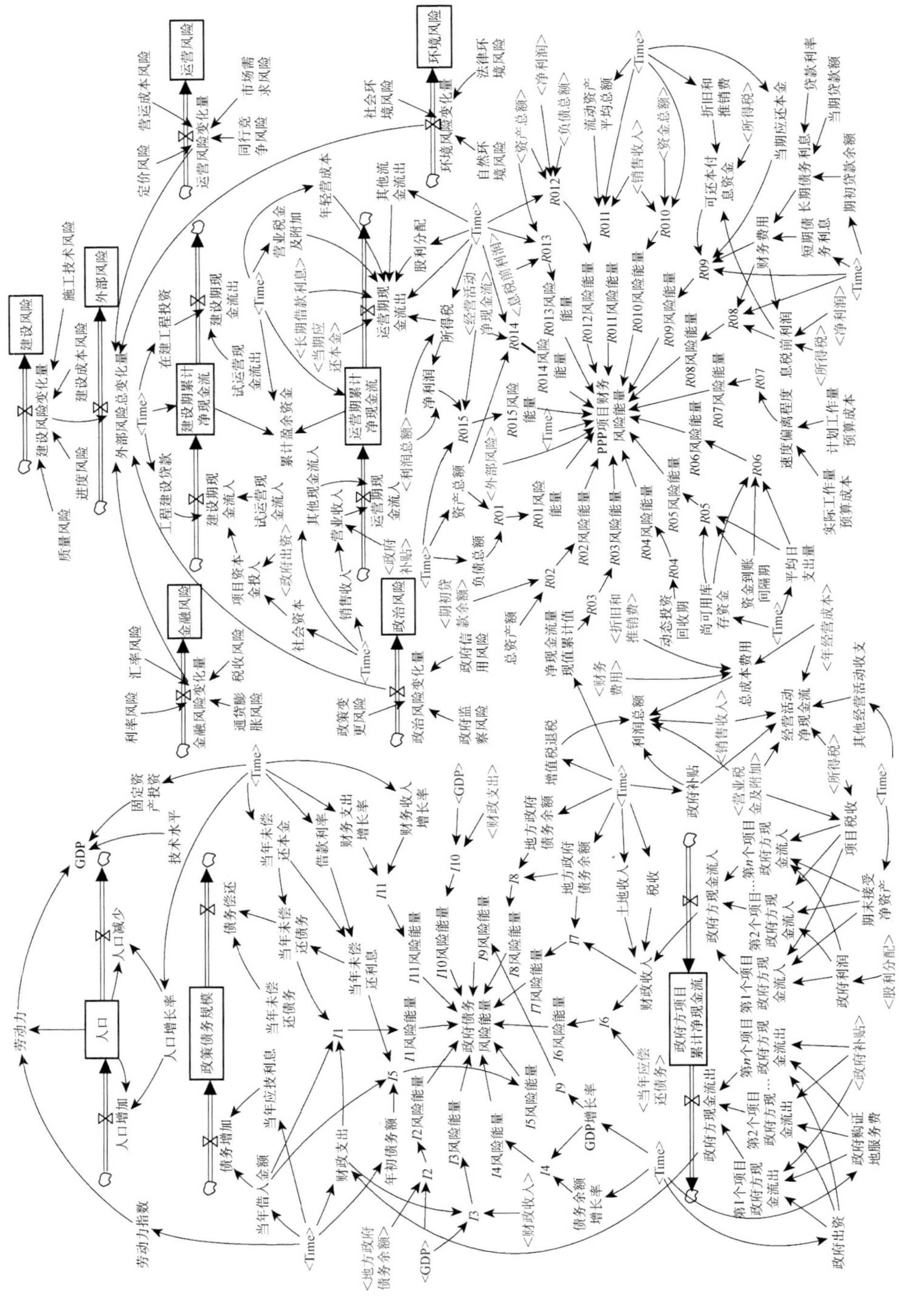

图 11-2 PPP政府债务风险评价系统存量流量图

表 11-1　PPP 项目财务风险联动地方政府债务风险系统主要变量函数关系

系统	变量名称	类型	变量表达式	单位
PPP 项目财务风险系统	建设期累计净现金流	状态	TNTEG（IF THEN ELSE（Time＜3，建设期现金流入−建设期现金流出，0））	万元
	运营期累计净现金流		TNTEG（IF THEN ELSE（Time≥6，运营期现金流入−运营期现金流出，0））	万元
	建设期现金流入	速率	工程建设贷款+项目资本金投入+试运营现金流入	万元
	建设期现金流出		在建工程投资+试运营现金流出	万元
	运营期现金流入		其他现金流入+营业收入	万元
	运营期现金流出		IF THEN ELSE（Time＞2，其他现金流出+年经营成本+长期借款利息+当期应还本金+所得税+股利分配+营业税金及附加，0）	万元
	长期借款利息	辅助	（期初贷款余额+当期贷款额）×贷款利率	万元
	财务费用		短期借款利息+长期借款利息	万元
	息税前利润		净利润+所得税+财务费用	万元
	可还本付息资金		息税前利润+折旧和摊销费−所得税	万元
	PPP 项目财务风险能量		$\sum_{i=1}^{15} W_iE_i$其中，W_i（1≤i≤15）为第 i 个指标的权重；E_i（1≤i≤15）为第 i 个指标的风险能量	无量纲
	*R*01 风险能量		IF THEN ELSE（*R*01≤0.65，0，IF THEN ELSE（*R*01＜0.75，（*R*01−0.65）/0.1，1））	无量纲
	*R*02 风险能量		IF THEN ELSE（*R*02≤0.5，0，IF THEN ELSE（*R*02＜0.8，（*R*02−0.5）/0.3，1））	无量纲
	*R*03 风险能量		IF THEN ELSE（*R*03＞0，0，1）	无量纲
	*R*04 风险能量		IF THEN ELSE（*R*04＜30，0，1）	无量纲
	*R*05 风险能量		IF THEN ELSE（*R*05≥0，0，1）	无量纲
	*R*06 风险能量		IF THEN ELSE（*R*06＜0，1，IF THEN ELSE（*R*06≤7，（7−*R*06）/7，0））	无量纲
	*R*07 风险能量		IF THEN ELSE（*R*07≥0.05，1，0）	无量纲
	*R*08 风险能量		IF THEN ELSE（*R*08＜1，1，IF THEN ELSE（*R*08≤3，（3−*R*08）/2，0））	无量纲
	*R*09 风险能量		IF THEN ELSE（*R*09＜1，1，IF THEN ELSE（*R*09≤1.5，（1.5−*R*09）/0.5，0））	无量纲
	*R*010 风险能量		IF THEN ELSE（*R*010＜0.3，1，IF THEN ELSE（*R*010≤0.34，（0.34−*R*010）/0.04，0））	无量纲
	*R*011 风险能量		IF THEN ELSE（*R*011＜1.2，1，IF THEN ELSE（*R*011≤1.59，（1.59−*R*011）/0.39，0））	无量纲
	*R*012 风险能量		IF THEN ELSE（*R*012≤0.022，1，IF THEN ELSE（*R*012≤0.0401，（0.0401−*R*012）/0.0621，0））	无量纲
	*R*013 风险能量		IF THEN ELSE（*R*013＜0.007，1，IF THEN ELSE（*R*013≤0.0374，（0.0374−*R*013）/0.0304，0））	无量纲

续表

系统	变量名称	类型	变量表达式	单位
PPP项目财务风险系统	R014 风险能量	辅助	IF THEN ELSE（R014＜0.035，1，IF THEN ELSE（R014≤0.0516，（0.0516−R014）/0.0166，0））	无量纲
	R015 风险能量		IF THEN ELSE（R015＜0.8，1，IF THEN ELSE（R015≤1.83，（1.83−R015）/1.03，0））	无量纲
地方政府债务风险系统	人口	状态	TNTEG（人口增加−人口减少）	万人
	政府债务规模		INTEG（债务增加−债务偿还）	万元
	人口增加	速率	人口×人口增长率	万人/a
	人口减少		人口×人口增长率	万人/a
	债务增加	速率	当年借入金额+当年应计利息	万元/a
	债务偿还		当年应偿还债务+当年未偿还债务	万元/a
	劳动力	辅助	人口×劳动力指数表函数	万人
	GDP		A×固定资产投资$^{\alpha}$×劳动力$^{\beta}$	万元
	财政收入		a×税收+b×土地收入+c	万元
	政府债务风险能量		$\sum_{i=1}^{11} W_iE_i$其中，W_i（1≤i≤11）为第 i 个指标的权重；E_i（1≤i≤11）为第 i 个指标的风险能量	无量纲
	I1 风险能量		IF THEN ELSE（I1≤0.2，0，IF THEN ELSE（I1＜0.45，（I1−0.2）/0.25，1））	无量纲
	I2 风险能量		IF THEN ELSE（I2≤0.12，0，IF THEN ELSE（I2＜0.25，（I2−0.12）/0.13，1））	无量纲
	I3 风险能量		IF THEN ELSE（I3≤0.01，0，IF THEN ELSE（I3＜0.03，（I3−0.01）/0.02，1））	无量纲
	I4 风险能量		IF THEN ELSE（I4≤0.5，1，IF THEN ELSE（I4＜1，（1−I4）/0.5，0））	无量纲
	I5 风险能量		IF THEN ELSE（I5≤0.0593，0，IF THEN ELSE（I5＜0.24，（I5−0.0593）/0.1807，1））	无量纲
	I6 风险能量		IF THEN ELSE（I6≤0.15，0，IF THEN ELSE（I6＜0.3，（I6−0.15）/0.15，1））	无量纲
	I7 风险能量		IF THEN ELSE（I7≤0.2，0，IF THEN ELSE（I7＜0.5，（I7−0.2）/0.3，1））	无量纲
	I8 风险能量		IF THEN ELSE（I8≤0.1，0，IF THEN ELSE（I8＜0.7，（I8−0.1）/0.6，1））	无量纲
	I9 风险能量		IF THEN ELSE（I9≤0，1，IF THEN ELSE（I9＜0.07，（0.07−I9）/0.07，0））	无量纲
	I10 风险能量		IF THEN ELSE（I10≤0.1，0，IF THEN ELSE（I10＜0.2，（I10−0.1）/0.1，1））	无量纲
	I11 风险能量		IF THEN ELSE（I11≤0.5，1，IF THEN ELSE（I11＜1，（1−I11）/0.5，0））	无量纲

续表

系统	变量名称	类型	变量表达式	单位
政府方PPP项目现金流系统	政府方项目累计净现金流	状态	TNTEG（政府方现金流入–政府方现金流出）	万元
	政府方现金流入	速率	$\sum_{i=1}^{n} CI_i$ 其中，CI_i（$1\leqslant i\leqslant n$）为第 i 个项目政府方现金流入	万元
	政府方现金流出		$\sum_{i=1}^{n} CO_i$ 其中，CO_i（$1\leqslant i\leqslant n$）为第 i 个项目政府方现金流出	万元
	第 n 个项目政府方现金流入	辅助	政府利润+项目税收+期末接收净资产	万元
	第 n 个项目政府方现金流出		政府出资+政府补贴+政府购征地服务费	万元
	政府利润		股利分配×0.200 65	万元
	项目税收		所得税+营业税金及附加	万元

第三节 PPP 政府债务风险案例分析

一、案例背景

本研究选取北京市 2013～2020 年政府债务状况以及该城市生活垃圾焚烧发电 PPP 项目 30 年的财务数据作为研究案例（张彦春等，2016）。本章 PPP 项目财务案例与第九章案例相同，根据案例项目时间、规模等基本信息，核实该项目为北京市项目。为了进一步验证本研究模型 PPP 政府债务风险系统预测的有效性，选取北京市 2013～2017 年的数据为原始数据，2018～2020 年的数据为预测数据。原始财政数据来源于国家统计局数据库、《中国统计年鉴》、《北京统计年鉴》。本节通过 MATLAB 软件编程，采用灰色时间序列预测模型 GM（1，1）对北京市财政数据进行预测。

二、参数设置

（1）模型初始参数设置：仿真步长 DT=1（年），PPP 项目财务风险系统起始时间（第 1 年）为项目建设初期，即 2013 年，终止时间为项目终止期；地方政府债务风险系统起始时间（第 1 年）为 2013 年，终止时间为 2020 年。

（2）在本模型初始模拟时假设外部环境稳定，不考虑其影响。

（3）项目建设期财务状况稳定，因此假设项目实际进度按计划进行，即实际工作量预算成本=计划工作量的预算成本。

（4）假设项目财务净现值所采用的基准折现率为该项目的综合资金成本率，则综合资金成本率=30%×7%+70%×5.88%=6.2%。

（5）火力发电行业相关指标阈值的设定：本案例是火力发电行业，其相关评价指标的均值和最低值通过 2001～2018 年的前瞻数据库获取，如表 9-4 所示。

（6）模型中人口初始值为北京市 2013 年末的常住人口数，政府债务规模初始值为北京市 2013 年末的负债累计值。

（7）人口变动的辅助变量采用年末常住人口的环比增长率。

（8）借款利率采用 2013～2017 年同期银行贷款利率，对于同一年内进行多次调整的银行贷款利率，取其均值。

（9）北京市每年债务应偿还金额=年初债务余额+当年新增负债−年末债务余额。其中，年初债务余额采用该市的负债合计上年年末同期累计值，年末债务余额采用该市的负债合计年末累计值。

（10）相关变量说明：为了避免模型中的异方差性，本研究参照 C-D 生产函数，利用 Stata12.0 对 GDP、固定资产投资、劳动力进行多元线性回归分析，通过对数转换的方式得到变量间的函数关系。北京市变量间的函数关系：

$$\text{GDP}=0.000111\times\text{劳动力}\ 4.83232\times\text{固定资产投资}-0.321735 \quad (11\text{-}1)$$

同时，通过 Stata12.0 对财政收入、土地收入和税收进行多元线性回归分析，得到变量间的回归方程为

$$\text{北京市财政收入}=1.350473\ \text{税收}-1.641144\ \text{土地收入}-2017464 \quad (11\text{-}2)$$

三、误差检验

为确保模型仿真结果与实际情况相符，本章运用历史数据吻合度比对法对模型进行误差检验。若被检验变量的相对误差≤10%，则认定该模型的仿真性能和预测精度较好。本研究模型的输出变量较多，所以选取重要变量进行检验，如表 11-2 所示。检验结果表明，仿真值与实际值之间虽存在误差，但绝对值误差不超过 10%，故该模型系统仿真性能较好。

表 11-2　误差检验结果

变量名称	2013 年	2014 年	2015 年	2016 年	2017 年	2018 年	2019 年	2020 年	2021 年	2022 年
人口	0	−0.26	−1.49	−0.88	−1.32	—	—	—	—	—
债务规模	0	−3.30	−4.98	−4.09	−2.18	—	—	—	—	—
GDP	4.92	−2.78	−4.17	−2.68	−3.89	—	—	—	—	—
财政收入	4.74	−2.57	1.82	−3.35	−2.42	—	—	—	—	—
运营期累计净现金流	0	0	0	0	0	0	0.012	0.01	0.01	0.00
政府项目累计净现金流	0	0.3	0	0.01	0.06	0.04	0.10	0.23	0.33	0.18

四、PPP 政府债务风险模拟及风险敏感性因素分析

（一）PPP 政府债务风险模拟

对该市政府债务风险能量及变化趋势进行仿真模拟，见图 11-3。此模拟结果与 2013～2017 年该市政府债务风险实际情况基本相符，进一步验证了本研究模型预测的有效性。

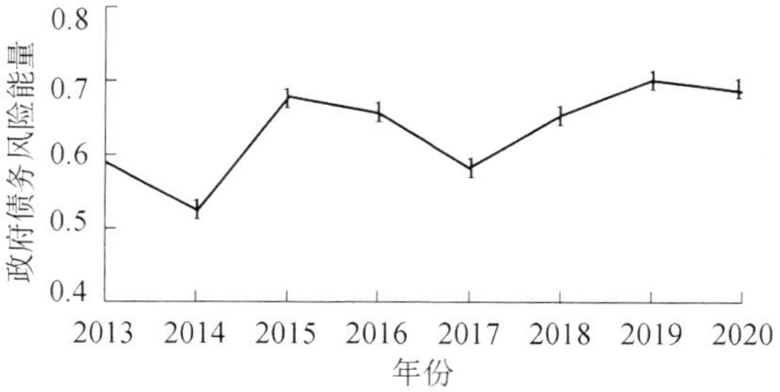

图 11-3　初始政府债务风险仿真图

（二）PPP 政府债务风险的敏感性因素分析

PPP 项目中政府方资金分析的目标是考察项目建设与运营对政府收入和支出的影响。《财政部关于印发〈政府和社会资本合作项目财政承受能力论证指引〉的通知》（财金〔2015〕21 号）明确提出：审慎控制新建 PPP 项目规模，防止因项目实施加剧财政收支矛盾。此外，《关于推进政府和社会资本合作规范发展的实施意见》（财金〔2019〕10 号）也指出：建立 PPP 项目财政支出责任占比

超过7%的地区进行风险提示，对超过10%的地区严禁新项目入库。从第十章地方政府债务风险评价案例模拟结果中可以看出，财政收入中的税收和财政支出是地方政府债务风险的最敏感因素，并且PPP项目财务风险对地方政府债务风险的影响又体现在财政收支方面，因此讨论PPP项目引发的PPP政府债务风险，应从PPP项目对地方财政收支影响方面进行分析。政府利润分配和PPP项目税收会增加政府方现金流入，PPP项目政府出资和政府补贴会增加政府方的现金流出。假设同一时间段内，n个PPP项目对该市政府财政收支的影响为7%。本节对财政收支按7%的变动影响进行仿真模拟，结果如图11-4和11-5所示。

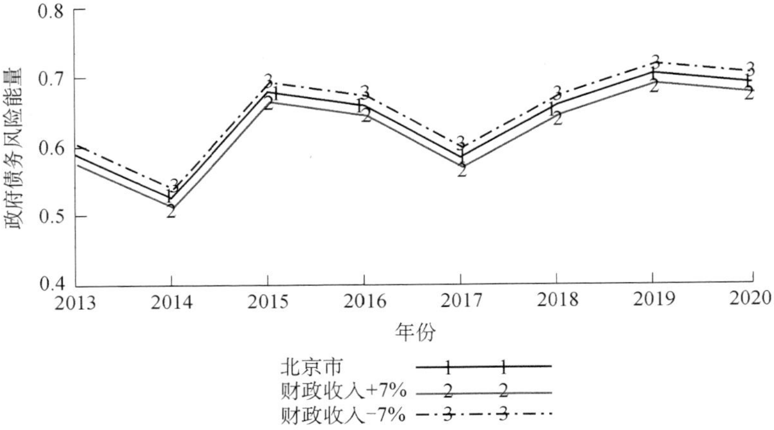

图11-4 财政收入变动影响仿真图

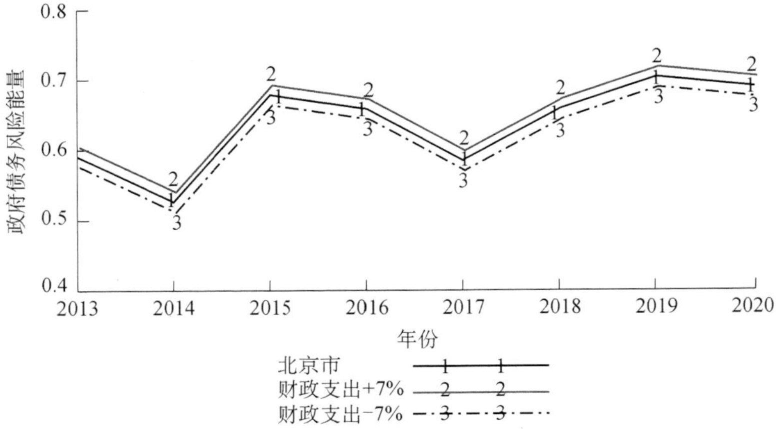

图11-5 财政支出变动影响仿真图

当北京市财政收入减少 7%时，地方政府赤字率、地方财政偿债率以及负债率三项风险指标值均增大，进而导致地方政府债务风险能量显著增大。当北京市财政收入增加 7%时，地方政府赤字率、地方财政偿债率以及负债率三项风险指标值均减小，进而导致地方政府债务风险能量显著减小。

当北京市财政支出增加 7%时，债务依存度减小，赤字率及财政支出占 GDP 比重都增大，最终导致地方政府债务风险能量显著增大。当北京市财政支出减少 7%时，债务依存度增大，赤字率及财政支出占 GDP 比重都减小，最终导致地方政府债务风险能量显著减小。

政府方 PPP 项目累计净现金流系统是连接 PPP 项目财务风险系统与地方政府债务风险系统的桥梁，其中政府方 PPP 项目现金流入主要包括政府利润分配和项目税收，政府方 PPP 项目现金流入又进一步表现为地方政府的财政收入，而政府方 PPP 项目现金流出主要包括政府出资和政府补贴，政府方 PPP 项目的现金流出又进一步表现为地方政府的财政支出。通过对 PPP 项目财务风险联动地方政府债务风险的仿真模拟，得出以下主要结论：第一，PPP 项目中政府利润分配和 PPP 项目税收的增加会促使地方政府财政收入增加，进而会促使地方政府债务风险显著减小。第二，PPP 项目中政府出资和政府补贴的增加会导致地方政府财政支出增加，进而会导致地方政府债务风险显著增大。第三，财政收入和财政支出分别以相同比例增减变动时，财政支出对 PPP 政府债务风险的影响程度更大。

地方政府债务系统作为 PPP 项目财务风险的接收方，会受到 PPP 项目财务风险系统的联动作用。因此，本章在第九章和第十章的研究基础上，构建了包含 PPP 项目财务风险系统、地方政府债务风险系统以及连接两者的政府方 PPP 项目现金流系统的 PPP 项目财务风险联动地方政府债务风险的系统动力学模型，且通过 Vensim PLE 软件构建系统因果关系图、存量流量图，以及定义主要变量函数。最后，结合案例研究，分析 PPP 项目财务风险与地方政府债务风险的联动性，并通过误差检验的方法来确保模型的有效性，结合定性与定量分析，从规模和结构上把握 PPP 项目财务风险与地方政府债务风险的联动性关键影响因素。

本章从动态角度明晰了 PPP 项目财务风险联动地方政府债务风险系统的多重反馈结构，揭示了 PPP 项目财务风险能量的传递路径和作用机理，解决了尚未覆盖 PPP 项目全生命周期财政风险管理难题，为 PPP 项目财务风险的动态观测及其精准管理提供依据，也为 PPP 项目财政支出管理提供决策依据。

第四节　研究结论及风险管控对策

一、研究结论

由上述模拟分析得出以下主要结论。

销售收入、政府补贴、政府出资与 PPP 项目财务风险之间呈反向关系，即销售收入、政府补贴、政府出资的增加会促使 PPP 项目财务风险减小；经营成本、贷款利率、所得税税率与 PPP 项目财务风险之间呈正向关系，即经营成本、贷款利率、所得税税率的增加会促使 PPP 项目财务风险增大；各个风险因素敏感程度从大到小依次为销售收入>经营成本>政府补贴>贷款利率>所得税税率>政府出资；单个风险因素以相同比例增减变动时，促使 PPP 项目财务风险减小的有利变动比促使其增大的不利变动更加敏感，且在项目后期，这种差异越来越小。

对于 PPP 政府债务来说，政府利润分配和 PPP 项目税收的减少，以及政府出资和政府补贴的增加会促使地方政府债务风险显著增大，从而使 PPP 政府债务风险下降；当 PPP 项目的财政支出和财政收入变化相同幅度时，财政支出对 PPP 政府债务风险的影响更加敏感。

以上仿真结果表明：销售收入和经营成本是影响 PPP 项目财务风险的最敏感因素，这与 Love 等（2015）和孙伟（2019）的观点基本一致，即运营收益和经营成本应是 PPP 项目实施的重点关注问题，而运营收益又是销售收入与经营成本之差；政府补贴和贷款利率对 PPP 项目财务风险影响相对较大，而所得税税率和政府出资对 PPP 项目财务风险影响相对较小，这与刘宏和孙浩（2018）的研究结果大体一致，即利率和税收是 PPP 项目财务风险因素中相对重要的因素；且孙伟（2019）指出，应引导社会资本从关注财政补贴转移到提高运营收益，即 PPP 项目运营收益比政府补贴更加重要。因此，本研究仿真结果与其他学者的研究可以互相验证，这也进一步验证了本研究模型的有效性。

二、防范 PPP 政府债务风险的对策

基于模拟仿真结果，为防范 PPP 政府债务风险、降低地方政府债务风险、增强经济高质量发展举措的关联性和耦合性，本研究提出以下对策和建议。

第一，管控 PPP 项目财务风险。应从加强 PPP 项目经营管理、重视 PPP 项目绩效考核、保障 PPP 项目高质量运行等方面着手。由仿真结果可知：PPP 项目销售收入的增加和经营成本的减少会使 PPP 项目财务风险显著降低，同时会使 PPP 项目净利润增加，且股利分配中政府方利润也会增加，而政府利润增加会促使地方政府债务风险明显减小。因此，政府方和社会资本方应重视 PPP 项目经营管理，确保项目全生命周期现金流的稳定性，可调动社会资本的市场优势，对 PPP 项目周围市场进行调研，进行集约式运营开发，增加项目的销售收入，实现项目利益相关者“一体化”获利。此外，对 PPP 项目全生命周期进行绩效考核，尤其重视运营成本，明确成本控制计划，以提质降本为目标，从技术角度和成本角度实时监控和预测项目全过程的财务状况，及时修正成本管理目标中的偏差。

第二，严控政府在 PPP 项目中的财政支出。应遵循政府补贴适度原则，减少 PPP 项目的政府出资占比，建设高质量的财政支出模式。由仿真结果可知：若 PPP 项目政府补贴力度过大，其在减小 PPP 项目财务风险的同时也会加大地方政府债务风险；若政府补贴力度过小，则情况相反。因此，在拟定政府补贴合同时，要遵循适度原则，结合项目类型、特点、期限等方面，适当增加政府补贴，通过法律合同来约定补助的方式、金额及资金来源，且政府要依法履行财政支出责任。此外，由仿真结果可知：政府出资是 PPP 项目财务风险的不敏感因素，但政府出资的增加会加大地方政府债务风险，且 PPP 项目财政支出对地方政府债务风险的影响更加敏感。因此，政府方可适当减少对 PPP 项目的出资比例，同时应确保资本结构的合理性以保障私人部门的收益性，统筹 PPP 项目的财务效益与政府的社会效益，避免政府与社会资本在合作中产生利益冲突。

第三，完善政府对 PPP 项目的优惠政策。应推出贷款利率优惠政策，控制 PPP 税收优惠力度，提高资金效益。由仿真结果可知：贷款利率的降低会减小 PPP 项目财务风险。因此政府方应开设 PPP 项目绿色融资渠道，为社会资本方获得较低贷款利率提供帮助，可推出长期性优惠贷款利率扶持条款，联同保险公司等其他金融行业组建银团，为 PPP 项目提供银团贷款或委托贷款等融资方式。此外，由仿真结果可知：所得税税率的变化对 PPP 项目财务风险影响较小，但税收的增加对降低地方政府债务风险影响显著。因此，政府方应控制 PPP 项目税收优惠力度，使国家重点扶持的公共基础设施 PPP 项目可享受税收优惠政策，但对于其他 PPP 项目，政府方可适当减小优惠力度。同时，要注重 PPP 项目税收政策与贷款利率、政府补贴等其他优惠政策的协调性，提高政策效益。

第三篇
PPP 项目的政府补偿机制：风险偏好和公平偏好视角

第十二章　PPP项目政府补偿机制概述

第一节　研究背景

一、我国现行实施的PPP项目大多数涉及政府补偿

（一）PPP模式在中国各行业广泛使用且有回暖信号

PPP模式作为有效吸引国内外私营资本参与基础设施建设的创新途径，有利于缓解财政压力、提高公共服务供给质量和效益。自2014年我国大力推广运用PPP模式以来，PPP模式在各地区各行业得到了广泛应用。根据全国PPP综合信息平台数据，截至2020年9月底，管理库累计项目数9792个、投资额15.2万亿元，覆盖31个省（自治区、直辖市）及新疆生产建设兵团，涉及19个行业领域。虽然在2017年11月财政部发布《关于规范政府和社会资本合作（PPP）综合信息平台项目库管理的通知》（财办金〔2017〕92号）后，PPP项目因严监而“遇冷”，但这并没有影响到PPP模式在我国的发展，其数量和投资额仍在持续增长，如图12-1所示。而且，2018年10月国务院印发的《国务院办公厅关于保持基础设施领域补短板力度的指导意见》（国办发〔2018〕101号）专门提出，要规范有序推进PPP项目，这是自《关于规范政府和社会资本合作（PPP）综合信息平台项目库管理的通知》（财办金〔2017〕92号）发布后，国家发出的PPP项目“回暖”信号，可见PPP模式在未来我国基础设施建设领域仍有很大的发展空间。

根据全国PPP综合信息平台数据，截止到2020年9月底，我国PPP项目在各行各业的投资数目以及所占比例见图12-2。根据图表数据，当前在我国PPP项目投资行业中位居前五的分别为市政工程、交通运输、生态建设和环境保护、城镇综合开发、教育。由此可见，PPP模式在我国的公共服务建设中占据重要地位，这些项目属于公益性项目和准公共品项目，很多都涉及政府补偿支出。

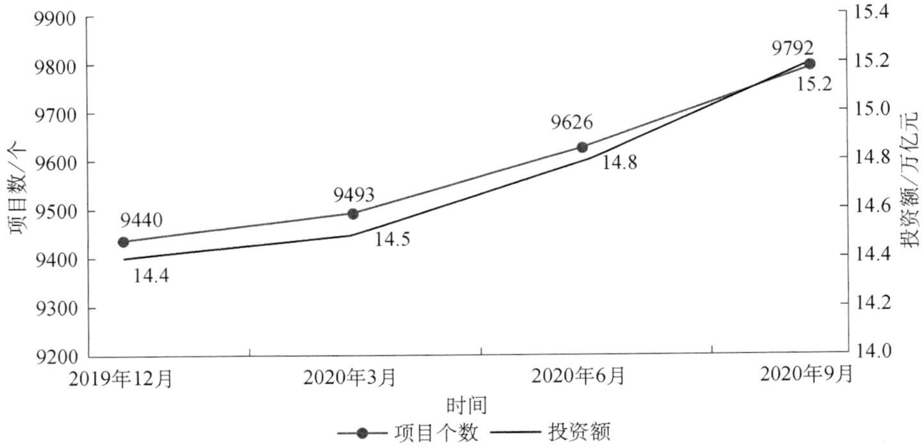

图 12-1 管理库 PPP 项目增长趋势

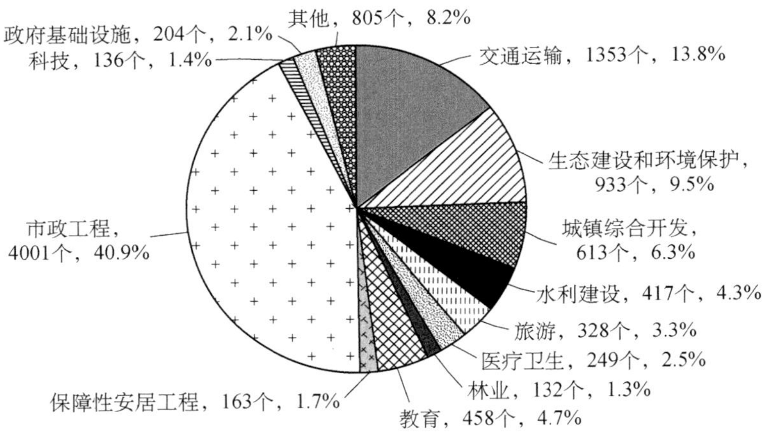

图 12-2 管理库 PPP 项目投资行业占比

（二）我国 PPP 项目以政府付费和可行性缺口补助项目为主

PPP 项目按照不同的标准可以划分成不同的类型，从投资回报方式对 PPP 项目进行划分，具体可以划分为使用者付费类、可行性缺口补助类和政府付费类三种。根据管理库数据，截至 2020 年 9 月底，按照 PPP 回报机制统计的管理库项目中，累计使用者付费类项目 606 个、投资额 14 468 亿元，分别占管理库项目数和投资额的 6.2%和 9.5%；累计可行性缺口补助类项目 5710 个、投资额 103 416 亿元，分别占管理库项目数和投资额的 58.3%和 68.2%；累计政府付费类项目 3476 个、投资额 33 684 亿元，分别占管理库项目数和投资额的 35.5%和 22.2%。可见，政府付费类和可行性缺口补助类项目个数累计高达 9186 个，占比为 93.8%；投资额累计高达 137 100 亿元，占比为 90.4%。此外，从这三类项目的特点来看，使用者付费类项目是指项目收入全部来自向使用公共产品或服务的公众收费的项目，如预期车流量充足的收费高速公路、城市供水、供热项目等，这类项目的收入可以完全弥补项目建设和运营的成本，不需要政府给予财政补贴即可满足自身的投资回报要求，并且规定该类项目在获得超额收益时需要与政府部门分享；可行性缺口补助类项目是指项目收入主要来源于向使用公共产品或服务的公众收费及政府补偿的项目，如城市轨道交通项目等，这类项目的本身具有一定的特许经营收入，只是在特许经营收入达不到社会资本的收益期望时，需要政府给予适当补偿以保证社会资本获得合理的投资回报；政府付费类项目是指项目收入全部来源于政府补偿的项目，如公用设施类项目和公共服务类项目，这类项目本身缺乏收费基础，不产生现金流，一般由政府直接付费购买公共产品和服务。

综上可知，使用者付费类项目所占比例很小，且政府没有实质性支出，不涉及政府补偿，而对于政府付费类和可行性缺口类项目均涉及政府补偿。目前我国政府付费类和可行性缺口类项目无论从数量总和还是金额总和来看，在管理库项目中的占比均超过了 90%，这意味着政府补偿机制设计对社会资本的投资回报有着重要的影响。而且政府补偿机制也是调节公私双方风险分担和利益分配的重要实现形式，其设计的合理与否不仅会影响社会资本的投资和运营决策（Armada et al.，2012），还会影响项目的实施效果甚至成败，因此对可行性缺口补助类和政府付费类项目设计合理的政府补偿机制至关重要，有必要从不同角度来探讨和研究。

二、PPP 项目的政府补偿问题一直是业界关注的热点

PPP 项目通常为准公共产品，其价格不能完全由市场机制来决定，这使得 PPP 项目的财务效益不明显，投资收益率低，项目的未来收益往往很难补偿私人巨额的初始投资，导致社会资本在参与 PPP 项目时存在财务可行性的担忧，参与的积极性不高。因此，为了确保 PPP 项目的财务可行性，提高社会资本参与 PPP 项目的积极性，促成 PPP 项目的成功建设和运营，需要政府部门通过资金或其他形式给予社会资本一定程度的建设和运营补偿，而且从世界各国 PPP 项目的发展来看，进行财政补贴是一种普遍现象。

PPP 项目合同中，虽然都对政府补偿设计了相关条款，但在 PPP 项目的实际运用过程中存在许多由 PPP 项目合同补偿约定不明确、补偿额度不合理、补偿机制缺乏弹性、政府补偿政策规定不明确等问题而导致公私双方责权利错位、项目运行效果不好，甚至出现失败的情况。如天津双港垃圾焚烧发电项目的 PPP 合同中未明确约定补偿数量及补偿方式，导致项目收益不足，最终以失败告终①；国家体育馆项目在 PPP 合同中未对奥运会结束后的收益不足情况设计相关的政府补偿机制，使得社会资本在项目中收益过低，最终以政府提前回购而告终；澳大利亚悉尼跨城隧道项目的隧道长度比计划中的长，成本超支，但是政府按照合同约定没有进行补偿，导致项目收益不足，被政府提前回购（牛耘诗等，2018）。可见，政府补偿机制设计的合理与否不仅会影响社会资本的投资和运营决策（Armada et al.，2012），还会影响项目的实施效果甚至成败，最终对政府及社会效益产生重要的影响，因此 PPP 项目的政府补偿问题一直是业界关注的热点。

三、非理性因素考虑不足使 PPP 项目政府补偿机制存在一定局限性

针对上述 PPP 项目的政府补偿机制中存在的问题，学者们已经从政府补偿的期权定价、动态调整、补贴额度测算等方面进行了广泛的研究，但这些研究大多以传统经济学研究的理性人假设为前提。这种假设认为，人的偏好是一致的，且认知偏见或情感对人的决策不会造成影响。然而，行为经济学的大量研究表明，人是有限理性的。现实中，行为人在进行决策时会受到许多非理性因素的影响，即人们在行为选择上并不总是追求利益最大化，而是根据对环境的认知和自己有限的思维，做出自己满意的选择（Gino and Pisano，2008；Bendoly et al.，2006；刘作仪和查勇，2009）。虽然已有学者在 PPP 项目的政府补偿机制研究中考虑了风险偏好（杜杨和丰景春，2017；吴孝灵等，2016a；刘峰等，2018）这一非理性因素对最优政府补偿机制设计的影响，但近年来越来越多的研究表明，由于对决策者非理性因素考虑的不足，现有的各种 PPP 项目的政府补偿机制在反映实际状态、揭示补偿的机理与目的等方面存在诸多的局限性，对凭借主观

① PPP 项目典型失败案例分析与总结. https://wenku.baidu.com/view/149ffe9170fe910ef12d2af90242a8956aecaa5a.html[2017-04-16].

认知行动的决策者的现实指导性有限，也无法与经济学和企业管理领域的研究成果衔接（杜杨和丰景春，2017）。

四、PPP 项目政府补偿机制应考虑社会资本风险和公平偏好的影响

近几年的实验研究表明，风险偏好和公平偏好等行为因素导致人们并不总是追求利润的最大化（简惠云，2013）。虽然现有 PPP 项目的政府补偿机制研究已经考虑并证明了社会资本风险偏好的差异性会显著影响政府补偿的最优配置（杜杨和丰景春，2015），但目前 PPP 项目的政府补偿机制研究还没有考虑公平偏好这一非理性因素的影响。事实上，实验经济学的研究已经证明了“企业和个人一样会关注公平”，企业的决策也会受到公平偏好的驱使（Fehr and Schmidt，1999），而且近年来的系列博弈实验也反复证明，经济主体不是纯粹自利偏好的，人们在追求个人利益时还会关注收益是否公平分配，即人们是具有公平偏好的（Forsythe et al.，1994；Fehr and Gächter，2000；蒲勇健等，2010）。社会资本决策者作为行为人也不可避免地会具有一定的公平偏好，在关注自身收益的同时也会关注他人收益，而且已有研究表明，政府应根据社会资本投资方的公平偏好程度确定最优的收益分配比例，而政府补偿作为 PPP 项目收益的主要来源之一，可以将其看做政府和社会资本之间的一种收益分配，因此在设计政府补偿机制时，有必要考虑社会资本的公平偏好。此外，行为博弈论和行为合约理论也通过引入若干行为心理因素，解释了许多纯粹自利偏好不能解释的博弈实验结果和经济行为，而公平偏好就是其中一种重要的心理因素（魏光兴，2006），并且该偏好会对行为决策产生重要影响（Itoh，2004）。组织行为学的研究表明，公平偏好确实是影响契约激励的一个重要因素（魏光兴，2007），该结论在 PPP 领域也得到了证实。因此，政府方在设计契约激励机制时应将投资者的公平偏好考虑在内（王颖林，2017），而 PPP 项目的政府补偿机制作为 PPP 项目合约的重要组成部分，在设计时不应忽略这一客观存在的且会显著影响经济行为决策的公平偏好。

此外，PPP 模式投资额大、经营期长等特点导致其在整个建设运营过程中都存在着大量的风险因素。由于风险和收益是对等的，而 PPP 项目的政府补偿作为公私双方收益分配的一种形式，在研究收益分配时，考虑社会资本的风险偏好可以使研究更贴近现实（张惠琴等，2018）。而且，具有公平偏好的代理人亦

会规避风险（Demougin and Fluet，2003），公平偏好对风险偏好不同的行为主体的激励效果存在差异：公平偏好在风险中性的代理人中会产生激励效率收益，而在风险规避的代理人中会产生激励效率损失（魏光兴，2007）。综上所述，为了让 PPP 项目的政府补偿能够更好地应用于实际情景中，在制定 PPP 项目的政府补偿过程中，对社会资本风险偏好和公平偏好的考察必不可少。

现有文献已经系统地研究了风险偏好对 PPP 项目的政府补偿机制的影响，所以本研究不再对风险偏好进行单独研究，而是率先引入公平偏好这一非理性因素，单独研究其对 PPP 项目的政府补偿机制的影响，然后再引入风险偏好，来考虑公平偏好与风险偏好对 PPP 项目的政府补偿机制的综合影响。通过对比分析，分别给出两种情境下最优的 PPP 项目的政府补偿机制设计。

第二节　研究现状及启示

由于 PPP 模式能够解决政府财政紧张问题并提高项目社会效益，其在国际上被广泛应用（张喆和贾明，2012），但 PPP 项目通常是准公共产品，项目的未来收益很难补偿巨额的初始投资，这使得社会资本投资风险较高。为了使投资者对项目的发展有足够的信心，使 PPP 项目持续、有效运行，政府给予社会资本适当补偿变得非常重要（吴孝灵等，2016a）。现有文献对 PPP 项目的政府补偿机制研究主要集中在 PPP 项目政府补偿的期权定价、PPP 项目政府补偿额度测算、PPP 项目政府补偿的动态调整以及 PPP 项目政府补偿的契约激励四个方面。

一、PPP 项目政府补偿的期权定价

国内外许多学者认为，政府补偿具有一定的实物期权价值，因此可应用实物期权理论对该价值进行评估(Huang and Chou，2006)。Baldwin 和 Mason(1988)最早对 PPP 项目的政府补偿问题进行了研究，发现政府补偿会影响项目的期权价值。Ho 和 Liu（2002）基于实物期权定价理论，给出了 PPP 项目融资可行性的调价与政府补偿模型。Cheah 和 Liu（2006）以马来西亚—新加坡第二跨海大

桥为例，给出了政府担保的期权定价；在此基础上，Alonso-Conde 等（2007）通过分析 PPP 项目中政府采用最低利润担保、允许延迟支付以及政府选择取消项目的条件，讨论了企业延迟期权的 PPP 项目的政府补偿机制。陈晓红和郭佩含（2016）根据延迟期权理论，研究了激励社会资本放弃延迟期权立即投资的政府补偿机制的设计，还进一步讨论了投资补贴、收入补贴及需求保证三种补偿方式对弥补社会资本延迟期权的影响。胡致臻（2017）发现，增加对政府参与风险分担的价值考虑，可以防止政府承担过高的风险而投资者获得超额的收益问题的出现。张萌等（2020）根据期权定价思想构建均衡博弈模型，根据系统动力学研究收益定价及其影响因素。曹启龙等（2017）通过实物期权理论建立模型，探讨了不同政府补偿额度的设计对社会资本投资和运营决策的影响。陈鹏飞（2020）基于轨道交通领域计算实物期权下的物有所值，分析不确定情况对物有所值和期权定价的影响。王颖林等（2015）基于实物期权理论将风险价值加入风险分担模型，对政府最低收益担保以及超额收益分享期权构成的复合期权价值进行了估算，分析发现，社会资本的风险偏好程度会影响政府部门对其提供的担保价值。彭迪和郭化林（2019）引入了适用于分阶段投资的格斯克（Geske）复合实物期权模型。郭若丹（2018）通过构建延迟实物期权模型，对城市轨道交通 PPP 项目补贴额进行了测算，通过模型分析发现，政府的建设期补贴与运营期担保的结合可以降低社会资本投资成本、改善运营收入不足的状况。

二、PPP 项目政府补偿额度测算

对于政府补偿类 PPP 项目，补贴额度过高可能会损害社会的整体福利，过低则可能导致私人利益受损而无法吸引其积极参与到 PPP 项目中，因此合理确定政府补偿额度是 PPP 项目中的关键问题。许多学者也针对 PPP 项目的政府补偿额度的测算进行了研究，如 Fearnley 等（2004）研究总结了挪威的城市轨道交通项目，从绩效的角度构建了能够测算出最优的政府补偿金额的模型；高颖等（2015）根据项目需求风险计算补贴，并在考虑项目合约的不完全性的基础上提出了政府可以通过延长运营期的方式来补偿由意外事件导致的项目收入不足；冯珂等（2015）基于非线性交通流量函数下的票价补贴决策建立了政府最低收益担保模型，对 PPP 政府补偿额度进行了测算；向鹏成和蒋飞（2016）通过建立计算模型，量化了 PPP 政府补贴，并在收益补贴调整模型的基础上实现了通过补贴额的调整来合理分担项目运营期风险；韩凤芹（2018）对 PPP 项目政府补贴公式存在的问题进行了分析并建议应明确公式的适用范围，采取多样化补贴方式来测算政府补贴。徐成彬（2018）结合城市轨道交通 PPP 项目，从补贴原因着手，对协议票价法、《财政部关于印发〈政府和社会资本合作项目财政承受能力论证指引〉的通知》（财金〔2015〕21 号）中的运营期内各年政府运营补贴支出计算公式等补贴模式及其利弊进行了分析，提出了现金流法补贴模式，并结合实践，对现金流法补贴模式进行了改进，分析了产权成本、经营活动现金流缺口、社会投资人合理回报三项补贴的含义及其计算模型。

三、PPP 项目政府补偿的动态调整

针对 PPP 项目较长的运营期及收益的不确定性，Ho（2006）通过动态博弈模型对政府的事后补偿机制进行了研究，探讨了政府应该给予私人部门转移支付的范围。June 等（2008）认为，港口设施 PPP 项目的补偿应该以项目自身的收益状况为依据，实行动态补偿。邓小鹏等（2009）运用系统动力学理论，建立了 PPP 项目的动态调价与政府补贴模型；此外，很多学者针对收费交通 PPP 项目的运营期价格调整补偿进行了研究，如叶苏东（2012）基于净现值大于等于零的原则，推演了城市轨道交通 BOT 项目的运营补贴、票价公式及其调整机制。付剑峰（2019）利用动态补偿机制，针对我国的水库资源进行了分担比例计算，为生态保护提供了有益建议。李皓等（2016）针对城市轨道交通 PPP 项目设计了“三方共赢”的灵活性补贴机制。于婷婷（2016）根据不完全信息讨价还价博弈理论，建立了城市轨道交通类 PPP 项目的价格补偿调整模型。Xu 等（2012）建立了特许价格决策模型并给出了价格调整公式。吕乐琳（2020）在水资源治理方面，利用多阶段的激励机制，丰富了 PPP 项目绩效评价。宋金波等（2014）从交通量需求价格弹性角度，构建了公私双方间的博弈模型，进一步分析了交通需求量在变动时，特许期限和收费价格的动态调整策略。石宁宁等（2016）对过江通道 BOT 项目收费价格的动态调整问题进行了研究，发现交通需求曲线平移幅度大小将影响特许价格调整决策。

四、PPP 项目政府补偿的契约激励

虽然上述研究考虑到了 PPP 项目运营期的长期性及收益的不确定性，但研究者大多基于社会资本完全理性的假设，忽略了对其非理性的考虑，这显然并不客观，而且 PPP 项目的长期性以及人的有限理性可能会导致补贴过度或补贴不足（Fearnley et al.，2004）。为了减少社会资本的投机行为，王颖林等（2016）建立了政府与社会资本之间的“激励-努力博弈模型”，讨论了如何采取适当的奖励和惩罚机制，引导社会资本方的行为向双方都有利的方向转变，进而避免社会资本的机会主义行为（毕蕾，2016）。王卓甫等（2017）则从社会资本的风险偏好出发，将其服务质量作为政府补偿决策的依据，建立并求解分析了考虑社会资本风险偏好的公私双方的 Stackelberg 模型，得到了满足社会效益最大化的最优年补贴成本。吴孝灵等（2016c）基于社会资本投资行为的损失规避特征，以其要求的特许收益作为其决策参考基础，对不同的政府补偿情景下的社会资本投资决策进行研究，发现社会资本投资成本会随其风险偏好程度的增加而降低，但政府最优补偿契约会改变社会资本投资成本与风险偏好的相关性。政府部门的补偿如果让社会资本方的公平感知降低，甚至是感到不公平，私人部门的投资会随着不公平感的增加而降低（吴孝灵等，2019）。杜杨和丰景春（2015）通过建立考虑社会资本风险偏好情境下的 Stackelberg 模型，分析了社会资本风险厌恶对 PPP 项目的政府补偿机制的影响，在此基础上，杜杨和丰景春（2017）进一步考虑了在公私双方存在双方风险偏好差异时，最优的政府补偿契约设计。虽然现有 PPP 项目的政府补偿研究考虑了公私双方风险偏好的不同，但大都基于一个通用模型，而未细化 PPP 项目的类型，因此刘峰等（2018）针对城市轨道交通项目分析了公私双方不同风险偏好组合对 PPP 项目的政府补偿机制设计的影响。此外，一些学者发现，在存在政府补偿的情况下，社会资本可能会忽视项目收益状况而对未来收益预期表现出过度自信倾向（Malmendier et al.，2011；吴孝灵等，2016b），并且研究发现，社会资本的最优投资与其过度自信水平正相关，而且社会资本的过度自信也会影响政府对最优补偿契约的设计和选择。

五、研究启示

通过以上文献分析可以看出，PPP 项目模式所提供的最终产品符合准公共产品的定义，通过签订 PPP 契约形成的公私合作关系也构成了委托代理关系，而公平偏好理论也被广泛地应用于委托代理问题的研究中。本研究从公平偏好对契约激励的影响、公平偏好在项目和 PPP 领域的应用两个方面对公平偏好在委托代理中的应用进行了文献梳理，可以得到如下结论和启示。

（1）公平偏好对最优激励契约的选择具有显著的影响，且在激励契约设计时，还应当考虑代理人的风险偏好、公平偏好、信息对称与否以及委托人的期望等因素的影响，此外，代理人的公平偏好程度对其努力水平及代理成本会产生影响。

（2）学者虽已将公平偏好运用到项目及 PPP 领域的研究中，但是现有研究主要集中在激励机制设计、公平维度及影响因素三个方面，且相关研究较为零散，未形成一个完整的研究体系。PPP 项目的政府补偿的研究主要集中在事前政府担保的期权定价、补贴额度测算、政府补偿的动态调整以及非理性情况下政府补偿契约激励四个方面。

前两个方面大都基于社会资本完全理性的假设，然而随着行为经济学的发展以及研究的不断深入，学者们逐渐意识到，社会资本的行为及心理因素会影响到 PPP 项目的政府补偿决策，因此部分学者将风险偏好、损失规避、过度自信等引入到 PPP 项目的政府补偿机制研究中，但通过文献梳理发现，目前还未有学者将公平偏好引入到 PPP 项目的政府补偿机制中。此外，在文献梳理过程中发现，具有公平偏好的代理人亦会规避风险，公平偏好对风险偏好不同的行为主体激励效果存在差异：公平偏好在风险中性的代理人中会产生激励效率收益，而在风险规避的代理人中会产生激励效率损失。可见，公平偏好和风险偏好会对契约激励产生综合影响，而且政府补偿设计也是 PPP 契约中的一部分，但纵观国内外相关文献，在风险偏好和公平偏好对 PPP 项目契约影响的研究中，二者都是相互独立的，且社会资本的公平偏好和风险偏好对政府补偿机制设计的综合影响缺乏系统的研究，为 PPP 项目的政府补偿机制研究提供了一个新的视角，因此本研究将公平偏好引入 PPP 项目的政府补偿机制中，并将其与同时考虑公平偏好与风险偏好的 PPP 项目的政府补偿机制进行对比。因此，本篇的整体研究框架如图 12-3 所示。

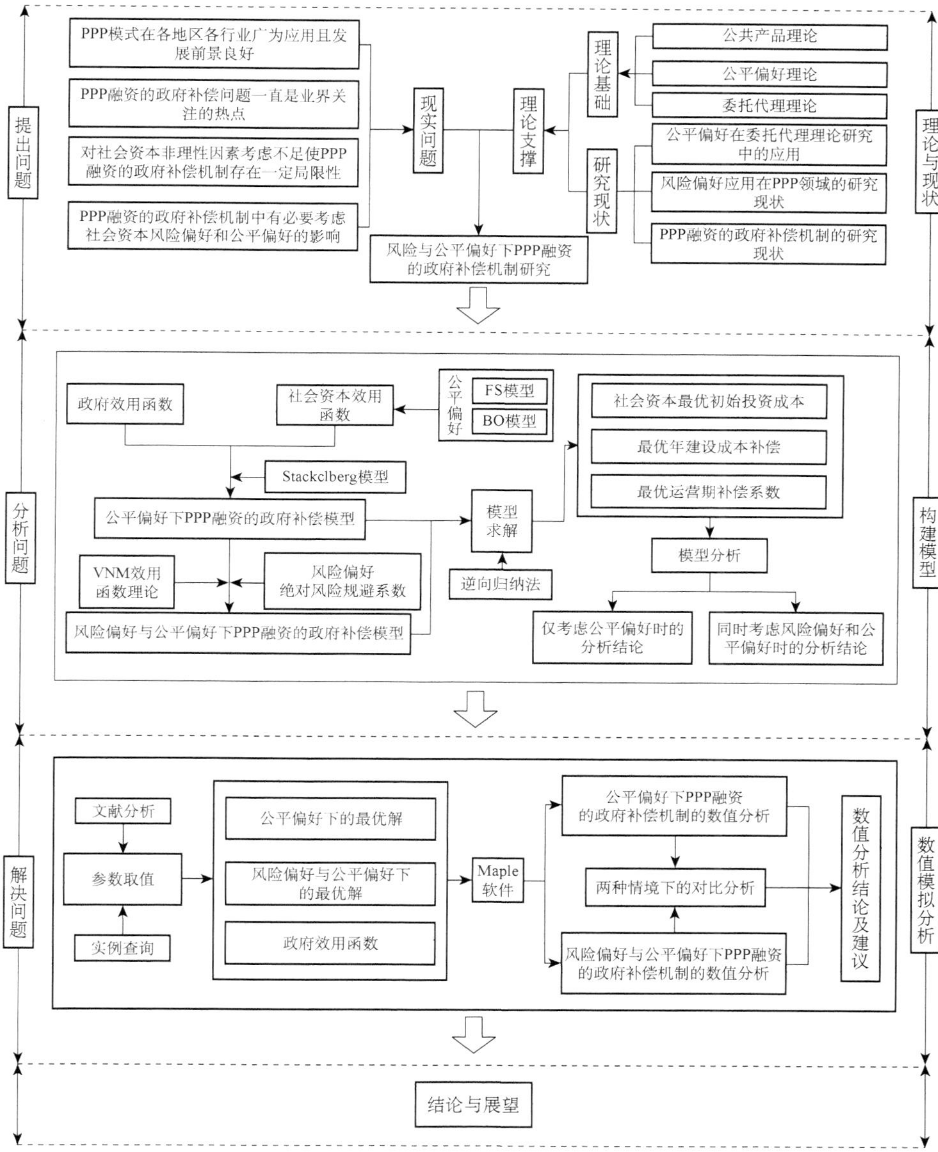

图 12-3　风险偏好和公平偏好下 PPP 模式政府补偿的研究框架

第十三章　相关理论及方法

第一节　理 论 基 础

一、公共产品理论

Samuelson 在《公共支出的纯理论》一书中将社会产品划分为公共产品和私人产品。公共产品具备非排他性和消费的非竞争性特征。非排他性是指一个人在消费某种公共产品时，无法同时排除他人消费该产品；消费的非竞争性是指在公共产品数量一定的情况下，新增消费者的边际成本为零。依据这两个特征，现代经济学将社会产品进一步划分为纯公共产品、准公共产品和私人产品。纯公共产品同时具备非排他性和消费的非竞争性两个特征，市场机制在该类产品中完全无效，现实中真正的纯公共产品较少，最典型的纯公共产品是国防建设；准公共产品具备有限的非排他性和消费的非竞争性，是介于纯公共产品与私人产品的中间产品，它具备一定的市场性，收益来源包括向消费者收费和政府补贴，也具备一定的公益性，政府往往会给予一定的优惠政策（何雨聪，2007），如高速公路、桥梁、通信和城市绿化等。

随着经济社会的迅速发展，政府对公共产品和服务的投入已经无法满足人们日渐增长的期望和需求，加之政府传统的公共产品融资模式所带来的巨大财政压力，使政府急需一种新的公共产品供给模式来解决上述问题，而 PPP 模式作为一种创新的融资模式，恰好能够在满足社会公众需求的同时，缓解政府财政压力，在近年来的基础设施建设中，被广泛应用。财政部将 PPP 模式定义为一种为提供公共产品或者服务而建立的公共部门与私人部门之间的长期合作关系。其所提供的最终产品和服务是针对所有城市居民的，多增加一个使用者的边际成本是微不足道的，一般采用使用者付费、可行性缺口补贴或政府付费的形式获取投资回报，具备有限的非排他性和消费的非竞争性，因此 PPP 模式符合准公共产品的定义。

二、公平偏好理论

传统的经济学假设认为，人们是纯粹自利偏好的，只会追求最大的个人收益，而不会关心他人的收益，也不会关注收益的分配结果是否公平，但这种假设无法解释现实中人们的公平、互惠等偏离自利假设的行为。随后，实验经济学通过最后通牒博弈、独裁博弈、礼物交换博弈、信任博弈等系列博弈实验验证了人们并非完全自利的，人们在关注自己收益的同时，还会关注收益是否公平分配（Gächter and Fehr，2002），进而提出了公平偏好理论。目前，公平偏好理论模型主要分为三种。

第一类为互惠偏好模型。该模型认为，人们关心行为背后的动机，为了报答善意行为或报复敌意行为，会不惜牺牲部分收益，即“投桃报李，以牙还牙”，看重行为的动机。Geanakoplos 等（1989）最早从心理学角度出发对人们的合作行为进行分析提出了互惠动机，随后 Rabin（1993）将互惠偏好模型化并与经典博弈分析相结合，为研究人们的公平偏好提供了一个全新的视角，但这一模型存在多重均衡，不能用于多人博弈和动态博弈分析而且博弈过程复杂，导致实际应用过程中存在较多的局限性。

第二类为基于收益分配的公平偏好模型。该模型认为，人们关心分配的最终结果是否公正，不仅关心自己的收入，也关心他人的收入。基于收益分配的公平偏好模型主要包括 FS 模型（Fehr and Schmidt，1999）和 BO 模型（Bolton and Ockenfels，2000）。FS 模型又称为不公平厌恶模型，该模型是 Fehr 和 Schmidt（1999）为了避免 Rabin（1993）模型难以应用的弊端而构建的。该模型认为，人不是纯粹自利的，不仅关注自己和他人的收入，还会关注自己与他人的收入差距，即人们会将自己的收入与他人的收入进行一一对比，人们会为了提高收益分配的公平程度而不惜牺牲自己的部分收益：人们厌恶自己的收益低于他人，即嫉妒偏好，同时会由嫉妒心理形成额外的负效用，称为嫉妒负效用；人们也厌恶自己的收益高于他人，即同情偏好，同时会由愧疚心理形成额外的负效用，称为同情负效用；此外，还有一些人喜欢别人收入低于自己，即自豪偏好，同时会由期望效用的提高产生正效用，称为自豪正效用。FS 模型可以对全部具有代表性的博弈实验结果进行合理的解释，并且与互惠偏好理论相比，该模型结构形式简单，因此被广泛接受和应用。与 FS 模型不同，BO 模型认为，人们为了判断收益分配是否公平，只把自己的收益与参考群体内所有人收益的平均水平进行比较，用自己收益与平均收益之间的相对大小来表示收益分配的不公平程度。该模型没有给出效用函数的具体表达形式，因此在解释博弈实验结果时有很大的自由度，但是由于不能对公共品博弈实验中的部分问题进行合理的解释，在实际中的应用较少。

第三类为融合互惠偏好及收益分配公平偏好的模型，既强调收益分配的公平，也强调行为动机的互惠。该模型认为，人们在进行经济决策时，不仅会受到收益分配的影响，还会受到行为动机的影响，因此将收益分配公平和行为动机公平融合为一个综合模型进行研究。Falk 和 Fischbacher（2001）运用序贯博弈将 Rabin（1993）的互惠模型与 Fehr 和 Schmidt（1999）的收益分配公平模型结合起来，该模型假设人们将根据双方收入的平等性来判断对方的意图，同时引入意图因子来刻画善意与恶意行为。但是，该模型不能确保均衡的存在性，且对意图的考虑存在一定的局限性，虽然 Charness 和 Rabin（2002）试图通过定义互惠公平均衡来解决这一问题，但是由于模型自由参数多，其在解释博弈实验时非常困难，可操作性差。

综上所述，本研究借鉴 FS 模型和 BO 模型的研究成果，将公平偏好引入 PPP 模式下的政府补偿研究，并进一步引入风险偏好。

三、委托代理理论

委托代理理论是为了解决在利益相冲突和信息不对称情况下，委托人如何设计最优契约来激励代理人的问题（Sappington，1991）。其中包含了该理论的两个基本假设：委托人和代理人之间存在利益冲突且信息不对称。这两个假设共同构成了委托代理理论的分析逻辑，即委托人和代理人都是经济人，委托人将某些经营决策权委托给代理人，以实现自身效用的最大化，而在双方利益冲突和信息不对称的情况下，由于委托人无法直接获知代理人的真实努力水平，使得代理人会利用自身的信息优势谋取自身效用的最大化，损害委托人的利益。上述委托代理关系的建立还须满足两个前提条件：一是代理人接受委托所获得的效用不低于从事其他任务委托所获得的效用，即参与约束；二是委托人要求的代理人的努力程度符合代理人的预期，以实现代理人效用最大化，即激励相容约束。

在 PPP 模式中，政府与社会资本之间通过签订 PPP 契约而形成的合作关系构成了委托代理关系。首先，政府通过招投标的方式与社会资本签订合同，将PPP项目的建设运营委托给社会资本。政府在建设运营中主要负责监督检查，扮演委托人的角色；社会资本负责项目具体实施，扮演代理人的角色。因此，双方签订的合同即委托代理合同，政府和投资方在项目合作中的行为表现也符合委托代理模型（Müller and Turner，2005），需要政府设计一个最优契约以激励社会资本，从而实现公私双方效用的最大化。很多学者也从委托代理的视角对PPP模式中存在的问题进行了研究，如Sisavath和吴海燕（2016）从委托代理理论出发，分析了公私双方的逆向选择和道德风险产生的原因及危害，并提出了相关建议；李秀梅（2020）利用文献研究法，研究预算执行机制和会计领域的应用发展情况；徐飞和宋波（2010）运用委托代理理论，对政府与社会资本之间的两阶段合作进行了研究；袁义淞和李腾（2015）构建了PPP模式委托代理模型，并将委托人风险规避情况下的收益与风险中性情况下的收益进行了对比；石景芬等（2018）构建了公私双方之间的双层委托代理模型，对社会资本的努力水平和政府激励机制进行了定量分析；宋子健等（2020）对政府与社会资本的委托代理关系进行分析，通过成本测算模型的结果提出了声誉机制等，以规范PPP项目的发展。可见，委托代理理论适用于PPP模式中公私双方契约的研究，而且在PPP政府补偿机制设计中存在政府与社会资本之间的利益冲突与信息不对称，因此下文对公私双方之间PPP政府补偿机制设计的研究将用到委托代理理论的假设与分析逻辑。

四、公平偏好在委托代理理论研究中的应用

随着实验经济学家和行为经济学家对公平偏好理论的反复验证，公平偏好理论已经被广泛地应用于委托代理理论的研究中，而公平偏好理论在委托代理中的应用主要集中在公平偏好对契约激励的影响、公平偏好在项目及PPP领域的研究、公平偏好在供应链领域的研究三个方面。由于本研究主要对公平偏好下PPP项目模式中政府补偿机制进行研究，因此下文主要对公平偏好对契约激励的影响、公平偏好在项目及PPP领域的研究两个方面进行文献梳理。

（一）公平偏好对契约激励的影响

公平偏好对代理人的最优契约设计有显著影响（Demougin and Fluet，2003），

并且公平偏好代理人的存在会对不同类型契约的激励效果有决定性影响（Fehr et al.，2005，2007）。Itoh（2004）在 FS 模型的基础上，通过建立离散产出模型和离散努力模型，分析了公平偏好下多代理问题的最优报酬契约，研究指出，公平偏好会导致激励效率损失。Englmaier 和 Wambach（2003）在风险厌恶条件下，建立了连续努力模型，研究发现，公平偏好会显著改变最优报酬契约的结构。Fehr 等（2008）将公平偏好划分为代理人之间的横向公平偏好和委托人与代理人之间的纵向公平偏好，分析了两种类型的公平偏好对激励机制的影响。但是，上述研究没有考虑公平偏好对激励效率的影响，因此魏光兴（2007）在风险中性的条件下，设计了公平偏好对单代理问题的最优报酬契约，研究发现，公平偏好是影响报酬契约线性结构的重要因素，且会降低激励效率。蒲勇健等（2010）对代理人在物质效用与公平分配情况下的最优契约激励效率进行了研究，发现基于公平偏好的最优激励更加具有效率，能为契约双方带来更高利润。赵宸元等（2017）则基于 Rabin 的动机公平偏好理论，对完全理性条件下与公平偏好条件下的链式多重委托代理模型进行了比较，发现公平偏好条件下的最优激励契约相比于完全理性条件下的最优激励契约具有帕累托改进的空间，可以提高契约激励效率。在 Fehr 等（2007）研究的基础上，Karakostas 等（2017）在实验中增加了对收入分享合同的考虑，得出了与前者不同的结论，即收入分享合同的激励效率要高于绩效合同。

此外，在公平偏好下，最优激励契约可能还会受到其他因素的影响。如魏光兴（2007）认为，风险厌恶时，公平偏好下的最优报酬契约是提供激励、信息风险溢价和公平偏好溢价三者之间权衡的结果。Englmaier 和 Wambach（2009）认为，代理人具有不公平厌恶时，最优激励契约是委托人在权衡代理人的风险、公平和期望之后选择的结果。Cato 和 Ebina（2014）在存在道德风险的背景下，研究了公平偏好对长期劳务契约的影响，发现委托人确定契约激励时应当考虑现在激励、未来激励以及公平偏好三方面的影响。李攀艺和邱玥（2015）在存在逆向选择问题的背景下，研究了公平偏好对最优激励契约的影响，发现最优契约是信息租金抽取、公平心理补偿与配置效率之间权衡的结果。

除对最优激励契约设计影响因素的研究外，学者们也重点关注了激励契约中公平偏好与代理人努力水平及代理成本之间的关系。赵宸元等（2018）在公平偏好下链式多重委托代理模型的研究中发现，公平偏好对代理人的努力水平具有明显的激励作用。秦华等（2015）通过构建代理人具有纵向公平偏好的委托代理模型，研究了企业内部的委托代理与薪酬激励机制，发现代理人的努力水平会随着公平偏好以及风险偏好的增大而降低。在对存在横向公平偏好的委托代理问题的研究中，袁茂等（2011）得出了相反的结论，即委托人雇佣高横向公平偏好的代理人，可以提高代理人的努力水平。傅强和朱浩（2014）对同时考虑横向公平与纵向公平的委托代理问题进行研究，并得出了类似的结论，即代理人公平偏好程度越大，代理人的努力水平越高。牛晓琴等（2017）在考虑代理人风险偏好的情况下，发现代理人公平偏好程度越高，最优努力水平越高。赵宸元等（2017）建立了一个链式多重委托代理结构，考察了纯委托人、中间人和纯代理人都是完全理性时的情况以及具有公平偏好的情况，结果发现，固定收入对代理人的努力水平有正向的激励作用。在公平偏好对代理成本影响的研究中，多数学者发现，在非对称信息情况下，随着代理人公平偏好、风险厌恶程度的增加，委托人所付出的代理成本也将增加（蒲勇健等，2010；傅强和朱浩，2014）。然而，也有部分学者得出了相反的结论，袁茂等（2011）对代理人存在横向公平偏好的代理成本进行了分析，发现代理成本与横向公平偏好程度负相关。傅强和朱浩（2014）研究了同时考虑委托代理中双方具有横向公平与纵向公平的情况，发现代理人公平偏好程度越大，代理人的努力水平与代理成本越低。

（二）公平偏好在项目及 PPP 领域的研究

公平是工程总承包利益分配机制中的一个重要因素（吕俊娜等，2014），且主体公平关切行为会对项目的优化收益产生影响，进而影响项目的优化绩效（安晓伟等，2017）。李真等（2013）在考虑主体公平关切行为的研究中发现，工程建设项目工期优化谈判绩效与主体公平关切行为有密切关系。严玲等（2017）基于合同参照点效应，发现合同中的风险责任、风险补偿、风险收益等条款是引发承包人分配公平感受的关切点。魏光兴和曾静（2017）在总承包商对分包商的激励机制研究中发现，公平偏好是决定产出分享系数和固定价格的重要因素，且风险规避、努力贡献和公平偏好三者之间还具有一定的交互影响。张洪波和侯嫚嫚（2017）将公平关切引入工程项目总承包后，得出在保证设计方效用最大化的前提条件下，公平关切会显著影响设计方的最优努力水平和分配比例。曹启龙等（2014）将公平偏好理论引入到政府投资项目中，构建了相应的代建制激励-监督模型，研究发现，具有公平偏好的代建单位相较于完全理性的代建单位，可以节约政府监督成本，提高项目整体效率。孟庆峰等（2017）在社会偏好理论的基础上，研究了承包商具有自利偏好、竞争性偏好、不公平厌恶偏好等情形下业主与承包商的工期优化问题，发现不公平厌恶偏好较低的承包商有助于谈判的成功。

此外，也有部分学者在 PPP 项目的研究中考虑到了社会资本公平偏好的影响，并且发现，政府方的激励机制设计应充分考虑社会资本对公平收入的影响。一方面，投资方的公平偏好会影响政府部门激励强度的变化（曹启龙等，2016）；另一方面，投资方的公平偏好会影响政府部门最大期望效用的变化。因此，公共部门在选择合作伙伴时，需对社会资本的公平偏好着重考虑（丰景春和杨圣涛，2017）。曹启龙等（2016）在借鉴 Bolton 和 Ockenfels（2000），Fehr 和 Schmidt（2004）等学者公平收益分配思想的基础上，以同类群体收入的平均收益水平作为公平参照基础，将公平偏好引入 PPP 项目中，探讨了 PPP 项目的多任务激励问题，研究发现，社会资本的公平偏好能够影响到政府方激励强度的变化。丰景春和杨圣涛（2017）考虑到超额收益分配对投资者努力水平的影响，在兼顾社会资本横、纵向公平偏好的基础上，构建了 PPP 交通项目超额收益最优分配的委托代理模型，得出在信息不对称的条件下，同时拥有横、纵向公平偏好的社会资本可以满足政府部门期望效用的最大化。王颖林（2017）将公平、利他、互惠偏好引入委托代理模型中，建立了非对称信息下基于投资方公平偏好的 PPP 项目风险分担模型，通过模型分析发现，政府部门应尽可能地选择与具有高公平偏好的社会资本参与方合作。杜亚灵等（2017）通过扎根理论方法得出了 PPP 项目中社会资本的公平感知应包括分配公平、程序公平和互动公平三个维度，并在此基础上开发了 PPP 项目中社会资本公平感知的测量量表，为 PPP 领域中社会资本公平偏好的测度提供了参考标准。

第二节 Stackelberg 模型

Stackelberg 模型是博弈领域界的经典理论，最早是由 Stackelberg 在 1952 年提出的。该模型的参与者具有明显的地位不对等情况，主要解决参与双方具有不同的决策地位的博弈问题。根据该博弈理论，其中的参与主体至少有两个，描述的是一种多主体的博弈决策行为，针对参与博弈主体地位不对等的情况分析其中的博弈问题（徐飞和宋波，2010），并且主体之间是具有各自的信息量与决策权力的，而且各自的目标函数也是相对独立的。其中，参与主体之间一般掌握着不同的信息量，并且具有一定的决策顺序，因此我们也可以将 Stackelberg 博弈称为一种具有先后决策顺序的动态博弈。按照决策的先后顺序，我们将参与主体划分为“领导者”和“追随者”，其中实力较强、地位较高的一般划分为“领导者”，反之，实力相对较弱的参与主体自动划分到“追随者”的行列。给予每个参与主体的决策机会只有一次，并且在做出决策后则不能进行修改。换句话说，Stackelberg 模型一旦开始，就必须达到均衡为止。

在进行 Stackelberg 博弈的过程中，会存在参与主体先后决策的顺序问题，其中部分参与主体在进行决策时，可能会受到前一个参与主体的决策影响，或者说后决策的参与主体会根据甚至依附于前一个参与主体的决策结果而行动。产生这个情况的主要原因是，参与主体的地位具有较大的差别，甚至是主从的关系。所以，在整个博弈过程中，至少存在这样一个主体：充分了解博弈的基础，并且对决策的周边信息能进行充分的分析，在一定程度上可以预判其决策对后边决策的影响。这样作为“领导者”的参与主体的决策行为既可以产生积极影响，也可能导致消极影响。作为“追随者”的参与主体主要是依据“领导者”的决策，结合自己的理智分析进行决策。当然，主体之间的决策也会相互制约，因为各个参与主体都会根据自己所掌握的信息，以及对对方决策者决策的预判来做出对自身最优的决策。最终，双方根据自己的观察与判断，做出使自己的目标函数得到最优解的决策，博弈得到一种相对平衡的状态。

用数学模型表示为

$$\min_{x} F(x, y)$$
$$\text{s.t.} G(x, y) \geqslant 0$$
$$x \subset X = \{x: H(x) \geqslant 0\} \subset R^{n_1}$$
$$\min_{y_i} f_i(x, y_i)$$
$$\text{s.t.} g_i(x, y_i) \geqslant 0$$
$$y_i \in Y_i = \{y_i: h_i(y_i) \geqslant 0\} \subset R^{n_1}, \ i = 1, \cdots, p$$

其中，F 为主导者目标函数；f_i为第 i 个“追随者”的目标函数；G、g_i为约束集；$x \subset R^{n_1}$为主导者的决策集合；$y_i \subset R^{n_1}$为第 i 个“追随者”的决策集合，p 为参加决策的主体个数。

第十四章　公平偏好下 PPP 项目政府补偿

政府补偿作为公私双方利益分配的一种形式以及 PPP 合约的重要组成部分，其设计的合理与否会对公私双方的利益、项目前期融资及后期的顺利运行产生非常重要的影响，直接关系到市场化运作的成败（吴孝灵等，2016b）。以往文献在 PPP 领域超额收益分配以及激励机制设计中已经考虑到了公平偏好的影响，证明了社会资本决策者作为行为人具有一定的公平偏好，并且这种感知会对其行为策略产生重要影响（王颖林，2017），而政府补偿机制的研究中只是引入了诸如风险偏好、损失规避等社会偏好的影响，还未涉及公平偏好对政府补偿机制的影响。故本章主要进行公平偏好下 PPP 项目政府补偿的博弈分析和研究（高华等，2020b），并为政府补偿机制设计提供相关建议。

第一节　引　　言

行为经济学通过最后通牒博弈（Camerer and Thaler，1995）、礼物交换博弈（Falk and Fischbacher，2001）、信任博弈（Fehr and Gächter，2000）、公共品博弈（Dawes and Thaler，1988）、独裁博弈（Forsythe et al.，1994）等系列博弈实验证明了经济主体不是纯粹自利偏好的，其在追求个人利益时还会关注收益的公平与否，即人们是具有公平偏好的（Forsythe et al.，1994）。并且，公平偏好对行为决策具有重要影响（Itoh，2004）。在 PPP 项目模式中，社会资本决策者作为行为人也不可避免地会具有一定的公平偏好，在关注自身收益的同时，也会关注他人收益，从而对利益分配的结果产生公平与否的感知，这种感知会对其行为决策产生重要影响（王颖林，2017）。丰景春和杨圣涛（2017）在 PPP 交通项目的超额收益分配研究中发现，社会资本的公平偏好对其自身的努力水平以及公共部门的期望效用具有重要的影响。王颖林（2017）也得出了相似的结论，并指出政府部门应根据社会资本的公平偏好确定最优的收益分配比例。对于本研究中的可行性缺口补助类和政府付费类 PPP 项目而言，这两类项目收入的主要来源之一就是政府补偿，其设计的合理与否会对公私双方的利益产生非常重要的影响：补偿过高会降低社会效益，补偿过低会影响社会资本的投资收益。因此，可以将政府补偿看做是公私双方收益分配的一种形式，在设计政府补偿时有必要考虑社会资本的公平偏好。此外，在博弈实验研究的推动下，行为合约理论也在引入公平偏好后解释了标准合约理论所不能解释的经济现象（Roumboutsos and Anagnostopoulos，2008）。例如，Englmaier 和 Wambach（2003）发现，公平偏好是现实中激励契约大多为线性结构的重要原因。在 PPP 领域，也有部分学者将社会资本的公平偏好引入到了 PPP 项目契约激励的研究中，指出政府方在设计激励机制时，应充分考虑社会资本的公平偏好（王颖林，2017）。一方面，社会资本的公平偏好会影响政府激励强度的变化（曹启龙等，2016；Li et al.，2005a）；另一方面，社会资本的公平偏好会影响政府最大期望效用的变化。因此，PPP 项目的政府补偿机制作为 PPP 项目契约的重要组成部分，在设计时应考虑社会资本公平偏好的影响。

综上可知，无论是从收益分配角度来看，还是从契约激励角度来看，PPP 项目的政府补偿机制设计都应将社会资本的公平偏好考虑在内。但是现有的 PPP 项目的政府补偿机制研究虽然已经意识到了纯粹自利偏好在模型解释方面的局限性，并将诸如风险偏好、损失规避和过度自信这些非理性的社会偏好引入到 PPP 项目的政府补偿机制的研究中，但目前尚未有学者将公平偏好这一非理性因素引入 PPP 项目的政府补偿机制的研究中。因此，本研究将公平偏好引入到 PPP 项目的政府补偿机制中，研究在社会资本具有公平偏好的情形下，PPP 项目政府补偿机制的设计。此外，现有研究中主要包括三种描述公平偏好的模型，分别是互惠偏好模型、收益分配公平偏好模型、融合互惠偏好及收益分配公平偏好模型。其中，收益分配公平偏好模型，尤其是 FS 模型可以满足假设的真实性和模型的可操作性（魏光兴，2006），在刻画公平偏好时被广泛采用。但是 FS 模型认为，行为人会与他人一一比较来判断收益分配是否公平，这一点对 PPP 模式中的社会资本参与方而言，显然并不适用。这是因为，PPP 模式应用领域广泛，不同项目的收益之间差别很大，社会资本参与方将自身收入与他人收入水平一一对比不太可行，而与同类项目平均收益水平相比则较为可行。但由于 BO 模型没有给出具体的函数形式，因此本研究通过 FS 模型将公平偏好引入公私双方的博弈模型中，再进一步借鉴 BO 模型，将同类项目平均收益水平作为公平参考点，以克服 FS 模型应用于 PPP 模式中的不足。

第二节　PPP 项目政府补偿的博弈模型

PPP 项目合作过程中，政府作为公私双方合作的主导方，首先确定政府补偿的水平；社会资本作为追随方，根据政府方的补偿水平进行投资决策，而政府补偿作为社会资本参与 PPP 项目收益的主要来源，会影响社会资本的公平偏好。当政府给予社会资本补偿时，社会资本会以公平收入水平为参照点，根据补偿情况选择最优的投资水平，使自身期望效用水平最大化，所以政府须在考虑社会资本公平偏好、投资水平等因素的影响后，确定最优补偿水平，在满足社会资本要求的投资收益情况下，最大化社会效用。因此，PPP 项目的政府补偿机制的设计其实构成了一种 Stackelberg 模型。

一、模型假设

在构建公平偏好下 PPP 项目的政府补偿博弈模型时，本章进行如下假设。

（1）政府以特许权协议方式将 PPP 项目委托给社会资本建设和运营，特许经营期为 T，社会资本的初始投资成本为 C。

（2）由于项目的投资回报存在边际递减效用，而运营维护成本与初始投资成本正相关，且满足边际成本递增，因此假设总运营维护成本为 $M(C)=KC^{\alpha}$，其中 K、α 表示投资成本转换为运营维护成本的参数，K 为成本系数，满足 $K>0$，α 为成本规模指数，且 $\alpha>1$。为了方便数学分析计算，假设 $\alpha=2$（杜杨和丰景春，2017），因此本研究的运营维护成本表示为 $M(C)=KC^2$。

（3）在 PPP 模式实际运营过程中，政府补偿通常包括建设成本补偿和运营成本补偿两部分。其中，建设成本补偿旨在弥补项目公司的初始建设成本，通常为固定补偿，本研究假设年建设成本补偿为 S_0。运营成本补偿旨在弥补项目公司在运营期间的成本支出，在项目单期运营实际收益 R_1 与单期特许运营收益 R_0 差额的基础上予以确定，通常为变动补偿。本研究假设年运营成本补偿为 S_1，可表示为 $S_1=\omega(R_0-R_1)$，其中 ω 为运营期补偿系数且 $\omega>0$，可以理解为补偿力度（杜杨和丰景春，2017），则年政府补偿 $S=S_0+\omega(R_0-R_1)$。

（4）设 i 为政府承诺的投资回报率，可根据 CAPM 确定，则单期特许运营收益为 $R_0 = iC / T$（吴孝灵等，2016a）；设项目单期实际运营收益为 R_1，由于项目实际收益通常会受到不可控的外部环境因素影响，项目单期实际运营收益满足 $R_1=\overline{R_1}+\varepsilon$，其中 ε 为外界不确定因素决定的随机扰动量，$\overline{R_1}$ 为单期期望运营收益，$\overline{R_1}$ 与 ε 相互独立，且 $\varepsilon \sim N(0, \sigma^2)$。则社会资本的单期收益 $R=S_0+S_1+R_1=S_0+\omega R_0+(1-\omega)R_1$，社会资本的单期期望收益 $\overline{R}=S_0+S_1+\overline{R_1}$。

（5）假设政府属于风险中性且公平中性，社会资本属于风险中性并具有一定的公平偏好。本研究在借鉴 BO 模型假设的基础上，将投资方参与其他类似项目时可获得的平均收益，即同类项目平均收益水平 F 作为衡量公平与否的公平参照点，类似的有曹启龙等（2016）和潘艳芳（2018）的研究。借鉴 Fehr 和 Schmidt（1999）提出的 FS 模型，可以将公平偏好分为嫉妒偏好和自豪偏好，本研究用 θ_1、θ_2 来分别表示社会资本的嫉妒偏好系数和自豪偏好系数，θ_1 越大说明嫉妒偏好程度越强，θ_2 越大说明自豪偏好程度越强，反之则越小。这两种偏好虽然不会改变项目的实际收益（王颖林，2017），但是会影响社会资本方的投资意愿以及未来在项目中的表现，这种影响是对双方效用的影响，即当社会资本获得的收益低于同类项目平均收益水平 F 时，会产生嫉妒负效用；当社会资本获得的收益高于同类项目平均收益水平 F 时，会产生自豪正效用。考虑方便计算，本研究假设 $\theta_1=\theta_2=\theta$（θ 为公平偏好系数），即两类不公平产生的边际效用相等（Fehr and Schmidt，1999），且满足 $0 \leqslant \theta \leqslant 1$。$\theta$ 越大表示社会资本公平偏好程度越强，对收入效用影响越大，反之则越小。特别地，当 $\theta=0$ 时，社会资本为公平中性，当 $\theta=1$ 时，社会资本具有高度公平偏好。

（6）政府投资 PPP 项目建设的目的是最大化社会效益，会产生一定的社会价值，通常投资规模越大，项目社会价值越大。因此，本研究假设社会价值函数 $N(C)=\mu C$，其中 μ 表示将项目的投资成本转换为社会价值的系数，满足 $\mu>0$。由于政府的补偿资金来源于包括税收等的公共财政资金，政府补偿必然会带来一定的无谓损失（刘明，2009），也就是会产生额外的社会成本。假设每单位政府补偿会造成 φ 单位的社会成本，φ 可看作财政资金的边际社会成本，满足 $\varphi>1$。

（7）由于 PPP 项目全生命周期不易测度，所产生社会效益不易衡量，本研究仅考虑包含社会资本建设和运营的特许经营期 T 内的社会效益，则社会效益可看作是项目社会价值与社会资本利润之和减去政府补偿资金的社会成本。

二、模型构建

根据上述假设条件，不考虑资金的时间价值，社会资本的单期期望利润可表示为

$$\pi_p(S,C)=\overline{R}-\frac{C}{T}-\frac{M(C)}{T} \tag{14-1}$$

考虑到社会资本公平偏好对效用的影响，社会资本方的单期期望效用函数可表示为

$$E_P(S,C)=\pi_p(S,C)-\theta_1\max(F-\overline{R},0)+\theta_2\max(\overline{R}-F,0) \tag{14-2}$$

由于两类不公平产生的边际效用相等，因此，社会资本的单期期望效用函数可简化为

$$\begin{aligned}E_p(S,C)&=\pi_p(S,C)+\theta(\overline{R}-F)\\&=S_0+\omega\left(\frac{iC}{T}-\overline{R}_1\right)+\overline{R}_1-\frac{C}{T}-\frac{KC^2}{T}+\theta\left[S_0+\omega\left(\frac{iC}{T}-\overline{R}_1\right)+\overline{R}_1-F\right]\end{aligned} \tag{14-3}$$

根据上述假设，PPP 项目的社会效益可表示为

$$\pi_g(S,C)=\frac{N(C)}{T}-R_1+\pi_p(S,C)-\varphi S \tag{14-4}$$

其中，$N(C)/T-R_1$ 表示项目消费者剩余，π_p 表示项目生产者剩余，φS 表示公共资金成本。

由于政府为风险中性且公平中性，则政府的单期期望效用与 PPP 项目社会效益 $\pi_g(S,C)$ 相等，可表示为

$$E_g(S,C)=\pi_g(S,C)=\frac{\mu C}{T}-\frac{C}{T}-\frac{KC^2}{T}+(1-\varphi)\left[S_0+\omega\left(\frac{iC}{T}-\overline{R}_1\right)\right] \tag{14-5}$$

由于政府为主导方，社会资本为追随方，首先由政府方确定年建设成本补偿 S_0 和运营期补偿系数 ω，然后社会资本对政府的决策作出反应，确定初始投资成本 C，以最大化自身效用，因此公平偏好下 PPP 项目的政府补偿博弈模型可表示为如下的 Stackelberg 模型：

$$\max_{(S_0,\omega)} E_g(S,C)=\frac{\mu C}{T}-\frac{C}{T}-\frac{KC^2}{T}+(1+\varphi)\left[S_0+\omega\left(\frac{iC}{T}-\overline{R}_1\right)\right] \tag{14-6}$$

$$\max_{C} E_p(S,C)=S_0+\omega\left(\frac{iC}{T}-\overline{R}_1\right)+\overline{R}_1-\frac{C}{T}-\frac{KC^2}{T}+\theta\left[S_0+\omega\left(\frac{iC}{T}-\overline{R}_1\right)+\overline{R}_1-F\right] \tag{14-7}$$

$$E_p（S，C）\geqslant U_0 \tag{14-8}$$

其中，U_0 表示社会资本在不投资 PPP 项目时所能得到的最大期望效用，是社会资本方的保留效用；式（14-6）为政府的目标函数；式（14-7）为社会资本的目标函数，即社会资本总会选择使自身期望效用最大化的投资成本 C；式（14-8）为社会资本的参与约束，即社会资本参与 PPP 项目所能得到的期望效用不能小于其保留效用 U_0。

三、模型求解

由于签订契约前，政府处于主导方，社会资本为追随方，本节将采用逆向归纳法来求得政府和社会资本双方的最优解。最优解将用“*”表示出来。

首先，考虑社会资本决策，根据式（14-7）得到社会资本期望效用的一阶条件和二阶条件：

$$\frac{\partial E_p}{\partial C}=-\frac{2K}{T}C+\frac{(1+\theta)i\omega-1}{T} \tag{14-9}$$

$$\frac{\partial^2 E_p}{\partial C^2}=-\frac{2K}{T}<0 \tag{14-10}$$

由式（14-9）和式（14-10）可知，$E_p(S, C)$是 C 的凹函数。为使社会资本存在最优，初始投资成本 C^*，应满足$(1+\theta)i\omega-1>0$，从而由式（14-9）可得最优解：

$$C^*=\frac{(1+\theta)i\omega-1}{2K} \tag{14-11}$$

在决策的第二阶段，政府预测到社会资本按照式（14-11）进行投资决策时，将式（14-11）代入上述博弈模型的式（14-6）中，政府补偿机制的最优设计转换为求解如下优化问题：

$$\max_{(S_0,\omega)} E_g\left(S,C^*\right)=\frac{\mu C^*}{T}-\frac{C^*}{T}-\frac{KC^{*2}}{T}+(1-\varphi)\left[S_0+\omega\left(\frac{iC^*}{T}-\bar{R}_1\right)\right] \tag{14-12}$$

$$E_p（S，C^*）\geqslant U_0 \tag{14-13}$$

令 τ 为式（14-13）的拉格朗日乘数，则上述优化问题的拉格朗日函数可表述如下：

$$L\left(S_0,\omega,\tau\right)=E_g\left(S,C^*\right)+\tau\left[E_p\left(S,C^*\right)-U_0\right] \tag{14-14}$$

对 $L(S_0, \omega, \tau)$求偏导，得到该优化问题的库恩塔克条件（K-T 条件）如下：

$$\frac{\partial L}{\partial S_0}=(1-\varphi)+\tau(1+\theta)=0 \tag{14-15}$$

$$\frac{\partial L}{\partial \omega}=\frac{(1+\theta)i}{2KT}\{\mu-1-\tau+2[(1-\varphi)+\tau(1+\theta)]i\omega-(1+\tau)[(1+\theta)i\omega-1]\}-[(1-\varphi)+\tau(1+\theta)]\overline{R}_1 \tag{14-16}$$

$$\frac{\partial L}{\partial \tau}=E_p\left(S,C^*\right)-U_0=0 \tag{14-17}$$

由式（14-15）可得

$$\tau=\frac{\varphi-1}{1+\theta} \tag{14-18}$$

代入式（14-16）可得

$$\frac{\partial L}{\partial \omega}=\frac{i}{2KT}\{(\mu-1)(1+\theta)-(\varphi-1)-(\theta+\varphi)[(1+\theta)i\omega-1]\}=0 \tag{14-19}$$

进而可求得政府最优运营期补偿系数 ω^*如下：

$$\omega^*=\frac{\mu}{(\theta+\varphi)i} \tag{14-20}$$

由于$(1+\theta)i\omega-1>0$，$0\leqslant\theta<1$，$\varphi>1$，结合式（14-20），有 $\mu>\varphi>1$，即为了使社会资本投资决策和政府补偿设计存在最优解，社会价值系数 μ 与政府补偿的边际成本 φ 应满足 $\mu>\varphi>1$。将式（14-20）代入式（14-11），可得社会资本最优初始投资成本为

$$C^*=\frac{\mu(1+\theta)-(\theta+\varphi)}{2K(\theta+\varphi)} \tag{14-21}$$

由式（14-17）可得式（14-22），可理解为最优政府补偿机制的设计原则应保证社会资本获得的效用恰好等于其保留效用：

$$E_g\left(S,C^*\right)=U_0 \tag{14-22}$$

把式（14-20）、式（14-21）代入式（14-22）中，可求得最优年建设成本补偿 $S_0{}^*$：

$$S_0^*=\frac{U_0+\theta F}{1+\theta}+\left(\frac{\mu}{(\theta+\varphi)i}-1\right)\overline{R}_1-\frac{K}{(1+\theta)T}\left(\frac{\mu(1+\theta)-(\theta+\varphi)}{2K(\theta+\varphi)}\right)^2 \tag{14-23}$$

由式（14-18）、式（14-19）可得最优运营期补偿 $S_1{}^*$为

$$S_1^*=\frac{\mu^2(1+\theta)-\mu(\theta+\varphi)}{2Ki(\theta+\varphi)^2}-\frac{\mu\overline{R}_1}{(\theta+\varphi)i} \tag{14-24}$$

由上述结果可得最优年政府补偿：

$$S^*=\frac{U_0+\theta F}{1+\theta}-\bar{R}_1+\frac{\mu^2(1+\theta)-\mu(\theta+\varphi)}{2Ki(\theta+\varphi)^2}-\frac{K}{(1+\theta)T}\left(\frac{\mu(1+\theta)-(\theta+\varphi)}{2K(\theta+\varphi)}\right)^2$$

（14-25）

四、模型分析

根据上述模型求解结果，本小节将从社会资本初始投资成本、年建设成本补偿及运营期补偿系数三方面分析公平偏好对 PPP 项目的政府补偿机制的影响。分析结论如下。

结论 14-1：社会资本最优初始投资成本与其公平偏好正相关，且具有公平偏好的社会资本的最优初始投资成本大于公平中性下的最优初始投资成本。

证明：根据式（14-21），对公平偏好系数 θ 求一阶偏导，得 $\frac{\partial C^*}{\partial \theta}=\frac{\mu(\varphi-1)}{2K(\theta+\varphi)^2}$，由于 $\mu>0$，$\varphi>1$，$K>0$，所以有 $\frac{\partial C^*}{\partial \theta}>0$。在公平中性的情况下，社会资本的最优初始投资成本为 $\frac{\mu-\varphi}{2K\varphi}$，公平偏好下的最优初始投资成本与公平中性情况下的差值为 $\frac{\mu(1+\theta)-(\theta+\varphi)}{2K(\theta+\varphi)}-\frac{\mu-\varphi}{2K\varphi}=\frac{\mu(\theta+\varphi)(\varphi-1)}{2K(\theta+\varphi)}>0$，证毕。

由结论 14-1 可知，给予政府补偿的 PPP 项目中社会资本的公平偏好程度越高，其所愿付出的初始投资成本越高，这是因为在政府给予建设补偿和运营补偿的前提下，社会资本往往会认为政府补偿可以保证其获取足够的投资回报以弥补初始投资成本，使其感受到公平待遇，为了回报这种公平，越是偏好公平的社会资本，越是倾向于对 PPP 项目付出更高的投资成本，使政府也获得公平的资金投入。对于公平中性的社会资本而言，政府补偿并不能激励其投资意愿且其初始投资成本较低，所以政府为了使 PPP 项目获得更高的初始投资成本以缓解财政压力，应尽可能选择与公平偏好程度高的社会资本参与方合作。

结论 14-2：最优运营期补偿系数的大小与社会资本的公平偏好负相关。

证明：根据式（14-20），对公平偏好系数 θ 求一阶偏导，得 $\frac{\partial \omega^*}{\partial \theta}=-\frac{\mu i}{\left[(\theta+\varphi)i\right]^2}<0$，证毕。

结论 14-3：最优年建设成本补偿的选择与最优运营期补偿系数的大小相关，并且两者之间并非一般意义上的正相关或负相关，而是受到社会资本单期期望运营收益与单期特许运营收益相对大小的影响。

证明：根据式（14-23）可得 $S_0^*=\dfrac{U_0+\theta F}{1+\theta}+\left(\omega^*-1\right)\overline{R}_1-\dfrac{K}{(1+\theta)T}\left[\dfrac{(1+\theta)i\omega^*-1}{2K}\right]^2$，对最优运营期补偿系数 ω^* 求一阶偏导，得 $\dfrac{\partial S_0^*}{\partial\omega^*}=\overline{R_1}-\dfrac{i\left[(1+\theta)i\omega^*-1\right]}{2KT}$，由于 $C^*=\dfrac{(1+\theta)i\omega^*-1}{2K}$，整理得 $\dfrac{\partial S_0^*}{\partial\omega^*}=\overline{R}_1-\dfrac{iC^*}{T}$，又因为 $R_0=\dfrac{iC^*}{T}$，所以当 $\overline{R}_1>R_0$ 时，$\dfrac{\partial S_0^*}{\partial\omega^*}>0$；当 $\overline{R}_1<R_0$ 时，$\dfrac{\partial S_0^*}{\partial\omega^*}<0$；当 $\overline{R}_1=R_0$ 时，$\dfrac{\partial S_0^*}{\partial\omega^*}=0$。

从结论 14-2、结论 14-3 可以发现，在获得一定的政府补偿后，社会资本的公平偏好程度越高，政府需要设计的最优运营期补偿系数越小，但是最优运营期补偿系数的选择除了需要考虑公平偏好的影响外，还要平衡其与最优年建设成本补偿之间的关系。

（1）当社会资本的单期期望运营收益（$\overline{R_1}$）高于单期特许运营收益（R_0）时，最优年建设成本补偿与最优运营期补偿系数正相关，因为这种情况下，单期特许运营收益与单期期望运营收益之间的差额为负数，意味着社会资本需要与政府部门分享运营期收益，这也符合政府对可行性缺口补助项目超额收益进行分配的要求，但是这种收益的分享在一定程度上减少了运营期的预期收益水平，因此对于该类项目，社会资本往往会选择要求更高的年建设成本补偿以弥补未来运营期收益分享而导致的利益损失。

（2）当社会资本的单期期望运营收益低于单期特许运营收益时，最优年建设成本补偿与最优运营期补偿系数负相关，因为在这种情况下，单期特许运营收益与单期期望运营收益之间的差额为正数，意味着政府将根据差额给予社会资本运营期补偿。这类项目通常为收益不足的可行性缺口补助类项目或政府付费类项目，在单期特许运营收益与单期期望运营收益的差值一定的情况下，随着运营期补偿系数的增大，运营期补偿逐渐提高，社会资本会相应地减少对年建设成本补偿的需求。

因此，政府应当根据 PPP 项目的特点、社会资本单期期望运营收益与单期特许运营收益的相对大小及对社会资本公平偏好程度的了解，确定合理的年建设成本补偿及运营期补偿系数。

结论 14-4：最优年建设成本补偿与社会资本选择的公平参照点（同类项目平均收益水平 F）的大小相关，而且社会资本的公平偏好对最优年建设成本补偿的影响并不是严格的正相关或负相关，而是取决于同类项目平均收益水平的高低，即受到公平参照点的影响。

证明：根据式（14-23），对公平偏好系数 θ 求一阶偏导得

$$\frac{\partial S_0^*}{\partial \theta}=\frac{F-U_0}{(1+\theta)^2}-\frac{\mu\overline{R_1}}{(\theta+\varphi)^2 i}-\frac{K\left[(1+\theta)\left(C^{*2}\right)'+C^{*2}\right]}{(1+\theta)^2 T}$$

其中：

$$C^{*2}=\left(\frac{\mu(1+\theta)-(\theta+\varphi)}{2K(\theta+\varphi)}\right)^2,\quad \left(C^{*2}\right)'=\frac{\mu(\varphi-1)[\mu(1+\theta)-(\theta+\varphi)]}{2K^2(\theta+\varphi)^3}$$

令 $\frac{\partial S_0^*}{\partial \theta}=0$，可得

$$F=U_0+\frac{\mu\overline{R_1}(1+\theta)^2}{(\theta+\varphi)^2 i}+\frac{K\left[(1+\theta)\left(C^{*2}\right)'-C^{*2}\right]}{T}$$

令 $U_0+\frac{\mu\overline{R_1}(1+\theta)^2}{(\theta+\varphi)^2 i}+\frac{K\left[(1+\theta)(C^{*2})'-C^{*2}\right]}{T}=\Delta$，当 $F>\Delta$ 时，$\frac{\partial S_0^*}{\partial \theta}>0$；当 $F<\Delta$ 时，$\frac{\partial S_0^*}{\partial \theta}<0$；当 $F=\Delta$ 时，$\frac{\partial S_0^*}{\partial \theta}=0$。

由结论 14-4 可知：当社会资本存在公平偏好时，最优年建设成本补偿会受到公平参照点（即同类项目平均收益水平 F）的影响，这是由于具有公平偏好的社会资本在合作前会将项目收益的期望值与同类项目收益进行比较，而年建设成本补偿对社会资本来说是固定的可预见的收益，所以同类项目收益水平的高低会促使社会资本通过获取年建设成本补偿的高低来达到心理的公平。因此，政府在确定年建设成本补偿时，必须充分考虑社会资本公平偏好程度的高低及公平参照点（即同类项目平均收益水平 F）的影响。具体分析如下。

（1）当社会资本选择的公平参照点较大（即同类项目平均收益水平 $F>\Delta$）时，最优年建设成本补偿与社会资本的公平偏好程度正相关，即社会资本公平偏好程度越高，政府所需支付的年建设成本补偿越大。

（2）当社会资本选择的公平参照点较小（即同类项目平均收益水平 $F<\Delta$）时，最优年建设成本补偿与社会资本的公平偏好程度负相关，即社会资本公平偏好程度越高，政府所需支付的年建设成本补偿越小。

（3）当社会资本选择的公平参照点刚好等于某一数值（即同类项目平均收益水平 $F=\Delta$）时，社会资本公平偏好程度对年建设成本补偿无影响。

第三节　PPP 项目政府补偿的数值分析

通过模型构建及求解，得到了相关参数的最优解并进行了相关分析。为了更好地说明分析结论的正确性，本节将利用 Maple17 软件进行数值模拟。

根据模型假设并参考吴孝灵等（2016a）、杜杨和丰景春（2015，2017）及曾静（2018）等的做法，取 μ=2.7，φ=2.7，$\sigma^2=10^6$，$K=10^{-9}$，U_0=0。整理全国 PPP 综合信息平台项目管理库的公开数据发现，大部分 PPP 模式项目合作期（特许经营期）在 25～30 年，现有文献中大多假设为 30 年，因此本研究中也取 $T=30$。由于现有 PPP 项目在进行运营补贴支出测算时，通常按项目全投资内部收益率 8%考虑，如北京轨道交通新机场线引入社会资本项目，因此本研究在参考上述文献的基础上，调整了政府承诺的投资回报率的取值，设 $i=8\%$。根据结论 14-3，为了讨论单期期望运营收益 $\overline{R_1}$ 与单期特许运营收益 R_0 的相对大小对研究结论的影响，本研究假设单期期望运营收益分别取 $\overline{R_1}=10^7$ 和 $\overline{R_1}=0$ 两种情况，此时刚好可以分别满足 $\overline{R_1}>R_0$ 和 $\overline{R_1}<R_0$ 两种情况，又可以满足 $R_0-\overline{R_1}<\dfrac{\rho\left(\omega^*-1\right)\sigma^2}{(1+\theta)}$ 和 $R_0-\bar{R}_1>\dfrac{\rho\left(\omega^*-1\right)\sigma^2}{(1+\theta)}$ 两种情况。在下文中，当 $\overline{R_1}=10^7$ 时，称为单期期望运营收益较高的情况；当 $\overline{R_1}=0$ 时，称为单期期望运营收益较低的情况。具体参数取值见表 14-1。

表 14-1　相关参数取值

参数	μ	φ	σ^2	K	$\overline{R_1}$	U_0	T	i
取值	2.7	1.4	10^6	10^{-9}	10^7 或 0	0	30	8%

一、公平偏好下 PPP 项目的政府补偿模型数值模拟

（一）社会资本最优初始投资成本与公平偏好的关系

将表 14-1 中的参数代入式（14-21）得

$$C^*=\frac{1.7\theta+1.3}{2\times10^{-9}(\theta+1.4)}$$

应用 Maple17 模拟数据得到图 14-1。

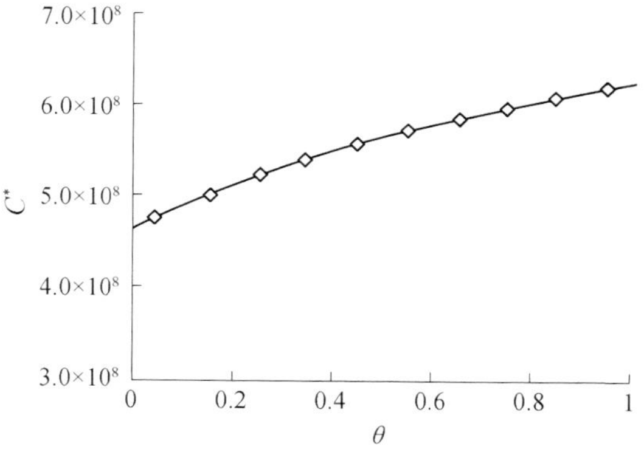

图 14-1　社会资本最优初始投资成本 C^*与公平偏好系数 θ 的关系

从图 14-1 可以看出，在最优的政府补偿机制下，社会资本所愿付出的最优初始投资成本将随公平偏好程度的增高而提高，而且相较于公平中性（θ=0）的情况，公平偏好下的社会资本最优初始投资成本较高。可见，为了获得更高的初始投资成本，政府应当尽量选择与高公平偏好的社会资本合作，这与结论 14-1 的分析一致。

（二）最优运营期补偿系数与公平偏好的关系

将表 14-1 中的参数代入式（14-20）得

$$\omega^* = \frac{2.7}{0.08 \times (\theta + 1.4)}$$

应用 Maple17 模拟数据得到图 14-2。

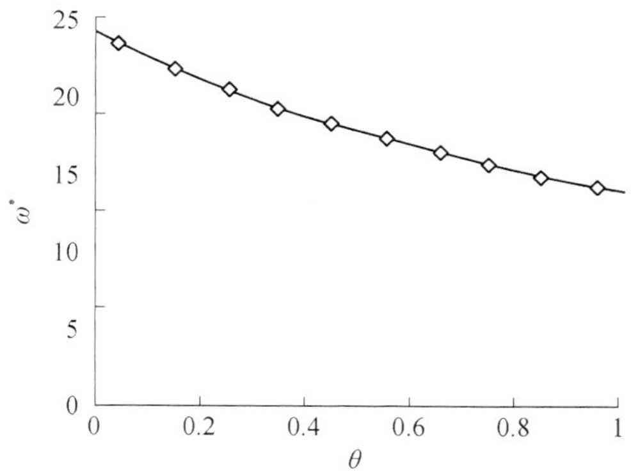

图 14-2　最优运营期补偿系数 ω^*与公平偏好系数 θ 的关系

从图 14-2 可以看出，最优运营期补偿系数随公平偏好程度的增大而减小，这与结论 14-2 的分析一致。

（三）最优年建设成本补偿与公平偏好、同类项目平均收益水平的关系

根据结论 14-4，将表 14-1 的参数代入 $F=U_0+\dfrac{\mu\overline{R_1}(1+\theta)^2}{(\theta+\varphi)^2 i}+\dfrac{K\left[(1+\theta)(C^{*2})'-C^*\right]}{T}$ 中，可得

$$F\left(\overline{R_1}=10^7\right)=\frac{2.7\times10^9(1+\theta)^2}{(\theta+1.4)^2\times8\%}+\frac{1}{30}\left[\frac{1.08(1+\theta)(1.7\theta+1.3)}{2(\theta+1.4)^3}-\frac{10^{-2}(1.3+1.7\theta)^2}{4(\theta+1.4)^2}\right]$$

$$F\left(\overline{R_1}=0\right)=\frac{1}{30}\left[\frac{1.08(1+\theta)(1.7\theta+1.3)}{2(\theta+1.4)^3}-\frac{10^{-2}(1.3+1.7\theta)^2}{4(\theta+1.4)^2}\right]$$

应用 Maple17 模拟数据得到图 14-3。

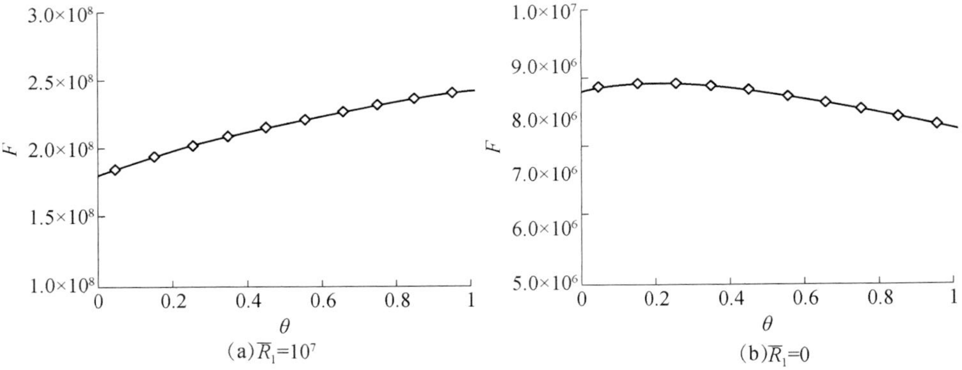

图 14-3　公平偏好系数 θ、单期期望运营收益 $\overline{R_1}$ 与同类项目平均收益水平 F 的关系

如图 14-3 所示，图 14-3（a）为单期期望运营收益 $\overline{R_1}=10^7$ 的情况，此时同类项目平均收益水平 F 满足 $1.79\times10^8\leqslant F\leqslant2.41\times10^8$，图 14-3（b）为单期期望运营收益 $\overline{R_1}=0$ 的情况，此时同类项目平均收益水平满足 $7.61\times10^6\leqslant F\leqslant8.60\times10^6$。根据结论 14-4，同类项目平均收益水平 F 取值区间外的值也会对最优年建设成本补偿造成影响。因此，下文将同类项目平均收益水平 F 的取值区间进行适当放大，并将表 14-1 代入式（14-23）中，分别得到图 14-4。

从图 14-4 可以看出，无论社会资本单期特许运营收益与单期期望运营收益

相对大小如何，都满足同类项目平均收益水平较高时，最优年建设成本补偿随公平偏好程度增大而增大，同类项目平均收益水平较低时，最优年建设成本补偿随公平偏好程度的增大而减小，而当同类群体平均收益水平处于某一区间时，最优年建设成本补偿不再受公平偏好程度的影响，这与结论 14-4 相符。但对比图 14-4（a）和图 14-4（b）可以发现，单期特许运营收益小于单期期望运营收益时的年建设成本补偿远大于单期特许运营收益时的年建设成本补偿，即单期特许运营收益与单期期望运营收益相对大小的不同造成了最优年建设成本补偿额的明显差异。因此，政府在设计年建设成本补偿时，除要考虑公平偏好和同类项目平均收益水平的影响外，还应对单期特许运营收益与单期期望运营收益的相对大小予以关注。

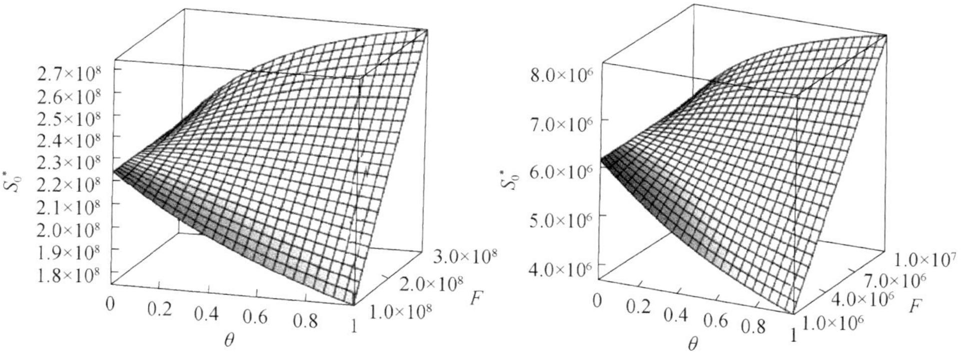

（a）$\overline{R_1}=10^7$　　（b）$\overline{R_1}=0$

图 14-4　最优年建设成本补偿 S_0^* 与公平偏好系数 θ、同类项目平均收益水平 F 的关系

（四）政府单期期望效用与公平偏好的关系

将表 14-1 中的参数取值代入式（14-6）中，同时参考图 14-4 中同类项目平均收益水平 F 的取值范围，可以得到图 14-5。

由图 14-5（a）可以看出，在单期特许运营收益小于单期期望运营收益时，政府单期期望效用水平随公平偏好程度的增大而减小，并且在公平偏好程度不变的情况下，同类项目平均收益水平越高，即公平参照点越大，政府单期期望效用越低，即公平参照点对政府单期期望效用有负向的抑制作用。从图 14-5（b）可以看出，在单期特许运营收益大于单期期望运营收益时，政府单期期望效用水平随公平偏好程度的增大而减小，但是在公平偏好程度不变的情况下，同类项目平均收益水平越高，即公平参照点越高，政府单期期望效用越高，即公平参

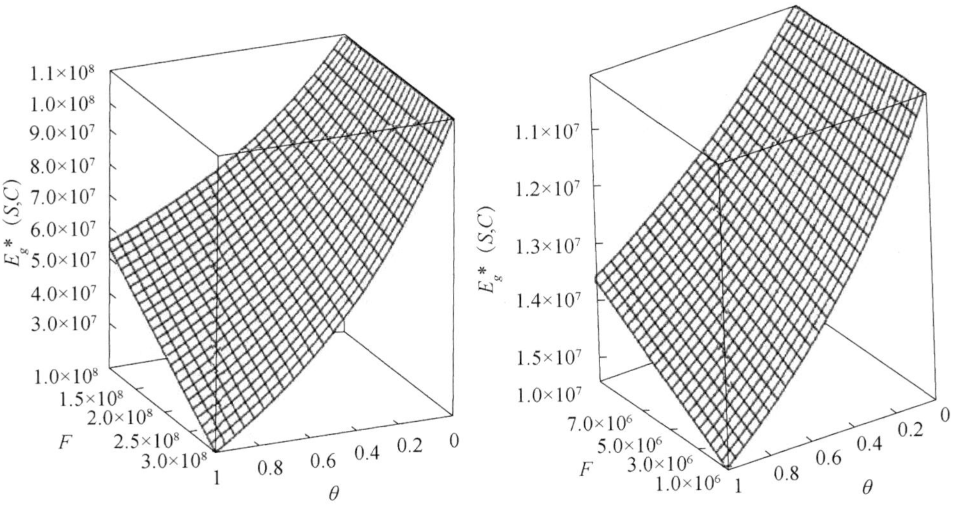

（a）$\overline{R_1}=10^7$ （b）$\overline{R_1}=0$

图 14-5 政府单期期望效用 E_g^*（S，C）与公平偏好系数 θ、同类项目平均收益水平 F 的关系

照点对政府单期期望效用有正向的促进作用。对比图 14-5（a）和图 14-5（b）的两种情况可以发现，无论单期期望运营收益水平如何，政府单期期望效用总是与公平偏好程度负相关，但是在不同的单期期望运营收益水平下，同类项目平均收益水平的变化对政府单期期望效用的影响是不同的。联系实际，单期期望运营收益水平较高的情况更多是对应收益状况良好的可行性缺口补助类项目，如收费高速公路等，而单期期望运营收益水平较低的情况通常是对应收益状况较差的政府付费类项目，所以为了最大化社会福利，针对不同类型（单期特许运营收益与单期期望运营收益相对大小不同）的 PPP 项目，除了考虑社会资本公平偏好程度外，还应注意同类项目平均收益水平的高低。

二、研究结论

本章在借鉴 FS 模型和 BO 模型的基础上，以同类项目平均收益水平为公平参照点，将社会资本的公平偏好引入到 PPP 项目的政府补偿机制研究中，建立了基于社会资本公平偏好的 PPP 项目的政府补偿博弈模型，探讨了社会资本公平偏好对政府补偿机制设计的影响（高华等，2020）。通过模型分析及模拟，得出以下结论。

（1）社会资本所愿意付出的初始投资成本随公平偏好程度的增高而增高。

（2）社会资本的公平偏好对最优年建设成本补偿的影响并不是严格的正相

关或负相关，而是取决于公平参照点（同类项目平均收益水平）的大小。具体而言，当社会资本选择的公平参照点较大（即同类项目平均收益水平 $F>\varDelta$）时，最优年建设成本补偿与社会资本的公平偏好程度正相关；当社会资本选择的公平参照点较小（即同类项目平均收益水平 $F<\varDelta$）时，最优年建设成本补偿与社会资本的公平偏好程度负相关；特别地，当社会资本选择的公平参照点刚好等于某一数值（即同类项目平均收益水平 $F=\varDelta$）时，社会资本公平偏好程度对年建设成本补偿无影响。

（3）在仅考虑公平偏好的情况下，政府单期期望效用与公平偏好程度负相关，但是在不同的单期期望运营收益水平下，公平参照点的高低对政府单期期望效用的影响是不同的。

三、公平偏好下 PPP 项目政府补偿机制设计的建议

考虑到社会资本的公平偏好程度会显著影响其自身的初始投资成本、政府的年建设成本补偿、运营期补偿系数以及政府单期期望效用水平，因此政府在设计 PPP 项目的政府补偿机制时应充分考虑社会资本公平偏好的影响，具体设计建议如下。

（1）不同的公平偏好程度对政府补偿机制设计的影响亦不同，所以政府应在招投标过程中通过问卷调查、心理测试的形式提前对社会资本的公平偏好程度进行测试。

（2）公平参照点（同类项目平均收益水平）的高低、单期特许运营收益与单期期望运营收益的相对大小也会影响公平偏好下 PPP 项目的政府补偿机制的设计，政府可以在对以往同类型项目的投资规模、项目回报机制、营业收入、政府补偿收入水平以及社会资本以往投资项目的投资回报率等调查分析的基础上，确定同类项目平均收益水平的范围；根据项目的投资规模、预期的投资回报率以及以往同类项目的营业收入状况，确定单期特许运营收益与特许期望运营收益的相对大小。

（3）为了缓解政府财政压力，获得社会资本更多的资金投入，政府应尽量选择公平偏好较高的社会资本方。但是考虑到政府单期期望效用的最大化，当单期期望运营收益较高的情况下，政府应尽量选择公平参照点（同类项目平均收益水平）较低且公平偏好程度较低的社会资本参与方；在单期期望运营收益较低的情况下，政府应尽量选择公平参照点较高而公平偏好较低的社会资本参与方。

（4）公平偏好会对年建设成本补偿和运营期补偿系数的设计产生影响，但并非年建设成本补偿和运营期补偿系数越低越好，应在综合考虑公平偏好和同类项目平均收益水平影响的基础上，保证政府单期期望效用的最大化，即实现社会福利的最大化。具体而言，根据单期期望运营收益与单期特许运营收益的相对大小，可以分成两种情况：对于单期特许运营收益小于单期期望运营收益，即单期期望运营收益较高的项目，政府应设计较低的年建设成本补偿和较高的运营期补偿系数；对于单期特许运营收益大于单期期望运营收益，即单期期望运营收益较低的项目，政府应设计较高的年建设成本补偿和较高的运营期补偿系数。

第十五章　风险偏好和公平偏好下 PPP 项目的政府补偿

风险偏好作为影响决策者行为的重要因素之一，被广泛地应用于心理学及行为经济学的研究中。考虑到 PPP 模式的现实状况，近年来大量的 PPP 研究也加入了对决策者风险偏好的考虑，而 PPP 项目的政府补偿作为 PPP 合约的重要组成部分，也有部分学者提出并证明了考虑社会资本风险偏好影响的重要性。此外，PPP 项目的政府补偿是公私双方收益分配的一种形式，而风险和收益是对等的，所以在 PPP 项目的政府补偿机制设计中考虑风险偏好的影响是十分必要的。第十四章公平偏好下 PPP 项目政府补偿的研究是建立在传统的委托代理双方均为风险中性的假设基础上的，而现有的很多研究表明，具有公平偏好的代理人亦会规避风险，风险偏好和公平偏好是影响决策者行为的两个重要因素。但是从文献梳理中发现，现有 PPP 相关领域对风险偏好和公平偏好的研究都是相互独立的，而公平偏好对风险偏好不同的行为主体的激励效果是存在差异的，因此有必要考察风险偏好和公平偏好两种非理性因素对 PPP 模式的政府补偿机制的综合影响。故本章进行了风险偏好和公平偏好下 PPP 项目的政府补偿的博弈分析和研究（高华等，2021b），并为政府补偿机制设计提供相应建议。

第一节　引　　言

风险偏好是指决策者对待风险的态度，不同的人对待风险的态度存在显著的个体差异，包括风险追寻、风险中性和风险厌恶三类（白云涛等，2007）。风险偏好作为决策学、行为经济学中重要的基础假设以及描述决策者心理特征的重要变量（Sitkin and Weingart，1995），被广泛地应用于心理学及行为经济学的研究中。在 PPP 领域中，学者们也逐渐发现对风险偏好的忽视使得现有的 PPP 研究结论存在诸多的局限性。首先，PPP 模式前期的投资额巨大、特许经营期长、收益不确定性高等特点使得 PPP 项目在整个投资、建设、运营阶段都存在大量的风险因素，社会资本的不完全理性特征使其在面临这些风险因素时会表现出特定的风险偏好，而忽略这种偏好将不利于公私双方合理的风险分担；其次，由于政府和社会资本方共同参与投资和收益分配（张惠琴等，2018），受主观认知的影响，社会资本决策者会根据获得的收益比例表现出特定的风险偏好，忽略这种偏好将不利于公私双方合理的收益分配。由此可见，对社会资本风险偏好的考虑将有利于更好地实现 PPP 项目中公私双方“收益共享、风险共担”的原则，因此近几年 PPP 领域的研究中也开始考虑风险偏好的影响。例如，王颖林等（2013）从融资风险偏好出发，发现考虑参与方风险偏好的风险分配总收益可以明显改善平均分配风险情况下的收益分配状况；张惠琴等（2018）将社会资本的主观风险偏好引入 PPP 项目的投资决策研究中，证明了社会资本的投资决策会随其自身风险偏好的不同而不同；王颖林（2017）将风险偏好引入到了 PPP 风险分担的研究中，发现风险偏好会影响社会资本的风险承担意愿，并给出了不同风险偏好下，风险分担及超额收益分配的原则。而且已有研究发现，考虑社会资本风险偏好可以使 PPP 的研究更贴近于现实（张惠琴等，2018）。

在 PPP 项目的政府补偿机制研究中，考虑到政府补偿对社会资本的激励性，决策者往往表现出风险偏好的特性。吴孝灵等（2016a）发现，政府最优补偿契约可以改变风险偏好下社会资本的初始投资决策。杜杨和丰景春（2015）通过建立考虑社会资本风险偏好情境下的 Stackelberg 模型，分析了社会资本风险厌恶对 PPP 项目的政府补偿机制的影响；在此基础上，杜杨和丰景春（2017）进一步考虑了在政府部门与社会资本双方风险偏好存在差异的情况下，最优政府补偿机制的选择。此外，由于风险和收益是对等的，而 PPP 政府补偿作为公私双方收益分配的一种形式，在研究收益分配的同时必然要考虑风险因素。可见，在 PPP 项目的政府补偿中，考虑风险偏好因素的影响是十分必要的。

传统公平偏好的研究大多是建立在委托代理双方均为风险中性的假设基础上的，本研究第十四章第二节公平偏好下 PPP 项目政府补偿的博弈模型也是建立在政府与社会资本均为风险中性的假设基础上的。然而很多研究表明，具有公平偏好的代理人亦会规避风险（Demougin and Fluet，2003），公平偏好对风险偏好不同的行为主体激励效果存在差异：公平偏好在风险中性的代理人中会产生激励效率收益，而在风险规避的代理人中会产生激励效率损失（魏光兴，2007），而且在委托代理、供应链以及工程总承包中，均有学者研究了公平偏好和风险偏好的共同影响，如牛晓琴等（2017）将风险偏好和公平偏好同时引入委托代理研究中，并且发现代理人的公平偏好和风险偏好都会对其努力程度及剩余分享比例产生重要的影响；覃燕红等（2016）指出，公平偏好和风险偏好对供应链主体的行为决策具有重要影响，忽略这两种行为心理因素是导致供应链协调成本高和运作绩效低的重要原因；张洪波和侯嫚嫚（2017）在联合体收益分配的研究中发现，同时考虑风险偏好和公平偏好，会改变完全理性条件下的最优分配比例。但纵观国内外相关文献，PPP研究领域中对风险偏好和公平偏好的考虑都是相互独立的（表15-1），公平偏好和风险偏好对政府补偿机制设计的综合影响尚缺乏系统的研究。基于此，本章将在综合考虑社会资本公平偏好和风险偏好的基础上，运用Stackelberg模型对PPP项目的政府补偿问题进行建模和分析，探究考虑社会资本两种偏好对政府补偿机制设计的综合影响，进一步完善PPP项目政府补偿机制设计。

表15-1　PPP领域中风险偏好和公平偏好研究汇总

文献	研究内容	风险偏好	公平偏好	综合考虑与否
曹启龙等（2016）	PPP项目多任务激励问题		√	—
曹启龙等（2016）	PPP项目补贴方式	√		—
曹启龙等（2016）	PPP项目动态激励契约	√		—
杜杨和丰景春（2015）	PPP项目政府补偿	√		—
杜杨和丰景春（2017）	PPP项目政府补偿	√		—
杜亚灵等（2017）	PPP模式私人部门公平感知量表		√	—
丰景春和杨圣涛（2017）	PPP交通项目超额收益分配		√	—
何涛和赵国杰（2011）	PPP项目风险分担	√		—
胡致臻（2017）	PPP模式政府最低收益担保	√		—
李妍等（2016）	PPP模式风险分担	√		—
刘峰等（2018）	城市轨道交通PPP项目补偿机制	√		—
王颖林等（2013）	PPP项目期权博弈	√		—
王颖林等（2013）	PPP项目风险分担	√		—
王颖林等（2016）	PPP项目激励机制	√		—
王颖林（2017）	PPP项目风险分摊	√	√	否
王卓甫等（2017）	PPP项目政府补贴机制	√		—
王金秋（2018）	PPP项目政府激励监管	√		—
吴孝灵等（2016a）	PPP项目政府补偿	√		—
Han等（2016）	PPP项目政府行为研究	√		—
袁义淞和李腾（2015）	PPP模式委托代理研究	√		—
张惠琴等（2018）	PPP项目投资决策	√		—

第二节　PPP 项目政府补偿博弈模型

与第十四章相似，PPP 项目政府补偿机制的设计仍符合 Stackelberg 模型，但是由于本章增加了对社会资本风险偏好的考虑，所以政府需要在考虑社会资本风险偏好、公平偏好、投资成本等因素的影响后确定最优政府补偿水平，在满足社会资本要求的投资收益情况下，最大化社会效用。

一、模型假设及参数说明

（1）本章中关于初始投资成本、特许经营期、运营成本、年建设成本补偿、运营期补偿系数、年政府补偿、单期特许运营收益、单期实际运营收益、单期期望运营收益、公平偏好、社会价值及财政资金边际社会成本的假设与第十四章保持一致，具体参数及定义见表 15-2。

表 15-2　模型参数及定义

参数	定义	参数	定义
C	初始投资成本	$\overline{R_1}$	单期期望运营收益
T	特许经营期	ε	外界不确定因素决定的随机扰动量
K	成本系数	θ_1	嫉妒偏好系数
S_0	年建设成本补偿	θ_2	自豪偏好系数
S_1	年运营成本补偿	θ	公平偏好系数
ω	运营期补偿系数	F	同类项目平均收益水平
R_0	单期特许运营收益	μ	项目投资成本转换为社会价值的系数
R_1	单期实际运营收益	φ	财政资金的边际社会成本

（2）假设政府为风险中性且公平中性，社会资本为风险偏好且公平偏好，考虑到现实中 PPP 项目的社会资本参与方通常是规避风险的，因此本章仅考虑社会资本风险厌恶的情况，不再对风险中性和风险追寻的情况进行讨论。假设，在不考虑社会资本公平偏好的情况下，社会资本的效用函数满足 $E(\pi_p(S, C)) = -e^{\rho\pi_p(s, c)}$，其中 $\pi_p(S, C)$为社会资本的利润函数，与第十四章所得的利润函数表达式一致，ρ 为社会资本绝对风险规避系数，且满足 $0<\rho\leqslant 1$，ρ 越大，表明

社会资本对风险的厌恶程度越高。根据阿罗–帕拉特（Arrow-Pratt）的结论，可得社会资本的风险成本为$\rho(1-\omega)^2\sigma^2/2$，其中$\sigma^2$为影响产出的方差，风险成本的求解过程参见第十四章。

二、模型构建

根据式（14-1），可得$\pi_p(S,C)$服从正态分布的概率密度函数$f(\pi_p(S,C))$：

$$f\left(\pi_p(S,C)\right)=\frac{1}{\sqrt{2\pi}(1-\omega)\sigma}\exp\left\{\frac{\pi_p(S,C)-\left[S_0+\dfrac{(\omega i-1)C}{T}-\dfrac{KC^2}{T}+(1-\omega)\bar{R}_1\right]}{2(1-\omega)^2\sigma^2}\right\}$$

（15-1）

根据 VNM 效用函数理论可得，社会资本不考虑公平偏好时的期望效用函数与其确定性等价收益 CE 相等，则有

$$\begin{aligned}-\mathrm{e}^{-\rho\pi_p(S,C)}&=E\left(-\mathrm{e}^{-\rho\pi_p(S,C)}\right)\\&=\int-\mathrm{e}^{\rho\pi_p(S,C)}f\left(\pi_p(S,C)\right)d\left(\pi_p(S,C)\right)\\&=\int\exp\left\{\frac{\pi_p(S,C)-\left[S_0+\dfrac{(\omega i-1)C}{T}\right]-\dfrac{KC^2}{T}+(1-\omega)\overline{R_1}}{2(1-\omega)^2\sigma^2}\right\}\\&\quad\times\frac{-e^{-\rho\pi_p(S,C)}}{\sqrt{2\pi}(1-\omega)\sigma}d\left(\pi_p(S,C)\right)\\&=-\exp-\rho\left[S_0+\frac{(\omega i-1)C}{T}-\frac{KC^2}{T}+(1-\omega)\overline{R_1}-\frac{1}{2}\rho(1-\omega)^2\sigma^2\right]\end{aligned}$$

$$\mathrm{CE}=S_0+\frac{(\omega i-1)C}{T}-\frac{KC^2}{T}+(1-\omega)\overline{R_1}-\frac{1}{2}\rho(1-\omega)^2\sigma^2$$

（15-2）

此时考虑到社会资本公平偏好对效用的影响，社会资本方的单期期望效用函数可表示为

$$E_p^r(S,C)=\mathrm{CE}-\theta_1\max(F-\bar{R},0)+\theta_2\max(\bar{R}-F,0) \quad (15\text{-}3)$$

由于两类不公平产生的边际效用相等，社会资本的单期期望效用函数可简化为

$$E_p^r(S,C)=\mathrm{CE}+\theta(\bar{R}-F)$$
$$=S_0+\frac{(\omega i-1)C}{T}-\frac{KC^2}{T}+(1-\omega)\bar{R}_1-\frac{1}{2}\rho(1-\omega)^2\sigma^2+\theta\left[S_0+\omega\left(\frac{iC}{T}-\bar{R}_1\right)+\bar{R}_1-F\right] \tag{15-4}$$

根据上述假设，政府仍保持风险中性且公平中性，因此在考虑社会资本风险偏好和公平偏好情况下的 PPP 项目的社会效益与第十四章仅考虑公平偏好时的社会效益表达式相同，考虑社会资本风险偏好和公平偏好情况下的政府单期期望效用与第十四章仅考虑公平偏好时的政府单期期望效用函数亦相同，即：

$$E_g^r(S,C)=E_g(S,C)=\pi_g(S,C)=\frac{\mu C}{T}-\frac{C}{T}-\frac{KC^2}{T}+(1-\varphi)\left[S_0+\omega\left(\frac{iC}{T}-\bar{R}_1\right)\right] \tag{15-5}$$

由于政府为主导方，社会资本为追随方，首先由政府方确定年建设成本补偿 S_0 和运营期补偿系数 ω，以最大化社会效用，然后社会资本对政府的决策作出反应，确定初始投资成本 C，以最大化自身效用，因此风险偏好和公平偏好下的 PPP 项目政府补偿博弈模型可表示为 Stackelberg 模型：

$$\max_{(S_0,\omega)} E_g^r(S,C)=\frac{\mu C}{T}-\frac{C}{T}-\frac{KC^2}{T}+(1-\varphi)\left[S_0+\omega\left(\frac{iC}{T}-\bar{R}_1\right)\right] \tag{15-6}$$

$$\max_{C} E_p^r(S,C)=S_0+\omega\left(\frac{iC}{T}-\bar{R}_1\right)+\bar{R}_1-\frac{C}{T}-\frac{KC^2}{T}-\frac{1}{2}\rho(1-\omega)^2\sigma^2$$
$$+\theta\left[S_0+\omega\left(\frac{iC}{T}-\bar{R}_1\right)+\bar{R}_1-F\right] \tag{15-7}$$

$$E_p^r(S,\ C)\geqslant U_0 \tag{15-8}$$

其中，U_0 表示社会资本在不接受 PPP 合同时能得到的最大期望效用，是社会资本方的保留效用，与第十四章假设相同。式（15-6）为政府的目标函数；式（15-7）为考虑风险偏好和公平偏好影响下的社会资本的目标函数，即社会资本总会选择使自身期望效用最大化的初始投资成本 C；式（15-8）为社会资本的参与约束，即社会资本参与 PPP 项目所能得到的期望效用不能小于其保留效用。

三、模型求解

由于签订契约前，政府处于主导方，社会资本为追随方，本节将采用逆向归纳法求得政府和社会资本双方的最优解。为区别于仅考虑公平偏好情况下的最优解，同时考虑风险偏好和公平偏好的最优解将用“r^*”表示。

首先考虑社会资本决策，根据式（15-7）得到社会资本期望效用的一阶条件和二阶条件如下：

$$\frac{\partial E_p^r}{\partial C}=-\frac{2K}{T}C+\frac{(1+\theta)i\omega-1}{T} \tag{15-9}$$

$$\frac{\partial^2 E_p}{\partial C^2}=-\frac{2K}{T}<0 \tag{15-10}$$

由式（15-9）、式（15-10）可知，$E_p^r(S,C)$ 是 C 的凹函数。为使社会资本存在最优解，初始投资成本 C^{r^*}应满足$(1+\theta)i\omega-1>0$，从而由式（15-9）可得最优解：

$$C^{r^*}=\frac{(1+\theta)i\omega-1}{2K} \tag{15-11}$$

在决策的第二阶段，政府预测到社会资本按照式（15-11）进行投资决策时，将式（15-11）代入上述同时考虑风险偏好和公平偏好的博弈模型中，政府补偿机制的最优设计转换为求解如下优化问题：

$$\max_{(S_0,\omega)}E_g^r\left(S,C^{r^*}\right)=\frac{\mu C^{r^*}}{T}-\frac{C^{r^*}}{T}-\frac{KC^{r^{*2}}}{T}+(1-\varphi)\left[S_0+\omega\left(\frac{iC^{r^*}}{T}-\overline{R_1}\right)\right] \tag{15-12}$$

$$E_p^r(S,\ C^{r^*})\geqslant U_0 \tag{15-13}$$

令 τ 为式（15-13）的拉格朗日乘数，则上述优化问题的拉格朗日函数可表述如下：

$$L\left(S_0,\omega,\tau\right)=E_p^r\left(S,C^{r^*}\right)+\tau\left[E_p^r\left(S,C^{r^*}\right)-U_0\right] \tag{15-14}$$

对 $L(S_0, \omega, \tau)$求偏导，得到该优化问题的 K-T 条件如下：

$$\frac{\partial L}{\partial S_0}=(1-\varphi)+\tau(1+\theta)=0 \tag{15-15}$$

$$\begin{aligned}\frac{\partial L}{\partial \omega}=&\frac{(\mu-1-\tau)+\left[\tau\left(1+\theta\right)+\left(1-\varphi\right)\right]i\omega}{T}\frac{(1+\theta)i}{2K}+\frac{[\tau(1+\theta)+(1-\varphi)]i}{T}\frac{(1+\theta)i\omega-1}{2K}\\&-\frac{(1+\tau)(1+\theta)i[(1+\theta)i\omega-1]}{2K}-[\tau(1+\theta)+(1-\varphi)]\overline{R}_1+\tau\rho(1-\omega)\sigma^2\end{aligned} \tag{15-16}$$

$$\frac{\partial L}{\partial \tau}=E_p^r\left(S,C^{r^*}\right)-U_0=0 \tag{15-17}$$

由式（15-15）可得

$$\tau=\frac{\varphi-1}{1+\theta} \tag{15-18}$$

代入式（15-16）可得

$$\frac{\partial L}{\partial \omega}=\frac{1}{2KT(1+\theta)}\left[\mu i(1+\theta)^2-(\theta+\varphi)(1+\theta)^2 i^2\omega+2K(\varphi-1)(1-\omega)T\rho\sigma^2\right]=0 \tag{15-19}$$

由式（15-19）可求得政府最优运营期补偿系数 ω^{r*}如下：

$$\omega^{r*}=\frac{\mu i(1+\theta)^2+2K(\varphi-1)T\rho\sigma^2}{(\theta+\varphi)(1+\theta)^2 i^2+2K(\varphi-1)T\rho\sigma^2} \tag{15-20}$$

由$(1+\theta)\ i\omega-1>0$，$\varphi>1$，结合式（15-20）有 $\mu>\varphi>1$ 且满足 $\mu>\frac{\theta+\varphi}{1+\theta}>(\theta+\varphi)i$，将式（15-20）代入式（15-11）得社会资本最优初始投资成本表达式为

$$C^{r^*}=\frac{(1+\theta)i\omega^*-1}{2K}=\frac{\mu i^2(1+\theta)^3+2K(1+\theta)(\varphi-1)iT\rho\sigma^2}{2K(\theta+\varphi)(1+\theta)^2 i^2+4K^2(\varphi-1)T\rho\sigma^2}-\frac{1}{2K} \tag{15-21}$$

由式（15-17）可得

$$E_g^r\left(S,C^{r^*}\right)=U_0 \tag{15-22}$$

即最优政府补偿机制设计应保证社会资本获得的效用恰好等于其保留效用。

把式（15-20）、式（15-21）代入式（15-22），可求得同时考虑风险偏好和公平偏好情况下的最优年建设成本补偿 $S_0^{r^*}$：

$$S_0{}^{r^*}=\frac{U_0+\theta F}{1+\theta}+\frac{\rho\left(1-\omega^{r^*}\right)^2\sigma^2}{2(1+\theta)}-\left(1-\omega^{r^*}\right)\overline{R_1}-\frac{K\left(C^{r^*}\right)^2}{(1+\theta)T} \tag{15-23}$$

由式（15-20）、式（15-21）可得最优运营期补偿 $S_1^{r^*}$：

$$S_1{}^{r^*}=\omega^{r^*}\left(\frac{iC^{r^*}}{T}-\overline{R_1}\right) \tag{15-24}$$

由上述结果可得最优年政府补偿的表达式为

$$S^{r^*}=\frac{U_0+\theta F}{1+\theta}+\frac{\rho\left(1-\omega^{r^*}\right)^2\sigma^2}{2(1+\theta)}+\frac{(1+\theta)i\omega^{r^*}C^{r^*}-K\left(C^{r^*}\right)^2}{(1+\theta)T}-\overline{R_1} \tag{15-25}$$

四、模型分析

基于上述模型求解结果，本小节将从社会资本初始投资成本、年建设成本补偿及运营期补偿系数三方面分析同时考虑社会资本风险偏好和公平偏好情况下的 PPP 项目政府补偿机制。分析结论如下。

结论 15-1：社会资本最优初始投资成本与其风险厌恶程度负相关，与其公平偏好程度正相关。

证明：根据式（15-21），对绝对风险规避系数 ρ 求一阶偏导得

$$\frac{\partial C^{r^*}}{\partial \rho}=\frac{T(\varphi-1)[(\theta+\varphi)i-\mu]i^2(1+\theta)^3}{\left[(\theta+\varphi)i^2(1+\theta)^2+2\rho KT(\varphi-1)\sigma^2\right]^2}$$

由于 $\mu>(\theta+\varphi)i$，所以有 $\frac{\partial C^{r^*}}{\partial \rho}<0$；对公平偏好系数 θ 求一阶偏导得

$$\frac{\partial C^{r^*}}{\partial \theta}=\frac{2i(\varphi-1)}{K[(\theta+\varphi)i^2(1+\theta)^2+2\rho KT(\varphi-1)\sigma^2]}\times\left[\begin{array}{c}\frac{1}{4}\mu i^3(1+\theta)^4+(\varphi-1)K^2T^2\rho^2\sigma^2\\+\frac{3}{2}\mu\rho iKT\sigma^2(1+\theta)^2\\-\left(\theta+\frac{\varphi}{2}+\frac{1}{2}\right)\rho KTi^2\sigma^2(1+\theta)^2\end{array}\right]$$

由于 $\mu>(\theta+\varphi)i$，$\varphi>1$，则有 $\frac{3}{2}\mu>\frac{3}{2}(\theta+\varphi)i>(\theta+\varphi)i>\left(\theta+\frac{\varphi}{2}+\frac{1}{2}\right)i$，所以有 $\frac{\partial C^{r^*}}{\partial \theta}>0$。证毕。

由结论 15-1 及其证明可知，在设有政府补偿的 PPP 项目中，社会资本的风险厌恶程度越高，越倾向于选择保守的投资策略，致使其所愿付出的初始投资成本越低，相反，风险厌恶程度越低的社会资本参与方对风险感知较弱，所愿意付出的初始投资成本会较高；另一方面，在风险偏好一定的情况下，若社会资本公平偏好程度越高，其所愿付出的初始投资成本就越高，这是因为在政府给予建设和运营补偿的前提下，社会资本往往会认为，政府补偿可以保证其获取足够的投资回报来弥补初始投资成本，使其感受到公平待遇，因而越是偏好公平的社会资本，越是倾向于对 PPP 项目进行更高水平的投资。因此，为了使 PPP 项目获得更高的初始投资，政府应尽可能地选择风险厌恶程度低、公平偏好高的社会资本参与方。

结论 15-2：最优运营期补偿系数的大小与风险厌恶程度负相关，而公平偏好对最优运营期补偿系数的影响还取决于风险偏好大小。

证明：根据式（15-20），对社会资本方的绝对风险规避系数 ρ 求一阶偏导得

$$\frac{\partial \omega^{r^*}}{\partial \rho}=\frac{2iKT[(\theta+\varphi)i-\mu](\varphi-1)(1+\theta)^2\sigma^2}{\left[(\theta+\varphi)i^2(1+\theta)^2+2\rho KT(\varphi-1)\sigma^2\right]^2}$$，由于 $\mu>(\theta+\varphi)i$，所以有 $\frac{\partial \omega^{r^*}}{\partial \rho}<0$；对公平偏好系数 θ 求一阶偏导得

$$\frac{\partial\omega^{r^*}}{\partial\theta}=-\frac{6i(1+\theta)}{\left[(\theta+\varphi)i^2(1+\theta)^2+2\rho KT(\varphi-1)\sigma^2\right]^2}\begin{bmatrix}\frac{1}{6}\mu i^2(1+\theta)^3-\frac{2}{3}\mu\rho TK(\varphi-1)\sigma^2\\+\rho iKT(\varphi-1)\left(\theta+\frac{2}{3}\varphi+\frac{1}{3}\right)\sigma^2\end{bmatrix}$$

此时，令

$$\frac{1}{6}\mu i^2(1+\theta)^3-\frac{2}{3}\mu\rho TK(\varphi-1)\sigma^2+\rho iKT(\varphi-1)\left(\theta+\frac{2}{3}\varphi+\frac{1}{3}\right)\sigma^2=0$$

可得

$$\rho=\frac{\mu i^2(1+\theta)^3}{6KT(\varphi-1)\sigma^2\left[\frac{2}{3}\mu-\left(\theta+\frac{2}{3}\varphi+\frac{1}{3}i\right)\right]}$$

当 $\rho>\dfrac{\mu i^2(1+\theta)^3}{6KT(\varphi-1)\sigma^2\left[\frac{2}{3}\mu-\left(\theta+\frac{2}{3}\varphi+\frac{1}{3}i\right)\right]}$ 时，$\dfrac{\partial\omega^{r^*}}{\partial\theta}>0$

当 $\rho<\dfrac{\mu i^2(1+\theta)^3}{6KT(\varphi-1)\sigma^2\left[\frac{2}{3}\mu-\left(\theta+\frac{2}{3}\varphi+\frac{1}{3}i\right)\right]}$ 时，$\dfrac{\partial\omega^{r^*}}{\partial\theta}<0$，

证毕。

由结论15-2及其证明可知，社会资本的风险厌恶程度越高，最优的运营期补偿系数越小，因为设计较小的运营期补偿系数可以降低社会资本的风险预期；当风险厌恶程度大于某一值时，公平偏好程度越高，最优的运营期补偿系数越大，而当风险厌恶程度小于某一值时，公平偏好程度越高，最优的运营期补偿系数越小。可见，公平偏好对最优运营期补偿系数大小的影响还受到风险偏好大小的影响，这是与仅考虑公平偏好下的结论不同。公平偏好和风险偏好的交互影响会改变单独某一偏好对运营期补偿系数影响的方向，因此在设计运营期补偿系数时，政府应当综合考虑社会资本风险偏好和公平偏好的程度。

结论15-3：最优年建设成本补偿与最优运营期补偿系数的关系取决于单期特许运营收益。

对于单期特许运营收益 R_0 与单期期望运营收益 $\overline{R_1}$，当 $R_0-\overline{R}_1<\dfrac{\rho\left(\omega^{r^*}-1\right)\sigma^2}{1+\theta}$ 时，最优年建设成本补偿与最优运营期补偿系数正相关；当 $R_0-\overline{R}_1>\dfrac{\rho\left(\omega^{r^*}-1\right)\sigma^2}{1+\theta}$ 时，最优年建设成本补偿与最优运营期补偿系数负相关。

证明：根据式（15-25），对最优运营期补偿系数 ω^{r*} 求一阶偏导得

$$\frac{\partial S^{r^*}}{\partial \omega^{r^*}}=\overline{R_1}+\frac{\rho\left(\omega^{r^*}-1\right)\sigma^2}{(1+\theta)}-\frac{iC^{r^*}}{T}\text{，由于} R_0=\frac{iC}{T}\text{，即}\frac{\partial S^{r*}}{\partial \omega^{r*}}=\overline{R}_1-R_0+\frac{\rho\left(\omega^{r^*}-1\right)\sigma^2}{(1+\theta)}，$$

所以，当 $R_0-\overline{R}_1<\dfrac{\rho\left(\omega^{r*}-1\right)\sigma^2}{1+\theta}$ 时，$\dfrac{\partial S^{r^*}}{\partial \omega^{*}}>0$，当 $R_0-\overline{R_1}>\dfrac{\rho\left(\omega^{r^*}-1\right)\sigma^2}{1+\theta}$ 时，$\dfrac{\partial S^{r*}}{\partial \omega^{r*}}<0$。证毕。

由结论 15-3 及其证明可知：最优年建设成本补偿与最优运营期补偿系数的设计会受到社会资本风险偏好和公平偏好的综合影响。由于 $\mu>\dfrac{\theta+\varphi}{1+\theta}>(\theta+\varphi)i$，可知 $\omega^{r*}>1$，因此结论中 $\dfrac{\rho\left(\omega^{r^*}-1\right)\sigma^2}{1+\theta}$ 可以看作是社会资本投资 PPP 项目所要求的单期风险及公平溢价成本。具体来说，当单期特许运营收益与单期期望运营收益之差小于单期风险及公平溢价成本时，也就是单期期望运营收益较高时，最优年建设成本补偿与最优运营期补偿系数正相关，这种情况下，项目本身的盈利性较好，政府应设计较低的年建设成本补偿和较小的运营期补偿系数；反之，最优年建设成本补偿与最优运营期补偿系数负相关，此时，单期期望运营收益较低，项目本身的盈利性较差，政府应当设计较低的年建设成本补偿和较大的运营期补偿系数。

结论 15-4：风险偏好对最优年建设成本补偿的影响取决于单期特许运营收益 R_0 与单期期望运营收益 $\overline{R_1}$ 相对大小：当 $R_0-\overline{R}_1<\dfrac{\rho\left(\omega^{r^*}-1\right)\sigma^2}{1+\theta}$ 时，最优年建设成本补偿与风险厌恶程度负相关；当 $R_0-\overline{R_1}>\dfrac{\rho\left(\omega^{r^*}-1\right)\sigma^2}{1+\theta}$ 时，最优年建设成本补偿与风险厌恶程度正相关。公平偏好与最优年建设成本补偿的关系除了受单期特许运营收益 R_0 与单期期望运营收益 $\overline{R_1}$ 相对大小的影响外，还受到风险偏好大小的影响。

证明：由于 $\dfrac{\partial S_0^{r*}}{\partial \rho}=\dfrac{\partial S_0^{r*}}{\partial \omega^{r*}}\times\dfrac{\partial \omega^{r*}}{\partial \rho}$，根据结论 15-2 有 $\dfrac{\partial \omega^{r^*}}{\partial \rho}<0$，结合结论 15-3，当 $R_0-\overline{R_1}<\dfrac{\rho\left(\omega^{r^*}-1\right)\sigma^2}{1+\theta}$ 时，有 $\dfrac{\partial S_0^{r*}}{\partial \omega^{r*}}>0$，所以有 $\dfrac{\partial S_0^{r*}}{\partial \rho}<0$；当 $R_0-\overline{R_1}>\dfrac{\rho\left(\omega^{r^*}-1\right)\sigma^2}{1+\theta}$

时，有 $\frac{\partial S_0^{r*}}{\partial \omega^{r*}}<0$，所以有 $\frac{\partial {S_0}^{r^*}}{\partial \rho}>0$。

由于 $\frac{\partial S_0^{r*}}{\partial \theta}=\frac{\partial S_0^{r*}}{\partial \omega^{r*}}\times\frac{\partial \omega^{r*}}{\partial \theta}$，根据结论 15-2 和结论 15-3 可得以下四种情况：

（1）当 $R_0-\overline{R_1}<\frac{\rho\left(\omega^{r^*}-1\right)\sigma^2}{1+\theta}$ 且 $\rho>\frac{\mu i^2(1+\theta)^3}{6KT(\varphi-1)\sigma^2\left[\frac{2}{3}\mu-\left(\theta+\frac{2}{3}\varphi+\frac{1}{3}i\right)\right]}$ 时，$\frac{\partial {S_0}^{r^*}}{\partial \theta}>0$；

（2）当 $R_0-\overline{R_1}<\frac{\rho\left(\omega^{r^*}-1\right)\sigma^2}{1+\theta}$ 且 $\rho<\frac{\mu i^2(1+\theta)^3}{6KT(\varphi-1)\sigma^2\left[\frac{2}{3}\mu-\left(\theta+\frac{2}{3}\varphi+\frac{1}{3}i\right)\right]}$ 时，$\frac{\partial {S_0}^{r^*}}{\partial \theta}<0$；

（3）当 $R_0-\overline{R_1}>\frac{\rho\left(\omega^{r^*}-1\right)\sigma^2}{1+\theta}$ 且 $\rho>\frac{\mu i^2(1+\theta)^3}{6KT(\varphi-1)\sigma^2\left[\frac{2}{3}\mu-\left(\theta+\frac{2}{3}\varphi+\frac{1}{3}i\right)\right]}$ 时，$\frac{\partial {S_0}^{r^*}}{\partial \theta}<0$；

（4）当 $R_0-\overline{R_1}>\frac{\rho\left(\omega^{r^*}-1\right)\sigma^2}{1+\theta}$ 且 $\rho<\frac{\mu i^2(1+\theta)^3}{6KT(\varphi-1)\sigma^2\left[\frac{2}{3}\mu-\left(\theta+\frac{2}{3}\varphi+\frac{1}{3}i\right)\right]}$ 时，$\frac{\partial {S_0}^{r^*}}{\partial \theta}>0$。证毕。

由结论 15-4 及其证明可知，当单期特许运营收益与单期期望运营收益之差小于单期风险及公平溢价成本时，也就是单期期望运营收益较高时，最优年建设成本补偿随社会资本风险厌恶程度的增高而降低；反之，当单期期望运营收益较低时，最优年建设成本补偿随社会资本风险厌恶程度的增高而增高。在同时考虑风险偏好和公平偏好的情况下，公平偏好对最优年建设成本补偿的影响更为复杂，不仅需要考虑单期特许运营收益与单期期望运营收益的相对大小，还需要考虑风险偏好值的大小。具体而言，当单期特许运营收益与单期期望运营收益之差小于单期风险及公平溢价成本时，若风险厌恶程度大于某一特定值，公平偏好与最优年建设成本补偿正相关，若风险厌恶程度小于某一特定值，公平偏好与最优年建设成本负相关；当单期特许运营收益与单期期望运营收益之差大于单期风险及公平溢价成本时，若风险厌恶程度大于某一特定值，公平偏好与最优年建设成本负相关，若风险厌恶程度小于某一特定值，公平偏好与最优年建设成本正相关。因此，在公平偏好和风险偏好的综合影响下，政府需要在考虑项目单期期望收益高低的基础上，协调年建设期成本补偿和运营期补偿系数二者之间的关系，从而确定最优的年建设成本补偿。

第三节　PPP 项目政府补偿数值分析

通过模型构建及求解，得到了相关参数的最优解并进行了相关分析，为了更好地说明分析结论的正确性，本节将利用 Maple17 进行数值分析。当单期期望运营收益 $\overline{R_1}=10^7$ 时，同类项目平均收益水平 F 满足 $1.79\times10^8\leqslant F\leqslant2.41\times10^8$；当单期期望运营收 $\overline{R_1}=0$ 时，同类项目平均收益水平满足 $7.61\times10^6\leqslant F\leqslant8.60\times10^6$。为了方便分析，本节在 $\overline{R_1}=10^7$ 时，取 $F=2\times10^8$，在 $\overline{R_1}=0$ 时，取 $F=8\times10^6$。具体参数取值见表 15-3。

表 15-3　相关参数取值

参数	μ	φ	σ^2	K	U_0	T	i	F
$\overline{R_1}=10^7$	2.7	1.4	10^6	10^{-9}	0	30	8%	2×10^8
$\overline{R_1}=0$	2.7	1.4	10^6	10^{-9}	0	30	8%	8×10^6

一、风险偏好和公平偏好下 PPP 项目的政府补偿模型的数值模拟

（一）社会资本最优初始投资成本与风险偏好和公平偏好的关系

将表 15-3 中的参数代入式（15-21）得

$$C^{r^*}=\frac{1.728\times10^{-2}(1+\theta)^3+1.92\times10^{-3}\rho(1+\theta)}{1.28\times10^{-11}(\theta+1.4)(1+\theta)^2+4.8\times10^{-11}\rho}-\frac{1}{2\times10^{-9}}$$

应用 Maple17 模拟数据，得到图 15-1。

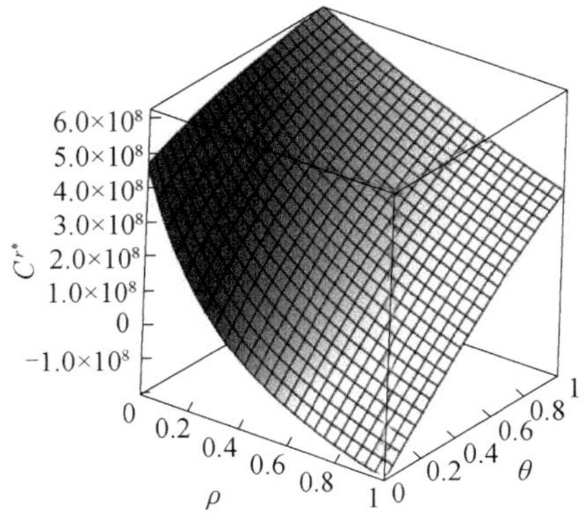

图 15-1　社会资本最优初始投资成本 C^{r*}与社会资本绝对风险规避系数 ρ、公平偏好系数 θ 的关系

从图 15-1 可以看出，在 PPP 项目的政府补偿下，社会资本的最优初始投资成本随社会资本风险厌恶程度的增高而降低，随公平偏好程度的增高而增高，与结论 15-1 一致，并且与仅考虑公平偏好下 PPP 项目的政府补偿机制的结论一致。但是从图 15-1 中还可以发现，公平偏好对最优初始投资成本的影响会随风险厌恶程度的增高而降低，即风险偏好对公平偏好的影响有负向的抑制作用，尤其是当风险偏好足够高而公平偏好较低时，社会资本的最优初始投资成本为负数。也就是说，在这种情况下，社会资本是不会参与 PPP 项目合作的，所以政府在选择社会资本参与方时，不仅需要考虑社会资本公平偏好的影响，还应考虑风险偏好的影响，在风险偏好和公平偏好的共同作用下，为了尽可能地缓解财政支出压力，增加社会资本的初始投资成本，政府应尽量与高公平偏好、低风险偏好的社会资本方合作。

（二）最优运营期补偿系数与风险偏好和公平偏好的关系

将表 15-3 中的参数代入式（15-20）得

$$\omega^{r^*}=\frac{0.216(1+\theta)^2+2.4\times10^{-2}\rho}{0.08^2(\theta+1.4)(1+\theta)^2+2.4\times10^{-2}\rho}$$

应用 Maple17 模拟数据得到图 15-2。

从图 15-2 可以看出，最优运营期补偿系数随着社会资本风险厌恶程度的增高而减小，而最优运营期补偿系数与公平偏好程度并非简单的正相关或负相关：在社会资本风险厌恶程度较高时，最优运营期补偿系数随公平偏好程度的增高而增大，在社会资本风险厌恶程度较低时，最优运营期补偿系数随公平偏好程度的增高而减小，可见公平偏好对最优运营期补偿系数的影响取决于风险偏好的大小，这与结论 15-2 一致。所以政府部门在设计运营期补偿系数时不仅要考虑社会资本公平偏好的影响，还要考虑其风险偏好的影响。

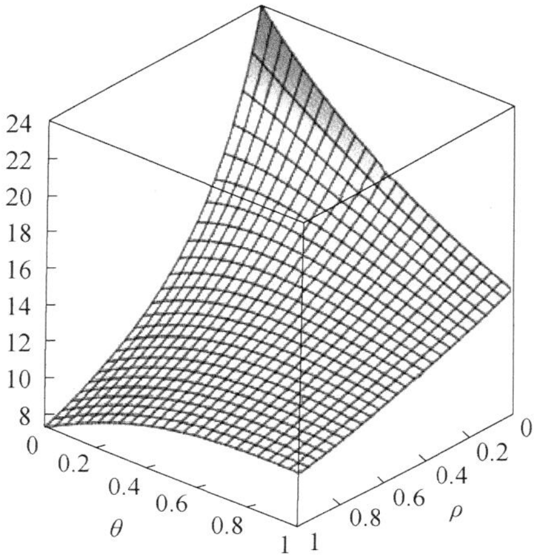

图 15-2　最优运营期补偿系数 ω^{r^*}与社会资本绝对风险规避系数 ρ、公平偏好系数 θ 的关系

（三）最优年建设成本补偿与风险偏好、公平偏好的关系

将表 15-3 中 $\overline{R_1}=10^7$ 和 $\overline{R_1}=0$ 对应的参数值分别代入式（15-23），得到图 15-3（a）和图 15-3（b）。

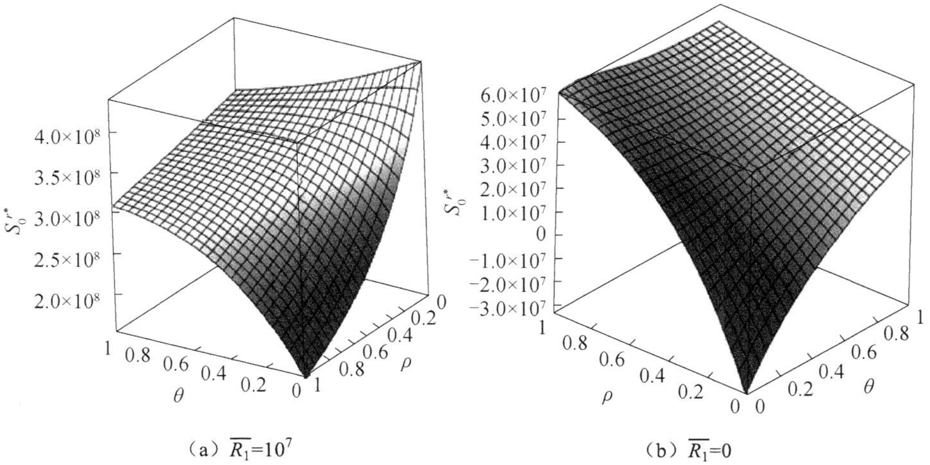

图 15-3　最优年建设成本补偿$S_0^{r^*}$与社会资本绝对风险规避系数 ρ、公平偏好系数 θ 的关系

$\overline{R_1}=10^7$ 时，满足 $R_0-\overline{R_1}<\dfrac{\rho\left(\omega^{r^*}-1\right)\sigma^2}{1+\theta}$，即满足单期特许运营收益与单期

期望运营收益之差小于单期风险及公平溢价成本，此时单期期望运营收益较高。由图 15-3（a）可以看出，当社会资本的风险厌恶程度较低时，最优年建设成本补偿随公平偏好程度增高而降低；当社会资本的风险厌恶程度较高时，最优年建设成本补偿随公平偏好程度增高而增高；但是在单期期望运营收益较高的情况下，无论公平偏好如何，最优年建设成本补偿都随风险厌恶程度的增高而降低。

$\overline{R_1}=0$ 时，满足 $R_0-\overline{R_1}>\dfrac{\rho\left(\omega^{r^*}-1\right)\sigma^2}{1+\theta}$，即满足单期特许运营收益与单期期望运营收益之差大于单期风险及公平溢价成本，此时单期期望运营收益较低。由图 15-3（b）可以看出，当社会资本的风险厌恶程度较低时，最优年建设成本补偿随公平偏好程度的增高而增高；当社会资本的风险厌恶程度较高时，最优年建设成本补偿随公平偏好程度的增高而降低；但是在单期期望运营收益较低的情况下，无论公平偏好如何，最优年建设成本补偿都随风险厌恶程度的增高而增高。

对比图 15-3（a）和图 15-3（b）的两种情况发现，在这两种情况下得到的风险偏好、公平偏好与最优年建设成本补偿的关系是不一致的，也就是说，对于收益状况不同的项目，其风险偏好和公平偏好对最优年建设成本补偿的影响是不同的，所以政府需要在确定单期期望运营收益高低的基础上，综合考虑风险偏好和公平偏好的影响，设计最优的年建设成本进行补偿。这与结论 15-4 一致。

（四）政府单期期望效用与风险偏好和公平偏好的关系

将表 15-3 中 $\overline{R_1}=10^7$ 和 $\overline{R_1}=0$ 对应的参数值分别代入式（15-5），得到图 15-4（a）和图 15-4（b）。

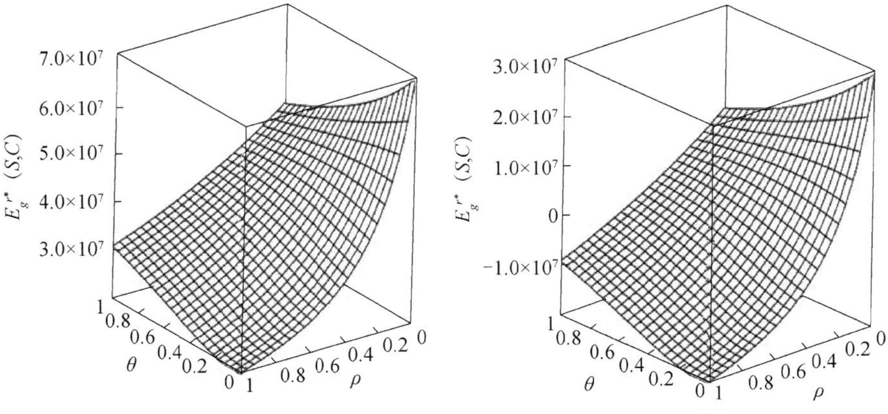

（a）$\overline{R_1}=10^7$　　（b）$\overline{R_1}=0$

图 15-4　政府单期期望效用 $E_g^{r^*}(S,C)$ 与社会资本绝对风险规避系数 ρ、公平偏好系数 θ 的关系

对比图 15-4（a）和图 15-4（b）的两种情况可以发现，无论单期期望运营收益状况如何（单期特许运营收益与特许期望收益之差与单期风险及公平溢价成本的相对大小如何），政府单期期望效用总是随着社会资本风险厌恶程度的增高而降低，但是在两种情况下，由于受风险偏好的影响，公平偏好对政府单期期望效用的影响并不是完全正相关或负相关，并且对比图 14-5（a）和图 14-5（b）的两种情况发现，这是与仅考虑公平偏好的情况所不同的。具体而言，当社会资本风险厌恶程度较低时，政府单期期望效用随公平偏好程度的增大而降低；当社会资本风险厌恶程度较高时，政府单期期望效用随公平偏好程度的增大而增大。因此，无论单期期望运营收益状况如何，政府在选择社会资本时，都应尽量选择风险偏好低且公平偏好低的社会资本参与方。此外，从图 15-4（b）中还可以发现，在单期期望运营收益水平较低时即单期特许运营收益与单期期望运营收益之差大于单期风险及公平溢价成本时，若社会资本风险厌恶程度过高会出现政府单期期望效用为负的情况，从而无法满足社会福利为正的最低要求，因此政府为了使项目满足最大化社会效用，应尽量避免选择风险厌恶程度过高的社会资本参与方。

二、研究结论

本章在第十四章的基础上又引入了风险偏好因素，建立了风险偏好和公平偏好下公私双方之间的 Stackelberg 模型，以综合考察风险偏好和公平偏好对 PPP 项目的政府补偿机制的影响，以及公平偏好在不同风险厌恶程度下对 PPP 项目的政府补偿机制影响的变化（高华等，2021）。通过模型分析及数值模拟，得出以下结论。

（1）社会资本最优初始投资成本与风险偏好和公平偏好的关系：社会资本最优初始投资成本随社会资本风险厌恶程度的增高而降低，随公平偏好程度的增高而增高。与仅考虑公平偏好的情况相比，风险偏好并没有影响公平偏好与最优初始投资成本的正相关关系，但公平偏好对最优初始投资成本的影响程度会随着风险厌恶程度的增高而降低。

（2）最优年建设成本补偿与风险偏好的关系：当社会资本单期期望运营收益较高时，最优年建设成本补偿随风险厌恶程度的增高而减小；当社会资本单期期望运营收益较低时，最优年建设成本补偿随风险厌恶程度的增高而增大。

（3）最优年建设成本补偿与公平偏好的关系：公平偏好与最优年建设成本

补偿的关系不仅受到单期特许运营收益与单期期望运营收益相对大小的影响，还受到风险厌恶程度高低的影响。

（4）最优运营期补偿系数与风险偏好和公平偏好的关系：最优运营期补偿系数随社会资本风险厌恶程度的增高而减小；公平偏好与最优运营期补偿系数的关系也并非完全正相关或负相关，而是取决于风险厌恶程度的高低，当风险厌恶程度较低，小于某一值时，公平偏好与最优运营期补偿系数负相关，反之，则正相关。

（5）在同时考虑风险偏好和公平偏好的情况下，无论单期期望运营收益如何，政府单期期望效用总是随社会资本风险厌恶程度的增高而降低，但相较于仅考虑公平偏好的情况，风险偏好改变了公平偏好与政府单期期望效用的关系，使其并非完全正相关或负相关。

（6）从政府单期期望效用角度来看无论社会资本单期期望运营收益高低如何，政府都应尽量选择与风险偏好和公平偏好均低的社会资本合作。

三、风险偏好和公平偏好下 PPP 项目政府补偿机制设计建议

依据上述分析结论，给出具体的政府补偿机制设计建议如下。

（1）在招投标过程中，除了对公平偏好程度进行测试外，还应通过对社会资本的盈利能力、融资可获得性、项目的潜在竞争程度、项目回报机制、风险承受能力等的考察来对社会资本的风险偏好程度进行测试。

（2）在评估社会资本风险偏好程度和公平偏好程度基础上，应根据项目的投资规模、预期投资回报率以及以往同类项目营业收入状况等确定单期特许运营收益、单期期望运营收益、单期风险及公平溢价成本的大小。

（3）为了获得更多的社会资本投入，政府应尽量选择公平偏好程度高而风险厌恶程度低的社会资本参与方，要避免与风险厌恶程度高的社会资本方合作。特别地，政府应尽量避免与高风险偏好、低公平偏好的社会资本进行 PPP 模式合作的谈判。由于受到公平参照点、单期期望运营收益与单期特许运营收益相对大小的影响，为了最大化社会福利，政府应尽量与风险厌恶程度较低、公平偏好程度也较低的社会资本参与方合作。

（4）由于受到风险偏好、公平偏好的影响，在 PPP 项目的政府补偿机制设计时，并非年建设成本补偿与运营期补偿系数越低越好，而应根据项目类型对

不同风险厌恶程度和公平偏好程度的社会资本方设计不同的政府补偿方案，以实现社会福利最大化。具体而言，对于单期特许运营收益与单期期望运营收益之差小于单期风险及公平溢价成本的项目，即单期期望运营收益较高的项目，应设计较高的年建设成本补偿和较高的运营期补偿系数；对于单期特许运营收益与单期期望运营收益之差大于单期风险及公平溢价成本的项目，即单期期望运营收益较低的项目，应设计较低的年建设成本补偿和较高的运营期补偿系数。

第四节　社会资本方风险偏好和公平偏好的测度

从前面的分析中可知，PPP 项目中，政府选择风险规避度低和公平偏好程度高的社会资本更有利，可减少政府支出并保证项目建设投资投入充分。我国实践中 PPP 模式的主要参与主体是国有企业和民营企业，而且国有企业更容易受到地方政府的偏爱[①]。因此，本节通过问卷和量表进行国有企业和民营企业风险偏好的测试，但对社会资本在项目中公平偏好的测试不能简单地以经济学中的实验方法进行一维测试，而是要结合具体工程实践中可能出现的情况，通过公平感知对其行为的影响进行多维测度，故本研究拟通过情景模拟实验进行国有企业和民营企业两类主要社会资本在 PPP 项目中公平偏好的测试，为政府更好地选择社会资本方提供建议。之所以采用情景模拟实验，在于实验方法可以通过操纵自变量来清楚地观察到公平感知与履约行为之间的对应关系，进而确定其风险偏好程度，而定量和定性分析都不能直接确定二者之间的关系。

一、社会资本方风险偏好和公平偏好的实验设计及假设提出

（一）风险偏好测试的实验设计

风险偏好测试进行了两次，第一次测试的目的是筛选被试者，通过问卷方式进行了个人风险偏好的测试，该次测试的目的是剔除风险追寻者，合格的被试者分为民营企业和国有企业两组，使各组初始的风险偏好程度基本一致。第

① 做好 PPP 需要完善七项政策——《论中国式 PPP》读后感. https://www.sohu.com/a/426583375_773999[2020-10-22].

二次测试在公平偏好情景模拟实验开始之前进行，让被试者作为民营企业或国有企业代表。为了测试在扮演角色不同时，他们的风险偏好是否发生改变，也就是测试国有企业和民营企业决策时风险偏好是否存在差异。第一次选取测试的量表来自百度文库[①]，第二次选取的量表参考了 Ederer 和 Manso（2013）的风险测量问卷。

（二）公平偏好程度测试的实验设计

1. 公平偏好和公平感知

行为和实验经济学家通过博弈实验发现实验参与者的真实行为模式系统地偏离了自私自利的假设，进而提出和验证了不同的公平偏好理论。最早对公平偏好进行研究的是 Adams 和 Rosenbaum（1962），他提出了“分配公平”，随后又有学者提出“程序公平”“互动公平”“信息公平”。公平分为客观公平和公平感知两个层级，前者属于客观的公平状态，后者属于主观的公平感受，二者完全不一致，对行为诱导产生影响的主要是主观层面的公平感知，即每个人的不同心理感受造成对公平的不同感知。公平偏好和公平感知都属于主观层面的公平感受，内在含义基本一致，即交易者通过将自己的境遇与对方进行比较、与市场中其他交易进行比较、与自己以往经历进行比较而得出的一种主观感受，实际上就是经济交易关系中交易伙伴感知的回报结果与其贡献、责任之间的匹配关系。但公平偏好为一维概念，通常是在效用函数中引入利润差异来刻画公平程度，其内涵比较单一，无法详尽地描述出交易者的多重感受，而公平感知是一种多维度概念，一般是通过开发基于不同交易背景的测量量表来描述的，能更加饱满地展现交易主体对客观事物的主观感受。因此，本研究的实验测试是为了更好地反映国有企业和民营企业公平感受的差异性，实验时选用了公平感知替代公平偏好进行多维度测试。

工程项目中，项目参与方表现出对良好信任关系的需求，具有互惠、公平偏好的社会属性（杜亚灵等，2014）。PPP 项目中私人部门的公平感知是指私人部门依据公私双方签订的 PPP 初始合同，对通过再谈判进行调整所得结果和合同履行过程中实际情况的满意程度进行的主观评价（杜亚灵等，2017）。公平感知包括分配公平、程序公平、互动公平和信息公平四个维度，其中分配公平和程序

---

① 风险偏好测试表. https://wenku.baidu.com/view/dcfe877e24c52cc58bd63186bceb19e8b8f6eccb.html [2018-05-06].

公平两个维度已达成共识，其他维度是否纳入概念内则与研究公平感知的考察点与简化处理的需求有关。关于项目中公平感知的维度划分，杜亚灵等（2014）认为，承包商公平感知维度包括分配公平和程序公平，但 PPP 项目中，公私双方交易过程中需满足彼此心理和社会方面的需求，包括尊重、礼貌、诚实、相互理解、公开透明、及时反馈、双向交流等，而信息公平在 PPP 项目中体现得并不明显，并且对承包商的公平感知影响较小，因此，PPP 项目中私人部门公平感知包括分配公平、程序公平和互动公平三个维度（杜亚灵等，2017）。本研究借鉴了该研究成果，将 PPP 项目中的公平感知划分为这三个维度，其中，将 PPP 项目中分配公平划分为收益与风险两部分；程序公平表现为公共部门履行职责的合理性、私人部门知情权的有效性和私人部门质疑权的有效性等三个方面；互动公平分划分为相互对待与信息交换两部分（杜亚灵等，2017）。

对于 PPP 项目，由于我国相关的立法程度低，公平性欠缺，PPP 公私双方的不平等关系使得大多数的私人部门感到不公平（Yang et al.，2018）。这种不公平感知会影响社会资本的决策和合作行为，而私人部门的不恰当决策和行为会给 PPP 其他参与者带来许多问题，最终可能引起 PPP 项目的失败（Soomro and Zhang，2015）。在 PPP 项目合作关系中，PPP 项目合同处于核心地位，是缔约的结果和履约的依据，是其他契约关系得以成立和维系的基础（王俊豪和金暄暄，2016）。因此，本研究以 PPP 合同为中心，通过模拟合同履行过程中合同条款变化的情景来测量社会资本履约行为选择的变化，从而测量社会资本公平感知对其履约行为的影响及国有企业和民营企业之间的差异性。

2. 公平感知与履约行为之间的关系

一般的交易过程中，较高水平的公平感知将有利于双方合作的顺利进行，公平感知与合作绩效之间呈正相关关系（Luo et al.，2015）。同样，在委托代理关系中，公平感知可通过抑制道德风险来实现双方的合作，发包商与承包商作为一种典型的委托代理关系，其行为选择也遵从上述结论（Fehr and Schmidt，2004）。工程项目领域的已有研究发现，承包人公平感知是影响其履约行为选择的重要因素（杜亚灵等，2014）。在缔约阶段，承包商的分配公平与程序公平均对合作具有显著的正向影响，争端谈判中程序公平、分配公平和互动公平有利于激发谈判者的合作行为（吕文学和李智，2016），并对承包商尽善履约行为策略选择具有重要影响（严玲等，2017）。履约过程中，如果承包商感到不公平，就会消极合作（Love et al.，2011），比如承包商对业主处理索赔程序的公平感知会影响索赔处理结果及后续合作行为（Aibinu et al.，2008）。在项目执行过程中，承包商的分配公平感知对其合作行为产生积极影响，且合同条款的明确性将加强这一影响（Zhang et al.，2016），且公平感知对项目交付过程中的合作行为产生正向影响，并且还会降低冲突强度以及改变承包商的纠纷倾向（Aibinu et al.，2011）。因此，本研究对PPP中社会资本的公平感知与履约行为之间的关系提出如下假设。

H1：社会资本的公平感知将会正向影响其履约行为。

H1a：社会资本的分配公平感知程度越高，越会倾向于选择好的履约行为。

H1b：社会资本的程序公平感知程度越高，越会倾向于选择好的履约行为。

H1c：社会资本的互动公平感知程度越高，越会倾向于选择好的履约行为。

3. 公平感知对不同社会资本影响程度的差异性分析

角色理论研究主要在市场营销领域。角色会决定当事人看问题的视角、决策的逻辑和思维方式，当不同的人面对另一方所做出的同一行为时，他们对对方行为的理解是不同的（Grayson，2007）。特定的关系角色在面对相同情况时，一般会做出不同的反应和感知；处于不同角色的分销商面对来自供应商的同一类控制策略，会有不同的感知和判断（Heide and Wathne，2006）。现实交易中，交易双方对自己所扮演的社会角色都有一定的角色意识，这种意识会使得当外界的信任、公平等环境发生变化时，由于角色不同，其感知是有差异的，且这种感知是主导角色行为的内在动因（刘爱东等，2014）。在营销领域的研究中，由于社会角色的不同，当事人对双方交易关系的预期是不同的，这种不同会使得当外部环境发生变化时，其敏感度是有差异的（寿志钢等，2011）。在商业关系中常使用朋友和商人两种典型角色，这两种角色在公平、信任等外部环境发生变化时，其反应是有差异的。朋友角色遵循的是“合适逻辑”，倾向于为了双方之间的合作可以做出一定的牺牲，而商人角色遵循的是“结果逻辑”，其目标是为了实现自身利益的最大化（翟森竞等，2008）。在PPP项目合作中，中国参与PPP 项目的私人部门社会角色的多样化是区别于其他国家的显著特征。这也导致私人部门在与政府部门接触时的角色定位存在差异，国有企业与政府部门通常属于父子或兄弟关系，而民营企业通常属于朋友或商人关系。因其社会声誉、以往合作经历等的差异，它们对其与政府部门之间关系的主观认知也是不同的（杜亚灵和闫鹏，2014）。一旦外界环境发生变化，比如出现了不公平情境，不同类型的社会资本心里公平感知是不同的，这种不同最终会反映到其在项目中的具体行为（杜亚灵等，2016b）。可见，由于社会资本角色不同，其主观认知可能存在差异，针对同一事件的公平感知敏感性也会存在差异，从而会影响其履约行为。民营企业在 PPP 中与政府之间只是合作伙伴关系（王俊豪等，2017），不同于国有企业的父子和兄弟关系，因此民营企业对公平变化感知的反映更加强烈。因此，本研究做如下假设。

H2：公平发生变化时，民营企业的敏感性更强。

H2a：分配公平发生变化时，民营企业的履约行为变化更大。

H2b：程序公平发生变化时，民营企业的履约行为变化更大。

H2c：互动公平发生变化时，民营企业的履约行为变化更大。

4. 公平状态的情景描述

根据公平感知的三维模型，假设第一维度为分配公平，第二维度为程序公平，第三维度为互动公平，那么三种公平维度的高低水平就组成了八种不同的情况，每一维度的高水平赋值为 1，低水平赋值为 0，比如（0，1，1）表示第一维度的分配不公平，而第二维度的程序和第三维度的互动都公平，以此类推。

PPP 项目履约时，当外界环境发生变化，通常需要通过再谈判来调整初始合同，可见合同是社会资本公平感知的参照点，因此通过分析 2014 年财政部颁布的 156 号文和发改委颁布的《政府和社会资本合作项目通用合同指南》（简称 2724 号文），以及文献查阅和案例分析，得到再谈判的观测事件，如表 15-4 所示。

表 15-4　再谈判的观察事件及谈判内容

<table>
<tr><th>序号</th><th>观察事件</th><th>资料来源</th><th>再谈判的主要内容</th></tr>
<tr><td>1</td><td>合同终止
（前提条件没有满足）</td><td>156 号文第二章第四节；
深圳梧桐山隧道 BOT 项目
和田市天然气利用 PPP 项目</td><td rowspan="2">是否给予社会资本经济赔偿？
经济补偿的额度是多少？</td></tr>
<tr><td>2</td><td>回购</td><td>156 号文第二章第八节；
长春汇津污水处理 PPP 项目</td></tr>
<tr><td>3</td><td>项目无法按期运营</td><td>156 号文第二章第八节；
汤逊湖污水处理厂 BOT 项目</td><td rowspan="5">是否给予社会资本经济赔偿？
经济补偿的额度是多少？
是否延展项目工期或
运营期限？
项目是否终止或提前回购？</td></tr>
<tr><td>4</td><td>计划外暂停服务和维护</td><td>156 号文第二章第八节和第九节；
廉江中法供水厂 PPP 项目</td></tr>
<tr><td>5</td><td>政府未按合同提供
相关连接设施</td><td>156 号文第二章第八节和第十三节；
青岛威立雅污水处理 PPP 项目</td></tr>
<tr><td>6</td><td>政府方未按合同负责或
协助获取相关土地权利</td><td>156 号文第二章第八节和第十三节；
河北省保定市易县经济开发区政府
与社会资本合作（PPP）项目</td></tr>
<tr><td>7</td><td>政府方未按期办理
有关审批手续</td><td>156 号文第二章第十三节；
北京市第十水厂 PPP 项目</td></tr>
</table>

续表

序号	观察事件	资料来源	再谈判的主要内容
8	法律变更	156 号文第二章第十五节； 江苏某污水处理厂 BOT 项目	是否给予社会资本经济赔偿？ 经济补偿的额度是多少？ 是否延展项目工期或 运营期限？ 项目是否终止或提前回购？
9	不可抗力事件	156 号文第二章第十六节； 柬埔寨金边机场 BOT 项目； 湖南某电厂 PPP 项目	
10	最低采购量	深圳沙角 B 电厂 BOT 项目； 开发儋州管道燃气工程 PPP 项目	未达到最低采购量，如何 赔偿？
11	建设竞争性项目	福建闽江四桥 BOT 项目； 杭州湾跨海大桥 PPP 项目	是否向社会资本提供赔偿？ 如何赔偿？
12	价格调整	156 号文第二章十一节； 2724 号文第 56 条 来宾生活垃圾焚烧发电 BOT 项目； 山东中华发电 PPP 项目	项目回报率如何重新确定？ 公共产品或服务价格如何 调整？
13	超额利润分享	156 号文第三章第二节； 巴西的圣保罗地下铁四号线 PPP 项目； 沈阳第九水厂 BOT 项目	项目公司与政府部门如何进行 超额利润分成？ 分成的额度是多少？
14	再融资	156 号文第二章第五节； 英国 Darent Valley 医院 PPP 项目； 江苏省村镇污水处理 PPP 项目	如何确定分享给公共部门的因 再融资所得收益？ 所节省财务费用的额度是多少？

根据上述文件和相关案例的总结，制定出八种代表不同维度的客观公平变化的事件作为情景模拟测试选项（表 15-5），来测试不同社会资本公平感知的差异性。

表 15-5　引起公平状态变化的情境描述

情景	事件	情境描述
1	价格调整 （0，1，1）	因运行成本提高，导致项目收益率下降，甚至出现了亏损，您组织相关人员收集材料，最终形成了调价申请，并将其提交政府。政府部门仅同意调价 15%。您对审核结果表示不服，政府专门召开由双方代表参加的会议，在会上对您的处境表示理解
2	法律变更引起的补偿 （1，1，0）	由于国家出台新规定，导致运营成本增加超过 15%，您向政府部门提交了相关补偿事宜的通知。政府组织双方代表进行谈判，但在金额上双方存在分歧。您提交财务报表说明金额的合理性，但是政府收到后并未认真分析。但最终政府同意了您的意见
3	绩效未达标引起的政府付费扣减 （1，0，1）	因为考核未达标，政府通知您采取补救措施。然而补救工作还未完成，政府就派第三方进行维护工作。在此期间，政府提取了相应运营维护保证金，但您没有收到任何费用支出的收录证明。您对此事提出异议，政府专门召开了由双方代表参加的会议，给出了保证金明细，与政府损失基本相符
4	政府回购 （0，0，1）	政府决定回购项目，根据过去两年的项目获利确定转让金额。但您的审核专家认为，项目现在处于上升阶段，应该提高金额。您提出异议，政府仍坚持己方意见。最终经过反复谈判，决定在技术服务合同中提高单价来弥补您的损失

续表

情景	事件	情境描述
5	建设竞争性项目（1，0，0）	项目合同签订时，政府保证项目的排他性，但是政府部门违约建设新项目。您向政府部门提交了有关补偿事件的书面通知。政府部门组织双方代表进行谈判，双方对补偿方式存在分歧，经过您多次申诉，政府部门决定根据专家意见制定补偿计划
6	政府提供相关连接设施（0，1，0）	最近该项目的实际输送量远小于最低输送量，还由于途中经过许多收费站，运输成本增加。您就此事与政府部门进行谈判，但最终的补偿金额比您预期的要低。您对审核结果提出异议，政府专门召开了双方代表参加的会议，但政府代表仍坚持己方意见
7	实际需求量低于最低采购量（0，0，0）	最近项目的实际需求量小于最低采购量，您向政府提交了服务费支出的报表，政府在审查完成后，上报财政局。在超出合同规定的时间内，您收到服务费，并且服务费都是按照实际处理量支付的，使得项目收益下降。您向政府反映情况，政府未采取任何措施
8	不可抗力事件的发生（1，1，1）	因发生了轻微地震，导致项目公司营业额减少 35%。您组织员工对资料进行收集形成补偿报告，并将其提交给政府部门。政府按照合同约定，审核并将结果及时反馈给了您。审核结果表示，某些损失应双方共担，同时对您表示理解，最终补偿金额为最初申报的 90%

5. 履约行为情景事件的设计

Hart 和 Moore 提出的契约参照点理论将项目绩效划分为字面履约绩效和完美履约绩效，而实际上，承包商在合同中还经常表现为机会主义，做出对己有利的选择，因此严玲等（2017）将履约行为设为完美履约、字面履约和机会主义履约三种形式。本研究借鉴该履约行为水平的界定，将 PPP 中社会资本的履约行为确定为三种水平，分别是尽善履约、字面履约、机会主义履约。根据前述 PPP 合同指南和实际 PPP 项目案例分析，共总结出在履约过程中影响社会资本履约行为水平的主要事件八种。在试实验过程中进行情景模拟测试时，发现被试者对各个事件的选项几乎没有差别，因此在正式实验时，为简化实验过程，将实践中经常发生、可能引起再谈判的五种事件作为测试项，并对其在尽善履约、字面履约和机会主义履约三方面进行了描述，如表 15-6 所示。

表 15-6　履约行为的选择

序号	履约过程的事件	履约行为水平		
		尽善履约	字面履约	机会主义履约
1	维护、检修与更新设备	设备扩大维修，及时更新	适当维修，设备无法使用时才更新	维修满足合同约定，更新的金额比正常高
2	处理公众对产品或服务的投诉	深入调查分析，提交切实可行的解决方案，并整改	将结果提交给政府方，进行调查分析	将结果提交给政府方，听取政府方的解决方案

续表

序号	履约过程的事件	履约行为水平		
		尽善履约	字面履约	机会主义履约
3	计划外维护或计划外暂停服务的补救工作	及时通知政府方，开展补救工作，并在合约规定期限内完成	通知政府部门，开展补救工作，必要时才投入额外人员和资金	按合约通知政府方，开展补救工作，要求延长特许期
4	因项目运营产生超额利润而引起的再谈判	严格按合同约定的比例分享给政府方	按合约比例分享给政府，但会适当降低计算结果，减少部分金额	按一定比例分享超额收益，不提供依据
5	政府方不按合同约定支付服务费引起的再谈判	提出的补偿与实际一致，在政府财政困难时能做出妥协	提出的补偿高于实际损失，以此填补政府方少支付的服务费	提出的补偿高于实际损失，以此填补损失，增加收益

6. 实验实施及被试者选取

本研究设计了两场情境实验，一场的被试者为民营企业，另一场的被试者为国有企业。首先，对被试者所扮演的角色进行介绍，让被试者明白自身的优劣势，然后对他们进行风险测试，依据各选项的得分判断不同社会资本的风险规避度的差异；其次，对情境进行介绍，被试者根据自身所处情境，对公共部门的做法做出公平性的评价；最后，在履约行为中选择自身倾向的描述选项。此部分实验变量有两个：公平感知和履约行为水平。

在情境介绍后，需要被试者对政府部门的行为作出公平性评判，包括四个选项：A 非常公平；B 比较公平；C 比较不公平；D 十分不公平。

社会资本履约行为的区分表已在表 15-6 中确定。为了更好地比较被试者的行为倾向，罗列了五种常见的履约行为，在每一种行为下，划分了三种描述，包括尽善履约、字面履约、机会主义履约。被试者需要在评价后选择自身倾向的履约行为描述。

选择的被试者为天津理工大学工程管理和工程造价专业大三、大四的学生，技术经济与管理专业的研究生，以及项目管理硕士（MPM）。尽管学术界对选择学生作为被试者存在争议，大量文献表明学生与专家之间存在一定差异，但对于与更广泛心理现象相关的结果，学生与专家之间往往没有显著差异（Harmon et al.，2015），大学生群体作为被试者与专业人士作为被试者的实验结果并不存在本质上的差异（List，2003）。因此，实验选择了具有工程背景和工程专业的在校学生作为被试者，他们受过合同、融资、法律等专业知识训练，实际项目经验少，不存在固定思维模式，他们对实验中所呈现的相关因素及意义的知觉和判断会比较接近真实情形（Castilla and Benard，2010）。共有 353 位学生参加了第一次风险偏好测试，根据测试结果，剔除风险追寻者 21 位，按风险偏好及男女比例尽量一致原则将其分为 2 组，每组为 166 位。实际现场实验时，有部分被试者没有参加，因此第一组实验共有 135 位被试者参与，问卷全部收回，他们作为民营企业代表。第二组实验共有 114 位被试者参与，问卷全部收回，他们代表国有企业。最终参加实验的被试者平均年龄为 26.8 岁，男性占比约为 58%，女性占比约为 42%。回收答卷后，通过社会科学统计软件包（Statistical Package for the Social Sciences，SPSS）软件分析数据的可靠性。结果显示，克龙巴赫 α 系数（Cronbach's α coefficient）为 0.840，大于标准化项的 0.756 值，可见数据的内在一致性和可靠性较高。

二、社会资本方风险规避度的测试分析

（一）被试者筛选

在进行公平感知对履约行为模拟实验的前一周，首先通过风险偏好测试，进行被试者的筛选。问卷共八个题目，题目中 A、B、C、D 四个选项的风险系数依次增高，参与者选择高风险系数的选项，意味着偏好高风险行为。在题目 1、2 中，各选项所对应的分数依次为 3、6、9、14，在题目 5 中各选项所对应的分数依次为 4、8、12、16，其余题目各选项所对应的分数依次为 3、6、9、12。按其选项所得分数计算每个被试者的总分。根据问卷回答结果，将得 70 分以上的 21 位被试者剔除（视为风险追寻者），将剩下 332 位作为情景模拟实验的被试者并将其分成 2 组，分组原则为各组平均分基本一致，保证初始风险偏好度相同。

（二）不同社会资本风险规避度的测试

该实验在计算机房中进行更为便利，但由于人数多、条件受限，该实验在教室中进行，让被试者将 5 个选项全部做完，根据选项进行得分判断。实验分 2 次进行测试，测试时部分同学没到，总计有 249 位学生参加，其中国有企业代表共 114 位，民营企业代表共 135 位。测试量表共 5 个选项，依次为 A、B、C、D、E，A、B、C、D、E 风险依次加大如果回答 A 选项时选择了概率项，给予被试者 20 分，其他选项不再计算分数，如果选择了确定项，继续看被试者在 B 选项

的选择结果，如果B选项选择了概率项，给予被试者40分，后面的选择不再作为计分依据，依次类推，到最后E选项，如果被试者选择概率项得分100分，选择确定项得分80分，整个测试结束。具体测试结果汇总如图15-5所示，其中得分低的人数越多，表明被试者风险规避度越低。从图中可以看出，得分40分以下的企业中，国有企业占比为61.41%，民营企业占比为47.73%，国有企业分值低的人数比例明显高于民营企业分值低的人数，说明被试者被选为国有企业代表时，其冒险程度增加，作为民营企业代表时冒险程度降低。

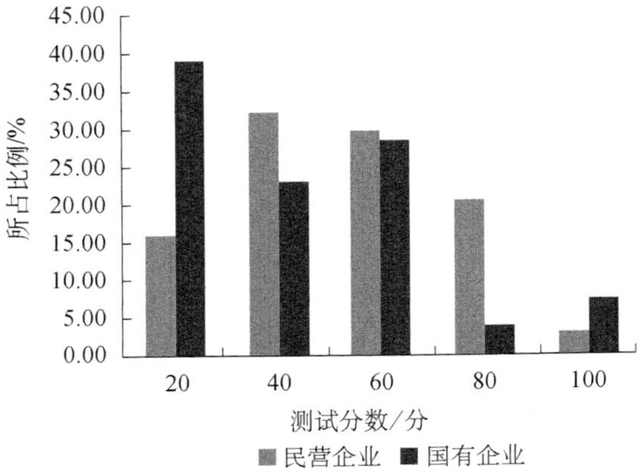

图15-5 国有企业和民营企业风险规避测试结果

因此，通过该实验测试可以得出，国有企业风险规避度低，而民营企业的风险规避度高。这一结论与王守清（2003）、王俊豪等（2017）学者的研究结果及社会普遍认识一致，其根源在于民营企业不易获得融资，在项目运营过程中风险较高，对PPP项目的投资更为谨慎，通常比国有企业更表现为风险规避（李林等，2013）。

三、社会资本方公平偏好的实验分析

（一）检验不同公平维度的交互效应

由于因变量和自变量都属于类别变量，考虑到三种公平维度之间可能存在着交互作用，因此该实验采用多元方差分析（MANOVA），利用SPSS软件对其进行分析。分析结果显示：①经 F 检验，两组数据没有显著差异；②分配公平×程序公平、分配公平×互动公平的交互效应不显著（P 均大于0.05），程序公平×互动公平存在一定的交互效应（P 小于0.05），如表15-7所示。

表 15-7　多元方差分析结果

自变量	履约行为		
	自由度（df）	F 检验（95%置信度）	交互效应（P）
分配公平×程序公平	1115	5.673	0.069
程序公平×互动公平	1115	5.482	0.037
分配公平×互动公平	1115	4.239	0.081

（二）三种公平维度对履约行为的影响

采用方差分析（ANOVA）对数据进行处理，结果如表 15-8 所示：①高分配公平情境下的社会资本履约绩效高于低分配公平情境下的社会资本履约绩效（$M_{高}$=1.649，$M_{低}$=1.386），分配公平对社会资本履约绩效主效应显著（P=0.001），因而假设 H1a 得到验证；②高程序公平情境下的社会资本履约绩效高于低程序公平情境下的社会资本履约绩效（$M_{高}$=1.627，$M_{低}$=1.412），程序公平对社会资本履约绩效的主效应显著（P=0.013），因而假设 H1b 得到验证；③高互动公平情境下的社会资本履约绩效高于低互动公平情境下的社会资本履约绩效（$M_{高}$=1.574，$M_{低}$=1.378），互动公平对社会资本履约绩效的主效应显著（P=0.021），因而假设 H1c 得到验证；④不同维度的公平对履约行为的作用程度不一，结合表 15-8 方差的分析结果，表现为分配公平＞程序公平＞互动公平。

表 15-8　自变量对因变量的主效应分析结果

自变量	履约绩效		
	$M_{高}$	$M_{低}$	主效应（P）
分配公平	1.649	1.386	0.001
程序公平	1.627	1.412	0.013
互动公平	1.574	1.378	0.021

综上，本研究提出的公平感知与履约行为之间的关系假设得到了全部验证，社会资本的公平感知正向作用于其履约行为的选择，且分配公平表现得最为突出，这是对社会资本公平偏好的进一步验证，也就是说，不论国有企业还是民营企业，都是偏好公平的，尤其是分配公平会对其行为选择产生正向影响。

（三）不同社会资本公平感知对履约行为影响的对比分析

1. 不同社会资本分配公平对履约行为影响的对比分析

针对国有企业和民营企业分配公平下的履约行为选择，得到的结果如图 15-6

所示。当处于低分配公平时，国有企业的履约行为普遍会比民营企业好；当处于高分配公平时，国有企业的履约行为依旧比民营企业好，但差距不明显。在分配公平变化时，民营企业履约行为选择的敏感性较高，验证了 H2a 假设的成立。导致这种现象出现的原因可能与民营企业更注重投资回报有关。

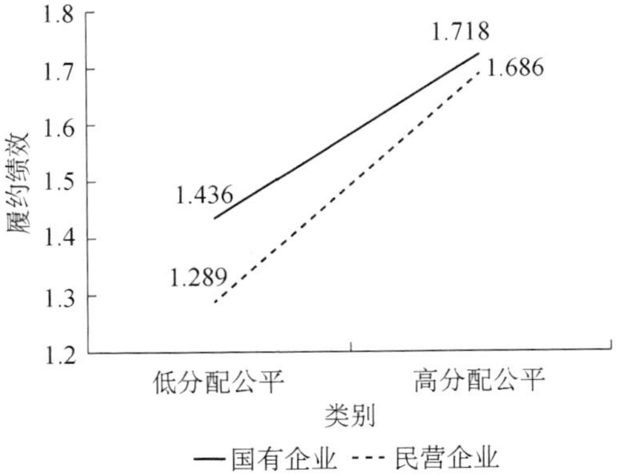

图 15-6　分配公平变化差异性分析

2. 不同社会资本程序公平对履约行为影响的对比分析

针对不同社会资本程序公平下的履约行为选择，得到的结果如图 15-7 所示。当处于低程序公平时，国有企业的履约行为会比民营企业好，但区分度不高；当处于高程序公平时，国有企业的履约行为依旧比民营企业好，并且差距明显。国有企业的履约行为对程序公平的敏感性较高。对于假设 H2b 而言，此处实验结果不能验证其成立，而是得到对于程序的敏感度国有企业一般要高于民营企业的结论。

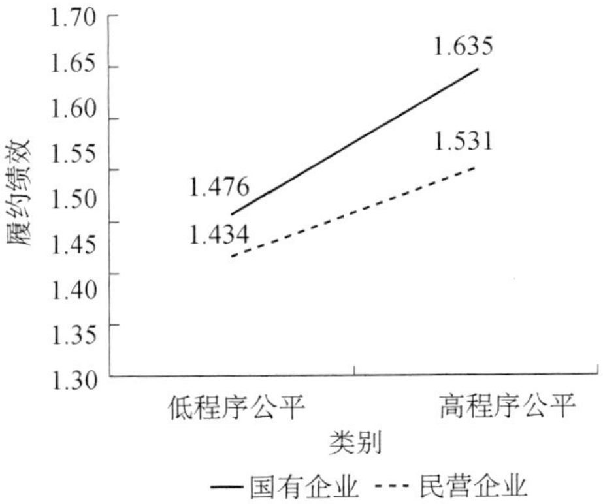

图 15-7　程序公平变化差异性分析

3. 不同社会资本互动公平对履约行为影响的对比分析

针对不同社会资本互动公平下的履约行为选择，得到的结果如图 15-8 所示。当处于低互动公平时，民营企业的履约行为与国有企业相差无几；当处于高互动公平时，民营企业的履约行为比国有企业好。在互动公平变化时，民营企业履约行为的敏感性更高，从而验证了 H2c 假设的成立。民营企业一般与政府部门接触较少，对彼此的处事方式还处于摸索阶段，当民营企业感觉公共部门对其态度有变化时，会本能地采取措施来迎合或抵抗对方。国有企业与政府部门接触较多，有比较深入的了解，当政府部门态度发生变化时，不一定会采取应对措施。

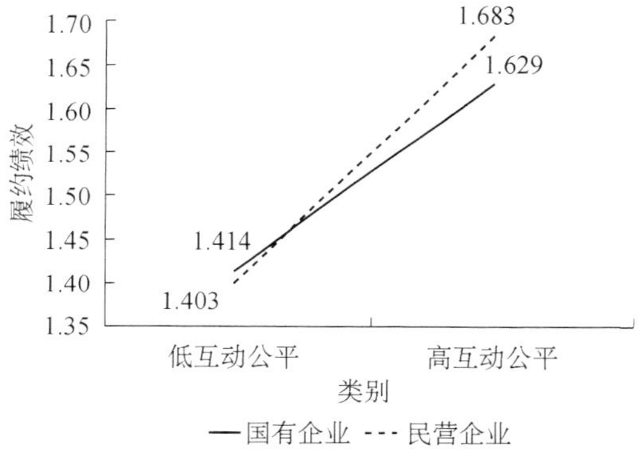

图 15-8 不同社会资本互动公平变化对履约行为的影响

可见，民营企业对分配公平和互动公平的敏感度较高，而国有企业对程序公平的敏感度较高。单从收益分配角度来看，民营企业对收益分配变化的敏感性更强。因此，可以得出民营企业的公平偏好整体上应比国有企业高，即民营企业的公平偏好程度更高。实验对假设进行了验证，除了 H2b 不成立外，其他假设都成立。

四、研究结论及政策建议

（一）研究结果及讨论

从实验结果来看，国有企业的风险规避度低，公平偏好程度低，而民营企业风险规避度高，公平偏好程度高。因此，从风险偏好视角来看，地方政府应选择国有企业；从公平偏好视角来看，地方政府应选择民营企业。理论上来说，二者应不相上下，但为何现实中地方政府更偏爱国有企业？其根源如下。

首先，从 PPP 在中国兴起的根源来看，降低政府债务风险是原动力。2013 年底，审计署公布了政府债务审计结果：截止到 2013 年 6 月底，地方政府负有偿还义务的债务达到了 20.7 万亿元。之后，中央政府下达了控制地方政府债务风险的通知，大力倡导发展 PPP 模式，其首要目标是利用社会民间资本融资，降低政府债务规模，进而降低政府债务风险。PPP 项目中，政府与社会资本的分配风险过程与地位非对称程度呈正相关关系。完全信息条件下，公共部门一定会利用其强势地位逼迫私人部门接受额外份额的风险转移，但信息不完全时公共部门额外转移给私人部门的风险会降低（Miller and Lessard，2001）。政府在选择社会资本时，首先考虑的是使自身风险最小化，这使地方政府在选择社会资本时更偏爱风险规避度低的社会资本，而国有企业风险规避度低，恰好符合这个特征，地方政府可将更多风险转移给它，因此从风险视角来看，地方政府更偏爱国有企业。

其次，地方政府既想转移风险，又不想花费更多代价，更喜爱对收益分配变化不敏感的社会资本。从我国实际实施的 PPP 项目来看，《财政部关于印发〈政府和社会资本合作项目财政承受能力论证指引〉的通知》（财金〔2015〕21 号）第十七条及有关规定，年度折现率应该考虑财政补贴支出发生年份，并参照同期地方政府债券收益率合理确定。各地政府给予 PPP 项目的回报率一般都是在地方政府债券利率的基础上，考虑风险程度来上浮一定的百分比，但回报率通常达不到社会折现率（8%）的水平。对民营资本来说，项目风险大而回报率低，其违约风险加大，项目融资成本上升，资金成本自然而然增加，而且 PPP 项目一旦建成，项目只能用于最初计划的用途，资产专用性高，其特点是不可撤销的实质性承诺、成功时不对称的报酬结构，但失败的概率也很大（柯永建等，2008a）。因此，承担高风险但获得不对等较低回报的 PPP 项目对收益分配公平性更敏感的民营企业来说没有吸引力，它不愿参加到 PPP 项目中来，这使得地方政府在某种程度上不得不选择国有企业。而且国有企业对回报率的期望普遍低于民营企业，当民营企业还在不满足于每年 10%回报率的同时，国企却能接受低于 8%的回报率（裴俊巍，2016）。因此，对收益分配变化不敏感的国有企业是地方政府希望尽可能降低财政负担时的首选，更偏爱它。

最后，从我国入库的 PPP 项目行业来看，交通运输、市政工程和城镇开发的 PPP 项目排在前三位，占到投资总额的 60%以上。这些项目的投资额巨大，与民营企业的财务实力相差甚远，客观上进一步阻碍了民营企业加入到 PPP 项目中。国有企业经过多年的发展，尤其是已经上市的中央企业，其资金实力超强，又有投资需求，并且与政府之间关系较为亲密，合作中遇到各种事件时，容易达成协议。而且 PPP 项目都是基础设施和公用事业类项目，属于典型的公共产品，项目出现问题容易引发社会问题。当问题出现时，国有企业更容易协商解决，这也是地方政府更偏爱国有企业的一个原因。

综上，无论从风险转移，回报给付现状还是资金实力上，地方政府都更偏爱国有企业。

（二）政策建议

PPP 项目中，过多的国有企业参与是中国 PPP 项目的一大特色，为缓解地方政府债务风险起到了一定作用，但国有企业自身产权的软约束使其在效率方面较民营企业稍有逊色，当 PPP 项目向前推进和发展，更关注运营效率时，应鼓励更多的民营企业参与进来。根据实验分析结果，提出如下建议。

第一，地方政府要重视 PPP 项目风险的合理分担。起初，随着公共部门转移给私营部门的风险增加，PPP 项目的效率不断上升，总成本不断下降，资金价值不断上升，但当风险转移到一定程度后，项目的效率将开始下降，总成本将开始上升，资金价值也将开始下降（柯永建等，2008b），且 PPP 项目失败的主要原因就是风险分担的不合理（Li et al.，2005b）。合理的风险分担是 PPP 项目成功的第一要素（Wang and Chou，2003），能促进项目成功（柯永建等，2008a）。因此，地方政府要重视 PPP 项目风险的合理分担，而不是一味地将风险转移给社会资本。应确定合理的分担机制，激励风险承担者努力降低风险发生的概率，而且明确的风险分担条款有利于避免复杂的谈判，减少谈判时间和成本（Ménard and Oudot，2007），这样有利于降低公私双方的风险控制成本，提高社会资本控制风险的积极性，从而提高社会资本，尤其是民间资本投资 PPP 项目的积极性。

第二，地方政府要确定合理的 PPP 项目回报率。PPP 项目的回报率就是项目使用的折现率，对项目物有所值评价有着重要影响，直接决定 PPP 模式的采用与否（Morallos and Amekudzi，2008）。对折现率的确定有四种方法，包括社会时间偏好率、社会机会成本、资本资产定价模型和无风险利率（通常选用公共债券利率）。目前，我国采用的折现率是在无风险利率基础上浮动一定的百分比，普遍较低，不能有效吸引民间资本投资。PPP 项目的公共品属性使其不能给予社会资本过高的回报，但也不应低于风险水平相似的同类型项目回报，对此可以借鉴国外发达国家的有效做法。实践中，澳大利亚在考虑项目具体情况的基础上，采用 CAPM 确定项目折现率（Morallos and Amekudzi，2008），葡萄牙利用 CAPM 测算交通 PPP 项目的折现率（高华和侯晓轩，2018），美国弗吉尼亚州经常使用 CAPM 作为折现率计算的一种方法（彭为等，2014）。可见，CAPM 是各国广泛采用的一个确定 PPP 折现率的有效方法，可以对风险、成本和收益进行综合反映，更适合社会资本用来进行项目收益率的评价。因此，建议我国 PPP 项目回报率的确定采用 CAPM 的方法，但由于 PPP 项目中的风险由政府和社会资本共同承担，所以要考虑项目具体风险分担的影响来对折现率进行相应调整。

第三，提倡和发展社会资本联合体参与到 PPP 项目中来。从博弈分析结果来看，政府部门应选择风险规避度低和公平偏好程度高的社会资本，而国有企业风险规避度低，民营企业公平偏好程度高，二者组成联合体，即成为混合所有制经济实体进行 PPP 项目投资，可以充分发挥各自特长，既能弥补民营资本实力不强，提高其风险承受能力和社会责任感，同时又可增强国有企业对收益分配变动的敏感性，也就是提高其公平偏好程度。因此，对于政府部门来说，联合体的混合所有制经济实体的风险规避度较低，公平偏好程度较高，有利于保证未来 PPP 项目初始投资及适度降低政府运营补偿和激励支出。混合所有制还有利于提高 PPP 项目运营效率，因为纯公有制委托人缺位，产权约束力较弱，更重视公平性，效率居于次要地位。由于民营企业的加入，混合所有制经济实体在一定程度上可以提升活力，提高效率，这对 PPP 项目运营是有利的。此外，混合所有制经济实体还有利于降低 PPP 项目可能引起的财政风险。若过多的国有企业参与到 PPP 项目中，让地方政府将风险转移到国有企业，一旦风险发生，国有企业不能承担，那么这些风险最终还是要由政府承担。可见，如果社会资本大部分都是国有企业，对于政府来说，意味着 PPP 项目运营效率低下且未来集聚的财政风险可能过大，对其非常不利，而民营企业的加入可以适当克服这些缺陷，为 PPP 项目注入活力，利于提升效率和降低风险。

第四，对于已经签订合同的 PPP 项目，注重不同类型社会资本的管理。当社会资本来自国有企业时，政府部门在履约阶段应该注重提升社会资本的程序公平感。首先，明确自身的职责，切实有力地去执行，对合同赋予社会资本的权力不能强加干预，即从微观事务中剥离出来，转而在宏观层面上给予正确的指导和沟通。其次，要落实社会资本的质疑权和知情权，及时将己方掌握的且与社会资本利益相关的信息提供给对方，对社会资本提出的质疑应当及时予以解决。当社会资本来自民营企业时，首先，政府在履约阶段应该着重提升民企的分配公平感和互动公平感。在发生损害和谈判的调价中，政府应尽量保证任何利益调整的结果符合合同的初衷。对于双方争执不下的情况，如果民企能够提供真实、充分的依据，政府部门应适当做出妥协。其次，双方应该建立平等的交易关系，充分考虑对方的难处，态度要真诚，及时答复对方提交的方案和审查意见，并邀请对方参与有关决策的会议。

参 考 文 献

安晓伟，丁继勇，王卓甫，等. 2017. 主体公平关切行为对联合体工程总承包项目优化的影响. 北京理工大学学报（社会科学版），19（6）：87-94.

巴曙松. 2011. 地方债务问题应当如何化解. 西南金融，（10）：4-6.

白德全. 2018. 规范 PPP 发展防范化解地方政府债务风险. 理论探讨，（3）：88-94.

白彦锋，胡涵. 2012. 增值税“扩围”改革后中央与地方收入分享比例问题研究. 税务研究，（1）：38-41.

白云涛，郭菊娥，席酉民. 2007. 高层管理团队风险偏好异质性对战略投资决策影响效应的实验研究. 南开管理评论，10（2）：25-30，44.

毕蕾. 2016. 公共基础设施 PPP 项目主体间的机会主义及治理. 财经问题研究，（4）：18-23.

曹启龙，盛昭瀚，周晶，等. 2014. 基于公平偏好的我国政府投资项目代建制激励-监督模型. 中国软科学，（10）：144-153.

曹启龙，盛昭瀚，周晶，等. 2016. 公平偏好下 PPP 项目多任务激励问题研究. 预测，35（1）：75-80.

曹启龙，周晶，盛昭瀚. 2017. PPP 项目中政府补偿与社会资本投资运营决策研究. 运筹与管理，（12）：1-8.

陈国绪. 2014. 我国地方政府信用评级制度创新研究. 财经问题研究，（8）：107-112.

陈鹏飞. 2020. 基于实物期权的城市轨道交通 PPP 项目定量评估研究. 西安理工大学硕士学位论文.

陈少强. 2018. 完善 PPP 财政风险管理研究：基于流量管理和存量管理相结合的视角. 中央财经大学学报.（12）：3-13.

陈炜，吴文清. 2016. 系统动力学模型视角下的教育财政投入研究：以海南省为例. 河北工业科技，33（4）：269-274.

陈晓红，郭佩含. 2016. 基于实物期权的 PPP 项目政府补偿机制研究. 软科学，30（7）：26-29.

陈志勇，庄佳强. 2014. 地方政府信用评级方法比较及在我国的应用. 财政研究，（7）：25-28.

程宏伟. 2005. 地方政府信用评价指标体系构建研究. 浙江大学硕士学位论文.

程鸿群，邱辉凌，张洛熙，等. 2014. BT 投资模式下城市公共基础设施项目风险评价. 武汉理工大学学报（信息与管理工程版），36（1）：86-90.
达霖·格里姆赛，莫文·K. 刘易斯. 2016. PPP 革命：公共服务中的政府和社会资本合作. 北京：中国人民大学出版社.
戴大双. 2005. 项目融资. 北京：机械工业出版社.
戴双兴，吴其勉. 2016. 土地出让金、房地产税与地方政府债务规模实证研究. 东南学术，（2）：124-131.
邓小鹏，熊伟，袁竞峰，等. 2009. 基于各方满意的 PPP 项目动态调价与补贴模型及实证研究. 东南大学学报（自然科学版），39（6）：1252-1257.
董冠洋. 2013. 原财政部长项怀诚称中国地方政府债务或超 20 万亿. http：//www.china.com.cn/news/2013-04/07/content_28461075.htm[2020-01-09].
董其文. 2010. 加快推进扩大增值税征收范围的改革. 税务研究，（11）：25-28.
董再平. 2016. 我国 PPP 模式政府性债务类型及特征分析. 地方财政研究，（9）：61-66，87.
杜思正，冷艳丽. 2017. 地方政府性债务风险预警评价研究. 上海金融，（3）：34-44.
杜晓君，刘赫. 2012. 基于扎根理论的中国企业海外并购关键风险的识别研究. 管理评论，24（4）：18-27.
杜亚灵，李会玲，柯洪. 2014. 工程项目中业主初始信任对合作的影响研究：承包商公平感知的中介作用. 管理学报，11（10）：1542-1551.
杜亚灵，李会玲，柯洪. 2016a. 中国情境下工程项目中承包商公平感知量表的开发与验证. 系统管理学报，（1）：165-174.
杜亚灵，孙娜，柯丹. 2017. PPP 项目中私人部门公平感知量表的开发与验证. 重庆大学学报（社会科学版），23（3）：52-62.
杜亚灵，唐海荣. 2012. 合同治理对 BT 项目投资控制的案例研究. 北京理工大学学报（社会科学版），14（5）：71-77.
杜亚灵，闫鹏. 2014. PPP 项目中初始信任形成机理的实证研究. 土木工程学报，（4）：115-124.
杜亚灵，尹贻林. 2010. 城市轨道交通 BT 项目投资控制系统研究. 建筑经济，（7）：90-94.
杜亚灵，尹贻林. 2011. 回购式契约视角下政府对 BT 项目的投资控制研究. 科技管理研究，31（23）：176-179.
杜亚灵，尹贻林. 2012. 不完全契约视角下的工程项目风险分担框架研究. 重庆大学学报（社会科学版），2012，18（1）：65-70.
杜亚灵，张凯红，马辉，等. 2016b. PPP 项目中控制对信任影响的多案例研究：角色感知的调节作用. 管理学报，2016，13（9）：1286-1295.

杜杨，丰景春. 2015. 考虑风险偏好的Stackelberg博弈模型及其在PPP项目中的数值求解. 华侨大学学报（自然科学版），36（4）：472-477.
杜杨，丰景春. 2017. 基于公私不同风险偏好的 PPP 项目政府补偿机制研究. 运筹与管理，（11）：190-199.
段安琪. 2016. 试论我国债券信用评级方法. 经贸实践，（23）：113.
范柏乃，张鸣. 2012. 地方政府信用影响因素及影响机理研究：基于116个县级行政区域的调查. 公共管理学报，9（2）：1-10，122.
方桦，徐庆阳. 2019. 政府审计视角下的PPP项目政府债务风险管理研究. 财会月刊，（11）：110-117.
费小冬. 2008. 扎根理论研究方法论：要素、研究程序和评判标准. 公共行政评论，（3）：23-43.
丰景春，杨圣涛. 2017. 基于公平偏好理论的 PPP 交通项目超额收益分配研究. 软科学，（10）：120-124.
冯锦军，谷娟. 2014. 经济社会学视域下地方政府债务风险形成机理及治理研究. 理论探讨，（4）：91-94.
冯珂，王守清，张子龙，等. 2015. 城市轨道交通PPP项目政府票价补贴问题研究. 价格理论与实践，（3）：51-53.
付剑峰. 2019. 水库水源地生态补偿动态调整机制研究. 水科学与工程技术，（4）：21-23.
傅鸿源，何寿奎. 2006. 信息非对称条件下BT项目质量控制决策. 系统工程理论与实践，26（8）：69-75.
傅强，朱浩. 2014. 基于公共偏好理论的激励机制研究：兼顾横向公平偏好和纵向公平偏好. 管理工程学报，28（3）：190-195.
高凤，宋良荣. 2013. 增值税扩围后中央与地方分享比例测算. 财会月刊，（4）：56-57.
高华. 2013. 我国BT模式投资建设合同研究. 天津：天津科学技术出版社.
高华，何书垚，王博. 2016a. BT项目合同风险分担研究. 重庆大学学报（社会科学版），22（3）：89-99.
高华，侯晓轩. 2018. PPP物有所值评价中折现率的选择：基于STPR法与CAPM模型. 财会月刊，（8）：107-112.
高华，侯晓轩，张新鑫. 2021b. 基于风险偏好和公平偏好的 PPP 项目政府补偿机制研究. 运筹与管理，（6）：191-197.
高华，刘程程，王晓洁. 2017b. 风险分担视角下专利权质押融资估值研究. 科技进步与对策，（5）：105-111.
高华，刘程程，朱俊文，等. 2015b. BT项目控制权配置及其对投资控制的影响. 建筑经济，

36（8）：37-40.
高华，齐浩，朱俊文. 2014. 地铁工程 BT 项目回购方式的比较与分析. 综合运输，（10）：66-70.
高华，齐浩，朱俊文. 2015a. 轨道交通 BT 项目风险分担研究. 土木工程学报，（3）：128-136.
高华，孙赵航天，程风华. 2016c. 污水处理 PPP 项目价格形成与动态调整机制研究. 价格理论与实践，（11）：130-133.
高华，孙赵航天，齐浩. 2016b. BT 债务风险评价指标体系构建及应用. 财会通讯，（4）：37-40.
高华，王晓洁，侯晓轩. 2017a. 基于扎根理论的 BT 债务风险因素识别研究. 财会通讯，（17）：96-99.
高华，谢强. 2009. BT 项目回购方案的财务分析. 建筑经济，（9）：26-28.
高华，张璇. 2020. 地方政府债务风险评价研究：动态系统模型与预测. 财经论丛（浙江财经学院学报），（3）：34-44.
高华，张璇，侯晓轩. 2020. 社会资本公平偏好下 PPP 项目政府补偿机制研究. 会计之友，（16）：75-81.
高华，张璇，柯洪. 2021a. 提升 PPP 政府债务风险评价质量研究. 宏观质量研究，（6）：1-13.
高英慧，高雷阜. 2013. 基于混沌理论的地方政府债务风险预警管理研究. 社会科学辑刊，（4）：42-46.
高颖，张水波，冯卓. 2015. PPP 项目运营期间需求量下降情形下的补偿机制研究. 管理工程学报，29（2）：93-102.
耿变华. 2013. 浅议增值税“扩围”的税收收入归属问题. 经济研究导刊，（12）：21-22.
郭琳. 2001. 地方政府债务融资管理的现状、问题与对策. 中央财经大学学报，（8）：36-40.
郭琳，陈春光. 2002.论我国地方政府债务风险的四大成因. 山东大学学报（人文社会科学版），（1）：121.
郭琳，樊丽明. 2001. 地方政府债务风险分析. 财政研究，（5）：64-68.
郭明玮，赵宇宙，项俊平，等. 2014. 基于支持向量机的目标检测算法综述. 控制与决策，（2）：193-200.
郭若丹. 2018. PPP 模式下城市轨道交通项目财政补贴机制研究. 西安建筑科技大学硕士学位论文.
韩凤芹. 2018. PPP 项目的政府补贴公式亟待完善. 中国财政，（14）：37-38.
韩文琰. 2016. 我国地方政府债务信用 3C 评价系统设计. 征信，34（4）：29-32.
韩增华. 2010. 地方政府债务风险治理：以资源税改革为契机. 税务与经济，（6）：86-90.
何寿奎，傅鸿源. 2005. BT 融资代建制项目组织与运作管理. 经济师，（7）：228-229.

何涛，赵国杰. 2011. 基于随机合作博弈模型的 PPP 项目风险分担. 系统工程，（4）：88-92.
何杨，满燕云. 2012. 地方政府债务融资的风险控制：基于土地财政视角的分析. 财贸经济，（5）：45-50.
何雨聪. 2007. 政府公共项目融资（PPP）及运行机制研究. 重庆大学硕士学位论文.
洪源，刘兴琳. 2012. 地方政府债务风险非线性仿真预警系统的构建：基于粗糙集-BP 神经网络方法集成的研究. 山西财经大学学报，（3）：1-10.
胡光辉. 2008. 地方政府性债务危机预警及控制研究. 吉林大学商学院博士学位论文.
胡致臻. 2017. PPP 项目政府最低收益担保与超额收益分配研究. 华东交通大学硕士学位.
黄德春，贺正齐，张长征. 2019. 大型工程社会稳定风险扩散的系统动力学仿真研究. 河海大学学报（哲学社会科学版），21（3）：60-67，107.
黄健，毛锐. 2018. 地方债务、政府投资与经济增长动态分析. 经济学家，（1）：88-96.
黄建明，高大鹏. 2012. 基于 OODA 环的作战对抗系统动力学模型. 系统仿真学报，24（3）：561-564.
霍成义，刘春华，刘晓晴. 2016. 我国地方政府性债务风险预警研究. 中国经贸导刊（理论版），（32）：38-40.
贾俊平. 2008. 统计学（第三版）. 北京：中国人民大学出版社.
贾康. 2009. 警惕地方举债扩大化. 宏观经济管理，（8）：21.
简惠云. 2013. 基于风险和公平偏好的供应链契约及其实验研究. 中南大学博士学位论文.
江俊龙，邹香，狄运中. 2011. 我国地方政府债务及其风险控制研究. 经济问题，（2）：31-35.
姜钰，贺雪涛. 2014. 基于系统动力学的林下经济可持续发展战略仿真分析. 中国软科学，(1)：105-114.
姜早龙，王东雁，刘晓君. 2012. BT 工程项目风险分析与效益共享研究. 湖南大学学报（自然科学版），39（7）：89-92.
金大卫. 2010. 我国地方政府发债：制度根源、风险控制、法律规范. 财政研究，（1）：27-29.
金荣学，张楠，张迪. 2013. 我国地方政府性债务风险预警模型构建研究. 湖南财政经济学院学报，29（1）：116-121.
卡恩，帕若. 2005. 大项目融资：项目融资技术的运用与实践. 朱咏，等译. 北京：清华大学出版社.
凯西·卡麦兹. 2009. 建构扎根理论：质性研究实践指南. 边国英译. 重庆：重庆大学出版社.
柯永建，王守清，陈炳泉. 2008a. 基础设施 PPP 项目的风险分担. 建筑经济，（4）：31-36.
柯永建，王守清，陈炳泉. 2008b. 英法海峡隧道的失败对 PPP 项目风险分担的启示. 土木工程学报，（12）：97-102.

寇宏伟，陈璋. 2020. 经济增长、收入分配与中国政府债务风险. 经济经纬，（2）：141-149.
李柏洲，徐广玉，苏屹. 2014. 基于扎根理论的企业知识转移风险识别研究. 科学学与科学技术管理，35（4）：57-65
李长江. 2003. 市场经济条件下政府信用研究的重要性及政府信用模型构建. 东南大学学报（哲学社会科学版），5（4）：55-58.
李存斌，陆龚曙. 2012.工程项目风险元传递的系统动力学模型. 系统工程理论与实践，32（12）：2731-2739.
李桂君，李玉龙，贾晓菁，等. 2016. 北京市水-能源-粮食可持续发展系统动力学模型构建与仿真. 管理评论，28（10）：11-26.
李皓，王洪强，马亮. 2016. 我国城市轨道交通 PPP 项目补贴机制研究. 价格理论与实践，（7）：82-84.
李慧. 2018. 基于系统动力学的 BT 债务风险控制优化研究. 天津理工大学硕士学位论文.
李腊生，耿晓媛，郑杰. 2013. 我国地方政府债务风险评价. 统计研究，（10）：30-39.
李林，刘志华，章昆昌. 2013. 参与方地位非对称条件下 PPP 项目风险分配的博弈模型. 系统工程理论与实践，33（8）：1940-1948.
李攀艺，邱玥. 2015. 公平偏好下双重逆向选择的激励契约设计及效率分析. 重庆理工大学学报（社会科学版），（10）：45-52.
李淑芳，熊傲然. 2020. 地方政府债务风险成因及防范化解. 地方财政研究，（10），82-89.
李维乾，解建仓，李建勋，等. 2013. 基于系统动力学的闭环反馈水资源优化配置研究. 西北农林科技大学学报（自然科学版），41（11）：209-216.
李秀梅. 2020. 委托代理理论视角下政府预算执行会计控制研究. 内蒙古财经大学学报，18（6）：126-129.
李妍，王新宇，马丽斌. 2016. 基于风险最优分配理论的 PPP 项目风险分担博弈模型：以河北张家口桥西区集中供热 PPP 项目为例. 会计之友，（14）：71-75.
李燕萍，贺欢，张海霞. 2010. 基于扎根理论的金融国企高管薪酬影响因素研究. 管理学报，（10）：1477-1483.
李杨，王良健，欧朝敏. 2007. 评价地方政府信用的方法研究. 生产力研究，（7）：77-79.
李义超，廖枝灵，杜易成. 2016. 基于物元可拓模型的地方政府信用风险评估及对策. 经济经纬，（4）：133-138.
李勇，陈振锋，刘贵冰，等. 2011. 地方政府债务风险的衡量、分布与防范. 金融论坛，16（1）：14-24.
李真，孟庆峰，盛昭瀚. 2013. 考虑公平关切的工期优化收益共享谈判. 系统工程理论与实践，

33（1）：82-91.
梁彦冰，崔雪松. 2010. SPSS 15.0 统计分析与实践应用宝典. 北京：中国铁道出版社.
廖振中，刘嘉，罗佳意. 2018. 政府与社会资本合作（PPP）的检视：一个文献综述. 财经科学，360（3）：86-98.
刘爱东，周琼，曾辉祥. 2014. “公平理论”和“角色理论”视域下的企业反倾销行为决策. 中南大学学报（社会科学版），（4）：23-30.
刘畅，涂国平. 2015. 基于系统动力学的国家低碳发展战略情景仿真分析. 系统工程，（7）：100-106.
刘承良，颜琪，罗静. 2013. 武汉城市圈经济资源环境耦合的系统动力学模拟. 地理研究，32（5）：857-869.
刘峰，袁竞峰，郭莉. 2018. 基于风险偏好的城市轨道交通 PPP 项目补偿机制研究. 项目管理技术，16（8）：19-25.
刘广生，文童. 2013. PPP 项目资金价值 PSC 评价法的改进探讨. 工业技术经济，（10）：17-22.
刘和祥，诸葛续亮. 2015. 重构增值税分享比例解决地方财政失衡问题. 税务研究，（6）：72-75.
刘衡，陈志勇. 2016. 中国城镇化进程中的地方政府性债务成因研究. 统计与决策，（19）：114-118.
刘宏，孙浩. 2018. 基于 DEMATEL-ANP 的 PPP 项目融资风险分析. 系统科学学报，26（1）：131-135.
刘骅，卢亚娟. 2014. 地方政府融资平台债务风险预警模型与实证研究. 经济学动态，（8）：63-69.
刘骅，卢亚娟. 2018. 基于现金流视角的 PPP 项目财务风险预警研究. 财经论丛，（12）：47-54.
刘辉，王孟钧，陈思思. 2013. 城市轨道交通 BT 项目运作管理有效形式研究. 科技进步与对策，30（23）：51-55.
刘慧龙，吴联生. 2014. 制度环境、所有权性质与企业实际税率. 管理世界，（4）：42-52.
刘军. 2004. 政府信用缺失与政府信用建设. 华东经济管理，18（4）：42-44.
刘立峰. 2009. 地方政府建设性债务的可持续性. 宏观经济研究，（11），37-39.
刘明. 2009. 中国公共资金边际成本估量与分析. 财经论丛，（6）：31-38.
刘明，王友梅. 2013. “营改增”后中央与地方增值税分享比例问题. 税务研究，（12）：18-20.
刘尚希. 2004a. 中国财政风险的制度特征：“风险大锅饭”. 管理世界，（5）：39-44.
刘尚希. 2004b. 财政风险：防范的路径与方法. 财贸经济，（12）：29-34.
刘尚希，石英华，武靖州. 2017. 制度主义公共债务管理模式的失灵：基于公共风险视角的反思. 管理世界，2017（1）：5-16.

刘尚希，赵全厚. 2002. 政府债务：风险状况的初步分析. 管理世界，（5）：22-32.
刘文琦，何宜庆. 2017. 系统动力学视角下地方政府债务风险研究：基于我国地区面板数据的仿真. 江西财经大学学报，（3）：3-12.
刘星，岳中志，刘谊. 2005. 地方政府债务风险预警机制研究. 北京：经济管理出版社.
刘娅，干胜道，邓同钰. 2014. 地方政府投融资平台债务风险评价体系研究：基于成都工业投资集团的案例研究. 财政研究，（11）：18-22.
刘妍琼，郑露. 2017. “营改增”对地方财政分享收入的影响. 商业会计，（15）：108-110.
刘作仪，查勇. 2009. 行为运作管理：一个正在显现的研究领域. 管理科学学报，12（4）：64-74.
卢明慧. 2015. 城市基础设施建设中公路建设 BT 模式的风险管理研究. 天津大学硕士学位论文.
卢纹岱. 2006. SPSS for Windows 统计分析. 北京：电子工业出版社.
陆岷峰，张惠. 2011. 政府适度负债规模的研究：从欧洲主权债务危机到中国地方政府负债风险谈起. 南都学坛，（5）：103-109.
罗志红，朱青. 2012. 地方债务风险化解的国际经验：比较与借鉴. 经济研究参考.（52）：72-78.
吕俊娜，刘伟，邹庆，等. 2014. 考虑公平关切的工程总承包合作利益分配模型. 系统工程，（12）：62-66.
吕乐琳. 2020. 城市水环境治理 PPP 项目多阶段激励机制研究. 华北水利水电大学硕士学位论文.
吕文学，李智. 2016. 公平感与关系治理对工程争端谈判中合作行为的影响. 项目管理技术，14（1）：7-13.
马恩涛，李鑫. 2017. PPP 政府债务风险管理：国际经验与启示. 当代财经，（7）：24-34.
毛征兵，范如国，陈略. 2020. 新时代中国开放经济系统的 SD 多目标动态预测模型及其仿真研究. 管理评论，32（6）：29-44.
孟庆峰，李真，丁翔，等. 2017. 社会偏好对工程工期优化谈判的影响. 系统工程理论与实践，37（11）：2844-2853.
闵惜琳，陈原，张启人. 2010. 创新发展低碳经济系统思考. 系统工程，（1）：78-89.
缪小林，程李娜. 2015. PPP 防范我国地方政府债务风险的逻辑与思考：从“行为牺牲效率”到“机制找回效率”. 财政研究，（8）：68-75.
缪小林，伏润民. 2012. 我国地方政府性债务风险生成与测度研究：基于西部某省的经验数据. 财贸经济，（1）：17-24.
倪筱楠，王莉，袁若愚. 2014. 基于模糊综合判断法的地方政府债务风险评价. 企业经济，（5）：156-159.
聂新伟. 2016. 政府信用、地方政府债务风险与信用指标体系构建的思路. 财政研究，（3）：15-26.

牛晓琴，李秉祥，陶瑞. 2017. 基于公平偏好和长短期业绩的代理人激励机制研究. 统计与决策，（10）：169-173.

牛耘诗，褚晓凌，冯珂，等. 2018. 国际PPP项目争议成因及对策分析：基于多案例研究. 建筑经济，39（9）：59-63.

牛竹梅. 2002. 中国乡村债务问题研究. 山东农业大学博士学位论文.

潘罡. 2014. “营改增”后中央与地方增值税分享比例的重新测算. 财会月刊，（4）：42-44.

潘艳芳. 2018. 公平关切下低碳型供应链决策与协调研究. 北京交通大学硕士学位论文.

裴俊巍. 2016-04-01. PPP社会资本选择的三个鲜明特点—从PPP青睐国企的现实说起. 中国政府采购报，第4版.

裴育，欧阳华生. 2006. 地方债务风险预警程序与指标体系的构建. 当代财经，（3）：36-39.

裴育，欧阳华生. 2007. 我国地方政府债务风险预警理论分析. 中国软科学，（3）：110-115.

彭迪，郭化林. 2019. 基于复合实物期权模型的PPP项目价值评估. 中国资产评估，（10）：37-40.

彭为，陈建国，Cui Q B，等. 2014. 公私合作项目物有所值评估比较与分析. 软科学，28（5）：28-32.

蒲勇健，郭心毅，陈斌. 2010. 基于公平偏好理论的激励机制研究. 预测，29（3）：6-11.

齐浩. 2015. BT债务风险评价指标研究. 天津理工大学硕士学位论文.

秦华，张好雨，刘瑞禹. 2015. 基于纵向公平偏好视角的委托代理模型及薪酬激励机制研究. 技术经济，34（5）：124-129.

覃燕红，林金钗，魏光兴，等. 2016. 公平偏好和损失规避下的两种供应链契约协调研究. 重庆理工大学学报（社会科学），（2）：49-56.

邱莲莲. 2018. PPP项目财务风险预警研究. 北华大学硕士学位论文.

任淮秀. 2004. 项目融资. 北京：中国人民大学出版社.

萨瓦斯. 2002. 民营化与公私部门的伙伴关系. 周志忍等译. 北京：中国人民大学出版社.

尚福林. 2013. 地方融资平台贷款两年仅增2%. http://www.xinhuanet.com/2013lh/2013-03/08/c_124430792.htm[2020-10-06].

邵伟钰. 2008. 地方政府债务风险预警体系研究. 苏州大学博士学位论文.

佘渝娟，叶晓甦. 2010. PFI与PPP项目融资模式比较研究. 商业时代，（24）：55-56.

石景芬，覃星宇，刘继才. 2018. PPP项目公司“投资者-运营商”双角色主体下双层委托代理模型研究. 软科学，32（9）：124-128，137.

石宁宁，杨镇滔，丰景春，等. 2016. 交通BOT项目需求量变化情况下的价格动态调整研究. 工程管理学报，30（4）：63-68.

石亚琴. 2011. 地方政府债务风险审计预警指标体系与风险测算模型：基于“审计免疫系统”理论. 江苏经贸职业技术学院学报，（6）：11-15.

寿志钢，朱文婷，苏晨汀，等. 2011. 营销渠道中的行为控制如何影响信任关系：基于角色理论和公平理论的实证研究. 管理世界，（10）：58-69.

舒元. 1993. 中国经济增长分析. 上海：复旦大学出版社.

宋金波，靳璐璐，付亚楠. 2014. 公路 BOT 项目收费价格和特许期的联动调整决策. 系统工程理论与实践，34（8）：2045-2053.

宋子健，董纪昌，李秀婷，等. 2020. 基于委托代理理论的 PPP 项目风险成本研究. 管理评论，32（9）：45-54，67.

苏懋康，王浣尘. 1988. 系统动力学模型的灵敏度分析. 系统工程，（4）：7-12.

孙克竞. 2015. 地方政府债务成因的长期动态关系及其疏导：基于省际面板数据的 VAR/VEC 模型分析. 经济管理，37（5）：1-11.

孙伟. 2019. 基础设施建设 PPP 模式融资的经验性规律及策略优化：基于两个典型案例的分析. 经济纵横，7：120-128.

泰米尔. 2010. 美国市政债券. 蔡靖，乔嘉译. 北京：现代出版社.

谭艳艳，邹梦琪，张悦悦. 2019. PPP 项目中的政府债务风险识别研究. 财政研究，（10）：47-57.

汤清，袁慧明. 2011. 基于系统动力学视角下产业转移的金融支持研究. 科技管理研究，31（4）：153-156.

唐丽敏，曾颖，王成武，等. 2013. 基于系统动力学的物流节能减排政策模拟. 系统工程，（6）：87-94.

田丰. 2014. 我国地方政府债务风险预警体系研究. 金融经济，（8）：7-9.

万先进. 2005. 基础设施 BT 模式问题浅析. 重庆交通学院学报，（4）：101-104.

汪金敏. 2014. BT 项目债务危机及其救济：从某建设集团荣登世界 500 强谈起. 施工企业管理，（8）：110-111.

王超，穆东. 2012. 基于 SD 的制造企业物流运作成本仿真与优化. 系统工程理论与实践，32（6）：1241-1250.

王灏. 2004. PPP 的定义和分类研究. 都市快轨交通，（5）：23-27.

王灏. 2005. BT 方式在基础设施项目中的应用研究. 宏观经济研究，（10）：49-52，63.

王金秋. 2018. 委托代理视角下 PPP 项目政府激励监管研究. 西南交通大学硕士学位论文.

王俊. 2015. 地方政府债务的风险成因、结构与预警实证. 中国经济问题，（2）：13-25.

王俊豪，金暄暄. 2016. PPP 模式下政府和民营企业的契约关系及其治理：以中国城市基础设施 PPP 为例. 经济与管理研究，37（3）：62-68.

王俊豪，朱晓玲，陈海彬. 2017. 民营企业参与PPP的非正式制度壁垒分析：基于新制度经济学的视角. 财经论丛，（6）：107-113.

王莲乔，马汉阳，孙大鑫，等. 2018. PPP项目财务风险：融资结构和宏观环境的联合调节效应. 系统管理学报，27（1）：83-92.

王其藩. 2009. 系统动力学. 上海：上海财经大学出版社.

王守清. 2003. BOT知识连载之一项目融资的一种方式：BOT. 项目管理技术，（4）：46-48.

王守清，王盈盈. 2017a. 政企合作（PPP）王守清核心观点（上册）. 北京：中国电力出版社.

王守清，王盈盈. 2017b. 政企合作（PPP）王守清核心观点（中册）. 北京：中国电力出版社.

王铁山. 2008. PFI项目融资：英国和日本模式的比较研究. 国际经济合作，（1）：49-52.

王晓光. 2005. 地方政府债务的风险评价与控制. 统计与决策，（18）：35-38.

王晓光，高淑东. 2005. 地方政府债务风险的预警评价与控制. 当代经济研究，（4）：53-55.

王秀华，张继文，刘艳梅. 2004. 政府信用评价方法初探. 国家行政学院学报，（6）：30-33.

王亚星. 2013. “营改增”后增值税分享比例讨论. 商情，（26）：195.

王颖林. 2017. 基于风险与社会偏好理论的PPP项目风险分摊及激励机制研究. 西南交通大学博士学位论文.

王颖林，傅梦，林向前. 2015. 政府担保PPP项目符合期权价值评估. 工程管理学报，29（1）：65-70.

王颖林，刘继才，赖芨宇. 2013. 基于风险偏好的PPP项目风险分担博弈模型. 建筑经济，（12）：44-47.

王颖林，刘继才，赖芨宇. 2016. 基于投资方投机行为的PPP项目激励机制博弈研究. 管理工程学报，30（2）：223-232.

王卓甫，侯嫚嫚，丁继勇. 2017. 公益性PPP项目特许期与政府补贴机制设计. 科技管理研究，37（18）：194-201.

魏光兴. 2006. 公平偏好的博弈实验及理论模型研究综述. 数量经济技术经济研究，（8）：152-161.

魏光兴. 2007. 公平偏好下的报酬契约设计及应用研究. 重庆大学博士学位论文.

魏光兴，曾静. 2017. 基于公平偏好的工程总承包委托代理分析. 数学的实践与认识，47（16）：81-89.

魏逸. 2016. 基于BT模式的城市轨道交通工程项目管理探析. 低碳世界，（7）：207-208.

温来成，刘洪芳. 2016. 我国地方政府信用风险评估体系的构建及运用. 中央财经大学学报，（9）：11-19.

温来成，刘洪芳，彭羽. 2015. 政府与社会资本合作（PPP）财政风险监管问题研究. 中央财经大学学报，（12）：3-8.

吴孝灵，黄丹丹，刘小峰. 2016a. 考虑私人不同风险投资行为的 PPP 项目补偿契约研究. 运筹与管理，25（4）：179-186.

吴孝灵，刘小峰，周晶，等. 2016b. 基于私人过度自信的 PPP 项目最优补偿契约设计与选择. 中国管理科学，（11）：29.

吴孝灵，陆冰，石岿然，等. 2016c. 政府补偿情景下考虑私人损失规避的 PPP 项目投资决策模型. 系统管理学报，25（4）：683-690.

吴孝灵，吴斯达，刘小峰. 2019. 政府补偿下基于私人公平偏好的 PPP 项目投资决策分析. 北京理工大学学报（社会科学版），21（5）：115-124.

伍迪，王守清，余勇军. 2015. 政府发起 BT 模式建设工程项目的关键成功因素及管理对策. 建筑经济，36（6）：32-35.

向鹏成，蒋飞. 2016. 基于风险分担的城市轨道 PPP 项目收益补贴调整模型. 建筑经济，37（2）：45-50.

谢虹. 2007. 地方政府债务风险构成及预警评价模型构建初探. 现代财经，27（7）：63-65.

谢征，陈光焱. 2012. 我国地方债务风险指数预警模型之构建. 现代财经，（7）：96-104.

徐成彬. 2018. 政府和社会资本合作（PPP）项目补贴模式比较研究：基于城市轨道交通 PPP 项目实践. 宏观经济研究，（5）：94-106，165.

徐大统，李景茹，刘学勤，等. 2011. 探索大型建筑企业在地铁 BT 项目运作中的管理新模式：以深圳地铁 5 号线 BT 项目为例. 工程管理学报，25（2）：162-166.

徐飞，宋波. 2010. 公私合作制（PPP）项目的政府动态激励与监督机制. 中国管理科学，18（3）：165-173.

徐旭初，应丽. 2010. 地方政府债务风险评价体系及例证. 商场现代化，（29）：209-211.

许明越. 2012. 地方政府债务风险预警及风险防范研究. 浙江财经大学硕士学位论文.

许文彬，赵霖，李志文. 2019. 金融监管与金融创新的共同演化分析：一个基于非线性动力学的金融监管分析框架. 经济研究，54（5）：81-97.

许以俪. 2015. BT 模式基础设施项目融资风险分担研究. 煤炭工程，47（9）：144-146.

许争，戚新. 2013. 地方政府性债务风险预警研究：基于东北地区某市的经验数据. 科学决策，（8）：30-47.

严玲，张祝冬，严敏，等. 基于合同参照点效应的建设项目承包人公平关切点研究. 管理学报，2017，14（10）：1561-1569.

严玲，赵华，杨苓刚. 2009. BT 建设模式下回购总价的确定及控制策略研究. 财经问题研究，（12）：75-81.

严敏，张亚娟，严玲. 2015. 项目治理视角下 BT 项目投资控制关键问题研究：以某地铁项目为例. 土木工程学报，（8）：118-128.

闫明，顾炜宇. 2014. 我国地方政府信用风险评级体系构建：框架与方法. 中央财经大学学报，1（3）：48-54.

杨灿明，鲁元平. 2013. 地方政府债务风险的现状、成因与防范对策研究. 财政研究，（11）：58-60.

杨浩雄，李金丹，张浩，等. 2014. 基于系统动力学的城市交通拥堵治理问题研究. 系统工程理论与实践，34（8）：2135-2143.

杨冉冉，龙如银. 2014. 基于扎根理论的城市居民绿色出行行为影响因素理论模型探索. 武汉大学学报（哲学社会科学版），67（5）：13-19.

姚东旻，朱泳奕，庄颖. 2019. PPP 是否推高了地方政府债务：基于微观计量方法的系统评价. 国际金融研究，（6）：26-36.

叶苏东. 2012. BOT 模式开发城市轨道交通项目的补偿机制研究. 北京交通大学学报（社会科学版），（4）：22-29.

叶晓甦，石世英，张德琴. 2017. 考虑交易成本的 PPP 项目收益系统仿真研究：以垃圾焚烧发电项目为例. 建筑经济，38（6）：40-46.

叶晓甦，于娜莎. 2009. 基于现金流视角的 PPP 项目财务预警指标体系构建研究. 建筑经济，（7）：109-112.

于凌云. 2008. 经济增长过程中的地方政府债务风险化解机制研究：基于某市地方政府债务问题的调查分析. 财政研究，（3）：64-67.

于婷婷. 2016. 基于不完全信息讨价还价博弈的城市轨道交通 PPP 项目价格补偿机制研究. 东北财经大学硕士学位论文.

袁茂，雷勇，蒲勇健. 2011. 基于公平偏好理论的激励机制与代理成本分析. 管理工程学报，25（2）：82-86.

袁义淞，李腾. 2015. 政府风险规避视角下的 PPP 模式委托代理模型研究. 昆明理工大学学报（自然科学版），（1）：118-124.

臧乃康. 2004. 政府绩效评估及其系统分析. 江苏社会科学，（2）：141-147.

曾静. 2018. 基于公平偏好的 EPC 项目分包商激励机制研究. 重庆交通大学硕士学位论文.

曾庆云. 2007. 北京地铁奥运支线运用 BT 投融资模式的创新研究. 北京交通大学硕士学位论文.

翟森竞，黄沛，高维和. 2008. 渠道关系中的感知不公平研究：基于心理契约及不公平容忍区域的视角. 南开管理评论，11（6）：86-93.

张恒熠. 2016. 基于系统动力学的BOT+EPC项目实施阶段成本控制研究. 重庆交通大学硕士学位论文.

张洪波，侯嫚嫚. 2017. 考虑风险偏好与公平关切的设计施工总承包联合体优化收益分配. 土木工程与管理学报，34（6）：102-108.

张惠琴，王金春，陶虹琳. 2018. 基于前景理论的PPP项目投资者决策行为研究. 软科学，32（8）：129-133.

张极井. 2003. 项目融资（第二版）. 北京：中信出版社.

张凯云. 2016. 我国地方政府信用评级现状及其完善：基于国内外评级机构比较分析. 地方财政研究，（11）：84-88.

张丽. 2006. BT项目的投资控制研究. 东南大学硕士学位论文.

张萌，刘阳，程静. 2020. 准经营性PPP项目收益定价机制研究：基于期权定价的视角. 工业技术经济，39（6）：95-102.

张平. 2013. 后土地财政时代我国地方政府偿债问题研究. 当代财经，（1）：39-47.

张平，张丽恒，刘灿. 2016. 我国省级地方政府债务风险影子银行化的成因、途径及其控制. 理论探讨，（6）：73-78.

张瑞媛，代俊廷，徐凯. 2013. 城市轨道交通BT（建设-移交）项目风险分担研究. 城市轨道交通研究，16（4）：18-23.

张秀莲，李建明. 2014. "营改增"后中央和地方增值税分享比例的测算. 税务研究，（12）：48-50.

张彦春，王孟钧，周卉，等. 2016. PPP项目运作·评价·案例. 北京：中国建筑工业出版社：194-218.

张玉春，郭宁. 2014. 基于系统动力学的闭环供应链中回收商行为. 系统工程，（6）：99-104.

张喆，贾明. 2012. PPPs合作中控制权配置实验. 系统管理学报，21（2）：166-179.

章志平. 2011. 中国地方政府债务风险灰色评估和预警. 统计与决策，（15）：135-138.

赵宸元，蒲勇健，潘林伟. 2017. 链式多重委托-代理关系的激励：基于完全理性与过程性公平偏好模型的比较. 中国管理科学，25（6）：121-131.

赵宸元，蒲勇健，潘林伟. 2018. 考虑公平偏好的链式多重委托-代理激励机制. 系统管理学报，27（4）：618-627.

赵全厚. 2014. 风险预警、地方政府性债务管理与财政风险监管体系催生. 改革，（4）：61-70.

赵旭霞. 2020. 财政与金融联动视角下的地方政府债务成因及其风险研究. 上海财经大学博士学位论文.

赵永红. 2014. 地方政府债务风险问题防范的思考. 金融经济，（18）：109-110.

赵云旗. 2013. 地方政府性债务风险防范研究. 财会研究，（3）：5-13.
钟永光，贾晓菁，钱颖，等. 2013. 系统动力学（第二版）. 北京：科学出版社.
周黎安，陶婧. 2009. 政府规模、市场化与地区腐败问题研究. 经济研究，（1）：57-69.
周千猷，张亚斌. 2011. 上海世博会宏观经济影响力的系统动力学分析. 系统工程，（7）：116-122.
周正祥，张秀芳，张平. 2015. 新常态下 PPP 模式应用存在的问题及对策. 中国软科学，（5）：82-95.
朱俊文，李慧，高华. 2016. BT 债务风险控制框架初探：基于系统动力学视角. 建筑经济，37（5）：102-106.
朱鲲. 2004. 基于风险能量分析的经济系统风险管理研究. 清华大学博士学位论文.
朱丽叶 • M. 科宾，安塞尔姆 • L. 施特劳斯. 2015. 质性研究的基础：形成扎根理论的程序与方法（第三版）. 朱光明译. 重庆：重庆大学出版社.
朱荣. 2010. 基于扎根理论的产业集群风险问题研究. 会计研究，（3）：44-50.
朱学红，张宏伟，李心媛，等. 2019. 金属跨期现市场操纵机理及预警研究. 管理工程学报，33（3）：196-204.
朱云飞，赵宁. 2019. 我国地方财政质量评估与省际比较. 地方财政研究，（6）：45-53.
Sisavath T，吴海燕. 2016. 基于委托代理博弈的水利工程 PPP 项目逆向选择与道德风险分析. 水利经济，34（4）：9-12，73.
Adams J S，Rosenbaum W B. 1962. The relationship of worker productivity to cognitive dissonance about wage inequities. Journal of Applied Psychology，46（3）：161-164.
Aibinu A A，Ling F Y Y，Ofori G. 2011. Structural equation modelling of organizational justice and cooperative behaviour in the construction project claims process：contractors' perspectives. Construction Management & Economics，29（5）：463-481.
Aibinu A A，Ofori G，Ling F Y Y. 2008. Explaining cooperative behavior in building and civil engineering projects' claims process：interactive effects of outcome favorability and procedural fairness. Journal of Construction Engineering & Management，134（9）：681-691.
Akintoye A. 2007. Developments in the UK public private partnerships：lessons for the new PPP ventures，Keynote paper. Proceedings of the 2007 International Conference on Concession Public/Infrastructural Projects（ICCPIP），Dalian University of Technology，China：24-26.
Alberto A，Mark D B，Alessandro P，et al. 1992. Default risk on government debt in OECD countries. Economic Policy，7（15）：428-463.
Alesino A. 2000. The political economy of the budget surplus in the United States. Journal of Economics Perspectives，（3）：3-19.

Allen R. 2009. Public investment and public-private partnerships： addressing infrastructure challenges and managing fiscal risks. Journal of Comparative Policy Analysis Research and Practice，11（1）：159-160.

Alonso-Conde A B，Brown C，Rojo-Suarez J. 2007. Public private partnerships：incentives，risk transfer and real options . Review of Financial Economics，16（4）：335-349.

Altman E I. 1968. Financial ratios，discriminant analysis and the prediction of corporate bankruptcy. The Journal of Finance，23（4）：589-609.

Ammar S，Duncombe W，Hou Y，et al. 2010. Using fuzzy rule–based systems to evaluate overall financial performance of governments：an enhancement to the bond rating process. Public Budgeting & Finance，21（4）：91-110.

Anderson E G，Morrice D J，Gary L. 2010. The "physics" of capacity and backlog management in service and custom manufacturing supply chains. System Dynamics Review，21（3）：217-247.

Arin K P，Chmelarova V，Feess E，et al. 2011. Why are corrupt countries less successful in consolidating their budgets? Journal of Public Economics，95（7/8）：521-530.

Armada M J R，Pereira P J，Rodrigues A. 2012. Optimal subsidies and guarantees in public-private partnerships. The European Journal of Finance，18（5）：469-495.

Australian Government .2008. National public private partnership policy guidelines. Infrastructure Australia，（12）：132.

Balaguer-Coll M T，Prior D，Tortosa-Ausina E. 2013. On the determinants of local government debt：does one size fit all? Working Papers，（4）：513-542.

Baldwin C Y，Mason S P. 1988. Evaluation of government subsidies to large-scale energy projects. Advances in Futures and Options Research，（3）：169-181.

Barnsley L，McCluskey A，Middleton. 2012. What people say about travelling outdoors after their stroke：a qualitative study. Australian Occupational Therapy Journal，（59）：71-78.

Beaver W H. 1966. Financial ratios as predictors of failure. Journal of Accounting Research，4（3）：71-111.

Bendoly E，Donohue K，Schultz K L. 2006. Behavior in operations management：assessing recent findings and revisiting old assumptions. Journal of Operations Management，24（6）：737-752.

Berg A，Pattillo C. 1999. Are currency crises predictable? A test. IMF Staff Papers，46（2）：107-138.

Bessembinder H，Maxwell W F，Venkataraman K. 2006. Market transparency，liquidity externalities，and institutional trading costs in corporate bonds. Journal of Financial Economics，

82（2）：251-288.

Bird R M，Tassonyi A T. 2010. Constraints on provincial and municipal borrowing in Canada：markets，rules，and norms. Canadian Public Administration，44（1）：84-109.

Blackburn G. 2011. Which Master of Business Administration（MBA）？Factors influencing prospective students' choice of MBA programme：an empirical study. Journal of Higher Education Policy & Management，33（5）：473-483.

Boeing L，Kalidindi S N. 2009. Criteria influencing debt financing of indian PPP road projects：a case study. Journal of Financial Management of Property and Construction，14（1）：34-60.

Bolton G E，Ockenfels A. 2000. ERC：a theory of equity，reciprocity，and competition. American Economic Review，90（1）：166-193.

Brealey R A，Cooper I A，Habib M A. 1997. Investment appraisal in the public sector. Oxford Review of Economic Policy，13（4）：12-28.

Brixiv H P. 1998. Contingent Government Liabilities：A Hidden Risk for Fiscal Stabilities. Policy Research Working Paper.

Brixiv H P，Schick A. 2002. Government at risk：contingent liabilities and fiscal risk. World Bank Publications，9（7）：533.

Cadenillas A，Huaman-Aguilar R. 2016. Explicit formula for the optimal government debt ceiling. Annals of Operations Research，247（2）：415-449.

Camerer C，Thaler R H. 1995. Anomalies：ultimatums，dictators and manners. Journal of Economic Perspectives，9（2）：209-219.

Castilla E J，Benard S. 2010. The paradox of meritocracy in organizations. Administrative Science Quarterly，55（4）：543-676.

Cato S，Ebina T. 2014. Inequality aversion in long-term contracts. Mpra Paper，11（14）：1-19.

Cebotari A. 2008. Contingent liabilities：issues and practice. IMF Working Papers，8（245）：1-60.

Charness G，Rabin M. 2002. Understanding social preferences with simple tests. Quarterly Journal of Economics，117（3）：817-869.

Chaudhuri A，De K. 2011. Fuzzy support vector machine for bankruptcy prediction. Applied Soft Computing Journal，11（2）：2472-2486.

Cheah C Y J，Liu J. 2006. Valuing governmental support in infrastructure projects as real options using Monte Carlo simulation. Construction Management & Economics，24（5）：545-554.

Chung D，Hensher D A，Rose J M. 2010. Toward the betterment of risk allocation：investigating risk perceptions of australian stakeholder groups to public-private-partnership tollroad projects. Research in Transportation Economics，30（1）：43-58.

Dawes R M，Thaler R H. 1988. Anomalies：cooperation. Journal of Economic Perspectives，2（3）：187-197.

Demougin D，Fluet C. 2003. Inequity aversion in tournament. Cirano Working Papers.

Denison D.V，Guo Z. 2015. Local government debt management and budget stabilization. Journal of Biomechanics，27（6）：666.

Doi T，Hoshi T，Okimoto T. 2011. Japanese government debt and sustainability of fiscal policy. Journal of the Japanese and International Economies，25（4）：414-433.

Easterly W. 2001. The middle class consensus and economic development. Journal of Economic Growth，6（4）：317-335.

Easterly W. 2002. How did heavily indebted poor countries become heavily indebted? Reviewing two decades of debt relief . World Development，30（10）：1677-1696.

Ederer F，Manso G. 2013. Is pay for performance detrimental to innovation? Management Science，（59）：1496-1513.

Edwards R. 2010. Market transparency，liquidity externalities，and institutional trading costs in corporate bonds. Journal of Financial Economics，34（5）：23-40.

Eichengreen B，Mody A. 2003. Is aggregation a problem for sovereign debt restructuring? The American Economic Review，93（2）：80-84.

Englmaier F，Wambach A. 2003. Contracts and Inequity Aversion. http：//epub.ub.uni-muenchen.de/22053/ [2018-05-06].

Englmaier F，Wambach A. 2009. Optimal incentive contracts under inequity aversion. Games and Economic Behavior. 69（2）：312-328.

Falk A，Fischbacher U. 2001. Distributional consequences and intentions in a model of reciprocity. Annals of Economics and Statistics，51（63/64）：111-129.

Fearnley N，Bekken J T，Norheim B. 2004. Optimal performance-based subsidies in Norwegian intercity rail transport. International Journal of Transport Management，（1）：29-38.

Fehr E，Gächter S. 2000. Fairness and retaliation：the economics of reciprocity. Journal of Economic Perspectives，14（3）：159-181.

Fehr E，Goette L，Zehnder C. 2008. A behavioral account of the labor market：the role of fairness concerns. Annual Review of Economics，1：355-384.

Fehr E，Klein A，Schmidt K M. 2005. Fairness and contract design. Discussion Paper Series of

SFB/TR 15 Governance and the Efficiency of Economic Systems.
Fehr E，Klein A，Schmidt K M. 2007. Fairness and contract design. Econometrica，75（1）：121-154.
Fehr E，Schmidt K M. 1999. A theory of fairness，competition，and cooperation. The Quarterly Journal of Economics，114（3）：817-868.
Fehr E，Schmidt K M. 2004. Fairness and incentives in a multi-task principal-agent model. The Scandinavian Journal of Economics，106（3）：453-474.
Flyvbjerg B. 2011. Over Budget，Over Time，Over and Over Again：Managing Major Projects. Lundon：Oxford University.
Forrester J W. 1958. Industrial dynamics：a major breakthrough for decision makers. Harvard Business Review，36（4）：37-66.
Forrester J W. 1961. Industrial Dynamics. MIT：464.
Forrester J W. 1968. Principles of Systems. MIT：392.
Forsythe R，Horowitz J L，Savin N E，et al. 1994. Fairness in simple bargaining experiments. Games and Economic Behavior，6（3）：347-369.
Gächter S，Fehr E. 2002. Fairness in the labour market//Bolle F，Lehmann-Waffenschmidt M. Surveys in Experimental Economics. Springer：Physica，Heidelberg：95-132.
Geanakoplos J，Pearce D，Stacchetti E. 1989. Psychological games and sequential rationality. Games & Economic Behavior，1（1）：60-79.
Geys B. 2007. Government weakness and electoral cycles in local public debt：evidence from flemish municipalities. Local Government Studies，33（2）：237-251.
Gino F，Pisano G. 2008. Toward a theory of behavioral operations. Manufacturing & Service Operations Management，10（4）：676-691.
Glaser B G，Holton J A. 2007. The Grounded Theory Seminar Reader. Mill Valley：Sociology.
Glaser B G，Strauss A L. 1980. The Discovery of Grounded Theory：Strategies for Qualitative Research. New York：Aldine Publishing Company.
Grayson K. 2007. Friendship Versus Business in Marketing Relationships. Journal of Marketing，71（4）：121-139.
Grimsey D，Lewis M K. 2005. Are Public Private Partnerships value for money? Evaluating alternative approaches and comparing academic and practitioner views. Accounting Forum，29（4）：345-378.
Grout P. 2003. Public and private sector discount rates in public-private partnerships. The Economic Journal，113（486）：62.

Guo J H. 2017. Study on the influencing factors and default risk of government debt. Journal of Interdisciplinary Mathematics，20（6/7）：1477-1481.

Haddon W. 1963. A note concerning accident theory and research with special reference to motor vehicle accidents. Annals of the New York Academy of Sciences，107（2）：635-646.

Haddon W. 1973. Energy damage and the ten countermeasure strategies. The Journal of Trauma，13（4）：321-331.

Haddon W. 1980. Advances in the epidemiology of injuries as a basic for public policy. Public Health Report，95（5）：411-421.

Han M G，Cai X Y，Zhang Y，et al. 2016. Research on governmental action in the PPP Projects in risk aversion：based on principal-agent model. Construction Economy，37（9）：16-20.

Harmon D J，Kim P H，Mayer K J. 2015. Breaking the letter vs. spirit of the law：how the interpretation of contract violations affects trust and the management of relationships. Strategic Management Journal，36（4）：497-517.

Heide J B，Wathne K H. 2006. Friends，businesspeople，and relationship roles：a conceptual framework and a research agenda. Journal of Marketing，70（3）：90-103.

Henmanta K. Pradhan. 2002. Local Government Finance and Bond Markets Financing：India. Commercialization and Private Sector Participation（Chapter III）. Asian Development Bank Report，XLRI Jamshedpur Paper，October.

Higuchi T，Troutt M D. 2004. Dynamic simulation of the supply chain for a short life cycle product：lessons from the Tamagotchi case. Computers & Operations Research，31（7）：1097-1114.

Ho S P. 2006. Model for financial renegotiation in public-private partnership projects and its policy implications：game theoretic view. Journal of Construction Engineering and Management，132（7）：678-688.

Ho S P，Liu L Y. 2002. An option pricing-based model for evaluating the financial viability of privatized infrastructure projects. Construction Management and Economics，20（2）：143-156.

Huang Y L，Chou S P. 2006. Valuation of the minimum revenue guarantee and the option to abandon in BOT infrastructure projects. Construction Management and Economics，24（4）：379-389.

Huang Z，Chen H，Hsu C J，et al. 2004. Credit rating analysis with support vector machines and neural networks：a market comparative study. Decision Support Systems，37（4）：543-558.

Itoh H. 2004. Moral hazard and other-regarding preferences. The Japanese Economic Review，55（1）：18-45.

Jin H，Rial I. 2016. Regulating Local Government Financing Vehicles and Public-Private Partnerships in China. IMF Working Papers，16（187）：1.

Jin W，Xu L Y，Yang Z F. 2009. Modeling a policy making framework for urban sustainability: incorporating system dynamics into the ecological footprint. Ecological Economics，68（12）：2938-2949.

June C，Olmos F，Ashkeboussi R. 2008. Private-public partnerships as strategic alliances. Transportation Research Record. Journal of the Transportation Research Board，2062：1-9.

Kaminsky G，Lizondo S，Reinhart C M. 1997. "Leading Indicators of Currency Crises"，IMF Working Paper WP/97/79：1-43.

Karakostas A，sonntag A，Zizzo D J. 2017. Contract choice：efficiency and fairness in revenue-sharing contracts. Scandinavian Journal of Economics，（4）：962-986.

Ke Y J，Wang S Q，Chan A P C. 2013. Risk misallocation in public-private partnership projects in China. International Public Management Journal，16（3）：438-460.

Khan M. 2005. Chapter 3 - estimating the level of investment in knowledge across the OECD countries //Bounfour A，Edvinsson L. Intellectual Capital for Communities Nations，Regions，and Cities. Elsevier：37-59.

Kobrin S J. 1984，Expropriation as an attempt to control foreign firms in LDCs：trends from 1960 to 1979. International Studies Quarterly，28（3）：329-348.

Koubatis A，Schonberger J Y. 2005. Risk management of complex critical systems. International Journal of Critical Infrastructures，1（2/3）：195-215.

Kumar L，Jindal A，Velaga N R. 2017. Financial risk assessment and modelling of PPP based Indian highway infrastructure projects. Transport Policy，（62）：2-11.

Kumaraswamy M M，Zhang X Q. 2001. Governmental role in BOT-led infrastructure development. International Journal of Project Management，19（4）：195-205.

Kurniawan F，Mudjanarko S W，Ogunlana S. 2015. Best practice for financial models of PPP projects，Procedia Engineering，（125）：124-132.

Kwak Y H，Chih Y Y，Ibbs W. 2009. Towards a comprehensive understanding of public private partnerships for infrastructure development. California Management Review，51（2）：51-78.

Lara B，Annie M C，Sandy M. 2012. What people say about travelling outdoors after their stroke: aqualitative study. Australian Occupational Therapy Journal，59：71-78.

Lee S H，Peña-Mora F，Park M. 2006. Dynamic planning and control methodology for strategic and operational construction project management. Automation in Construction，15（1）：84-97.

Li B，Akintoye A，Edwards P J. 2005a. Critical success factors for PPP/PFI projects in the UK construction industry . Construction Management & Economics，23（5）：459-471.

Li B, Akintoye A, Edwards P J, et al. 2005b. The allocation of risk in PPP/PFI construction projects in the UK. International Journal of Project Management, 23（1）：25-35.

List J A. 2003. Does market experience eliminate market anomalies? Quarterly Journal of Economics, 118（1）：41-71.

Liu L, Tan K S. 2009. Subnational credit ratings: a comparative review. The World Bank Policy ResearchWorking Paper.

Love P E D, Davis P R, Chevis R, et al. 2011. Risk/reward compensation model for civil engineering infrastructure alliance projects. Journal of Construction Engineering & Management, 137（2）：127-136.

Love P E D, Holt G D, Shen L Y, et al. 2002. Using systems dynamics to better understand change and rework in construction project management systems. International Journal of Project Management, 20（6）：425-436.

Love P E D, Liu J X, Matthews J. 2015. Future proofing PPPs: life cycle performance measurement and building information modelling. Automation in Construction, 56: 26-35.

Loviscek L A, Crowley F D. 1990. What is in a municipal bond rating? Financial Review, 25（1）：25-53.

Luo Y, Liu Y, Yang Q, et al. 2015. Improving performance and reducing cost in buyer-supplier relationships: the role of justice in curtailing opportunism. Journal of Business Research, 68（3）：607-615.

Malmendier U, Tate G, Yan J. 2011. Overconfidence and early-life experiences: the effect of managerial traits on corporate financial policies. The Journal of Finance, 66（5）：1687-1733.

Ménard C, Oudot J M. 2007. Equity and Risk Allocation in Defense Procurement contracts. Biochemical Journal, 156（1）：81-90.

Mikesell J L . 2014. Fiscal Administration: Analysis and Applications for the Public Sector /-6th ed. California: Wadsworth Publishers.

Miller R, Lessard D. 2001. Understanding and managing risks in large engineering projects. International Journal of Project Management, 19（8）：437-443.

Morallos D, Amekudzi A. 2008. The State of the Practice of Value for Money Analysis in Comparing Public Private Partnerships to Traditional Procurements. Public Works Management & Policy, 13（2）：114-125.

Müller R, Turner J R. 2005. The impact of principal–agent relationship and contract type on communication between project owner and manager. International Journal of Project

Management，23（5）：398-403.

Nevitt P K. 1995. “Project Financing”，Sixth Edition，Euromoney Publication，PLC.

Ni A Y. 2012. The risk-averting game of transport public-private partnership. Public Performance & Management Review，36（2）：253-274.

Ohlson J A. 1980. Financial ratios and the probabilistic prediction of bankruptcy. Journal of Accounting Research，18（1）：109-131.

Ovalle O R，Marquez A C. 2003. The effectiveness of using e-collaboration tools in the supply chain：an assessment study with system dynamics. Journal of Purchasing & Supply Management，9（4）：151-163.

Palumbo G，Zaporowski M P. 2012. Determinants of municipal bond ratings for general-purpose governments：an empirical analysis. Public Budgeting & Finance，32（2）：86-102.

Peria M S M，Mody A. 2004. How foreign participation and market concentration impact bank spreads：evidence from Latin America. Journal of Money Credit & Banking，36（3）：511-537.

Pricewaterhouse C，Franks J. 2002. Study into Rates of Rates of Return Bid on PFI Projects. London：Office of Government Commerce.

Rabin M. 1993. Incorporating fairness into game theory and economics. The American Economic Review，83（5）：1281-1302.

Rocha M D L，Perrelli R，Mulder C B. 2002. The role of corporate，legal and macroeconomic balance sheet indicators in crisis detection and prevention. IMF Working Papers，2（59）：73.

Roumboutsos A，Anagnostopoulos K P. 2008. Public-private partnership projects in Greece：risk ranking and preferred risk allocation. Construction Management & Economics，26（7）：751-763.

Sachs J D，Tornell A，Velasco A，et al. 1996. Financial crises in emerging markets：the lessons from 1995. Brookings Papers on Economic Activity，1996（1）：147-215.

Sachs T，Tiong R，Wang S Q. 2007. Analysis of political risks and opportunities in public private partnerships（PPP）in China and selected Asian countries. Chinese Management Studies，1（2）：126-148.

Sappington D E M. 1991. Incentives in principal-agent relationships. Journal of Economic Perspectives，5（2）：45-66.

Sarmento J M. 2010. Do public-private partnerships create value for money for the public sector? The Portuguese experience. OECD Journal on Budgeting，10（1）：5.

Schorfheide F. 2008. DSGE Model-based estimation of the New Keynesian Phillips Curve. Federal Reserve Bank of Richmond Economic Quarterly，94：397-433.

Shen Q，Chen Q，Tang B S，et al. 2009. A system dynamics model for the sustainable land use planning and development. Habitat International，33（1）：15-25.

Sitkin S B，Weingart L R. 1995. Determinants of risky decision-making behavior：a test of the mediating role of risk perceptions and propensity. The Academy of Management Journal，38（6）：1573-1592.

Snieska V，Draksaite A. 2009. Novel trends in government debt risk management. Economics and Management，（14）：954-960.

Soomro M A，Zhang X. 2015. Roles of private-sector partners in transportation public-private partnership failures . Journal of Management in Engineering，31（4）：1-12.

Strauss A L. Corbin J M. 1994. Grounded theory methodology：an overview//Denzin N K，Lincoln Y S. Handbook of Qualitative Research. London：Sage Publications.

Tamegawa K. 2016. Rating for government debt and economic stability. Journal of Economic Asymmetries，13（3）：35-44.

Wang M T，Chou H Y. 2003. Risk allocation and risk handling of highway projects in Taiwan. Journal of Management in Engineering，19（2）：60-68.

Xu Y，Sun C，Skibniewski M J，et al. 2012. System Dynamics-based concession pricing model for PPP highway projects. Internationnal Journal of Project Management，30（2）：240-251.

Yang T，Long R，Li W. 2018. Suggestion on tax policy for promoting the PPP projects of charging infrastructure in China. Journal of Cleaner Production，（174）：133-138.

Yaraghi N，Langhe R G. 2011. Critical success factors for risk management systems. Journal of Risk Research，14（5）：551-581.

Yescombe E R. 2007. Public-Private Partnerships：Principles of Policy and Finance. Kidlington：Butterworth-Heinemann.

Young L. 2002. Determining the discount rate for government projects. Treasury Working Paper，2（21）：1-23.

Zeng S X，Ma H Y，Lin H，et al. 2015. Social responsibility of major infrastructure projects in China. International Journal of Project Management，33（3）：537-548.

Zhang S B，Zhang S J，Gao Y，et al. 2016. Contractual governance：effects of risk allocation on contractors' cooperative behavior in construction in construction projects. Journal of Construction Engineering & Management，142（6）：1-11.

Zwietering M H，Gerwen S J C V. 2000. Sensitivity analysis in quantitative microbial risk assessment. International Journal of Food Microbiology，58（3）：213-221.

附录 1　BT 债务风险指标权重调查问卷

尊敬的专家：

您好！

BT 债务是政府采用 BT 模式进行基础设施建设所形成的政府性债务。本问卷调查基于公共部门视角对 BT 债务风险指标权重进行判定，以构建 BT 债务风险系统模型。此问卷调查的内容仅用于学术研究，不涉及任何的隐私及商业机密，而您的宝贵意见可以帮助我们制定更客观的 BT 债务风险指标权重。

祝您身体健康，工作顺利。

第一部分：工作经历信息

1. 您所从事的行业属于（　　）。

A. 公共部门　　B. 造价咨询类

C. 高校教师　　D. 在读研究生

E. 其他

2. 您在 BT 债务相关领域工作或对 BT 债务研究了解的年限（　　）。

A. 1 年及以下

B. 1 年以上～3 年及以下

C. 3 年以上～5 年及以下

D. 5 年以上

3. 您参与相关领域研究或实践的项目数量（　　）。

A. 3 个及以下　　B. 4～5 个

C. 6～10 个　　D. 10 个以上

第二部分：BT 债务风险指标权重调查

在指标权重的调查中，请根据您的经验，结合附表 1-1 的标尺含义采用 Saaty1～9 标度法，对附表 1-2 中两个指标的重要性加以比较。

附表 1-1　数字标度的含义及说明

标度	含义	说明
1	同样重要	两元素相比，两者有相同的重要性质
3	稍微重要	两元素相比，前者比后者稍微重要
5	明显重要	两元素相比，前者比后者明显重要
7	非常重要	两元素相比，前者比后者强烈重要
9	极端重要	两元素相比，前者比后者极端重要
2、4、6、8	—	上述相邻判断的中间值
倒数	—	若元素 i 与元素 j 的重要性之比为 a_{ij}，那么元素 j 与元素 i 重要性之比为 $a_{ji}=1/a_{ij}$

附表 1-2　BT 债务风险指标重要性调查表

指标	*R*1	*R*2	*R*3	*R*4	*R*5	*R*6	*R*7	*R*8	*R*9	*R*10	*R*11	*R*12
借新还旧债务额占债务总额比重（*R*1）	1											
BT 项目平均融资费用率（*R*2）		1										
刚性支出收入比（*R*3）			1									
财政赤字率（*R*4）				1								
BT 债务负担率（*R*5）					1							
BT 债务偿还率（*R*6）						1						
BT 债务率（*R*7）							1					
地方人均 BT 债务负债额（*R*8）								1				
BT 债务依存度（*R*9）									1			
BT 债务平均还债年限（*R*10）										1		
BT 项目平均工程建设成本变动率（*R*11）											1	
BT 债务逾期率（*R*12）												1

再次感谢您的配合，谢谢！

附录2 重庆市实施的BT项目数据

附表 2-1 重庆市 2003～2015 年实施的 BT 项目相关信息

编号	项目名称	开工时间	竣工时间	投资金额/万元	回购期/年
1	西部新城中央商务区一期管理用房 A 组团新建工程（BT 模式）一标段	2011 年 7 月 8 日	2012 年 3 月 26 日	5 745.76	2
2	土主片区横一路，多运联动区横三路，生产资料片区横二路、横三路 BT 融资并建设项目	2014 年 3 月 30 日	2015 年 3 月 30 日	5 045.16	2
3	重庆市轨道交通十号线（地铁）一期工程	2014 年 4 月 29 日	2018 年 4 月 29 日	1 709 544.00	5
4	奉节县县城夔州东路至六号桥改扩建工程（县城东出口通道）BT 项目	2014 年 2 月 21 日	2016 年 2 月 21 日	5 964.54	2
5	奉节县新民镇等 13 个乡镇污水处理厂工程	2014 年 2 月 14 日	2015 年 2 月 9 日	6 322.20	2
6	重庆市轨道交通五号线一期（园博中心站—跳蹬站）工程	2014 年 2 月 1 日	2018 年 2 月 1 日	1 787 000.00	3
7	重庆市轨道交通四号线一期工程	2014 年 2 月 1 日	2018 年 1 月 12 日	1 000 000.00	5
8	高家花园嘉陵江大桥复线桥及高家花园立交工程	2013 年 8 月 15 日	2017 年 1 月 27 日	59037.00	2
9	奉节县新县城库岸综合整治工程（李家大沟—长江大桥段）BT 项目	2013 年 11 月 22 日	2015 年 11 月 22 日	14 131.61	2
10	重庆轨道交通环线二期工程（上浩—重庆西南段）	2013 年 10 月 27 日	2017 年 10 月 27 日	700 000.00	5
11	物流园多式联运区一期基础设施工程横六路、横八路、纵二线、纵三线，中干东线南段和北线连接段道路及管网工程	2013 年 9 月 29 日	2013 年 12 月 27 日	18 071.74	2
12	内环快速路西北半环（红槽房立交——高家花园复线桥段）拓宽改造工程——高家花园嘉陵江大桥复线桥及高家花园立交工程	2013 年 8 月 15 日	2017 年 1 月 27 日	60 000.00	2
13	物流园中干线南段道路及管网工程	2013 年 3 月 15 日	2014 年 5 月 30 日	14 553.76	2
14	黔江正阳工业园区青杠拓展区二期场平 BT 工程	2013 年 3 月 25 日	2013 年 11 月 19 日	23 000.00	2

续表

编号	项目名称	开工时间	竣工时间	投资金额/万元	回购期/年
15	物流园中干线道路及管网工程二标段BT项目	2010年4月15日	2011年5月29日	9 496.17	2
16	物流园中干线道路及管网工程一标段BT项目	2010年3月1日	2011年4月15日	7 577.26	2
17	重庆机场专用快速路工程南段寸滩长江大桥（K2+600−K4+200）BT融资建设总承包项目	2012年11月7日	2016年4月28日	147 921.78	2
18	南川区水江铝工业园区安置还房一期工程施工	2013年2月2日	2013年11月30日	900.00	2
19	南川区九鼎山城市公园BT融资建设项目—安置还房一期配套公租房工程	2013年3月5日	2014年3月5日	11 529.33	2
20	重庆金凤电子信息产业园一期标准厂房、宿舍、服务中心及相关配套BT项目	2010年8月20日	2011年8月20日	10 009.69	2
21	西彭铝产业区农转非安置房三期B区及蓝领公寓项目BT工程	2012年6月14日	2013年12月25日	4 728.09	2
22	珞璜工业园2011年公共租赁住房工程2#楼BT项目	2012年9月1日	2013年12月22日	3 800.00	2
23	璧山县渝遂、成渝高速公路交通连接线（南段）BT+EPC项目	2012年9月6日	2015年7月23日	7 500.00	3
24	重庆中央公园东三车库项目	2012年8月15日	2014年1月13日	3 800.00	2
25	垫江县公安局业务技术用房新建工程	2012年8月28日	2013年3月27日	3 700.00	2
26	金凤园区纵二路南延长段建设工程	2012年12月1日	2013年12月1日	6 627.67	1.5
27	铜梁县第八期廉租住房景观工程BT项目	2012年8月22日	2012年2月21日	388.94	2
28	重庆高新区科技道路工程施工招标	2012年8月2日	2012年10月31日	2 252.79	2
29	大足区海棠新城市政道路工程BT投融资建设	2012年7月1日	2013年9月30日	21 800.00	3
30	铜梁县第八期廉租房水电装工程一标段BT项目	2012年8月3日	2012年10月2日	171.13	2
31	铜梁县第八期廉租房水电装工程二标段BT项目	2012年8月3日	2012年10月2日	158.63	2
32	铜梁县第八期廉租房消防水电装工程三标段BT项目	2012年8月4日	2012年10月4日	173.30	2
33	铜梁县第八期廉租房消防水电装工程四标段BT项目	2012年8月4日	2012年10月4日	276.68	2

续表

编号	项目名称	开工时间	竣工时间	投资金额/万元	回购期/年
34	重庆市黔江区公安局业务用房、渝东南片区技能培训基地项目	2012 年 5 月 4 日	2013 年 9 月 14 日	8 800.00	2
35	标准厂房二期工程	2012 年 6 月 21 日	2013 年 6 月 16 日	10 000.00	3
36	奉节县兴隆旅游新城中心景观大道工程 BT 融资及施工总承包建设项目	2012 年 6 月 20 日	2013 年 6 月 15 日	14 509.99	2
37	大渡口区新双山小学建设项目	2012 年 7 月 6 日	2013 年 3 月 3 日	2 649.86	2
38	彭水县园丁家园公共租赁房项目	2012 年 6 月 30 日	2013 年 9 月 23 日	3 960.19	2
39	重庆中央公园中二路工程	2012 年 6 月 7 日	2013 年 1 月 28 日	15 000.00	2
40	重庆中央公园南区 A、B 标景观工程	2012 年 4 月 3 日	2012 年 9 月 1 日	14 000.00	3
41	金凤电子信息产业园二期标准厂房工程四标段 BT 施工（西区）	2012 年 6 月 15 日	2013 年 6 月 15 日	20 536.58	3
42	重庆市广阳岛环岛路滨江路及综合管网工程	2012 年 6 月 28 日	2014 年 6 月 28 日	27 000.00	2
43	重庆市江津区滨江新城滨州路东段和浒溪路一期道路工程	2012 年 7 月 24 日	2013 年 7 月 24 日	11 700.00	2
44	巫溪县职教园区建设项目整体发（承）包 BT 项目	2012 年 5 月 9 日	2013 年 11 月 1 日	13 000.00	2
45	巴南区花溪建新村安置房项目	2012 年 5 月 6 日	2013 年 7 月 30 日	8 300.00	2
46	重庆中央公园西路及镜湖水坝工程	2012 年 5 月 1 日	2012 年 9 月 28 日	8 000.00	2
47	奉节县城市雨污分流管网建设工程 BT 融资及施工总承包建设项目	2012 年 4 月 13 日	2012 年 12 月 9 日	6 835.72	2
48	梁平工业园区两平方公里市政工程 BT 项目	2012 年 5 月 24 日	2013 年 11 月 16 日	22 900.00	2
49	中干东线南一段（含北线东延长段）工程	2012 年 4 月 17 日	2013 年 2 月 16 日	4 500.00	2
50	重庆梁平县工业园区公租房工程 BT 项目	2012 年 5 月 23 日	2012 年 12 月 9 日	1 500.00	2
51	重庆市大渡口区文化馆馆舍装修改造工程	2012 年 4 月 16 日	2012 年 8 月 14 日	400.00	2
52	快速路一纵线（高新区拓展区段）工程	2012 年 5 月 3 日	2014 年 1 月 3 日	28 068.33	2

续表

编号	项目名称	开工时间	竣工时间	投资金额/万元	回购期/年
53	双凤桥组合式立交二期工程	2012 年 3 月 20 日	2013 年 9 月 11 日	18 000.00	2.5
54	梁平工业园区皂角佳苑二期工程 BT 项目	2012 年 4 月 6 日	2013 年 4 月 1 日	12 000.00	2
55	重庆中央公园北部管理用房工程	2012 年 3 月 16 日	2012 年 7 月 6 日	2 000.00	2
56	巫溪县工业园区凤凰组团钟家湾二期标准厂房及附属设施建设项目	2012 年 3 月 12 日	2012 年 9 月 8 日	3 200.00	2
57	巫溪县工业园区凤凰组团柏杨河二号桥、小溪河桥 BT 项目	2012 年 4 月 5 日	2012 年 10 月 2 日	800.00	2
58	新九中路二期道路工程（郭家立交）	2012 年 7 月 27 日	2014 年 7 月 17 日	22 473.43	3
59	彭水县下塘至县城公路改扩建工程	2012 年 3 月 29 日	2013 年 9 月 29 日	38 000.00	3
60	黔江区公共租赁房一期建设项目—李家溪公租房工程	2011 年 2 月 3 日	2011 年 11 月 30 日	8 800.00	2
61	重庆轨道交通三号线北延伸段工程	2012 年 5 月 24 日	2014 年 11 月 25 日	254 841.41	5
62	重庆中央公园辉山景区工程	2012 年 2 月 17 日	2012 年 4 月 28 日	7 484.78	2
63	重庆中央公园中央广场东侧景观工程	2012 年 2 月 11 日	2012 年 4 月 28 日	7 000.00	2
64	重庆中央公园中央广场及节庆大道景观基础工程	2012 年 2 月 11 日	2012 年 4 月 20 日	36 000.00	2
65	重庆中央公园中央广场西侧景观工程	2012 年 2 月 11 日	2012 年 12 月 26 日	2 950.41	2
66	重庆中央公园东三车库工程	2013 年 3 月 11 日	2013 年 8 月 8 日	3 800.00	2
67	重庆中央公园道路工程	2012 年 1 月 10 日	2012 年 4 月 20 日	3 500.00	2
68	重庆市江津区滨江新城科教北路道路工程	2012 年 2 月 25 日	2013 年 2 月 25 日	7 000.00	2
69	重庆市江津区滨江新城滨洲路东段和浒溪路一期道路工程	2012 年 2 月 23 日	2013 年 2 月 23 日	11 700.00	2
70	中干线南段、生产资料市场横二路、横三路、土主片区横一路工程	2012 年 2 月 15 日	2013 年 8 月 19 日	20 000.00	3
71	南山隧道及连接道（茶园路）一期工程隧道段（K0+405–K3+440）工程项目	2011 年 7 月 25 日	2014 年 1 月 25 日	45 000.00	3

续表

编号	项目名称	开工时间	竣工时间	投资金额/万元	回购期/年
72	南川区九鼎山城市公园BT项目	2012年2月24日	2013年2月24日	12 000.00	2
73	2011年巴南区城市道路市政设施整治BT项目	2012年2月7日	2012年6月7日	9 544.45	2
74	巴南区花溪建新村安置房BT融资并建设项目	2012年2月4日	2013年7月30日	7 400.00	2
75	奉节县县城库岸综合整治工程一期工程BT融资及施工总承包建设项目	2011年5月24日	2013年5月24日	15 000.00	2
76	奉节县新县城库岸综合整治工程二期BT融资及施工总承包建设项目	2011年4月14日	2014年8月14日	27 000.00	3
77	奉节县城西出口道路工程BT融资及施工总承包建设项目	2011年4月11日	2013年4月11日	15 000.00	2
78	小南海港区大道工程	2012年1月26日	2016年1月26日	48 378.73	3
79	江津区市民健身中心工程	2011年12月29日	2012年6月29日	9 650.00	3
80	南川区渝南大道延伸路、金川大道、金川南路、新桥安置还房和保障性住房	2012年1月10日	2014年12月25日	60 000.00	3
81	开成路北段BT建设项目（一标段）	2012年1月17日	2013年1月17日	7 657.05	2
82	开成路北段BT建设项目（二标段）	2012年1月17日	2013年4月17日	15 000.00	2
83	巴南区解放村、道角村、建新村安置房、龙洲湾小学及附属道路等工程	2012年2月3日	2013年2月3日	30 246.14	3
84	酉阳县板溪新城医院项目BT融资建设工程	2011年12月27日	2013年10月18日	7 300.00	2
85	新建板溪小学校项目	2012年1月13日	2014年4月13日	8 590.00	2
86	高新区拓展区横二路工程	2011年12月29日	2012年8月26日	24 035.39	3
87	奉节县西部新区冒丰安居工程（一期）BT融资及施工总承包建设项目2标段	2011年11月29日	2013年5月29日	14 000.00	2
88	重庆市蔡家组团中央森林公园一期A标段BT融资及施工总承包建设项目	2011年11月26日	2012年1月10日	7 137.44	2
89	大渡口区文体路、翠云街等人行道、车行道整治一期工程	2011年12月15日	2012年3月15日	1 400.00	2
90	大渡口区统筹城乡基础设施一期工程	2011年12月7日	2012年10月8日	7 000.00	2

续表

编号	项目名称	开工时间	竣工时间	投资金额/万元	回购期/年
91	梁平县中央商务区商务中心项目	2011 年 12 月 30 日	2012 年 12 月 25 日	19 000.00	2
92	万盛区南桐镇桃子街棚改工程	2011 年 11 月 29 日	2012 年 11 月 29 日	9 600.00	2
93	开县临江镇洪星小区滨江路建设工程（市政景观及人行桥）BT 融资建设	2011 年 12 月 8 日	2012 年 12 月 8 日	2 198.17	2
94	重庆第二十四学校改扩建一期	2011 年 11 月 12 日	2013 年 5 月 5 日	15 116.59	2
95	奉节县朱衣移民新村三期工程二标段 BT 融资人及施工总承包建设项目	2011 年 11 月 4 日	2013 年 5 月 4 日	8 180.46	2
96	重庆市渝北区同茂大道二期西延伸段道路	2011 年 11 月 3 日	2012 年 8 月 30 日	12 000.00	2
97	沙坪坝区小龙坎正街至凤天路主干道环境综合改造工程	2011 年 9 月 10 日	2012 年 1 月 10 日	28 000.00	3
98	梁平县体育公园 BT 融资建设项目（一期）	2011 年 11 月 12 日	2013 年 11 月 12 日	21 000.00	2
99	兴科大道（轻轨沿线）主干道环境综合改造工程	2011 年 10 月 21 日	2013 年 1 月 19 日	7 500.00	2
100	标准厂房一期工程	2011 年 10 月 19 日	2013 年 11 月 9 日	17 500.00	2
101	九龙园区工业污水集中处置工程	2011 年 11 月 9 日	2012 年 5 月 4 日	2 423.30	2
102	白居寺轻轨站场配套道路工程	2011 年 10 月 28 日	2012 年 5 月 26 日	4 500.00	2
103	开迎路道路工程	2011 年 10 月 11 日	2013 年 4 月 11 日	80 000.00	2
104	重庆金刀峡一期改造工程一、二标段 BT 建设项目	2011 年 9 月 29 日	2012 年 8 月 10 日	6 476.81	2
105	奉节县西部新区北侧主干道工程 BT 融资人及施工总承包项目	2011 年 1 月 12 日	2012 年 7 月 12 日	25 446.00	2
106	巫溪县职教园区 1#职教学生宿舍改建 BT 工程	2011 年 9 月 24 日	2012 年 3 月 23 日	204.80	2
107	巫溪县职教园区学生食堂新建 BT 工程	2011 年 9 月 15 日	2012 年 4 月 15 日	156.16	2
108	南川区渝南大道延伸路 BT 工程	2011 年 9 月 15 日	2013 年 11 月 24 日	60 000.00	3
109	重庆市巴南区二环和次级河流域以外小城镇污水处理厂及配套管网工程项目二标段	2011 年 10 月 1 日	2012 年 3 月 30 日	2 562.00	2

续表

编号	项目名称	开工时间	竣工时间	投资金额/万元	回购期/年
110	巫溪县工业园区尖山组团铝塑复合板建设项目	2011年9月7日	2012年1月5日	4 626.62	2
111	蔡家组团L、R标准分区道路工程纵三路北段	2011年8月31日	2012年5月5日	8 000.00	2
112	重庆市沙坪坝区马房湾片区Y字形干道一期工程	2011年9月16日	2012年5月16日	10 000.00	2
113	新华片区公共租赁住房周边市政道路工程	2011年8月13日	2012年1月10日	9 000.00	2
114	巴南立交改造工程、南温泉立交工程、外河坪公交站场周边市政道路工程	2011年9月13日	2012年4月1日	35 476.79	3
115	重庆市巴南区二环和次级河流域以外小城镇污水处理厂及配套管网工程	2011年8月3日	2012年1月30日	1 442.73	2
116	大渡口建桥工业园C区湾丘路工程	2011年7月29日	2011年9月27日	400.00	2
117	重庆市沙坪坝区梨高路公交站场段道路项目	2011年8月11日	2012年2月11日	3 000.00	2
118	建桥工业园区石林大道立交北段（K1+340–K3+655）沥青罩面工程	2011年8月15日	2011年10月14日	771.91	2
119	C区煤研院地块平基土石方工程项目	2011年8月16日	2012年4月5日	745.73	2
120	梁平县中央公园及文化艺术中心项目	2011年9月13日	2012年9月12日	19 000.00	2
121	梁平县双桂新区商务中心及梁平县镇龙寺公园项目	2011年7月14日	2012年3月11日	6 000.00	2
122	新华片区公共租赁住房周边市政道路工程	2012年4月6日	2012年9月3日	5 443.06	2
123	同茂大道悦来段金竹湾隧道工程	2011年11月5日	2013年1月29日	30 000.00	3
124	潼南县工业园区南区B4-6等地块整治项目一、二标段	2011年7月11日	2011年9月11日	2 000.00	2
125	西部新城中央商务区一期管理用房A组团工程一标段	2011年7月8日	2012年3月8日	5 745.76	2
126	重庆市沙坪坝区高九路—学府路主干道环境综合改造工程	2011年5月8日	2012年1月8日	24 700.00	3
127	重庆市沙坪坝区渝碚路主干道环境综合改造工程	2011年6月29日	2012年1月29日	8 730.00	2
128	南川区九鼎山城市公园BT项目	2011年6月22日	2012年6月28日	15 000.00	2

续表

编号	项目名称	开工时间	竣工时间	投资金额/万元	回购期/年
129	丰都港区水天坪作业区一期工程	2011年6月25日	2013年6月25日	25 500.00	2
130	巫溪县文峰小企业创业基地1、2号标准厂房BT工程	2011年5月25日	2011年12月4日	298.50	2
131	酉阳县图书馆（酉二中图书馆）	2011年6月7日	2012年6月7日	6 713.00	2
132	铜梁县第八期廉租房工程三标段BT融资项目	2011年6月7日	2012年4月3日	1 812.01	2
133	铜梁县第八期廉租房工程四标段BT融资项目	2011年7月1日	2012年3月25日	2 515.94	2
134	重庆市合川区还迁安置房和公共租赁房BT项目	2011年3月9日	2013年3月2日	165 000.00	3
135	重庆市江津区中渡长江大桥BT施工总承包项目	2011年8月10日	2014年12月25日	163 000.00	3
136	建桥工业园区C区楼宇工业标准厂房工程三标段	2011年5月10日	2011年10月7日	5 688.60	2
137	潼南涪江二桥及连接线工程（L连接线）一标段	2011年5月2日	2012年4月27日	6 000.00	2
138	潼南涪江二桥及连接线工程（L连接线）二标段	2012年5月12日	2013年11月3日	2 000.00	2
139	重庆东水门长江大桥、重庆千厮门嘉陵江大桥BT项目	2011年5月7日	2013年12月20日	234 000.00	2
140	重庆市花溪工业园区界石组团定向安置限价房A片区工程二标段	2011年4月1日	2011年11月27日	6 000.00	2
141	重庆丰都工业园区中小企业园标准厂房工程（1、2号厂房、厂房场平、挡墙及厂区道路）BT项目	2011年4月25日	2012年4月25日	4 500.00	2
142	石柱工业园区综合服务中心及员工公寓（二期）	2011年7月18日	2012年5月14日	15 000.00	2
143	大渡口区建设村安置房工程	2011年4月13日	2012年10月9日	28 590.00	2
144	跳蹬镇特勤消防工程	2011年4月12日	2011年12月24日	1 050.00	2
145	铜梁县第八期廉租房二标段BT融资项目	2011年4月28日	2012年2月22日	1 908.12	2
146	铜梁县第八期廉租房一标段BT融资项目	2011年4月11日	2012年2月5日	2 141.08	2
147	建桥工业园区C区楼宇工业标准厂房项目（一标段）	2011年12月10日	2012年5月8日	5 682.00	2

续表

编号	项目名称	开工时间	竣工时间	投资金额/万元	回购期/年
148	建桥工业园区 C 区楼宇工业标准厂房项目（二标段）	2011 年 5 月 10 日	2011 年 10 月 7 日	5 638.20	2
149	建桥 C 区双河口路（南段）、石林支路和马家湾路工程	2011 年 11 月 1 日	2011 年 4 月 21 日	675.42	2
150	重庆市沙坪坝区壮志路环境综合改造工程	2010 年 12 月 27 日	2011 年 3 月 27 日	6 000.00	2
151	大渡口区揽江阁工程	2010 年 12 月 29 日	2011 年 3 月 17 日	411.94	2
152	大渡口长江防洪护岸综合整治工程（一期一标段）	2011 年 3 月 8 日	2013 年 3 月 8 日	28 000.00	3
153	重庆市大渡口区生态文化长廊景观工程隋唐段一期	2011 年 2 月 22 日	2011 年 9 月 20 日	2 654.72	2
154	思源路及百花路道路工程	2011 年 3 月 13 日	2011 年 12 月 30 日	1 300.00	2
155	轮子坡至石林公路改造工程	2011 年 2 月 2 日	2011 年 7 月 2 日	1 500.00	2
156	大渡口区九锦路道路工程	2011 年 2 月 3 日	2011 年 4 月 3 日	200.00	2
157	南川区九鼎城市公园 BT 融资建设项目	2011 年 2 月 2 日	2012 年 2 月 2 日	15 000.00	2
158	大渡口中华国学馆土石方及挡墙工程	2010 年 12 月 29 日	2011 年 2 月 27 日	542.85	2
159	开县城区道路综合整治一期工程	2010 年 11 月 30 日	2011 年 4 月 29 日	5 880.00	2
160	巫溪县实验小学运动场看台附属 BT 工程	2010 年 11 月 30 日	2011 年 8 月 27 日	580.71	2
161	重庆市巴南区保障性住房建设工程和巴南区 2010 年廉租房新建项目	2010 年 10 月 30 日	2013 年 3 月 30 日	80 000.00	3
162	酉阳县龚滩古镇艺术广场（拓展区）工程	2010 年 11 月 6 日	2011 年 1 月 6 日	3 200.00	2
163	酉阳县 G319 线路面大修工程	2010 年 11 月 6 日	2011 年 2 月 6 日	2 150.00	2
164	南川区工业园区新材料产业园 BT 项目	2011 年 4 月 9 日	2015 年 12 月 25 日	250 000.00	3
165	重庆市轨道交通六号线二期北段 BT 二标段工程	2010 年 11 月 26 日	2012 年 3 月 30 日	70 000.00	5
166	重庆市轨道交通六号线二期北段 BT 三标段	2010 年 10 月 23 日	2014 年 7 月 14 日	33 500.00	5

续表

编号	项目名称	开工时间	竣工时间	投资金额/万元	回购期/年
167	重庆市合川区南城断头路改造工程及拆迁还房 BT 项目	2010 年 10 月 12 日	2012 年 6 月 12 日	35 750.00	3
168	南川区水江铝工业园区基础设施及安置还房一期工程	2010 年 10 月 26 日	2014 年 10 月 26 日	72 000.00	3
169	潼南县滨江路建设工程（二期工程）	2010 年 10 月 23 日	2012 年 4 月 16 日	16 231.86	2
170	江津区"唱读讲传"文化艺术中心（一期）工程	2010 年 11 月 9 日	2012 年 5 月 23 日	3 500.00	2
171	垫江县城道路改造工程 BT 融资建设项目	2010 年 9 月 2 日	2011 年 7 月 3 日	12 000.00	2
172	重庆轨道交通六号线二期 BT1 标段	2010 年 9 月 7 日	2012 年 1 月 7 日	130 943.92	5
173	伏牛溪环境综合整治工程截污干管工程暨八桥镇污水管网工程	2010 年 9 月 8 日	2011 年 9 月 8 日	4 691.13	2
174	丰都县农副产品加工基地标准厂房（一期）工程—科技孵化楼 BT 项目	2010 年 9 月 7 日	2011 年 9 月 7 日	1 600.00	2
175	南川龙岩河凤嘴江河道整治工程	2010 年 8 月 31 日	2011 年 8 月 31 日	41 000.00	3
176	长征重工特钢地块及道路边坡整治工程	2010 年 12 月 9 日	2011 年 3 月 9 日	2 003.48	2
177	重庆市江津区滨江新城南北大道道路工程（一、二、三标段）	2010 年 8 月 13 日	2011 年 8 月 13 日	23 800.00	3
178	重庆茶园鹿角工业园主干道 C、D 线道路工程	2010 年 8 月 21 日	2011 年 8 月 16 日	115.50	1
179	石柱县南宾工业园区拓展区标准厂房	2010 年 8 月 24 日	2011 年 6 月 20 日	11 000.00	2
180	江津区珞璜碑亭片区 LH（BT）-D-03-02-1 地块平场工程	2010 年 8 月 5 日	2010 年 9 月 19 日	440.54	2
181	南川区成教中心、传媒中心、文化艺术中心、会展中心及商务中心、市民广场 BT 项目	2010 年 5 月 20 日	2012 年 5 月 24 日	122 100.00	3
182	重庆三线建设博物馆（BT 模式）	2010 年 7 月 29 日	2010 年 10 月 29 日	3 467.00	2
183	南川区城乡污水处理系统 BT 项目	2010 年 7 月 28 日	2010 年 12 月 25 日	58 600.00	2
184	重庆双碑隧道工程	2010 年 7 月 22 日	2013 年 1 月 22 日	220 000.00	2
185	彭水县城乌江五桥工程	2010 年 6 月 28 日	2012 年 6 月 29 日	15 600.00	3

续表

编号	项目名称	开工时间	竣工时间	投资金额/万元	回购期/年
186	丰都水天坪工业园标准厂房一期工程（5#～10#楼）、H1 路、Z1 路及 Z5 路道路及管网工程	2010 年 6 月 30 日	2011 年 6 月 30 日	5 766.35	2
187	酉阳县桃花源景区改造、伏羲洞开发 BT 工程	2010 年 9 月 3 日	2010 年 11 月 3 日	9 000.00	2
188	酉阳县龚滩古镇艺术广场工程	2010 年 11 月 3 日	2011 年 1 月 3 日	3 200.00	2
189	酉阳县渝东南民俗风情街 BT 工程	2010 年 6 月 19 日	2010 年 12 月 19 日	6 300.00	2
190	巫溪县宁河风情街五、七标段 BT 工程	2010 年 6 月 9 日	2010 年 9 月 9 日	140.25	2
191	巫溪县宁河街景观改造第四标段（四合院）	2010 年 1 月 15 日	2010 年 7 月 15 日	110.00	2
192	巫溪县宁河风情街三标段（工商银行宿舍）	2010 年 4 月 9 日	2010 年 7 月 9 日	80.29	2
193	巫溪县宁河街景观改造第二标段（市场、牌坊）	2010 年 3 月 14 日	2010 年 9 月 14 日	540.00	2
194	南川区工业园区横一路	2010 年 3 月 29 日	2010 年 12 月 29 日	4 669.00	2
195	南川区工业园区园区东路	2010 年 3 月 29 日	2010 年 12 月 28 日	9 703.00	2
196	彭水苗族土家族自治县二甲医院 BT 工程	2010 年 2 月 13 日	2011 年 2 月 13 日	16 000.00	2
197	綦江县齿轮城一期城市主干道道路基础设施工程	2010 年 3 月 9 日	2010 年 9 月 9 日	3 013.00	2
198	巫溪县漫滩路北门平台 BT 工程	2009 年 2 月 11 日	2009 年 4 月 11 日	45.00	2
199	重庆市酉阳县职业教育中心板溪实训基地	2010 年 2 月 20 日	2010 年 10 月 28 日	12 260.00	3
200	云阳北部新区（紫金沟片）路网建设工程创业大道 BT 项目	2010 年 1 月 3 日	2011 年 3 月 27 日	5 000.00	2
201	重庆市酉阳县桃花源广场工程	2010 年 1 月 27 日	2011 年 1 月 27 日	8 000.00	2
202	云阳张飞大酒店一期工程 BT 项目	2009 年 11 月 15 日	2011 年 2 月 24 日	20 000.00	3
203	大渡口区新郭伏路道路 K4+880—K6+560 段路基工程	2009 年 4 月 20 日	2009 年 10 月 20 日	3 000.00	2
204	袁茄路（三期）拓宽改造工程施工	2010 年 3 月 22 日	2012 年 3 月 21 日	16 490.00	2

续表

编号	项目名称	开工时间	竣工时间	投资金额/万元	回购期/年
205	重庆市合川区高职教城市政主干道路建设工程 BT 项目	2009 年 12 月 10 日	2010 年 12 月 10 日	69 500.00	3
206	重庆市合川区环城大道建设工程 BT 项	2009 年 12 月 23 日	2011 年 12 月 23 日	225 000.00	3
207	南川区体育场和金佛安置小区 B 区 BT 项目	2009 年 12 月 10 日	2011 年 6 月 10 日	25 000.00	3
208	大渡口区弘毅广场工程（BT 模式）	2010 年 1 月 24 日	2010 年 3 月 26 日	339.74	2
209	大渡口区义渡公园工程（BT）	2008 年 11 月 9 日	2010 年 11 月 9 日	5 000.00	2
210	彭水苗族土家族自治县职业教育中心新校区建设工程	2009 年 12 月 24 日	2010 年 10 月 24 日	9 000.00	2
211	重庆市巫溪县白马中学统建安置房 B-1 栋 BT 工程	2009 年 11 月 17 日	2010 年 5 月 17 日	416.00	2
212	重庆市巫溪县白马中学统建安置房 B-2 栋 BT 工程	2009 年 11 月 19 日	2010 年 5 月 19 日	302.98	2
213	大渡口区油茄路道路工程施工（BT 模式）	2009 年 11 月 5 日	2010 年 3 月 5 日	1 500.00	2
214	重庆市旅游学校学生实训服务综合大楼 BT 融资建设项目	2009 年 10 月 21 日	2010 年 10 月 16 日	2 306.73	2
215	武隆县体育中心工程 BT 项目	2009 年 9 月 28 日	2010 年 9 月 28 日	3 500.00	2
216	丰都县第一小学校教学楼工程 BT 项目	2009 年 9 月 4 日	2010 年 2 月 17 日	107.00	2
217	綦江工业园区拓展区（BT）道路基础设施道路工程	2009 年 9 月 4 日	2010 年 3 月 4 日	500.00	2
218	大渡口区思源公园项目	2009 年 8 月 26 日	2010 年 8 月 4 日	2 600.00	2
219	巫溪县马镇坝文卫路二标段 BT 工程	2009 年 8 月 18 日	2009 年 11 月 3 日	231.00	2
220	巫溪县马镇坝文卫路一标段 BT 工程	2009 年 8 月 21 日	2009 年 10 月 21 日	77.00	2
221	巫溪县宁河街危旧房改造（东门城楼及走廊）BT 工程	2009 年 8 月 18 日	2010 年 1 月 18 日	115.80	2
222	重庆丰都工业园区水天坪工业园标准厂房一期（13#、14#、15#）工程	2009 年 8 月 8 日	2009 年 12 月 8 日	4 250.00	2
223	重庆武隆沿江环境综合整治南岸滨江路工程 BT 项目	2009 年 7 月 30 日	2010 年 1 月 30 日	6 000.00	3

续表

编号	项目名称	开工时间	竣工时间	投资金额/万元	回购期/年
224	大渡口区行政副中心环境绿化工程	2009 年 7 月 24 日	2009 年 10 月 22 日	502.24	2
225	赵庄民俗风情村项目施工招标（BT）模式	2009 年 7 月 27 日	2009 年 9 月 27 日	2 800.00	2
226	重庆市合川区南城白鹿山片区市政基础设施建设工程 BT 项目	2009 年 6 月 26 日	2010 年 6 月 30 日	20 000.00	1.5
227	重庆市綦江县通惠滨河路市政工程 BT 项目融资建设总承包	2009 年 7 月 9 日	2012 年 7 月 9 日	15 597.33	2
228	半小时荣昌一路孔新建项目	2009 年 6 月 16 日	2010 年 1 月 16 日	10 000.00	2
229	綦江县通惠滨河大道市政工程 BT 项目	2009 年 5 月 6 日	2010 年 10 月 6 日	28 500.00	3
230	新郭伏路（长征重工段）工程施工	2009 年 3 月 20 日	2009 年 9 月 20 日	4 600.00	2
231	重庆市酉阳县翔堃·嘉苑住宅小区（三房）工程	2008 年 12 月 21 日	2010 年 6 月 27 日	7 000.00	1.25
232	龙湖东路、龙湖北路、虎职中南路道路及管网工程 BT 项目	2009 年 3 月 22 日	2009 年 8 月 22 日	5 010.00	2
233	武隆县第二实验小学校工程（BT 模式）	2009 年 1 月 20 日	2009 年 11 月 22 日	1 000.00	2
234	重庆市合川区涪江一桥拆建工程 BT 项目	2009 年 3 月 19 日	2010 年 3 月 19 日	13 577.60	1.5
235	重庆市合川区嘉陵江南屏大桥工程 BT 项目	2009 年 2 月 14 日	2011 年 10 月 14 日	26 800.00	1.5
236	重庆市嘉华大桥北延伸段李家坪至大庆村段工程	2009 年 2 月 11 日	2011 年 2 月 11 日	105 000.00	3
237	大渡口区党校、图书馆档案馆环境绿化工程	2008 年 12 月 27 日	2009 年 2 月 27 日	360.00	2
238	巫溪县马镇坝东西干道景观 BT 项目工程	2009 年 1 月 4 日	2009 年 3 月 24 日	1 200.00	2
239	重庆西部现代物流产业园区中心站东线及北线道路管网工程	2008 年 12 月 2 日	2009 年 8 月 2 日	10 000.00	2
240	大渡口区委党校、区行政学校新办公楼装饰工程（BT）	2008 年 12 月 3 日	2009 年 2 月 3 日	353.00	1
241	重庆丰都工业园区水天坪工业园污水处理厂（含工艺、结构、电气及自动化、建筑和道路）BT 融资项目	2009 年 11 月 30 日	2009 年 2 月 28 日	3 000.00	2
242	建桥工业园“农转非”安置房工程绿化施工（二期）	2008 年 11 月 25 日	2009 年 1 月 25 日	150.00	2

续表

编号	项目名称	开工时间	竣工时间	投资金额/万元	回购期/年
243	新城主排末端（箱涵）工程	2008 年 10 月 11 日	2009 年 12 月 6 日	800.00	2
244	重庆市大渡口区长征重工新厂区二期平场工程	2008 年 10 月 8 日	2009 年 11 月 6 日	8 500.00	2
245	重庆市大渡口区第一人民医院迁建工程	2008 年 12 月 5 日	2009 年 10 月 30 日	3 073.37	2
246	重庆丰都工业园区水天坪工业园城市道路 Z2 路上段、1#涵渠工程 BT 融资建设	2008 年 7 月 27 日	2008 年 12 月 9 日	3 957.00	2
247	荣昌县西部宜居区主干道一号路延伸段建设项目	2008 年 6 月 21 日	2008 年 12 月 31 日	7 000.00	2
248	北碚区 212 国道井口老收费站至三溪口道班段改造工程 A 标段	2008 年 4 月 12 日	2008 年 12 月 30 日	7 200.00	2
249	重型铸造厂新厂区平基土石方工程（一标段）BT 模式	2008 年 4 月 2 日	2008 年 9 月 7 日	850.00	2
250	李渡新区南北支路工程	2007 年 12 月 29 日	2008 年 10 月 29 日	5 000.00	2
251	巫溪县白马中学新校区教学楼 D 栋 BT 项目工程	2008 年 1 月 31 日	2008 年 3 月 30 日	240.00	2
252	巫溪县白马中学新校区学生宿舍 C2 栋 BT 项目工程	2008 年 1 月 23 日	2008 年 3 月 30 日	250.00	2
253	双桥区市政园林绿化工程（BT 模式）	2008 年 1 月 15 日	2008 年 6 月 17 日	1 200.00	2
254	长江二桥南侧至南滨路连接道工程 BT 建设项目	2007 年 12 月 7 日	2008 年 3 月 6 日	2 000.00	2
255	道路路基、路面、雨污管网及路灯工程（H2、Z3 两个标段）	2007 年 11 月 30 日	2008 年 11 月 1 日	10 000.00	2
256	九龙坡区半山环道道路 BT 建设项目工程	2007 年 11 月 7 日	2008 年 11 月 7 日	12 000.00	2
257	北碚区温泉大道 BT 标段（道路及排水）	2007 年 8 月 14 日	2007 年 12 月 28 日	1 700.00	2
258	重庆市双桥区方形广场项目（BT 模式）	2007 年 6 月 27 日	2007 年 8 月 27 日	790.00	2
259	重庆高九路沙坪坝区段道路 BT 建设工程	2006 年 11 月 28 日	2010 年 12 月 8 日	47 290.00	3
260	重庆市双桥区车城广场工程	2007 年 6 月 5 日	2007 年 8 月 20 日	600.00	2
261	江北区观音桥商圈步行街三期景观及管网工程	2006 年 5 月 18 日	2006 年 7 月 18 日	1 500.00	2

续表

编号	项目名称	开工时间	竣工时间	投资金额/万元	回购期/年
262	重庆鱼洞长江大桥 BT 项目一期工程	2004 年 12 月 29 日	2008 年 5 月 12 日	42 200.00	3
263	重庆鱼洞长江大桥北引道二期工程	2007 年 12 月 29 日	2009 年 12 月 27 日	18 519.00	2
264	江北观音桥商圈环道 2 号天桥工程	2006 年 7 月 18 日	2007 年 7 月 18 日	250.00	2
265	重庆市菜园坝长江大桥 BT 项目	2003 年 12 月 28 日	2007 年 10 月 29 日	210 000.00	3

资料来源：重庆市建设工程信息网及招投标信息网。